제**3**판
핀테크와 법

제**3**판

핀테크와 법

강현구 · 유주선 · 이성남 공저

씨
아이
알

핀테크 관련 기술의 발전이 급속하게 진행 중에 있다. 2018년 개정 이후 2년이 지난 후 이러한 핀테크 관련 법제를 반영하지 않으면 안 된다는 집필자들의 의견이 모아져 개정 제3판을 금번에 출간하였다.

금번에 개정되는 제3판은 다음과 같은 내용을 업데이트하였다.

첫째, 2020년 제안된 「전자금융거래법」 개정안에 대한 내용을 담았다.

둘째, 소액해외송금업 관련 최근 개정된 「외국환거래법」의 내용을 반영하였다.

셋째, P2P 대출과 관련하여 그동안 입법 방안이라는 내용을 담고 있었지만, 금번 개정판에서는 이제 제정된 P2P 대출법인 「온라인투자연계금융업 및 이용자 보호에 관한 법률」의 내용을 새로이 기술하였다.

넷째, 「인터넷전문은행법」이 도입됨에 따라 인터넷전문은행 도입 관련 법적 쟁점에 새로운 법률의 주요 내용을 담았다.

다섯째, 핀테크와 보험 파트에 인슈어테크에 관한 최신 내용을 담았다. 보험상품 개발에서부터 보험계약의 체결 및 보험금청구 등에서 발생할 수 있는 인슈어테크의 내용을 새로이 담았다.

여섯째, 데이터 3법이 개정됨에 따라 빅데이터 관련 법적 쟁점과 그 영향 등의 내용을 담았다.

일곱째, 가상통화 관련 법제로서 불완전하지만 가상자산을 법제화한 개정 「특정 금융거래정보의 보고 및 이용 등에 관한 법률」 내용을 간략히 다루었다.

여덟째, 「금융혁신지원 특별법」의 주요 내용을 담았다. 그동안 확정되지 않았던 금융혁신지원특별법안에 대한 내용을 담았던 것을 제정된 법률의 내용으로 담은 것이다.

2년의 기간 동안 핀테크 관련 법률은 많은 변화를 가져왔고, 그 변화된 내용을 담기 위해 우리 집필진들은 심혈을 다하였다. 그럼에도 불구하고 부족한 부분이 없다고 이야기하기는 어렵다. 독자들의 성원에 보답하기 위해 집필진은 촌음을 아끼면서 진력을 다하였다. 아직 담지 못했거나 미진한 부분은 겸허히 수용할 것이다. 신기술의 발전에 호기심을 가지고 지원을 아끼지 않는 도서출판 씨아이알의 김성배 대표, 실무를 맡아준 김동희 에디터께 심심한 감사를 전한다.

2020년 10월 31일
이수 학고재에서
집필진 일동

『핀테크와 법』을 출간한 후 1년의 시간이 지났다. 시시각각으로 기술 발전이 거듭하고 있음에도 핀테크 관련 법률체계는 답보상태가 유지되고 있는 모습이다. 지급결제나 P2P 대출, 크라우드 펀딩, 가상통화 등의 영역에서 금융과 기술이 더욱더 결합하고 있음을 우리는 목격하고 있다. 2017년 4월 『핀테크와 법』을 출간한 후, 예상하지 않았던 독자들의 호응이 있었다. 아직까지 이와 관련된 단행본 출간이 없었다는 점과 동 영역에서 발생하는 법률적 이슈가 독자들의 호기심을 자극한 것이라 생각된다. 제1판의 부족한 부분을 보완하고자 하는 욕심과 새로운 내용을 담아보고자 하는 의욕에서 제2판 작업이 추진되었다. 다행히 모두 서초중앙도서관 근처에 거주지를 두고 있는 탓에, 주말을 이용한 티타임이나 식사모임을 지속하면서 개정 작업이 계속되었다.

금번에 출간되는 제2판은 지난해 출간한 제1판의 체제를 계속 유지하기로 하였다. 다만, 금번 판은 다음과 같은 사항을 추가 보완하면서 독자들의 호응에 기대키로 한다. 첫째, 1년 사이에 변화된 핀테크의 영역을 업데이트하는 작업을 하였다. 지급결제, 송금, 크라우드 펀딩, P2P 대출, 인터넷전문은행 및 자산관리 부문에서 최신의 내용을 간략하게 담았다. 둘째, 핀테크 영역에서 가장 괄목한 만한 성장과 변모를 계속하고 있는 P2P 대출, 가상통화에 대한 내용을 보다 더 풍부하게 제공하는 작업을 하였다. 셋째, 「금융혁신지원 특별법」, 일명 '핀테크 특별법'에 대한 내용을 간략하게 설명하였다. 아직 입법화되지 않았기 때문에, 금번 발간하는 책자에 삽입하는 것이 합리적인가에 대한 주저함이 없는 것은 아니었지만, 실무에서 유익할 수 있음을 감안하여 간략하게 소개하는 것으로 집필진의 의견을 정리하였다. 넷째, 짜임새나 목차 번호, 오탈자 등을 다시 수정 보완하는 작업을 하였다. 독자들의 혼동을 가져올 수 있는 목차 번호나 오탈자 등이 윤독 과정 중 발견되어 이들에 대한 수정작업을 한 것이다.

양서를 출간해야 한다는 마음은 충천해 있지만, 눈 깜짝할 사이에 변화가 지속되고 있는 핀테크의 영역을 따라잡기에는 시간상, 건강상의 여건이 허락되지 않았다. 그럼에도 불구하고 우리 셋은 1년 만에 『핀테크와 법』 제2판을 발간함으로써, 제1판 발간 시 독자들과의 약속을 지키게 되었다. 부족한 부분은 지속적으로 보완할 것을 약속드린다. 출간작업에 도움을 주신 도서출판 씨아이알의 김성배 대표와 실무 작업을 꼼꼼히 해주신 출판부 직원에게 감사를 드린다.

2018년 5월 30일
공동 저자

전통적인 금융기관들은 오프라인 점포를 기반으로 하여 보안 시스템, 고객 상담, 제도권 기관들과의 데이터베이스 연계에 기반을 둔 신용 평가 등으로 금융서비스를 제공하고, 그 가운데 신용카드 업체들은 결제서비스를 주도해왔다. 그러나 스마트폰 이용자의 수가 급격히 증가하면서 금융과 기술이 결합하는 핀테크의 발전이 지속되고 있다. 그러면서 우리에게 던지는 질문은 핀테크가 도대체 무엇인지에 대한 물음, 어떠한 영역에서 핀테크가 발전하고 있는지, 또 앞으로 핀테크는 어떻게 변모하고 발전할 것인지에 대한 의문이 제기되고 있다. 더 나아가 이러한 핀테크가 발전하기 위해서는 우리의 법률제도가 어떠한 뒷받침을 해주어야 하는가에 대한 답변을 요구하고 있는 실정이다. 이러한 영역을 이해하기 위해서는 우선 핀테크가 무엇인지에 대한 개념부터 파악해볼 필요가 있다.

본 집필은 우선 핀테크를 이해하기 위한 기초사항을 설명하고 있다. 핀테크에 대한 기본적인 사항을 이해한 후 핀테크와 관련된 법률문제를 탐구하였다. 핀테크 영역에서 의미가 있다고 판단되는 지급결제, 해외송금, 크라우드 펀딩, P2P 대출, 인터넷전문은행, 자산관리 및 인슈어테크 등에 관한 사항이 심도 있게 논의된다. 이들 영역은 핀테크 발전 초기부터 우리의 실생활에 직접적인 영향을 미치면서 그 변화의 속도가 매우 빠르게 진전되고 있다. 전통적인 금융기관인 은행을 통하여 지급하는 모습은 점점 그 비율이 줄어들고 인터넷이나 모바일을 통한 지급결제 방식이 당연하게 받아들여지고 있다. 해외에서 우리나라에 송금을 하거나 우리가 해외에 송금하는 방식 역시 은행을 통하지 않는 것은 실정법에 저촉되는 것이 일반적인 것이었다. 그러나 ICT의 발전은 전통적인 금융기관인 은행을 통한 송금방식을 벗어나 제3자 지급방식으로 거듭 진화하고 있는 모습이다. 자금을 차입하기 위한 방식 역시 은행을 통하지 않으면 아니 되는 것이 일반적이었다. 투자자를 통한 자금모집 역시 실정법을 벗어나는 것은 허용되지 않았다. 그러나 크라우드 펀딩이나 P2P 대출은 예전의 자금모집이나 자금차입과는 다른 양상을 띠고 있다.

은행 역시 다르지 않다. 우리나라 최초로 인터넷전문은행이 출범하여 새로운 국면의 은행업무가 시작되었다. 로보어드바이저를 통한 자산관리 영역 역시 예전의 모습과는 차이를 보이고 있다. 또한 보험 분야에서의 핀테크, 즉 인슈어테크 분야에서의 연구도 활발한 움직임을 띄고 있다. 이러한 핀테크의 점진적인 발전과 더불어 유의해야 할 사항은 핀테크 산업의 발전을 도모해야 한다는 점과 그에 상응하는 이해관계자 보호를 위한 법제의 정비라고 할 수 있다.

현실과 법의 간격을 좁혀야 한다는 당위는 언제나 존재한다. 급속하게 발전을 거듭하고 있는 핀테크 영역과 그에 대한 법률문제의 간격을 어떻게 좁힐 수 있을 것인가에 대한 의구심에서 우리의 집필은 시작되었다. 법무법인 광장에서 핀테크 실무를 담당하는 강현구 변호사, 오랫동안 금융감독원에서 근무하면서 금융회사에 대한 규제업무를 담당하다가 학교로 자리를 옮겨 연구에 몰두하고 있는 이성남 교수, 그리고 학교에서 「상법」관련 강의를 담당하면서 상사 관련 연구 활동을 하고 있는 유주선 교수 세 사람이 모여서 지혜를 모아, 핀테크 관련 법적 문제를 함께 고민하던 차에 조그마한 소책자를 집필하게 되었다. 부족한 면이 많아 부끄러움이 없지 않다. 다만, 핀테크는 빠르게 진행하는 특성상 우리 집필 시점에 반영이 곤란한 부분도 있을 수 있다. 그러한 점을 모두 감안하여 가까운 시일 내에 수정 보완의 약속을 드리면서, 송구한 마음으로 독자들의 질책을 기다릴 것이다.

2017년 4월 8일
공동 저자

차 례

01

핀테크에 대한 기초

01

핀테크에 대한 기초

I. 핀테크 정의

1. 개념

핀테크(Fintech)는 금융(Finance)과 기술(Technology)의 합성어이다. 금융-IT 융합형 신기술 및 신산업을 의미한다. 이러한 금융과 ICT 기술의 융합인 핀테크는 기존 금융시스템이 지니고 있는 현상을 파괴하면서 혁신을 주도하고 있는 모습이다. 핀테크의 등장은 무엇보다도 스마트폰의 이용이 보편화되고 있는 데서 찾을 수 있다. 기존의 소비형태와 달리 소비자는 모바일 중심으로 소비를 하는 경향과 빅데이터 분석 등을 통하여 얻어진 맞춤형 금융서비스를 가지고 자신의 정보를 획득하고자 한다. 이러한 경향으로 오프라인 은행의 금융서비스에서 벗어나게 되었다. 기존의 방식과 달리 온라인 형식의 인터넷, 모바일 중심의 결제, 송금, 자산관리 등 간편 지급결제 대행방식이 발전하게 되었고, 이러한 발전은 금융과 기술을 결합한 '금융과 IT 융합형'의 산업으로 거듭 진화하고 있는 모습이다. 이러한 핀테크는 소비자들의 금융생활과 금융시장에 지각변동을 일으킬 수 있을 만큼 폭발적인 영향력을 가지고 있고, 인터넷 기술을 이용하여 간편하고 다양한 금융서비스 상품을 개발하여 소비자들에게 제공하는 것이 전통적인 금융기관에 위협적인 요소로 등장하고 있다.

2. 경향

하버드 경영대학원 클레이튼 크리스텐슨(Clayton Christensen) 교수는 1997년 그의 저서 "The Innovator's Dilemma(혁신기업의 딜레마): When New Technologies Cause Great Firms to Fail"에서 신기술의 혁명적 변화가 기업의 존재에 미치는 영향을 설명하였다. 그는 '파괴적(disruptive) 혁신'이라는 용어를 사용하면서, 초우량기업이라 할지라도 또한 기존 고객에게 민첩하게 반응하고 기술개발 투자를 늘린다 할지라도 마침내 시장지배력을 상실하는 경우가 발생한다는 점을 제시하면서 '점진적 혁신의 위험성'을 지적한 바 있다. 클레이튼 크리스텐슨에 따르면, 시장 선도 기술을 보유한 기업이라도 혁신이 한계에 봉착하면 기존 제품의 성능을 개선하는 데 그쳐 후발주자에게 주도권을 빼앗기게 되는 것을 말해주고 있다. 그가 제시하는 파괴적 혁신은 단순하고 저렴한 제품이나 서비스로 시장의 밑바닥을 공략한 다음, 빠르게 시장 전체를 장악하는 방식으로 '점진적 혁신'과 구별되는 개념이다. 혁신의 한계에 봉착하여 후발주자에 선점을 내준 사례는 세계 시장의 변화에서 쉽게 알 수 있다. 아날로그 TV의 품질을 개선하는 것에 집중하여 디지털 시장에서 뒤로 처진 소니 회사나 스마트폰 전의 휴대폰인 피처폰 분야에서 프리미엄 폰을 제작하기 위하여 노력하였던 노키아 및 스마트폰 시장에서 삼성전자에 선점을 당하였던 애플 등은 대표적인 사례에 해당한다. 파괴적 혁신의 모습은 기술을 핵심요소로 하는 금융서비스의 혁신을 특징으로 하는 핀테크에서 볼 수 있다.

3. 특징

(1) 의의

기존 전자금융 서비스는 금융회사가 주도하고 IT 기업이 보조 서비스를 제공하는 양상을 띠고 있었다. 그러나 금융서비스(Banking)가 금융회사(Bank)에서 분리되는 양상이 나타남에 따라 위기의식을 느낀 금융업계는 핀테크의 발전 방향에 주목하지 않을 수 없게 되었다. 발전을 거듭하고 있는 핀테크는 기존 금융업 가치사슬을 뒤바꾸는 파괴적 혁신의 속성을 가지고 있다.

(2) 비교

기존의 전자금융과 핀테크의 비교는 여러 가지 방식으로 이루어질 수 있으나, 다음과 같은 형태에서 양자의 차이점을 제시할 수 있다.[1] 금융과 기술이 기존에도 결합이 없지 않다는 점에서, 전자를 전통적 핀테크로 하고 후자를 신흥 핀테크로 구분하기도 한다.

〈전자금융과 핀테크〉

구분	전자금융(전통적 핀테크)	핀테크(신흥 핀테크)
정의	전자적 채널을 통해 금융상품과 서비스를 제공	IT와 금융이 다양하게 융합되고 신산업 창출
역할	금융 인프라 지원	기존 인프라를 우회 또는 대체하여 금융 서비스 직접 공급
수익모델	금융회사가 주도, IT 금융거래 지원	IT 기업이 주도, 금융회사와 경쟁·협력
주요 기업	IBM(솔루션) Infosys(IT 하드웨어) SunGard(금융소프트웨어) Symantech(정보보안)	Alipay(지급결제) Kickstarter(크라우드 펀딩) Lending Club(P2P 대출) Wealthfront(자산운용) FidorBank(인터넷 은행) CoinBase(Bitcoin)
비교	PC 기반 금융/대형 IT 회사 중심	모바일 기반 스타트업 중심

(3) 검토

위 표에서 보는 바와 같이 전통적 핀테크 기업은 기존 전자금융과 마찬가지로 기존 금융서비스의 가치사슬에 포함되어 서비스의 효율을 높여주는 역할을 담당한다. 금융회사가 핵심적인 역할을 하면서 IT 기업이 이를 후방에서 지원해주는 역할을 하는 것이 전통적 핀테크라고 한다면, 신흥 핀테크 기업은 금융회사의 솔루션 역할에서 벗어나 고객과 직접 소통을 하면서 금융업 가치사슬의 핵심적인 역할을 담당하게 된다. 고객과의 접점이 모바일 기기에 쏠림에 따라 핵심 가치사슬은 앱을 제공하는 소프트웨어 기업이 담당하게 되는 것이다. 자연스럽게 금융회사는 뒤에서 보조적인 업무를 하게 된다. 결국 지점을 통한 대면 거래를 온라인화시킨 전자금융이 점진적 혁신이라고 한다면, 기존 비즈니스 모델이나 가치사슬의 일부가 아니라 전체를 완전히 대체하거나 재조직할 수 있는 신흥 핀테크는 크리스 크리스텐슨이 말하는 파괴적 혁신(disruptive innovation)

에 해당하고, 이는 다른 말로 창조적 파괴(creative innovation)에 해당한다.

II. 핀테크의 발전과정

1. 주요국

IT 기술과 금융의 결합은 과거에도 존재하였다. 1987년 미국 증시의 대폭락을 분석한 미국 대통령위원회 브랜디 보고서는 대폭락의 원인으로 프로그램 거래(program trading)를 언급할 정도로 1980년대에도 컴퓨터의 사용은 금융에 많은 영향을 주었다. 1990년 후반부터는 금융공학이 발달하면서 이러한 흐름이 가속화되었지만, 이때까지도 금융에서 IT 및 컴퓨터의 활용 영역은 보안과 가치산정으로 국한되어 있었다. 그러나 스마트폰이 등장하면서 오프라인 영역에 있던 산업들은 온라인화가 확산되었고, 금융산업도 급속하게 모바일화가 진행되었다.

금융산업의 온라인화가 확산되면서 핀테크 산업은 빠르게 성장하고 있다. 핀테크 관련 기술이 가장 발달한 나라는 미국과 영국이다. 세계 최대의 시장을 형성하고 있는 중국은 물론이고, 아프리카의 케냐에서도 핀테크가 금융소비자들의 일상을 바꾸고 있다. 2007년 설립된 케냐와 탄자니아의 모바일 금융서비스인 M-PESA[2]는 2009년에 영국에 진출하였으며 2010년에는 남아프리카에 진출하였다. 이후 M-PESA는 아프리카 전역과 세계 각국으로 사업을 확장하였다. M-PESA의 M은 Mobile을, Pesa는 스와힐리어로 돈(money)을 의미한다. M-PESA는 아프가니스탄, 남아프리카, 인도로 사업영역을 확장하였으며, 2014년에는 동유럽까지 진출하였다. 2015년에는 케냐의 성인 인구 2/3 이상(가입자 수 2,000만 명 이상)이 M-PESA에 가입하여 모바일 머니를 사용하고 있으며, 공과금이나 택시비와 같은 일상생활에서도 모바일 결제가 일반화되어 있다. 세계적으로 스마트폰의 사용이 확산되면서 모바일 결제 금액은 증가하고 있으며, 이에 따라 핀테크 산업도 더욱 성장할 것으로 예상된다.

2. 우리나라

우리나라에서도 핀테크가 미래의 핵심 산업으로 인식되면서 정부와 국회에서 다양한 정책과 법안들을 발표하고 있다. 금융위원회는 2015년 1월 'IT·금융 융합 지원방안'에서 규제 완화 및 핀테크 산업의 지원방안을 발표하였다. 2015년 7월 국회에서 크라우드 펀딩(Crowd funding)법이 통과되면서 2016년부터는 마이크로 VC(Venture Capital)라는 새로운 금융시장이 형성될 것으로 예상하였다. 또한 핀테크 활성화를 위한 다양한 법안들이 발의되면서 핀테크를 육성하고자 하는 국회의 후속 조치가 진행 중이다. 업계와 시장에서도 한국금융 플랫폼을 필두로 한 P2P 금융기업들은 기존의 은행과는 다른 대출시장을 조성하고 있으며, 기업금융에서도 2015년 7월에 국내 P2P 대출 기업인 8퍼센트가 국내 자동차 공유기업 쏘카(SOCAR)의 크라우드 펀딩을 진행하였다. 그뿐 아니라 은산분리로 막혀 있던 산업자본의 은행업 진출은 카카오와 같은 IT 기업들이 인터넷전문은행 인가를 받으면서 가시화되고 있다. 핀테크라는 새로운 산업의 등장이 금융시장의 변화를 촉진하고 있는 것이다.

국내에서 인터넷과 스마트폰의 높은 보급률과 발달된 IT 인프라에도 불구하고, 핀테크 산업은 초기 수준에 머물러 있다. 2014년 IDC(Internet Data Center)가 발표한 세계 100대 핀테크 기업 목록에는 미국과 영국 그리고 중국의 기업은 물론이고, IT 강국인 인도와 제조업 중심 국가인 독일과 일본의 기업도 명단에 있지만, 한국은 하나의 기업도 배출하지 못하고 있는 실정이다.

국내 기업들은 핀테크 산업 발전에 유리한 환경과 IT 기술을 보유하고 있음에도 불구하고 적절한 정책과 제도의 미비로 핀테크 산업의 성장에 어려움을 겪었다. 2002년 브이소사이어티(V-Society)가 브이뱅크(V-Bank)라는 인터넷전문은행을 설립하고자 하였으나 허가를 받지 못하였다. 2005년에는 전자결제기업인 페이게이트(PayGate)가 웹 표준에 기반을 둔 결제시스템을 갖추었으나, 관련 규제로 결제 시장에 적극적으로 진출하지 못하면서 미국의 페이팔(PayPal)과 중국의 알리페이(Alipay)처럼 성장하지 못하였다.

국내 기업들이 가지고 있는 IT 기술과 우리나라의 모바일 시장의 규모를 고려한다면 핀테크는 침체되어 있는 국내 금융업의 새로운 동력이 될 수 있을 것으로 기대된다. 핀테크 산업의 활성화를 위한 정책 및 제도가 뒷받침된다면, 국내 핀테크 기업들은 빠른 성장이 가능할 것으로 예상된다. 정부에서도 핀테크 산업의 제도적 제약을 인지하고 규제완화를 발표하고 있지만, 추가적인 규제완화 및 정부의 지원정책이 더욱 요구된다.

III. 핀테크의 영역

1. 의의

핀테크 시장은 2014년 글로벌 핀테크 기업의 투자규모가 확대되면서 120억 달러를 초과하였다. 이는 2013년 대비 3배 이상 증가한 것으로 알려지고 있다. 핀테크 기업의 비즈니스 모델은 지급, 송금, 크라우드 펀딩, 대출, 투자 및 자산관리, 인슈어테크 등 금융서비스 영역에 있다. 이러한 영역들에 대한 핀테크 기업의 투자가 확대되고 있는 것이다.

2. 지급결제

(1) 결제수단

신용카드를 대체, 보완할 새로운 지급수단으로 모바일 결제서비스가 있다. 온라인과 오프라인의 결합에 중요한 역할을 할 것으로 전망되며, 금융기관뿐만 아니라 다양한 업계의 기업들이 경쟁에 달려들고 있는 형국이다. 지급결제 분야는 핀테크 서비스 가운데 성공적인 모델로서 평가받고 있으며 가장 치열한 경쟁이 벌어지고 있는 영역에 해당한다. 간편결제, 모바일 결제 등 지급결제가 가능하다. 최근 출시되는 지급결제서비스는 오프라인 결제수단(종이통장, 신용카드 등)을 모바일 기기에 집약시켜 사용 편의성을 높이고 있다. 카드번호, CVC 값[3] 등을 순차적으로 입력하는 온라인 결제방식을 간편결제 등으로 대체하여 결제절차를 간소화하게 된다. 온라인과 오프라인 상에서 이루어지는 서비스와 재화 구매 시 모바일 기기를 이용하여 대금을 지급하는 서비스를 모바일 결제라고 한다. 이러한 모바일 결제에는 계좌 이체, 소액 결제, 대중교통 결제 등을 포함하는 개념이다. 모바일 결제서비스는 주로 현금이나 플라스틱 카드로 이루어지던 지급 거래가 모바일 지갑, 모바일 POS[4] 등 모바일 기기를 활용한 새로운 유형의 결제서비스로 진화하여 이용자는 자신의 스마트폰 안에 각종 지급수단, 할인 쿠폰, 멤버십 카드 등을 저장하여 필요에 따라 대금을 결제할 수 있게 된다.

(2) 현황

원래 모바일 결제시장은 모바일 뱅킹 등 기존 지급수단을 보완하는 형태로 출발하였으나 점차 차별화된 지급수단으로 진화하고 있다. 세계 모바일 결제시장은 2017년 7,210억 달러(756조 원) 규모로 연평균 25.2% 성장하였다. 국내 모바일 결제시장 규모도 2014년 2분기 3조 1,930억 원으로 전년 동기(1조 3,480억 원) 대비 약 2.4배 성장하였다. 1950년대에는 현금결제가 은행에서 지급결제의 수단이었지만, 현금의 사용에는 불편함이 있었다. 신용카드의 등장은 현금 사용의 불편함이 상당 부분이 해소된 바 있었다. 인터넷이 보급된 1990년대 전자상거래의 발전으로 인터넷 뱅킹의 필요성이 증가하게 되었고, 2000년대에는 금융 IC 칩이나 휴대전화에 들어가는 USIM 칩 이용 또는 휴대전화를 이용하여 소액결제를 하는 다양한 형태의 모바일 결제가 이루어지게 되었다. 이렇게 본다면, 지급결제서비스의 발전은 무엇보다도 스마트폰의 등장에 기인한 것이라 할 수 있다.

(3) 결제방식

또 하나 주목해야 할 사항은 금융기관을 통하지 않는 새로운 방식의 결제시스템인 애플페이(Applepay), 페이팔(PayPal), 알리페이(AliPay) 등의 등장이다. 애플은 사용자의 편리성과 보안성을 강화한 '애플페이'를 출시함으로써 모바일 지급결제 시장에 새로운 혁신을 일으켰다. 즉, 애플사는 카드사와 연합하여 2014년 10월부터 모바일 결제가 가능한 애플페이 서비스를 시작한 바 있는데, 이는 아이폰에 신용카드 정보를 먼저 저장해둔 후, 터치 ID(지문인식)와 근거리무전통신(NFC)[5]을 활용하여 간편하게 지급결제 기능을 수행하게 된다. 이후 중국의 알리바바가 구축한 '알리페이', '페이팔', 삼성의 '삼성페이', 다음카카오의 '카카오페이' 등 유사 서비스가 등장하며 핀테크 시장에 대한 관심이 증폭되고 있다. 2018년 4월 들어 모바일 쇼핑, 디지털 음원, 콘텐츠 산업의 확산과 맞물려 2017년 국내 간편결제 서비스 거래액은 40조에 달한 것으로 나타나고 있다. 이는 2016년 11조 7,810억 원보다 3배 이상 성장한 것이다. 특히 주목받고 있는 사항은 간편결제 서비스 업체들이 나란히 오프라인과 해외시장을 공략하면서 사업 영역을 확대해나가고 있다는 점이고, 앞으로 모바일 결제는 빅데이터 마케팅이 핵심 기반이 되기 때문에 기업들의 경쟁이 치열해질 것으로 예상된다.

〈우리나라 주요 업체의 현황〉

구분	삼성페이	카카오페이	네이버페이	페이코 (NHN 엔터테인먼트)
월 거래액	1조 원	1조 1,300억 원 (간편 송금 포함)	5,000억 원	4,000억 원
가맹점 수	신용카드 결제 가능	1만 2,600여 개(온라인)	19만여 개(온라인)	온라인 10만, 오프라인 13만
신규사업	3월 이탈리아 시장 진출 등 총 21개국에서 사용	QR 코드·바코드 활용한 오프라인 서비스(출시 예정)	미래에셋대우와 협력해 금융서비스 진출 추진	식권·쿠폰 시장에 올 상반기 진출 예정

※ 2018년 4월 3일 조선일보 B5면 참조

　　2019년 전자지급 서비스 이용 현황을 살펴보면, 온라인쇼핑이 늘면서 간편결제 서비스 이용이 급증한 것으로 나타나고 있다. 삼성페이·카카오페이·토스 등 카드를 모바일에 저장해두고 비밀번호를 입력해 편리하게 결제·송금할 수 있는 간편결제 서비스 이용건수는 하루 평균 600만 건으로 2018년 380만 건보다 56.6% 증가한 것으로 한국은행이 발표하였다. 이용 금액도 1,212억 원에서 1,745억 원으로 늘어났다. 이는 온라인뿐만 아니라 오프라인에서도 삼성페이 등 간편결제를 이용하는 수가 늘어난 영향으로 보이며, 쿠팡·이베이코리아 등 이커머스 업체가 간편결제 서비스 시스템을 늘리면서 이용규모가 늘어난 것으로 볼 수 있다.

　　간편 송금서비스 이용 건수는 금융기관의 서비스 제공 증가로 하루 평균 249만 건으로 2018년 대비 76.7% 증가하였고, 온라인쇼핑 이용객이 늘면서 전자지급결제대행(PG) 서비스도 인기를 끌면서 2018년 대비 전자지급결제대행서비스 이용건수와 금액 역시 각각 39.3%, 26.2% 증가하였다. 또한 충전 선불금으로 금액을 내거나 송금하는 '선불전자지급서비스' 역시 간편 송금 이용이 늘어나고 있다. 2017년 1,500만 건, 2018년 1,630만 건, 2019년 1,890만 건으로 매년 증가하고 있는 추세이다. 2018년 이용 실적이 15.8%, 이용 금액이 108.9%나 급증했고, 토스나 카카오페이 등을 이용한 송금서비스가 큰 폭으로 증가했다. 결제대금예치서비스 이용 실적과 금액 역시 각각 15.6%, 12.9% 증가하였고 온라인 판매중개업체를 중심으로 증가세가 지속되고 있는 중이다.

(4) 가상화폐

지급결제와 관련하여 논의할 수 있는 사항이 비트코인(Bitcoin)의 등장이다. 2009년 글로벌 금융위기가 진행되고 있을 때 금융계의 다른 쪽에서는 비트코인이라는 전대미문의 발명품이 등장하였다. 이른바 '디지털 통화(digital currency)'라는 전자결제수단이 그것이다. 컴퓨터 기술을 이용하여 현금을 대신할 수 있도록 한 결제수단은 그 이전에도 미국 유통업체 아마존이 발행하는 아마존 코인(Amazon Coin)이나 우리나라의 민간 사업자들이 발행하는 전자화폐(E-Money) 등이 있었다. 그러나 이 전자결제수단들에는 별도 화폐 단위가 없었으며, 이를 발행하는 기업이 현금과 일대일로 교환을 보장하는 것으로 만족하였기 때문에, 현금이 아니라 현금의 보완 수단으로 여겨졌다. 그러나 비트코인은 현금의 지위에 도전하고 있다. 우선 '비트코인(BTC)'이라는 독자적 계산 단위를 갖고 있으며 1비트코인과 기존 화폐들의 교환 비율은 전문 거래소에서 매매를 통해 결정된다. 비트코인은 국내 거래에서도 환전 없이 사용할 수 있고 운반의 불편과 위험도 없으며, 현금보다 장점이 많다. 얼마 전에는 비트코인이 마약 거래에 사용되거나 컴퓨터 해커들이 다른 사람 소유의 비트코인을 절취하는 일까지 발생하였다. 디지털 통화는 이와 같이 활용 면에 있어서도 현금과 매우 유사한 면이 있다. 그런 가운데 리플(Ripple)과 라이트코인(Ritecoin) 등 유사한 디지털 통화들이 속속 출현하고 있는바, 이제 우리는 '현금 없는 사회(cashless society)'라는 말이 무색하지 않게 되고 있다. 한편, 국내 가상화폐 거래시장에 2017년 말부터 본격적으로 개미투자자들이 몰려들면서 가상화폐 투기가 광풍처럼 몰아치면서 투자자 문제의 심각성이 발생되었다. 여기에 가상통화거래소 등의 해킹이나 서버다운 등의 소동 등에도 불구하고 별다른 규제 없이 피해자만 속출하고 있다는 비판이 지속적으로 제기된 바 있었다. 2018년 들어 일시적으로 침체기를 거친 가상통화 거래는 2018년 4월 들어 다시 활기를 띠어가는 모습이다. 이와 같이 가상통화시장이 과열되고 있음에도 불구하고 법적 규제가 아직 마련되지 않아 우려의 목소리가 잦아들지 않고 있다.[6]

2018년 5월 4일 현재, 가상통화의 가격은 혼조세를 보이고 있는 모습이다. 비트코인은 상승세를 띠면서 1,000만 원 선을 유지하고 있다. 가상통화 거래소 빗썸은 4일 오후 45분 현재, 비트코인은 전날 같은 시간 대비 4.55% 상승한 것으로 발표하였다. 전날 오후 1,010만 원 안팎을 오가던 비트코인은 4일 1,079만 원까지 상승한 것이다. 이더리움 역시 6.73% 상승하고 있는 가운데 골렘도 13.25%로 큰 상승세를 띠고 있다. 반면, 이오스는 -6.66%, 트론은 -3.09%, 엘프는 -7.02% 하락한 것으로 나타나고 있다.

2020년 현재 가상화폐와 관련된 이슈는 다음 두 가지로 볼 수 있다. 2020년 5월 18일 자 모 일간지는 한국은행이 중앙은행 디지털화폐(CBDC: Central Bank Digital Currency) 파일럿 테스트(초기 시험)를 위한 기술 검토에 속도를 내고 있다고 보도했다. 여기서 중요한 개념은 CBDC와 파일럿 테스트라는 개념인데, CBDC는 디지털 형태를 가지고 법정화폐 단위를 사용하며 중앙은행이 발행하는 화폐로서, 지폐나 동전처럼 액면 가격이 정해져 있다는 점에서 발행주체가 민간이고 시장가격 변동성이 높은 비트코인 등 민간 가상화폐(PIDC: Privately Issued Digital Currency)와 차이가 있다. 한편, 파일럿 테스트란 가상의 지급결제환경을 조성하여 CBDC를 실제로 쓰기 전에 어떻게 작동되고 활용되는지를 확인하는 작업을 뜻하는 것으로, 신종 코로나바이러스감염증(코로나19) 사태로 각종 분야에서 비대면 서비스가 증가하면서 그 중요성이 부각된 것으로 볼 수 있다.

또 다른 이슈로는 2020년 6월 2일 범죄피의자의 가상화폐 지갑과 증권예탁, 주식 등에 대한 검찰의 몰수·부대보전 청구에 대한 법원의 인용 결정이 있었다. 미성년자 등을 상대로 성 착취물을 제작해 유포한 혐의 등으로 구속된 텔레그램 운영자의 범죄수익에 대해 법원이 동결처분을 내린 것이다. 몰수·부대보전은 사건 관계자가 범죄수익을 임의로 처분하는 행위를 막기 위한 사전 절차에 해당한다. 검찰이 해당 재산에 대해 청구를 하고 법원이 이를 수용하면 해당재산은 동결되고, 확정판결이 내려지면 그대로 몰수된다. 금번 가상화폐 지급에 대해 처분 금지 명령은 처음으로 내려진 사례에 해당한다.

3. 송금

(1) 의의

송금의 대표적인 기업은 영국의 대표적인 P2P 해외송금업체인 TransferWise이다. 이 업체는 금융기관을 통하지 않고 두 나라 간 송금하려는 사람의 수요를 서로 연결시키는 방식을 이용하여 수수료를 기존 은행 대비 10분의 1 수준으로 낮추면서 누적 송금액 45억 달러를 달성하였다. 이는 2014년 말 기준으로 우리나라 금액 약 5조 원에 해당한다. 또한 미국의 유학생 학자금 송금업체인 PeerTransfer는 미국, 캐나다, 영국, 호주 내 650여

개 학교와 제휴하여 해외 유학생들의 등록금 납부를 대행하고 있다.

(2) 현황

해외에서 수취한 대규모 자금 확보를 통해 은행과 수수료/환율 협상에서 우위를 선점하고, 모든 수취 자금을 환전하지 않고 각 국가에서 등록금 납부 후 남은 차액만 환전해 불필요한 수수를 제거하였다. 200여 개 통화로 송금이 가능하며 비자카드, 마스터 카드, 알리페이를 통하여 송금이 가능하다. 핀테크 기업은 인터넷 플랫폼을 통해 송금 의뢰자와 수취인을 직접 연결하여 송금 비용을 낮추고 시간을 단축한다. 영국의 경우 인터넷 기반 해외송금업체 이용 시 수수료는 시중은행 대비 1/10 수준이며, 은행이 3~8일 걸리는 반면 1~3일이면 완료된다. 1,000파운드 유로화 송금 시 영국은행은 20~50파운드가 들어가지만 전문업체는 3~5파운드로 족하다. 우리나라도 하나은행이 페이팔과 제휴하여 온라인 송금 수수료를 획기적으로 낮추었다. 1천 불 송금 시 은행송금 대비 3분의 1 수준이면 된다. 우리나라는 그동안 은행에서만 취급해왔던 해외송금업무를 2017년 1월 「외국환거래법」을 개정하면서 비은행권에서도 해외송금업무를 운영할 수 있도록 하였다. 이를 계기로 하여 해외송금수수료 인하, 불법적인 해외송금 양성화 및 관련 분야 국내 핀테크 산업육성을 모색하고 있지만, 자금세탁방지 등의 문제를 해결해야 하는 실정에 놓여 있다.

획기적 규제혁파의 일환으로 공무원이 규정의 필요성을 직접 입증하는 「규제입증책임전환제」를 시범적으로 실시하고, 이에 따라 외환거래 분야 핀테크 스타트업을 활성화하고 금융업의 경쟁력을 강화하기 위하여 2019년 5월 3일부터 개정된 「외국환거래법」이 적용되고 있다. 그 내용은 ① 외국환거래 분야의 신산업 추진, ② 금융업 경쟁력 강화, ③ 외환거래 편의 제고 등 세 가지 사항을 주된 내용으로 하고 있다. 자세한 사항은 '03 핀테크와 해외송금'을 참고하기 바란다.

4. 크라우드 펀딩

(1) 의의

다수의 사람들로부터 자금을 모집하는 행위를 크라우드 펀딩이라 할 수 있다. 이는 crowd와 funding이라는 용어에서 그 의미를 이해할 수 있다. 그런 측면에서 본다면 다수의 사람으로부터 기부를 받는 행위, 고객으로부터 자금을 위탁받는 은행의 수신행위 또는 회사가 투자자로에게 주식을 발행하거나 회사채를 발행하여 자금을 조달하는 방법 역시 크라우드 펀딩의 일종으로 볼 수 있다. 그러나 핀테크에서 말하는 크라우드 펀딩은 제도권에서 접근하기 어려운 창업 초기 영세 중소기업, 예술가, 사회운동가 등이 특정한 사업을 수행하기 위하여 소비자나 후원자 등 일반대중으로부터 웹사이트 등 인터넷을 통하여 소액의 자금을 모집하는 행위를 의미한다. 크라우드 펀딩은 자금유치에 따른 대가의 유무와 형식에 따라 다음과 같이 구분될 수 있다. 기부형은 자금 유치의 대가를 지급할 것을 예정하지 않는 형태를 의미하고, 보상형은 투자자에게 일정한 보상이나 결과물을 교부하는 형식을 의미한다. 그리고 대출형은 자금을 유치한 후 원금이나 이자를 상환하는 형태이고, 투자형은 사업의 이윤에 지분의 형식으로 참여하는 형태를 의미한다.

〈크라우드 펀딩의 유형〉[7]

유형	자금모집방식	보상방식	주요 사례
후원, 기부형	후원금, 기부금 납입	무상 또는 비금전적 보상	주로 예술, 복지 분야 사업자금 조달 시 활용
대출형	대부	유상(이자지급)	긴급자금 등이 필요한 수요자가 자금조달 시 활용(대부업체 중개)
투자형	출자(지분취득)	유상(이익배당)	창업기업 등이 자금조달 시 활용

(2) 증권형

국내 증권형 크라우드 펀딩 시장이 신생 기업이 투자자를 모집하는 하나의 창구로 자리매김하고 있다는 지속적인 평가가 있다. 예탁결제원 크라우드넷에 따르면, 2016년 이후 2018년 3월 현재까지 증권형 크라우드 펀딩에 성공한 기업은 333곳에 이르는 것으로 나타나고 있다. 총투자자 2만 5,961명이 513억 원을 창업 초기 기업에 투자했다. 증권형 펀딩을 시작한 2016년 110개 기업이 174억 원을, 2017년에는 164개 기업이 278억 원을 조달하는 등 1년 만에 시장규모가 59% 성장한 것으로 나타나고 있다.

〈증권형 크라우드 펀딩 주요 성공 사례〉

상품명 또는 대상	업종	투자 유치 금액	펀딩 이후 수익률
에스와이제이(SYJ)	의류업	7억 원	95%
인천상륙작전(영화)	영화	5억 원	25.6%
팜잇 1호, 2호	농업	각 7억 원	24.48%

※ (금융위원회, IBK 투자증권) 2018년 3월 13일 조선일보 B7면 참조

온라인 의류 쇼핑몰 업체인 에스와이제이는 2016년 IBK 투자증권의 주관으로 펀딩에 나서 초기 투자금 7억 원을 모집하였고, 이후 회사가 성장하여 2017년 5월 코넥스 시장에 주식을 상장한 바 있다. 앞에 제시한 표에 나타나고 있는 의류·영화·농업 가운데 영화나 뮤지컬 등 문화 콘텐츠 사업은 주로 고정된 이자를 지급하고, 수익률에 따라 추가적인 이자를 지급하는 투자형 크라우드 펀딩의 모습을 띠고 있다. 한편, 2017년에 펀딩에 성공한 기업의 업종 분포를 보면 IT·모바일이 80건, 제조업 77건, 문화 59건, 교육 18건, 음식점 12건, 농·식품 9건 등으로 나타나고 있다. 업종의 다양성을 엿볼 수 있고, 일반 개인투자자도 2016년 5,592명에서 2017년에는 1만 5,283건으로 늘었다.

창의적인 아이디어나 사업 계획을 가진 기업이 주식이나 채권을 발행해 다수의 소액 투자자로부터 자금을 조달하는 방법인 증권형 크라우드 펀딩은 주식 배당금, 채권 이자 수익을 펀딩 보상으로 받을 수 있다는 점에서, 기존의 후원·기부형, 대출형 크라우드 펀딩과 차이가 있다.

2015년 7월 6일 「자본시장과 금융투자업에 관한 법률」(이하 「자본시장법」이라 한다) 개정안이 국회를 통과하여 2016년 1월 25일부터 일명 크라우드 펀딩법이 시행되고 있다. 크라우드 펀딩법은 창의적 아이디어나 사업계획을 가진 기업가 등이 중개업체의 온라인 포털에서 '집단지성'을 활용하여 다수의 소액투자자로부터 자금을 조달하는 것을 의미한다. 자세히는 '04 핀테크와 크라우드 펀딩'을 참고하기 바란다.

(3) 대출형

대출과 관련해서는 P2P 대출을 들 수 있다. P2P 대출이라 함은 은행 등 전통적 의미의 금융회사를 거치지 않고 소규모 후원·투자 등의 목적으로 온라인 플랫폼을 통해 불특정 다수로부터 자금을 모으는 행위를 말한다. 돈을 갖고 있는 사람(투자자)과 돈이 필요한

사람(대출자)을 직접 연결하는 방식의 회사가 등장한 것이다. 바로 P2P(Peer To Peer·개인 대 개인) 중개업체들이다. 이 중개업체들은 음악이나 영화 파일 등을 온라인에서 개인과 개인 간에 직접 연결했던 것처럼 투자자와 대출자를 연결해 각종 대출 금리를 대폭 낮추게 된다. 미국이나 영국 등의 경우 크라우드 펀딩 업체가 대출 신청인의 신용등급을 관리하는 등 은행권과 경쟁구도를 형성하고 있다. 국내 크라우드 펀딩 산업은 2011년부터 본격 성장하기 시작했으며 P2P 대출이 주종을 이루고 있다. 대출 1,787억 원, 기부·후원이 16억 원, 지분투자의 경우 2012년 7월 누적금액을 기준으로 하여 14억 원에 이르고 있다. 국내 주요 업체로는 머니옥션, 팝펀딩, 오퍼튠, 텀블벅, 펀듀, 업스타트 등이 있다.

이 대출방식은 2005년 영국에서 처음 등장한 이후 미국, 유럽, 중국 등 전 세계로 빠르게 확산되고 있다. 최초의 P2P 대출회사인 영국의 Zopa, 미국의 Lending Club, SoFi, Prosper, 중국의 SinoLending, CreditEase 등의 플랫폼이 성행하고 있다. 대출형 크라우드 펀딩으로 불리는 P2P 대출은 은행이나 증권사 등 기존의 플랫폼인 금융기관을 거치지 아니하고 온라인상에서 투자 활동이 이루어지기 때문에 개인이 직접 거래하는 시스템에 해당한다. 대부업과 비교하여 금리를 대폭 낮추게 되는 효과를 갖게 된다. 투자자는 은행 이자보다 높은 수익률을 기대할 수 있고, 금융권에서 높은 이자가 아닌 저렴한 이자로 자금을 조달받을 수 있다는 점에서 대출자 역시 이익이 있다.

2018년 4월 현재, 국내 개인 간 거래인 P2P 대출시장이 사상 처음 1조 원을 돌파한 것으로 나타나고 있다. 5,000억 원을 넘어선지 1년 만에 두 배로 성장한 것이다. P2P 금융협회에 따르면 2018년 3월 말 기준 회원사 대출 잔액 총액은 1조 12억 원을 기록했다. 이는 2017년 4월 말 기준 대출 잔액인 5,094억 원의 두 배에 육박하는 수치에 해당한다. 금융위원회가 합산한 2017년 말 국내 중금리 대출 규모는 대출 잔액 기준 2조 3,683억 원이다. 2018년 3월부터 P2P 대출 가이드라인의 변경은 P2P 대출시장의 확장을 예상하게 한다. 기존에는 개인의 특정 P2P 업체 투자가 1,000만 원까지로 제한되었다. 그러나 2018년 3월부터 개인신용 대출상품 취급업체의 경우 2,000만 원으로 상한액이 올랐다. 이와 같은 규제의 완화는 P2P 대출시장에서 거래의 규모가 증가될 것으로 예상하였던 것이다.

2019년 10월 31일 국회본회의에서 이른바 P2P 금융법이라고 불리는 「온라인투자연계금융업 및 이용자 보호에 관한 법률안」이 통과되었다. 동법은 영업행위 규제 및 투자자·차입자 보호 제도 마련으로 P2P 금융업이 건전하게 성장할 수 있는 기반을 구축할 것으로 기대되고 있다. 자세히는 '05 「온라인투자연계금융업 및 이용자 보호에 관한 법률」을 참고하기 바란다.

5. 인터넷전문은행

(1) 개념

인터넷전문은행이란 오프라인 점포 없이 온라인 네트워크를 통해 금융거래를 하는 온라인 은행을 말한다. 은행 창구를 방문하지 않고도 대출, 적금, 신규 상품 등에 가입할 수 있고, 24시간 이용이 가능하다. 전술한 바와 같이 2002년 일부 대기업 및 벤처회사가 공동으로 V-Bank를 추진한 사례가 있었으나 실패로 돌아갔으며, 2008년 모바일 혁신시대에 인터넷전문은행을 도입하고자 하는 노력이 있었고 또한 금융위원회 주도로 「은행법」 개정을 통한 인터넷전문은행을 도입하고자 하였으나 금융위기로 무산되고 말았다. 2015년 이후 글로벌 핀테크 트렌드가 확산되면서 IT 강국인 우리나라에서도 ICT 기업을 중심으로 인터넷전문은행을 도입해야 한다는 의견이 제시되었고 금융위원회가 적극적으로 추진한 결과, 우리나라 최초의 인터넷전문은행인 '케이뱅크'와 '카카오뱅크'가 등장하게 되었다.

(2) 장점

인터넷전문은행이 도입되면 금융소비자는 채널 접근성 및 서비스 개선 등 편의성을 제공받고 금리 우대와 수수료 인하 효과를 누릴 수 있다. 또한 새로운 경쟁자가 시장에 진입함에 따라 은행산업 전체의 경쟁 효율성을 제고할 수 있는 장점이 주어진다. 인터넷뱅크 출범에 따라 금융과 IT(정보기술)를 결합한 핀테크(FinTech) 산업에 대한 관심이 커졌다. 핀테크 기업들은 IT를 이용해 기존 금융업의 효율성을 끌어올리는 데 초점을 맞추고 있다. 인터넷으로 거래하는 인터넷 뱅크의 경우 오프라인 지점 운영에 필요한 인력과 비용을 아껴 예금 금리는 시중은행보다 더 올리고 대출 금리는 더 낮출 수 있다. KT·우리은행 등이 주주로 참여한 '케이뱅크'와 카카오·한국투자금융지주·KB국민은행 등이 출자한 '카카오뱅크'가 2015년 11월 예비인가를 받았고, 케이뱅크는 2016년 12월 본인가를 받았으며, 카카오뱅크도 2017년 4월 5일 본인가를 받아 본격적인 인터넷뱅크산업이 출범하였다. 2017년 11월 현재, 양 회사는 괄목할 만한 성장세를 이루고 있다.

(3) 현황

〈카카오뱅크와 케이뱅크의 비교〉

구분	카카오뱅크	케이뱅크
출범일	2017년 7월 27일	2017년 4월 3일
주요 주주	한국투자금융(58%), 카카오(10%), 국민은행(10%) 등	우리은행(10%), GS리테일(10%), 한화생명(10%), KT(8%)
납입자본금	8,000억 원	2,500억 원
가입자 수	435만 명	59만 명
수신액	4조 200억 원	9,700억 원
여신액	3조 3,900억 원	7,600억 원

※ 카카오뱅크는 2017년 10월 말 현재, 케이뱅크는 2017년 11월 24일 현재

카카오뱅크와 케이뱅크 등 국내 금융권에 인터넷전문은행이 출범한지 2년여 만에 25조 원까지 키우며 성장을 이어나가고 있다. 신종 코로나바이러스로 인한 비대면 금융 확산에 힘입어 인터넷전문은행의 성장이 지속될 것이라는 전망과 함께 조만간 새로운 사업자의 등장이 예상되고 있다. 2020년 6월 6일 보도자료에 따르면, 2019년 말 기준 카카오뱅크와 케이뱅크가 보유한 총 자산은 25조 3,000억 원, 원화예금은 23조 원으로 집계되고 있다. 케이뱅크가 2017년 4월, 카카오뱅크가 동년 7월 영업을 개시한 것을 감안하면 3년이 채 안 되는 기간에 성장하고 있는 모습은 가히 눈부시다고 할 수 있다. 다만, 카카오뱅크와 달리 케이뱅크는 자본 확충에 어려움을 겪으면서 대출 확대와 신상품 출시가 지연되고 있고, 「인터넷전문은행법」상 대주주 적격성 요건에 걸려 비금융사이자 핵심 주주인 KT로부터 증자가 미뤄지고 있다.

인터넷전문은행은 2020년 들어 우리 사회에 덮친 코로나바이러스 여파 이후 그 성장에 주목할 필요가 있다. 인터넷과 모바일을 통한 금융거래의 확산이 지속되면서 탄력을 더욱더 받은 모습이다. 비대면 거래의 일시적 거래 증가의 영향도 있겠지만 사회 전반적인 비대면 거래의 경제활동 경향은 앞으로도 긍정적인 전망이 제시되고 있다. 또한 은행의 영업규모 확대를 위한 전제조건이라 할 수 있는 자본 확충이 예상되고, 상품 포트폴리오 다각화도 이루어지면서 추가 성장 동력도 확보하는 형국이다. 아직 영업 초기로 이익에 의한 자기자본 증가가 어려운 상황에서도 케이뱅크는 2019년 6월 6,000억 원의 유상증자를, 카카오뱅크는 기업공개를 계획하고 있다. 또한 중금리대출 공급

증대와 전월세보증금대출 대상 확대, 제휴 신용카드 출시 등 상품 포트폴리오 다각화도 시도되고 있다.

2019년 토스 등 11개사를 주주로 하는 토스뱅크가 예비인가를 취득하고, 2021년 영업 개시를 앞두고 있는 점은 인터넷전문은행 시장의 경쟁을 심화시키고 있다. 토스뱅크는 인터넷전문은행의 여수신 기능과 함께 토스 플랫폼 간의 시너지 효과가 예상되고 있고, 시중은행, 증권사 등 주주들의 고객군 활용도 가능할 것이다. 간편 송금, 신용정보 조회, 맞춤대출 등 토스 금융서비스가 보유한 인프라와 1,700만 명에 달하는 기존 고객, 신용평가 모델 구축 등은 경쟁력에 있어서 선행주자인 케이뱅크와 카카오뱅크의 시장 점유율에 상당한 도전을 할 것으로 예상된다.

(4) 구별

기존 은행과 인터넷전문은행의 차이점은 다음과 같이 제시할 수 있다. 기존 은행과 인터넷전문은행을 비교하는 것 외에 인터넷전문은행이 도입됨에 따라 여러 가지 면이 달라지게 된다.

	기존 은행		인터넷전문은행
기존 은행과 인터넷전문은행 비교	지점, ATM	영업망	인터넷, 모바일 앱, ATM
	평일 오전 9시~오후 4시	영업시간	365일, 24시간
	- 대면 상담을 통해 업무 처리 - 장애인·고령자도 쉽게 이용	서비스 장점	- 금리와 수수료가 유리 - 개인별로 특화된 서비스 제공 가능
	- 고비용 구조 금리와 수수료가 고객에게 불리	단점	- IT 기기에 익숙지 않으면 불편 - 보안 우려
달라지는 금융 서비스 이용법	- 신분증을 가지고 은행 지점을 직접 방문 - 계좌 번호와 종이 통장 발급	계좌 개설	- 지점 방문 없이 스마트폰이나 PC를 통해 신원을 인증, 전자 서류 제출 - 별도의 통장 없음, 계좌번호만 존재
	- 지점 방문 - 인터넷·모바일·폰 뱅킹, ATM 서비스 이용	자금 이체	인터넷·모바일 뱅킹 위주 (ATM과 폰 뱅킹 사용 가능할 수도)
	직접 송금하거나 계좌에 연결된 체크·신용카드 이용	결제	계좌와 연결된 모바일 결제 기능이 기본
	재무 정보에 기반해 신용 평가	대출	인터넷 쇼핑, SNS 활동, 월 소비 내역 등을 분석해 대출 심사 및 금리에 반영
	지점 직원이 상담을 통해 추천	금융상품 마케팅	빅데이터 분석을 통해 고객에게 알맞은 상품을 추천

2017년 들어 카카오뱅크의 상승세가 눈에 띤다. 2017년 4월 출범한 케이뱅크가 순조로운 성장세를 이어갔지만 동년 7월 카카오뱅크가 선발주자인 케이뱅크를 앞지른 것으로 나타나고 있다. 인지도에서 앞선 카카오뱅크는 가입자 4,200만 명을 보유한 국내 최대 메신저 서비스인 카카오톡에 친숙한 소비자들이 새로 출범한 은행에 생소함이나 거부감을 느끼지 않다는 것이다. 카카오뱅크는 '뱅크월렛카카오'와 '카카오페이' 등 지급결제서비스를 운영한 경험을 은행 서비스에 결합하였고, 공인인증서나 OTP(일회용 비밀번호 생성기) 없이도 계좌개설이 가능하였으며, 카카오뱅크 이용자끼리 계좌번호를 입력하지 않아도 금전을 주고받을 수 있도록 하였다. 카카오뱅크의 경우 확실한 대주주가 있다는 점도 유리한 면이 있다. 반면 케이뱅크는 확실한 대주주가 없는데다가 KT가 은산분리 규제를 받는 바람에 규모를 키우는 데 어려움이 발생하고 있는 실정이었다.

(5) 「인터넷전문은행법」 제정 과정

「인터넷전문은행 설립 및 운영에 관한 특례법」(이하 「인터넷전문은행법」)이 2018년 9월 20일 국회 본회의를 통과하고 2019년 1월 17일부터 시행되었다. 동법은 ICT 기업의 인터넷전문은행 지분 보유 규제를 완화하는 내용을 담고 있고, 「은행법」에서 비금융주력자의 은행 지분 보유를 4%로 제한하는 은산분리 규제 내용을 완화하고 있다는 점에 그 특징을 엿볼 수 있다. 그런데 2019년 「인터넷전문은행법」 개정안이 다시 발의되어 정무위원회를 통과하였는바, 대주주 적격성 심사 결격사유를 완화하는 내용으로 KT가 케이뱅크 신규자금을 조달하기 위해 필요한 법안이다. 개정안은 인터넷전문은행 대주주 적격성 심사 때 결격 사유에 해당하는 「공정거래법」 위반 요건을 일부 수정하는 게 골자인데, 기존 「인터넷전문은행법」에 따르면 대주주가 한도초과 지분보유 승인을 받으려면 「공정거래법」 위반 등 전력이 없어야 한다. KT는 2019년 「공정거래법」 위반 문제로 케이뱅크 대주주 적격성 심사가 중단된 바 있고, 이 때문에 케이뱅크는 2019년 7월 당초 계획했던 5,900억 원 규모에 비하면 턱없이 적은 규모인 276억 원을 유상증자하는 데 그쳤다. KT 자회사인 BC카드를 통해 신규자금을 수혈하는 방안을 모색하였고, BC카드는 KT로부터 케이뱅크 지분 10%를 먼저 매입한 상태다.

국회 법제사법위원회는 2020년 4월 29일 전체회의에서, 인터넷은행 대주주의 한도초과 지분보유 승인 요건을 '「공정거래법」 위반' 전력에서 '불공정거래 행위' 전력으로 완화하는 것을 골자로 하는 「인터넷전문은행법」 개정안을 의결하게 된 것이다. 본법은 2020년 5월 19일부터 시행되었다.

6. 자산관리

(1) 의의

금융상품은 매우 복잡하고 다양화되어 있다. 은행이나 보험회사에서 판매하는 연금 상품은 그 기간이 장기간에 걸쳐 있는 것으로 상품에 대한 소비자의 비용 부담이 발생하기 때문에 자문에 대한 소비자의 요구가 증가하고 있다. 물론 은행의 전문상담가의 조언에 따라 관련되는 자문을 받을 수도 있지만, 그러한 특혜는 고액자산가에 해당하는 것이고, 설계사를 통하여 연금 상품을 제공하는 보험회사의 경우라면 일정 부분 자문을 받을 수 있겠지만, 그 역시 전문적인 자문을 할 수 있는 자격이 있는가에 대한 의문이 제기될 수도 있다.

(2) 로보어드바이저

자산관리와 관련하여 수수료가 저렴하고 자문 가능 금액을 낮춘 핀테크 기술이 발전하게 되면서 '로보어드바이저'(Robo-Advisor)가 등장하였다. '로보어드바이저'는 로봇을 의미하는 로보(robo)와 자문 전문가를 뜻하는 어드바이저(advisor)의 합성어로서, 알고리즘이나 빅데이터 분석에 기반을 둔 컴퓨터 프로그램을 활용해 자동으로 포트폴리오 자문·운용서비스를 제공하는 온라인 자산관리서비스를 말한다.

(3) 장단점

로보어드바이저는 기존의 1:1 대면의 웰스매니지먼트 서비스보다 수수료가 싸고, 자문 가능 금액도 낮으며, 모바일이나 PC 등을 이용하여 접근하기 편리하고, 사람의 주관적인 감정에 좌우되지 않는다는 장점이 있다. 로보어드바이저는 개인의 투자성향이라든가 재무 목표 등을 입력하기는 하지만 인생 계획이라든가 가족 상황 등이 반영되지 못한다는 점에서 단점으로 제시된다.

(4) 현황

빅데이터 분석 기술을 활용, 고객의 자산관리 목표에 적합한 투자 상품을 신속히 선별하여 포트폴리오를 구성한다. 소액투자가 허용되고 자산운용현황을 상시 모니터링할 수 있으며, 포트폴리오 구성비용 및 운용 수수료도 저렴하다. 미국의 경우 자산관리가 두드러지게 나타나는 모습이다. 개인자산관리 핀테크인 'Mint'는 예금계좌, 신용카드, 직불카드를 통합해 고객이 과다한 지출을 하고 있지 않은지, 재산을 늘리기 위해서 어떤 금융상품을 가입해야 하는지 등을 종합적으로 관리를 한다. 로보어드바이저 핀테크인 'Betterment'는 기존 금융기관이 높은 수수료(1% 이상)로 거액의 자산가에게만 제공해왔던 자산운용 서비스를 소액 자산에 대해서도 낮은 수수료(0.35%)로 제공하고 있다. 영국 온라인 자산운용사 넛메그(Nutmeg)는 소액(1,000파운드, 약 172만 원) 투자도 관리해준다(기존 자산운용사는 최소 25만 파운드 필요). 국내는 일부 은행이 온라인으로 재무 설계, 가계부 등의 서비스를 제공하고 있으나 개인별 맞춤형 서비스는 제공되지 않는다.

(5) 입법

2017년 11월 로보어드바이저 활성화를 위하여 「자본시장법 시행령」이 개정되었다. 로보어드바이저를 통한 투자 자문 및 투자 일임 재산 운용이 허용된 것이다. '전자적 투자 조언 장치'로 명명되는 로보어드바이저는 일정한 요건을 갖춘 경우에 고객에게 투자자문 및 투자일임 서비스를 제공하게 된다. 2016년 9월부터 2017년 4월까지 제1차 테스트베드 심사를 진행하였고, 현재 상당수의 알고리즘이 해당 심사를 통과하여 상용화 중에 있다. 예를 들면 '대신 로보어드바이저'는 투자 대상을 머신러닝 기법과 블랙-리터만 모형을 통해 찾는다. 금융위원회와 코스콤이 주관한 테스트베드를 최종 통과하였고 수익률 부문에서도 평균을 웃돌고 있다고 한다.

2019년 1월 15일 금융위원회는 로보어드바이저 규제 완화 조치를 담은 '금융투자업 규정 개정안'을 의결했다. 2018년 11월 국무조정실 주관으로 발표한 로보어드바이저 활성화를 위한 후속 조치에 해당한다. 금번 조치로 자산운용사가 아닌 로보어드바이저 업체가 운용사 등으로부터 업무를 위탁받는 경우 펀드 일임재산 등을 직접 운용하면서 운용 보수 등을 분배받는 형식의 운용 업무를 할 수 있게 된다. 종전까지는 펀드 일임재산 운용업무를 본질적 업무로 삼고 있지 않는 경우 펀드 위탁재산을 위탁받아 운용하는 것은 불가능했다. 펀드 일임재산 운용업무를 본질적 업무로 삼기 위해서는 자기자본 15억 원(투자일임업) 등 자격 요건을 갖춰야만 했다. 이 같은 조건을 재우지 못하는 경우 로보어드바이저 업체는 운용사에 기술을 판매하는 형태로만 사업을 진행할 수밖에 없었다. 하지만 업무 위탁자가 투자자 책임을 부담한다는 전제하에 소규모 로보어드바이저 업체가 운용 업무에 뛰어드는 것이 가능해졌다. 아울러 코스콤 테스트베드 참여 대상도 법인에서 개인으로 범위가 확대되었다. 개인의 경우 참여요건과 심사요건 등이 완화 적용되며, 운용사 등록 혹은 업무 제휴를 통해 사업화가 가능하게 되었다. 금번 조치는 로보어드바이저 개발 단계부터 사업화 단계까지 전반적인 개선이 이루어진 것으로 평가할 수 있고, 자산운용 분야에서 혁신이 활성화될 것으로 기대되고 있다.

7. 소결

핀테크 산업의 영역은 실로 다양하다. 스마트폰 확산으로 인하여 핀테크 영역은 점차 확대되고 있는 추세이다. 핀테크 산업이 주목받는 이유는 무엇보다도 스마트폰의 보급 활성화에 따른 모바일 트래픽이 급증함과 동시에 모바일 채널을 통한 금융거래가 늘어나 모바일 결제시장과 같은 관련 산업이 발전할 수 있는 여건이 형성되었기 때문이다. 글로벌 금융위기를 겪은 2008년 이후 신뢰도와 수익에 타격을 입은 기존 금융업계 또한 핀테크를 적극적으로 육성하여 변화된 소비자의 기호를 맞추고 수익성을 개선하고자 노력하고 있는 상황이다. 현재 핀테크는 결제 및 송금 분야에서 가장 활발하게 발전하고 있다. 또한 자산관리, 크라우드 펀딩 분야 등에 있어서도 지속적으로 성장하고 있으며, 새로운 사업 영역에도 많은 투자가 이루어지고 있다. 핀테크는 금융이 IT를 끌어안은 금융서비스 확장과 같은 연장선상의 개념이 아니라 새로운 IT 플랫폼과의 결합으로 이용자들의 편의를 제공할 수 있는 고도화된 금융서비스 및 기술에 해당한다.

지금까지의 금융 내 IT 기술은 특정 분야의 전문가의 영역이거나 제한된 서비스에서 활용되었다. 하지만 스마트폰의 대중화로 금융서비스가 모바일 중심으로 확산되고 새로운 변화를 이끌고 있다. 기존의 인터넷 결제는 쇼핑몰과 같은 상품시장의 성장을 이끌었다고 한다면, 이제부터는 실시간 결제가 가능한 모바일 결제의 등장으로 말미암아 즉각적인 고객의 요구에 대응할 수 있는 서비스 산업이 성장을 이끌 것으로 예상된다. ICT 기업들은 해외 진출 및 서비스 영역의 확대 등으로 기존 금융기관들의 고유 업무 영역에 침투하여 영역을 확장하고 있다. 이들의 금융업 진출 양상은 단순 지급결제에서 송금,

대출, 투자 중개 그리고 보험 등으로 업무 영역을 확대하고 있으며, ICT 기업의 특성상 해외시장 진출이 용이하여 비교적 취약한 금융 인프라 구조를 갖는 신흥국에 대한 시장 선점에 집중하고 있다. 아마존과 알리바바, 텐센트 등은 국내 금융시장 진출을 추진하고 있는 중이며, 향후 국내 금융시장 및 금융산업에 영향을 미칠 것으로 예상된다. 핀테크는 금융회사의 후선업무를 지원하는 IT 기술개발에서 출발하여 고객관리나 거래 시스템과 같은 일선 업무까지 확대되고 있다. 최근에는 간편결제시스템 등에서 혁신적인 기술이 등장하여 전통적인 금융서비스를 대체하는 단계에 이르고 있다.

2017년 들어 핀테크 시장은 시간이 갈수록 그 성장세가 두드러지고 있다. 간편 지급결제시장을 비롯하여 해외송금업에서 그러한 면은 나타나고 있다. 그중에서도 괄목할 만한 성장 분야는 P2P 대출과 P2P 크라우드 펀딩이라고 볼 수 있다. 양대 시장은 상호 앞서거니 뒤서거니 하면서 지속적인 성장을 하고 있는 모습이다. 인터넷전문은행의 성장도 간과할 수 없는 영역이다. 자산관리를 도와주는 로보어드바이저의 발전도 간과할 수 없다. 미국의 'Mint'나 'Betterment'의 경우 다양한 고객정보를 바탕으로 과다 지출에 대한 컨설팅이나 다양한 금융상품 권유 등을 포함한 값싼 수수료를 무기로 하여 고객에게 더욱 밀착하고 있는 모습이다.

핀테크 분야의 성장과 함께 우리 정부의 적극적인 정책 시행, 새로운 법률의 제정이나 시행령을 통한 적극적인 시도들이 이루어졌다. 특히 P2P 법률의 제정, 「외국환거래법」의 개정, 「인터넷전문은행법」 제정 및 금융투자업 규정의 개정 등은 의미 있는 성과로 평가받을 수 있다고 본다.

IV. 핀테크 산업의 주요국 동향

1. 미국

(1) 의의

2014년 이후 플랫폼, SNS(Social Network Service) 등 미국 ICT 기업들은 금융업 진출의 증가 및 사업영역의 확대를 본격화하고 있다. 미국의 페이팔(PayPal)은 글로벌 온라인쇼핑 결제액의 18%를 점유함으로써 세계 최대의 온라인 지급결제 서비스 업체로 성장하였으며, 구글의 경우에도 가상결제 시스템인 구글 월렛(Google Wallet)을 만들어 이용자가 등록한 카드나 은행계좌와 연결되어 이메일 주소만으로도 송금이 가능하도록 간편 금융 서비스를 제공하고 있다. 페이스북은 페이스북 페이지에서 상품을 바로 구매할 수 있도록 하는 구매 버튼을 테스트 중에 있다.

ICT 기업(애플, 구글, 페이스북 등)들이 IT 기술, 방대한 고객 데이터 및 거래 편의성 등을 바탕으로 모바일 뱅킹 시장을 빠른 속도로 잠식하고 있다. 주요 금융그룹들도 유망 핀테크 기업 인수 및 ICT 기업과 제휴를 통해 급변하는 핀테크 산업을 선도하기 위해 노력 중이다. 전자상거래 업체인 PayPal, Amazon 등은 커머스 고객 기반 간편결제에서 오프라인으로 영역을 확장하고, 구글 월렛, 애플페이 등 모바일 플랫폼 업체는 앱스토어 결제를 기반으로 실물경제와 오프라인으로 확장하고 있다.

(2) 애플페이(Apple Pay)

애플은 아이폰 6 및 6 플러스 사용자를 대상으로 지문인증(터치ID)을 통한 NFC 결제 서비스를 2014년 10월부터 미국 내 제공하고 있다. 아이폰 카메라로 카드를 촬영하여 등록하거나 애플 앱스토어(iTunes)에 기등록된 카드정보를 활용한다. 3대 카드사(마스터, 비자, 아멕스), 주요 금융사(BoA, JP모건, 씨티)와 제휴 및 맥도날드, 나이키, 스타벅스 등의 가맹점(22만 개)을 확보하고 있다. 상품구매 시 사용자의 지문인증을 통해 아이폰에서 생성된 1회용 결제정보(보안토큰)를 자동 전송하여 결제한다. 금융기관은 전송받은 1회용 결제정보를 애플사에 전달하여 유효성을 검증받은 후 결제 승인코드를 상점에 전달한다.

(3) 제도 정비

핀테크 관련 투자가 증가하고 있고 미국의 경우 관련 제도와 규제를 점차적으로 정비하고 있는 모습이다. 규제를 비용 편익 관점에서 분석하여 비합리적인 규제를 폐지하거나 최소화하는 방안을 마련 중이다. 미국은 핀테크 산업의 육성을 위하여 민과 관이 활발하게 공조작업을 하는 동시에 IT 기업들이 핀테크 시장 진출과정에서 발생할 수 있는 소비자 피해를 예방하기 위한 규제를 강화하고 있다. 또한 금융사기에 대한 증명책임을 금융회사에 두어 금융기관의 보안에 보다 많은 투자를 유도하고 있는 실정이다.

(4) 최근 동향

2020년 5월 4일 중앙일보 이코노미스트는 미국 연방예금보험공사(FDIC)가 3월 18일 모바일 결제 및 금융회사 '스퀘어(Square)'에 은행 업무 면허를 부여하였다고 보도하였다. '스퀘어'가 은행업 면허를 신청한 지 4년 만에 얻은 쾌거로서, 미국 핀테크 기업이 은행업 면허를 받은 것은 이번이 처음이다. 총자산 규모가 작고, 대출채권을 투자자에게 매각하는 형태로 제한되지만, 은행 면허인 것은 의심할 여지가 없다. FDIC가 핀테크 혁신의 흐름을 거스를 수 없다고 판단한 것으로 볼 수 있다. 2020년 들어 시작된 신종 코로나바이러스감염증(코로나19) 여파로 온라인 기반 은행 등 핀테크의 필요성이 더욱더 요구되고 있다. 미국의 페이 기업들은 소매점 결제에 대해 일부 수수료를 받고 있고, 재고 관리 등의 서비스를 제공하고 있다. 정부의 지원도 눈여겨볼 만하다. 정부는 중소기업 대출을 지원하기 위하여 3,500억 달러(약 430조 원) 규모를 조성한 것으로 알려지고 있고, 이로 인한 페이팔이나 스퀘어 등 비대면 간편결제 서비스 수요가 증가할 것으로 보인다.

반면, JP모건이나 씨티그룹 등 기존 금융 대기업들은 경기 악화로 대출 회수에 어려움이 생기며 대손충당금 증액 등 실적이 악화될 것이다. 미국의 경우 현금과 신용카드 사용이 보편화되어 지금까지 페이 등 핀테크 기업이 자리를 잡는 데 어려움이 있었지만 앞으로 그 입지가 확대될 수 있을 것으로 예상된다. 미국의 경우 아직 사용자들이 전통적 금융시스템에 익숙해 있지만, 그간 규제개혁과 막대한 투자로 산업의 성숙도는 높다고 볼 수 있다. 우선 페이팔이나 애플페이 등을 통한 모바일 간편결제 시스템이 구축되어 있고, 찰스슈왑 등은 로보어드바이저 분야에서 높은 경쟁력을 평가받고 있다. 특히 핀테크 분야에서 규제의 비용편익분석 등을 통해 비합리적 규제를 완화하고 있고, 규정상 금지하지 않은 비즈니스라면 허용하는 체계를 고수하고 있다는 점에서 긍정적인 평가를 내릴 수 있다.

2. 중국

(1) 의의

중국의 경우 전 세계적으로 가장 신속하게 핀테크를 적용해가는 국가이다. 중국은 전자상거래업체로 알리바바가 알리페이(Alipay)를 서비스하고 있다. 알리페이는 온라인 지갑에 미리 돈을 충전한 후 상품 및 서비스 가격이나 교통요금을 결제하는 방식의 금융서비스이다. 이는 공인인증서가 필요하지 않고 결제 시 결제정보를 입력하지 않아도 되는 등 거래의 단순성 및 편의성에 힘입어 현재 사용자가 대략 8억 명에 달하고 있다. 알리페이는 택시요금이나 커피점 이용 시 스마트폰에 담긴 앱을 이용하여 결제서비스 버튼만 누르면 카드나 현금의 지불 없이 결제가 가능하다.

(2) 특징

스마트폰에 설치된 알리페이 앱에서 결제용 바코드를 생성하고, 알리페이 가맹점에서 동 바코드를 스캔하여 결제하게 된다. 결제방식은 선불이나 직불 전자지급수단 또는 신용카드와 유사한 면이 있는데, 결제는 선불식(Pay in Advance), 직불식(Pay Now) 및 후불식(Pay Later)으로 구분될 수 있다. 선불식은 고객명의 선불충전 계좌에서 결제금액이 차감되는 것이고, 직불식은 고객의 예금계좌에서 결제금액이 차감되는 것을 말하며, 후불식은 고객의 신용카드를 통해 추후에 예금계좌에서 차감되는 것이다.

(3) 전망

알리바바가 개발한 전자상거래 시스템 '알리페이(제3자 보증 결제, 송금)'를 중심으로 중국 내 열악한 금융시스템을 대체하면서 FinTech 금융이 급속하게 발전하고 있다. 알리페이는 중국인에게 익숙한 결제수단 제공을 통해 관광산업 활성화 및 국내 가맹점 매출증대에 기여할 것으로 예상된다. 알리바바는 2010년부터 소액대출 취급 및 2013년에는 자산관리상품인 '위어바오'를 출시하는 등 세계적인 핀테크 기업으로 성장하고 있다. 금융개혁을 위한 정부 차원의 인터넷 금융 육성정책 아래 전자상거래 시장의 양성화 추진 및 민영은행 설립허용 등을 통해 비금융업자의 제도권 진입을 적극적으로 추진하고 있다.

중국의 경우, 미국과 유사하게 핀테크 규제가 희박하다고 평가할 수 있다. 중국 정부는 탈세 등 지하경제가 커지는 것을 예방하기 위해 스마트폰 보급률 상승과 더불어 페이서비스의 확대를 유도한 측면이 있고, 시장에 대한 개입이나 간섭을 극도로 자제하면서 알리바바 등의 기업가들이 자유롭게 활동할 수 있는 여지를 제공한 바 있다. 중국 인민은행 역시 안정적인 지급결제망을 구축하기 위하여 리스크를 예방하는 동시에 채널의 다변화를 꾀하면서 관리나 감독 및 생태계 개선에 정책적인 방안 제시를 하고 있다.

3. 영국

개방적 규제환경과 첨단 금융기술을 바탕으로 핀테크 스타트업 투자가 급속도로 증가하고 있다. 2008~2013년 7.8억 달러, 600% 성장하였다. 주요 은행들은 유망 핀테크 기업과의 제휴와 인수를 통해 진화된 금융 관련 서비스를 추진하여 핀테크 산업의 발전을 도모하고 있다. 영국 무역투자청은 핀테크 육성을 위한 전담 기관(Innovate Finance) 설립 및 스터디그룹을 설치·운영하는 등 핀테크 산업 육성을 적극 추진 중이다.

영국의 핀테크 산업은 지급 및 결제, 플랫폼 분야에서 두드러지게 나타나고 있다. 외환송금업체인 TransferWise는 송금 수수료를 10분의 1 수준으로 낮추면서 은행들의 송금서비스를 대체하고 있고, 플랫폼 분야에서는 개인 간 금융대출, 개인거래 및 자산관리, 복합 정보제공 등이 포함되며, 특히 P2P 대출과 크라우드 펀딩 성장에 많은 공을 들이고 있는 실정이다.

영국도 금융행위감독청(FCA)을 중심으로 2014년에 일찌감치 규제 샌드박스를 도입한 바 있고, 핀테크 전략 분야를 발굴하고 기술 표준을 잡기 위한 해외 기업과의 협력을 강화하고 있으며, 소규모 핀테크 기업의 진입 장벽을 낮추는 공동 플랫폼을 개발하고 있다. 또한 금융 중심지 카나리 워프에 유럽 최대 핀테크 클러스터 '레벨 39'를 조성해 HSBC 및 바클레이즈 등 대형 금융회사와 핀테크 스타트업 간에 협업을 지원하고 있는 모습이다.

4. 일본

일본의 경우 IT 산업의 발달 등을 바탕으로 인터넷상에서 거래되는 새로운 형태의 은행설립 수요에 신속히 대응하기 위해 2000년 설립된 인터넷전문은행은 초기에는 송금업무 위주로 시작하여 점차 지급결제, 소매금융 등으로 업무영역을 확대하고 있다. 일본 정부는 급속히 성장하는 전자상거래 시장에 적극 대응하기 위해 2014년 10월 9일 스터디그룹을 설치·운영하는 등 핀테크 산업 육성을 적극 추진하고 있다.

2017년 일본 금융청은 핀테크 발전으로 인한 기존 업권별 규제와 감독체계의 한계에 직면하여 개편방안을 연구하기 시작하였는데, 이는 IT 발전으로 비금융사업회사가 금융업계와의 제휴 및 출자를 통해 금융서비스를 제공하는 사례가 증가하면서 업권별 규제와 감독을 규율하는 현행 법률로는 새로운 금융 비즈니스 영역에 대한 규제가 불가능하다는 점을 고려한 것이다. 2018년 6월 금융청은 그동안의 연구 내용을 토대로 다음과 같은 개편 방안을 제시하였다.

첫째, 현행 금융법은 동일한 기능과 리스크에 대해 사업자가 속한 업권별로 상이한 규제를 적용하는데, 이를 기능별 규제로 개편하여 동일한 기능과 위험에는 동일한 규정을 적용하는 방안을 마련한다.

둘째, 구체적인 재편 방안으로 ① 기존의 규제대상에서 제외되었던 관련 회사에 은행 및 보험회사와 동일한 규제를 적용함, ② 규제가 결제, 자금제공, 자산운용, 보험 등의 4가지 기능과 리스크 정도에 따라 차등적으로 적용함을 제시하였다.[8]

〈금융행위의 기능별 분류〉

기능	내용
결제	현금으로 직접적인 거래를 하지 않아도 결제서비스를 통해 원하는 금액을 원하는 곳에 이동시키는 것, 이를 통해 채권·채무관계를 해소하는 행위
자금제공	서비스제공자가 자금수요자 또는 자금수급자 심사를 통해 원금상환을 원칙으로 자금을 공급하고 그 대가로 금리 등을 책정, 수취하여 원활한 자금의 수요 공급을 촉진하는 행위
자산운용	투자자의 자산운용 및 이익실현을 위해 각자 목적에 맞게 전문적으로 운영하는 행위
보험	리스크에 대비해 사전에 대가를 지불하고 리스크가 발생할 경우 재산상의 소득을 얻는 행위

※ 출처: 일본 금융청(2018)

셋째, 금융의 기능을 상품개발, 판매, 조언 등 프로세스에 초점을 맞추어 규제하는 방법도 거론되었는데, 이는 전체 프로세스 중 특정 서비스를 대리, 중개하는 사업회사를 고려하는 방안이다.

금융청은 현행 업무범위 규제, 자기자본 규제, 금융안전망 등에 대한 재평가도 개편방안에 포함시켰다. 업권별 규제·감독시스템이 기능별 시스템으로 재편되더라도 이해상충과 우월적 지위 남용의 방지를 위한 업무범위 규제는 장래 지속적으로 적절하게 이루어질 필요가 있다고 밝혔다. 또한 금융 관련 산업의 보유를 통해 예금, 자금결제, 대출 등 은행과 유사한 서비스를 제공하는 산업회사에도 예금자 보호 원칙에 따른 금융안전망의 적용을 위한 실효적인 방안의 필요성을 지적하였다.

5. 독일

독일은 2009년 설립된 IT를 접목한 혁신적인 온라인 은행인 피도르(Fidor) 은행이 있다. 고객이 프로슈머로서 활동하는 커뮤니티 은행으로서 자체 홈페이지와 온라인 SNS 매체를 활용하여 독자적인 금융서비스를 제공한다는 점에서 그 특징이 있다. 프로슈머는 제2의 물결사회(산업사회)의 양 축인 생산자와 소비자 간의 경계가 허물어지면서 나타나게 될 생산자(producer)와 소비자(consumer)를 합성한 말이다. 구체적으로 소비만 하는 수동적인 소비자에서 벗어나 직접 제품의 생산 전반에 참여하는 '생산하는 소비자'를 뜻한다. 일반적인 의미에서의 프로슈머는 대량생산, 대량소비를 강요당한 수동적 소비자가 앞으로는 신제품 개발에 직간접으로 참여하여 소비자의 선호나 요구를 직접적으로 시장에 적용하는 소비자를 의미한다.[9] 피도르 은행은 고객이 프로슈머로서 활동하는 '커뮤니티 은행'에 해당하고, 홈페이지에는 신상품 아이디어와 기존 상품에 대한 평가와 재테크 상담, 조언 등에 대한 고객들의 글이 수천 건 게재되어 있다. 이처럼 피도르 은행은 고객이 직접 참여하는 커뮤니티 은행이라는 점에서 그 특징을 찾아볼 수 있다.

독일 「은행법」 등에는 금융회사의 핀테크 업체에 대한 지분투자 또는 소유와 관련한 개별한도 및 총량한도 등 직접적인 제한은 없는 것으로 알려지고 있다. 금융회사의 핀테크 업체에 대한 투자 또는 소유와 관련하여 핀테크 업체의 범위에도 특별한 제한을 두고 있지 않다. 독일의 핀테크 관련 규제 현황을 살펴보면, 은행의 자회사에 대해 투자를 제한(자회사 지분의 15% 및 은행 총 자기자본의 60%[10])하는 舊 「은행법」상 규제(제12조)를 폐지하여 현재 자회사에 대한 출자 제한은 없다. 다만, 독일의 비금융 자회사에 대한 투자 제한 폐지와 별도로 초과 투자 금액에 대해서는 위험가중치(risk weighting) 계산 시 1,250%를 부과하여 일정 부분 투자제한 효과가 있다.

6. 우리나라의 경우

(1) 지급결제

삼성전자의 '삼성페이'는 국내 신용카드 업체들과의 제휴를 통하여 NFC 방식의 결제 시스템이 없는 일반 가맹점의 경우에도 스마트폰으로 결제가 가능하다. 그리고 LG CNS의 '엠페이' 서비스[11]는 지급결제 플랫폼을 구축하고 '카카오 선물하기', '홈쇼핑 결제시장', '온라인/모바일쇼핑몰' 결제수단으로 영업을 확대하고 있다. 네이버(주)는 모바일 메신저 라인(LINE)을 활용하여, 신용카드 등록 후 '라인페이' 비밀번호를 이용해 가맹점에서 간편결제 서비스를 개시하고 있다. 또한 요식업체 주문배달서비스인 라인와우(제휴결제서비스), 일본판 Uber 버전인 택시비 결제서비스 라인택시(제휴결제) 서비스를 개시하고 있다.

(2) 자금송금

뱅크 월렛 카카오를 들 수 있다. 다음－카카오와 금융결제원의 제휴하에 은행권이 공동으로 만든 모바일 결제 APP으로 가상의 지갑(선불충전계좌)에 충전한 뒤 사용한다. 금융결제원은 자금이체 및 정보전송 등의 운영을 담당하고, 다음－카카오는 카카오톡 이용자의 친구리스트 불러오기와 보내기 완료 시 거래완료 메시지 통보를 담당한다.

(3) 기타사항

해외 핀테크 업체의 국내 진출이 활발해지고 있다. 알리페이는 KG 이니시스(2012년 10월), 롯데면세점·롯데닷컴(2014년 4월) 및 하나은행(2014년 6월) 등의 국내기업과의 제휴를 통하여 중국인 관광객 대상으로 온·오프라인 가맹점 내 위안화 직접 결제 서비스를 구축하고 있다. 한국 스마트카드와의 제휴를 통해 외국인 전용 교통카드 '엠페스(M-Pass)'를 이용하여 편의점과 시중 유명 화장품 유통점 등에서 편리하게 사용하고 있다.

(4) 최근 동향

2020년 7월 27일 금융위원회가 '디지털금융 종합혁신방안'을 발표하였다. '디지털금융'은 대표적인 비대면 산업으로서 간편결제와 송금의 확대(일평균 거래규모로서 간편결제는 2016년 255억 원에서 2019년 1,656억 원으로, 간편 송금은 2016년 71억 원에서 2019년 2,177억 원으로 증가), 인증기술의 발전, 플랫폼의 확산 등으로 크게 성장 중에 있다. 4차 산업혁명에 따른 신기술 도입과 코로나19 이후 온라인 거래·재택근무 등의 확대는 금융의 디지털 전환을 가속화하고 있다.

이러한 금융의 디지털화는 ICT·플랫폼 등 연관 산업과 융합·발전하면서 디지털 경제로의 변화를 이끌고 있을 뿐만 아니라 포용적 금융도 가능하도록 하고 있다. 이에 유럽연합 등 주요국은 디지털금융의 중요성을 인식하고 경쟁과 혁신을 촉진하기 위해 법과 제도를 정비하고 있다.[12]

그러나 국내 디지털금융을 규율하는 「전자금융거래법」은 스마트폰이 대중화되기 전인 2006년 제정된 이후 큰 변화가 없었다. 이는 4차 산업혁명과 포스트코로나에 따른 최근 금융환경의 변화를 적극적으로 수용하지 못하는 측면이 있었다. 산업적인 측면에서 최저 자본금과 관련하여 자금이체업의 경우 일본은 10억 원이면 되는데 우리나라의 경우 30억 원을 요구하고 있었고, 선불업의 경우 미국은 3억 원이면 되는데 우리나라의 경우 20억 원을 요구하고 있었다. 이는 우리나라가 전자금융의 규제수준과 체계가 상대적으로 높다는 점에서 혁신사업자의 진입이 곤란한 면이 있다. 이용자 측면에서 볼 때, 전자금융업자 보유 선불충전금의 경우 2016년 1조 원에서 2019년 1.7조 원으로 증가하였다. 이와 같이 디지털금 융 이용이 확대됨에 따라 거래 안정성과 신뢰 확보를 위해 강력한 이용자 보호 장치 마련이 시급하게 되었다. 인프라 측면에서 IMF·BIS 등 국제논의, 빅테크의 금융업 진입, 공인인증 폐지(2019년 금융권·핀테크 기업의 규제개선 건의 188건 중 32건이 인증 관련 건의사항이 었음) 등 새로운 금융환경에 맞는 제도가 요구되었다. 또한 보안 측면에서 국민 재산보호와 직결되는 인간안보(Human Security)의 주요 요소로서 시스템적 중요성이 나날이 증대되고 있다는 점이 부각되었다. 실제로 금융분야에서 사이버 위협의 증가는 매우 중요하면서도 예방적 대응이 필요한 분야에 해당한다.

이에 대하여 금융위원회는 첫째, 산업적인 측면에서 신규 업종을 도입하고, 진입·영업 규제를 합리화한다. 둘째, 이용자 보호 측면에서 고객자금 보호와 금융회사 등의 책무를 강화한다. 셋째, 인프라 기반 측면에서 인프라·제도 법제화를 마련하고 빅테크 진출 규율에 힘쓴다. 넷째, 보안 측면에서 금융보안 관리와 감독, 거버넌스 현대화를 추진하고 자 한다.

주요 내용으로는 새로운 수준의 디지털금융서비스가 제공될 것으로 본다. 새로 도입 되는 사항은 다음과 같다. 첫째, 은행계좌와 연동하지 않고서 직접 계좌를 발급하고 관리할 수 있는 전자금융업자가 도입된다. 논란이 됐던 '네이버 통장'이 제도적으로 가능 하게 되는 것이다. 하나의 금융 플랫폼을 통해 간편결제와 송금 외에 계좌 기반의 다양한 디지털금융 서비스를 원스톱으로 제공하는 종합지급결제사업자가 출현하게 된다. 종합 지급결제사업자는 금융위원회의 지정을 통해 단일 라이선스로 자금이체업과 대금결제 업, 결제대행업을 모두 수행할 수 있다. 특히 이용자의 계좌를 직접 보유할 수 있어 급여 이체, 카드대금·보험료 납입 등 계좌 관리가 가능하게 된다. 다만, 은행 고유 업무인

수시과 여신전문금융업자의 고유 업무인 대출 업무는 제한된다. 종합지급결제사업자는 한국은행 금융결제망에 직접 참가할 수도 있다.

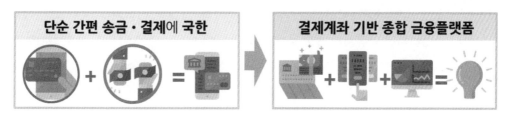
〈기대효과〉

둘째, 종합지급결제사업자는 대형 사업자로서 금융시스템 안정에 영향을 줄 수 있어 신용카드업자 수준의 자본금(200억 원) 요건은 갖추어야 한다. 예대업무를 수행하지 않는 점을 감안해 인터넷전문은행(250억 원)보다는 낮은 자본금 요건을 설정한 것이다. 이와 같이 영업규모에 따라 최소자본금을 차등화(Small License)하고, 영업 확장 시 상향 적용하여 사업 초기의 진입 부담을 낮출 예정이다.

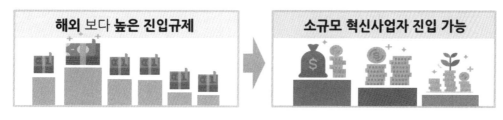
〈기대효과〉

셋째, 지급지시전달업(MyPayment)도 도입한다. 지급지시전달업은 종합지급결제사업자와 달리 고객계좌를 보유하지 않는 대신 고객의 동의를 받아 결제서비스 제공에 필요한 고객의 금융계좌 정보에 대한 접근권을 보유하게 된다. 이용자의 결제·송금 지시를 받아 금융회사 등이 이체를 실시하도록 전달하는 방식을 의미한다. 지급지시전달업에는 핀테크·금융회사의 혁신적인 아이디어 사업화를 위한 것이라고 볼 수 있는데, 전자금융산업에 가장 쉽게 진입할 수 있는 스몰라이선스 역할을 할 것으로 예상된다. 지급지시전달업은 고객자금의 직접 보유·정산관여가 없기 때문에 자본금 등에 대해 낮은 수준의 규제

적용이 가능하고, 전자금융업자를 거치지 않고 금융회사 간 직접 송금·결제가 가능해 전자상거래 등의 수수료와 거래 리스크를 절감할 수 있다. 이용자의 경우 은행에 자금을 계속 보관하면서 은행이 제공하는 금융서비스도 함께 이용할 수 있게 된다. 한편, 지급지시전달업의 도입은 마이데이터와 연계해 조회·이체·결제로 이어지는 모든 과정에서 고도화된 종합디지털 금융서비스가 창출될 것이다. MyPayment는 MyData(「신용정보법」상 '본인신용정보관리업')와 연계를 통해 다양한 혁신 서비스를 만들어낼 것으로 기대된다. 예를 들면, MyPayment와 MyData의 결합은 하나의 App으로 금융자산의 조회(MyData)를 통한 포트폴리오 추천뿐만 아니라, 자산 배분(이체)까지 가능(MyPayment)하게 될 것이다.

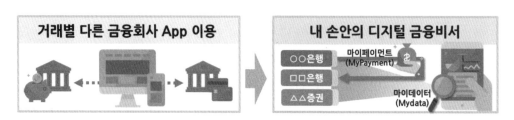

〈기대효과〉

넷째, 종합지급결제업과 지급지시전달업 도입과 함께 현재 7개로 나누어져 있는 전자금융업종(전자자금이체업, 전자화폐업, 선불전자지급수단업, 직불전자지급수단업, 전자지급결제대행업, 결제대금예치업, 전자고지결제업)을 자금이체업, 대금결제업, 결제대행업으로 통합한다. 서비스 간 융합과 복합이 활성화되고 있는 금융환경의 변화를 반영하여 전자금융업종을 기능별로 통합·단순화한 것이라 하겠다.

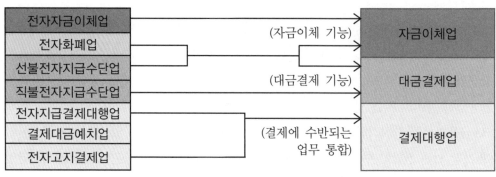

〈전자금융업종 통합·간소화〉

다섯째, 전자금융업자의 업무범위가 확대됨에 따라 신원확인, 이용자 보호, 금융보안, 건전성 규제 등에서 추가 규제방안도 도입된다. 종합지급결제사업자는 계좌 기반의 금융서비스가 가능해 금융회사 수준의 신원확인 의무를 부과하고, 자금이체업에는 신원확인을 선택적으로 적용하며, 대금결제업은 휴대폰 본인확인으로 갈음한다. 이용자 보호차원에서는 이용자 자금 전부를 외부기관에 예치·신탁하거나 지급보증보험에 가입하도록 의무화한다. 대금결제업의 이용자 자금은 결제 대기자금으로 보관되고 즉시 인출의 위험이 낮아 일부(50%)에 대해서만 보호 의무를 부과한다. 또한 금융보안 측면에서는 전사적 내부통제 구축을 의무화한다. 또한 전자금융업자가 도산할 경우, 이용자의 자금에 대해서는 다른 채권자보다 우선하여 돌려받을 수 있는 권리(우선변제권)도 함께 도입할 예정이다.

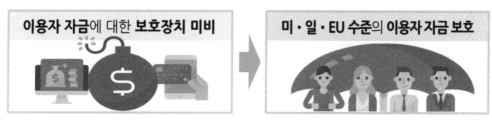

〈기대효과〉

V. 핀테크 산업의 전망

1. 주도권 경쟁

핀테크의 발전과 함께 발생하는 문제가 금융회사와 비금융회사 간 시장 주도권 경쟁이다. 단기적으로 금융회사와 비금융회사 간 업무영역 및 시장주도권 다툼의 발생을 예상할 수 있다. 금융회사와 비금융회사 간 업무제휴의 형태로 서비스를 제공하면서 양자 간 주도권 다툼이 발생할 가능성이 있다. 비금융회사는 IT 기술·SNS 등의 파급력 및 고객접점의 우위를 바탕으로 서비스 운영상 영향력을 확대하려 하고, 금융회사는 기존 고객, 금융 노하우, 온라인 채널 확장 및 금융회사 간 협력을 바탕으로 주도권을 지키기 위해 대응할 것으로 예상된다. 실례로 카카오톡을 통한 송금서비스를 둘러싸고

양측 간 주장 차이가 있었다. (주)카카오는 카카오톡 플랫폼에 금융결제원의 송금서비스를 결합한 것이라고 주장하였고, 은행권은 금융결제원 플랫폼에 카카오톡 친구목록 불러오기 기능을 결합한 것이라 주장하였다.

2. 경쟁에서 융합으로

단기적으로 경쟁이 가속화될 것으로 예상되나 시간이 흐를수록 중장기적으로 이들 간의 융합(convergence)을 통한 새로운 서비스가 나타날 가능성이 높다. 사업상 이익과 소비자인 니즈(needs)에 부합하는 경우 금융회사와 비금융회사는 상생을 위하여 융합(convergence)을 도모하고자 할 것이며, 비금융회사가 단순한 User-Interface만 지원하는 것이 아니라 직접 펀드나 대출 등 금융서비스를 제공할 수 있게 될 것이다. 다만, 이를 위해서는 금융 겸업 확대, 금산분리 완화 등 법적·제도적 뒷받침이 필요할 것으로 예상된다.

3. 금융서비스 혁신

기존 금융회사와 핀테크 기업 간 경쟁을 통해 소비자의 금융이용 편의성 증진, 선택범위 확대, 거래비용 절감 등의 효과가 기대되고, 금융에 정보기술을 접목하는 등 새로운 금융기법의 도입을 통해 금융서비스의 혁신을 가져올 가능성이 있다. 은행이 대출심사 시 빅데이터를 활용하거나 대출신청인의 인터넷 평판 정보 등을 적극 활용할 것으로 예상된다.[14] 스마트폰 성능의 개선 및 보급의 확대로 기존 오프라인 및 PC 기반의 금융서비스가 모바일 중심으로 전환되고 있다. 지급결제는 모바일 뱅킹 및 전자상거래뿐만 아니라 NFC 등을 활용한 오프라인에서의 모바일 결제 비중도 확대될 전망이다. 또한 모바일 전용 예금, 할부금융 등이 나타나고 있으며 앞으로 모바일 전용 상품의 비중 및 판매채널로서의 중요성이 점차 증가할 것으로 예상된다.

4. IT 회사의 금융업 진출

IT 회사의 금융업 진출이 가속화될 것이다. 해외는 이미 글로벌 IT 회사와 금융업 간 융합의 초기단계에 해당한다. 구글은 영국에서 '전자화폐 발행권한'을 받아 이미 출시된 '구글 월렛'과 연계하여 송금·펀드투자로서 서비스를 확대하고 있다. '구글 월렛'은 스마트폰에 신용카드, 쿠폰, 영수증, 멤버십, 영화티켓 등을 담아 지갑을 대체한다. 또한 스마트안경인 '구글 글래스'에 '구글 월렛' 기능을 추가하여 '송금(send money)'을 말하면 음성명령을 인식하여 계좌이체가 되는 서비스를 구현 중에 있다. 아마존은 페이팔과 유사한 '아마존 페이먼츠'를 개발하여 아마존에 기등록된 신용카드 정보로 다른 제휴사이트에서도 결제가 가능하도록 하고 있다. 페이스북은 아일랜드 중앙은행에서 '전자화폐 취급기관'으로 승인받아 EU 회원국에 전자화폐 서비스를 제공하고 있다. 알리바바와 텐센트 역시 금융업 진출을 하고 있다. 중국 IT 회사는 펀드·대출·보험상품 판매까지 업무의 범위를 확대하고자 한다. 알리바바는 2013년 6월 MMF[15]인 '위어바오'를 통해 2014년 4월까지 8천만 명, 81조 원을 모집하였고, 텐센트는 2014년 1월 온라인펀드 '리차이퉁'을 출시하여 한 달 만에 8조 원을 모집한 것으로 알려졌다.

5. 잠재 리스크 증가

핀테크 산업의 성장으로 비금융회사의 시장지배력이 증가하거나 지급결제 시스템상 비금융회사의 역할이 커질 경우 여러 경로를 통해 금융산업 전반의 다양한 잠재 리스크가 증가할 가능성이 있다. 첫째, 소수의 거대 ICT 기업에 지급결제 등 특정 서비스가 집중될 경우, 해킹이나 운영 장애로 인한 사고발생 시 금융시스템 전반의 신뢰 저하를 초래할 가능성이 있다. 다시 말해 비금융회사의 지급불능 사고 등이 지급결제시스템으로 전이되면 지급결제의 안전성·신뢰성 자체가 저하될 우려가 있다. 둘째, 업무 제휴 등 아웃소싱의 형태로 서비스를 제공하는 경우, 불확실성이 증대하고 문제발생 시 책임소재가 불명확해지는 문제가 발생할 수 있다. 셋째, 비금융 ICT 기업이 금융보안 및 리스크 관리에 대해 충분히 인지하지 못한 상태에서 보유·활용하는 정보가 적정수준으로 보호되지 못할 가능성이 있다. 즉, 금융 이용 편의성 증진과 보안성 강화는 서로 상충관계에 있어, 편의성 우선 시 보안성이 약화되는 결과를 초래할 수 있을 것이다. 넷째, 금융회사와 비금융 ICT 기업 간 또는 국내업체와 해외업체 간 상이한 규제체계로 인해 규제차익이 발생함에 따라 시장이 왜곡될 가능성이 있다. 이러한 잠재 리스크를 적절히 통제하기 위해서는 비금융회사 규제 등 감독사각지대 방지를 위한 제도적 보완이 필요하다.

1   Ernst & Young, Landscape UK Fintech(2014. 8.).

2   M-PESA는 케냐의 통신사 사파리콤과 남아프리카 공화국의 통신사 보다콤의 휴대 전화를 이용한 비접촉식 결제, 송금, 소액 금융 등을 제공하는 서비스를 의미한다.

3   CVC(Card Validation Code)란 신용카드나 체크카드 등 카드 뒷면에 적힌 유효성 검사 코드를 의미한다.

4   POS(Point of Sales)란 판매·회계의 거점에 컴퓨터 단말을 설치하여 판매정보 등을 시스터메틱하게 관리하는 방법을 의미한다.

5   NFC(Near Field Communication)는 10cm 이내의 가까운 거리에서 다양한 무선 데이터를 주고받는 통신 기술이다.

6   가상통화의 법적 쟁점에 대하여는 본 저서 마지막 부분 '10. 가상통화에 대한 입법적 방안'을 참조하기 바란다.

7   금융위원회 보도자료, "크라우드 펀딩 제도 도입 추진계획 – 창의적 아이디어 있으면 온라인으로 사업자금 조달 길 열려 –", 2013. 9. 26.

8   한국금융연구원, "핀테크 시대에 대응하는 일본 금융규제체계 재편방향", 2018년 주간 금융브리크 제27권 제15호.

9   백혜란·이기춘, "프로슈머의 개발화와 상향측정도구 개발", 소비자연구 제20권 제3호, 2009, 137면.

10 자회사별 지분 총합이 은행 자기자본의 60% 초과 제한.

11 MPay는 LG CNS가 개발한 스마트폰 간편결제 서비스다. 결제정보 분리저장 및 일회용 인증방식과 같은 보안기술로 '엠페이'는 국내 최초로 '보안기준' 인증을 획득해 공인인증서를 대체할 수 있는 보안수준을 인정받았다.

12 유럽연합의 경우 지급결제와 관련하여, 2007년에 제정된 EU '지급결제산업지침(Payment Service Directive, PSD)를 2018년 이를 개정하여 EU '지급결제산업지침(Payment Service Directive 2, PSD2)'을 발표하였고, 인증과 관련하여 2016년 EU '전자적 신원확인 및 이증 등에 관한 법률(eIDAS)'을 제정하였으며, 플랫폼과 관련하여 2020년 EU '온라인 플랫폼의 공정성·투명성 강화를 위한 법률'을 제정한 바 있다.

14 빅데이터는 대용량 데이터 자체를 의미하는 것이 아니라 그 데이터를 효과적으로 처리·분석할 수 있는 기술에 초점을 둔 가치를 생성할 수 있는 데이터를 의미한다.

15 MMF(Money Market Fund)란 단기금융상품에 집중투자해 단기 실세금리의 등락이 펀드 수익률에 신속히 반영될 수 있도록 한 초단기공사채형 상품이다.

02

핀테크와 지급결제

02

핀테크와 지급결제

I. 지급수단의 변화

일상생활에서 재화 또는 용역을 구입하고 대가를 치르기 위해 이용하는 지급결제수단은 화폐라는 현금이다. 현금의 한계와 단점을 보완하기 위하여 비현금결제수단이 통용되어왔다. 어음, 수표, 신용카드, 직불카드, 계좌이체, 텔레뱅킹, 인터넷 뱅킹, 전자화폐 등은 비현금결제수단의 대표적인 예에 해당한다. 그러나 컴퓨터나 통신네트워크 등 정보통신기술의 급속한 발전을 통하여 전자적 지급결제수단의 변화가 지속적으로 진행되었다. 이러한 지급결제의 환경변화와 수요에 부합하고자 하는 무선통신, 인터넷, IC칩 등 다양한 형태의 정보통신기술과 결합한 지급결제서비스가 개발되고 있고, 기존 오프라인 시장의 수요를 위하여 적용된 지급결제서비스는 온라인 시장에 적용되고 있는 등 변화를 거듭하고 있다. 이는 현금, 수표, 어음 등의 오프라인 지급결제방식의 이용 한계로 인하여 전자상거래 환경에 합당한 새로운 지급결제방식이 요구되고 있고, 인터넷뱅킹서비스, 폰뱅킹서비스, 모바일지급결제서비스, 전자어음, 전자수표, 전자화폐 등이 등장하고 있다.

최근 금융 IT의 발전으로 전자지급수단이 새로운 결제수단으로 많이 사용되고 있다. 신용카드, 체크카드, 선불충전식카드, 전자자금이체 등의 다양한 전자지급수단이 보급되면서 소비자의 지급결제 행태에 많은 변화가 이루어져 왔다. 과거 현금, 수표, 어음 등 주로 오프라인에서 이루어져 왔던 지급결제 방법이 IT 기술의 발전으로 신속하고 간편한 전자적 방법의 지급수단으로 변화되고 있는 상황이다. 전자지급수단은 지급과 동시에 결제가 이루어지는 현금과 달리 그 결제과정이 복잡하고 다양한 인프라와 서비스를 필요로 한다. 예를 들어 신용카드로 인터넷에서 결제할 경우 신용카드 결제 승인을 위한 정보 송수신, 구매한 물품의 대금정산, 소비자에 대한 대금청구 등의 복잡한 절차를 거쳐 결제가 이루어지는바, 이 경우 이러한 결제과정에서 여러 수행주체들을 필요로 한다. 전통적인 지급결제서비스 주체인 신용카드업자와 같은 금융기관 외에도 「전자금융거래법」상 규정된 전자금융업자(특히 전자지급결제대행업자), 전자금융보조업자(특히 「여신전문금융업법」상 부가통신업자로 규정된 VAN사업자) 등이 전자지급결제과정에서 다양한 역할을 수행하고 있다. 최근에는 이동통신사, 통신과금 결제대행업체 등이 「정보통신망의 이용촉진과 정보보호에 관한 법률」(이하 「정보통신망법」이라 한다)상 통신과금서비스의 형태로 전자지급결제 서비스에 진출하고 있는 상황이다.

전자금융의 발전으로 지급결제의 패러다임이 급속도로 바뀌고 있는 상황에서, 우리 나라에서 이용되고 있는 전자지급수단에 대한 전반적인 법률적 검토를 해야 할 필요가 있다. 특히 전자지급결제 과정에서 온라인쇼핑몰 등 전자상거래업체와 신용카드사 등 금융기관 사이에서 결제과정을 대행해주는 서비스인 전자지급결제대행업(PG: Payment Gateway)의 경우 「전자금융거래법」, 「여신전문금융업법」, 「정보통신망법」 등이 중첩적으로 적용되면서 여러 가지 법률 이슈가 제기되고 있다.

II. 전자지급수단과 관련된 업무

1. 의의

전통적인 지급수단인 현금과 달리 전자지급수단을 이용하기 위해서는 다양한 서비스 주체가 필요한바, 「전자금융거래법」은 전자지급수단을 전자화폐, 선불전자지급수단, 직불전자지급수단, 전자자금이체 등으로 나누고, 이러한 수단을 발행 및 관리하는 전자화폐 발행 및 관리업자, 선불전자지급수단 발행 및 관리업자, 직불전자지급수단 발행 및 관리업자, 전자자금이체업자 등을 전자금융업자로 규정하고 있다.[1] 이러한 전자지급결제 과정에서 일정한 역할을 수행하는 전자금융업자도 규정하고 있는데, 전자지급결제대행업자, 결제대금예치업자 및 전자고지결제업자 등이 그 예이다. 그리고 전자금융업자는 아니지만 전자지급결제 과정에서 전자금융업자의 업무를 보조하여 원활한 결제가 이루어지도록 역할을 수행하는 전자금융보조업자도 존재한다. 한편, 「전자금융거래법」에 규정된 전자금융업자 또는 전자금융보조업자에는 해당되지는 않지만, 기타 전자지급결제 서비스를 제공하는 통신과금사업자가 있다. 이는 우리나라에만 독특하게 존재하는 전자지급결제 서비스로서 「정보통신망법」이 이를 규율하고 있다.

2. 전자화폐 발행 및 관리업

'전자화폐'라 함은 이전 가능한 금전적 가치가 전자적 방법으로 저장되어 발행된 증표 또는 그 증표에 관한 정보로서, ① 2개 이상의 광역자치단체(지방자치법 제2조 제1항 제1호의 규정에 따른 지방자치단체를 말함) 및 500개 이상의 가맹점에서 이용될 것, ② 발행인 외의 제3자로부터 재화 또는 용역을 구입하고 그 대가를 지급하는 데 사용될 것, ③ 구입할 수 있는 재화 또는 용역의 범위가 5개 업종 이상일 것(통계법 제22조 제1항의 규정에 따라 통계청장이 고시하는 한국표준산업분류의 중분류상의 업종을 말함), ④ 현금 또는 예금과 동일한 가치로 교환되어 발행될 것, ⑤ 발행자에 의하여 현금 또는 예금으로 교환이 보장될 것 등의 요건을 모두 갖춘 전자지급수단을 말한다(「전자금융거래법」 제2조 제15호). 이러한 전자화폐를 발행하고 관리하는 업무를 수행하고자 하면, 금융위원회의 허가를 받아야 하는데(동법 제28조 제1항), 다만 은행, 신용카드회사 등 일정한 금융기관의 경우에는 금융위원회의 허가 없이 동 업무를 수행할 수 있다(동법 제28조 제1항 단서 및 동법 시행령 제15조 제1항).

「전자금융거래법」이 제정되기 전 우리나라는 2000년 7월 은행 공동개발의 카드형 전자화폐 K-Cash가 서비스를 제공한 이후 Mondex, MYbi, A-Cash, VisaCash 등의 전자화폐 서비스가 상용화에 들어갔으나, 전자화폐 발행 및 관리업자들은 수익모델 창출에 실패하여 K-Cash 외의 전자화폐는 2005년 12월 Mondex가 서비스 제공을 중단한 이래 영업을 중단하였다.[2] 따라서 현재 금융위원회의 허가를 받은 전자금융업자로서 전자화폐 발행 및 관리업을 영위하는 자는 없으며, 금융기관인 은행만 전자화폐인 K-Cash를 발행하는 전자화폐 발행 및 관리업을 영위하고 있을 뿐이다.

3. 선불전자지급수단 발행 및 관리업

'선불전자지급수단'이란 이전 가능한 금전적 가치가 전자적 방법으로 저장되어 발행된 증표 또는 그 증표에 관한 정보로서 발행인 외의 제3자로부터 재화 또는 용역을 구입하고 그 대가를 지급하는 데 사용되고, 구입할 수 있는 재화 또는 용역의 범위가 2개 업종(통계법 제22조 제1항의 규정에 따라 통계청장이 고시하는 한국표준산업분류의 중분류상의 업종을 말함) 이상인 전자지급수단을 말한다(다만, 전자화폐는 제외한다)(「전자금융거래법」제2조 제14호). 이러한 선불전자지급수단을 발행하고 이를 재화 또는 용역의 구입대금으로 지급하는 데 사용될 수 있도록 정산 등의 관리업무를 수행하는 서비스가 바로「전자금융거래법」상 선불전자지급수단 발행 및 관리업이고, 동 업무를 영위하기 위해서는 금융위원회에 등록하여야 한다(동법 제28조 제2항 제3호).

선불전자지급수단은 대중교통 탑승요금 지불과 같이 소액의 빈번한 거래가 발생하는 영역에서 보다 빠르고 편리한 지급수단을 필요로 하면서 등장하였고, 선불전자지급수단의 사용범위는 대중교통 등 초기의 한정된 범위에서 온·오프라인의 물품구매 대금지급 등으로 점차 확대되었다.[3]

선불전자지급수단은 가치저장 매체에 따라 IC카드형과 네트워크형으로 구분된다. IC카드형은 플라스틱 카드 등에 IC칩을 내장하고 동 칩에 화폐적 가치를 저장하였다가 오프라인 및 온라인에서 상품이나 용역을 구매한 후 가맹점 단말기, PC용 단말기 등을 통해 대금을 지급하는 방식을 말하는데, 한국스마트카드의 'T-Money', 유페이먼트의 '대경교통카드' 등 주로 교통 부문을 중심으로 이용되는 선불전자지급수단이 이에 해당된다. 한편, 네트워크형은 정보통신망과 연결된 PC 또는 서버 등에 화폐적 가치를 저장하였다가 사이버쇼핑몰 등에서의 거래 시 인터넷을 통하여 대금이 지급되는 형태를 말하는데, 옥션의 'e-money', 다음커뮤니케이션의 '다음캐쉬' 등이 이에 해당된다. 또한 선불전자지급수단은 소유자의 식별가능 여부에 따라 기명식과 무기명식으로도 구분되는데, 일반적으로 오프라인에서 사용되는 IC카드형 선불전자지급수단은 무기명식으로 발행되며 온라인에서 주로 이용되는 네트워크형 선불전자지급수단은 기명식으로 발행된다.[4]

<선불전자지급수단의 발행·관리업 등록 관련 질의>(정보처리 업무 위탁)(금융위원회 유권해석)

<질의요지>

□ 「전자금융거래법」상 선불업 등록을 하려는 자가 선불업 영위와 관련한 정보처리를 위해 제3자의 전산
설비 및 전산인력을 이용하고자 하는 경우,

○ 그 제3자가 그 요건을 충족하면 선불업 등록을 하려는 자가 등록요건을 충족한 것으로 판단할 수
있는지 여부

(참고조문)

[금융회사의 정보처리 업무 위탁에 관한 규정]
제1조(목적) 이 규정은 금융회사가 인가·허가 또는 등록 등(이하 "인가 등"이라 한다)을 받
은 금융업을 영위함에 있어 정보처리 업무의 위탁 등에 관한 사항을 규정함을 목적으로 한다.
제3조(적용범위 등) ① 금융회사의 정보처리 위탁과 관련해서는 다른 법령에 특별한 규정이
있는 경우를 제외하고는 이 규정에서 정하는 바에 따른다.
② 금융관련법령에 따라 금융업의 인가 등을 신청한 자에게도 이 규정을 적용한다.

<회답>

□ 「전자금융거래법」상 선불업 등록을 하려는 자가 「금융회사의 정보처리 업무 위탁에 관한 규정」 제4조
에 따라 정보처리를 제3자에게 위탁하는 경우,

○ 위탁된 처리와 관련한 전산설비 및 인력 등은 선불업 등록을 위한 전산설비 및 인력 구비요건 등의
충족 여부 판단 시 함께 고려하여 요건 충족 여부를 판단합니다.

<이유>

□ '15. 7. 「금융회사의 정보처리 업무 위탁에 관한 규정」이 개정되어 금융회사 등의 제3자에 대한 전산
설비 및 정보처리 위탁이 원칙적으로 가능해짐

○ 따라서 동 규정 제4조에 따라 전자금융거래법령 및 감독규정 등에 별도의 명시 없이도 전자금융업
자의 전산설비 및 정보처리 업무 제3자 위탁이 가능하며,

○ 위탁 시 위탁된 처리와 관련된 전산설비 및 인력 등을 전자금융업 허가 또는 등록 시 함께 고려하여
요건 충족여부를 판단하도록 함

4. 직불전자지급수단 발행 및 관리업

'직불전자지급수단'이란 이용자와 가맹점 간에 전자적 방법에 따라 금융회사의 계좌
에서 자금을 이체하는 등의 방법으로 재화 또는 용역의 제공과 그 대가의 지급을 동시에

이행할 수 있도록 금융회사 또는 전자금융업자가 발행한 증표 또는 그 증표에 관한 정보를 말한다(「전자금융거래법」 제2조 제13호). 전자금융업자가 발행하는 직불전자지급수단은 정부의 스마트폰을 통한 직불전자지급수단 활성화 방안에 따라 2013년부터 도입되었다.[5] 이러한 직불전자지급수단을 발행하고, 온라인 또는 오프라인에서 물품 또는 용역 구매 시 구매자의 금융기관 계좌에서 판매자의 계좌로 구매대금이 이체되도록 중계하는 서비스를 직불전자지급수단 발행 및 관리업이라고 말하며, 동 업무를 영위하기 위해서는 금융위원회에 등록하여야 한다(동법 제28조 제2항 제2호).

직불전자지급수단은 전자금융업자의 중계를 통해 구매자의 금융기관 계좌에서 판매자의 계좌로 지급되는 형식이므로 기명식 발행이 불가피하며, 이에 따라 전자금융업자가 구매자의 거래정보, 개인정보 및 결제정보를 필수적으로 수집하게 된다. 직불전자지급수단 구매자는 온·오프라인을 통한 지급수단 발행 신청절차를 통해 구매자의 금융기관 계좌번호 등의 정보를 사전에 등록하여야 한다.[6]

직불전자지급수단은 서비스 유형에 따라 온라인 또는 오프라인에서 이용할 수 있다. 다날의 바통, 모빌리언스의 엠틱 등의 경우 오프라인 가맹점에서, 옐로페이의 옐로페이는 온라인 가맹점에서 이용 가능하다. 한편, 인터페이의 페이톡의 경우 온·오프라인 가맹점에서 이용 가능한 서비스를 제공하고 있다.[7]

구매자는 사전에 직불전자지급수단 발행업자의 홈페이지에 계좌정보 등록 및 본인인증을 통해 직불전자지급수단 발행절차를 거쳐야 한다. 오프라인 가맹점에서 직불전자지급수단을 이용하기 위해서는 스마트폰에 설치된 애플리케이션을 실행하고 비밀번호입력 또는 ARS 인증절차를 거쳐 결제용 바코드를 생성하며, 온라인 가맹점에서 이용하는 경우에는 쇼핑몰 등에서 해당 직불전자지급수단을 선택한 후 ARS 인증절차를 거치게 된다. 한편, 직불전자지급수단 발행 및 관리업자는 구매자의 계좌로부터 거래대금을 수취하여 수수료를 공제한 후 판매자(가맹점)에게 지급하는 절차를 거치게 된다.[8]

〈저축은행이 신용카드업자와 업무제휴계약을 통한 체크카드(직불전자수단)를 발행한 경우 동 행위의 비조치대상 여부 질의〉(금융위원회 유권해석)

〈질의요지〉

□ 저축은행이 신용카드업자와 업무 위·수탁계약을 체결하여 신용카드업자가 발행하는 체크카드(해당 저축은행에 개설된 고객명의의 요구불예금을 결제계좌로 지정)의 판매대행(모집) 업무*를 할 수 있는지 여부

* 〈판매대행(모집)업무 프로세스 예시〉
① 신용카드업자가 저축은행 제휴 체크카드 출시
② 저축은행은 고객으로부터 동 체크카드상품의 발급신청서 징구
③ 저축은행은 당해 저축은행에 개설된 고객명의의 요구불예금을 결제계좌로 지정. 신용카드업자에게 체크카드 발급신청정보를 전송
④ 신용카드업자는 체크카드 발급 후 고객에게 교부
⑤ 고객은 신용카드업자가 보유한 가맹점에서 체크카드로 물품구매대금 결제 또는 CD/ATM 입출금 거래
⑥ 저축은행과 신용카드업자는 고객의 체크카드이용에 따른 결제대금 및 입출금거래 정산 및 제반 수수료 정산

〈회답〉

☐ 저축은행이 신용카드업자의 체크카드 모집대행업무를 위탁받아 수행하는 것은 「상호저축은행법」 제11조 제1항 제10호의 '금융기관의 대리업무'의 수행으로, 다른 법령에서 달리 정하지 않는 한 가능합니다.

〈이유〉

☐ (근거조항) 「상호저축은행법」 제11조 제1항은 저축은행이 영위할 수 있는 업무를 열거하고 있고, 동항 제10호에서 '금융기관의 대리업무'를 허용하고 있습니다.
　○ 다만, '금융기관의 대리업무'의 범위는 위탁 금융기관의 본질적인 업무를 제외한 부수적인 업무로 제한됩니다.
　　* 본질적인 업무의 대리도 허용하는 경우 「상호저축은행법」의 제11조 제1항의 취지 몰각
☐ (사안판단) 저축은행이 신용카드업자로부터 위탁받은 판매대행(모집)업무는 단순한 모집행위인 한에서 신용카드업자의 부수적인 업무로, 「상호저축은행법」 제11조 제1항 제10호의 '금융기관의 대리업무'에 포함됩니다.
　* (참고) 저축은행이 직접 체크카드를 발행하는 경우에는 「상호저축은행법」 제11조 제1항 제12호에 따라 상호저축은행중앙회와 공동으로 사업을 영위할 필요
　○ 그러나 체크카드 발급과 관련한 회원자격의 심사, 발급승인 등 본질적인 업무의 수행까지 저축은행이 위탁받아 수행할 수 있는 것은 아님에 유의하여야 합니다.
☐ 한편, 당 모집업무 수행을 위해서는 상호저축은행 법규상 규율사항과 별도로 「여신전문금융업법」에 따른 모집인 등록 등 관련 법규 준수 여부를 확인할 필요가 있음을 알려드립니다.

5. 전자자금이체업

'전자자금이체'란 지급인과 수취인 사이에 자금을 지급할 목적으로 금융기관 또는 전자금융업자에 개설된 계좌(금융회사에 연결된 계좌에 한함)에서 다른 계좌로 전자적 장치에 의하여 지급인의 지급지시 또는 수취인의 추심지시로 자금을 이체하는 전자지급 수단을 말한다(「전자금융거래법」 제2조 제12호). 이러한 전자자금이체 업무를 수행할 수 있는 자는 금융위원회에 등록하여야 한다(동법 제28조 제2항 본문). 다만, 은행 등 일부 금융기관은 금융위원회의 등록 없이 전자자금이체업을 영위할 수 있다(동항 단서, 동법 시행령 제15조 제2항). 현재 은행 등 금융기관을 제외하고 금융위원회에 등록을 한 전자자금이체업을 영위하는 전자금융업자는 없다. 전자자금이체는 전자지급거래의 일종이고 전자지급거래는 전자금융거래의 일종이므로, 전자자금이체업을 영위하는 자 가 제공하는 전자자금이체업무를 이용자가 비대면의 자동화된 방식으로 이용하여야 한다. 자금이체가 준비단계에서 서면에 기초하고 있더라도, 자금이체지시를 접근매체에 의하여 함으로써 자금이체의 개시단계 이후의 절차를 자동화된 방식으로 이용하면 「전자금융거래법」의 적용을 받는 전자자금이체에 포함된다.[9]

6. 전자지급결제대행업

소비자가 온라인쇼핑몰에서 물품을 구매하는 경우에 전자상거래 사업자인 온라인쇼핑몰은 소비자에게 전자결제시스템을 제공하여야 하는데, 대규모의 온라인쇼핑몰을 제외하고는 전자상거래 사업자가 이러한 전자결제시스템을 구축하기에는 비용부담이 크므로, 전자상거래 사업자가 구축해야 할 전자결제시스템을 대신 제공하고 전자상거래 결제대금의 수금을 대행해주는 서비스의 필요성이 대두되었는바, 이러한 서비스를 제공하는 업체를 전자지급결제대행업체라 한다.[10]

전자지급결제대행(PG: Payment Gateway, 이하 'PG'라고 한다)이란 일반적으로 전자상 거래에서 판매자를 대신하는 계약을 체결하고 구매자가 선택한 은행, 신용카드회사, 통신과금사업자 등으로부터 대금을 지급받아 일정한 수수료를 받고 판매자에게 지급해 주는 서비스를 말한다.[11] 그런데 「전자금융거래법」은 '전자지급결제대행'이란 전자적 방법으로 재화의 구입 또는 용역의 이용에 있어서 지급결제정보를 송신하거나 수신하는 것 또는 그 대가의 정산을 대행하거나 매개하는 것이라고 정의하고 있다(제2조 제19호).

통상 PG는 보안성을 갖춘 전자지급결제 관련 솔루션을 온라인쇼핑몰에 제공하고 결제대행 업무의 처리과정에 직접 참여하게 된다. 지급결제수단의 종류에 따라 신용카드지급결제대행, 계좌이체지급결제대행, 전화지급결제대행 등으로 구분이 가능하지만, 신용카드지급결제대행이 대부분을 차지하고 있다. PG는 단순히 지급결제정보의 교환을 위해 통신망을 제공하는 부가가치통신망(VAN: Value Added Network) 사업자와는 차별화된다.[12]

7. 결제대금예치업

'결제대금예치'란 인터넷쇼핑몰 등의 전자상거래에서 대금지급시점과 물품인수시점 간 시차가 발생하는 경우 물품 판매에 따른 지급결제의 안전성을 확보하기 위하여 공신력 있는 제3자가 구매자의 결제대금을 예치받고 구매자에게 물품이 전달되었는지를 확인한 후 물품대금을 가맹점에게 지급하는 제도를 말한다.[13] 즉, 「전자상거래 등에서의 소비자보호에 관한 법률」 제13조 제2항 제10호, 동법 시행령 제19조의3 제1항에 따라 소비자가 구매의 안전을 위하여 원하는 경우에는 재화 등을 공급받을 때까지 그 재화 등의 결제대금을 일정한 자에게 예치할 수 있는바, 이러한 업무를 수행하는 자를 '결제대금예치업자'라 하며, 금융위원회에 등록하여야 한다(「전자금융거래법」 제28조 제2항 제5호, 동법 시행령 제15조 제3항 제1호).

결제대금예치업은 에스크로(Escrow)라는 용어로 익히 알려져 있으며, 최근에는 개인과 소규모 판매업체 등의 거래를 중개하는 형태의 온라인쇼핑몰인 오픈마켓을 중심으로 서비스가 제공되고 있다.[14] 최근 '전자지급결제대행업자'(이른바 PG업자)가 결제대금예치업까지 겸업하는 경우가 일반적인데, 즉 G마켓, 이베이옥션, 11번가 등 오픈마켓의 경우 업무 특성상 쇼핑몰 운영자가 PG업과 결제대금예치업을 함께 영위하고 있다.[15]

8. 전자고지결제업

'전자고지결제업'이란 수취인을 대행하여 지급인이 수취인에게 지급하여야 할 자금의 내역을 전자적인 방법으로 지급인에게 고지하고, 자금을 직접 수수하며 그 정산을 대행하는 업무를 말한다. 이러한 전자고지결제업을 영위하고자 하는 자는 금융위원회에 등록하여야 한다(「전자금융거래법」 제28조 제2항 제5호, 동법 시행령 제15조 제3항 제2

호). 전자고지결제는 종이고지서 발송에 따른 인쇄비, 우편요금 등을 절감하고자 하는 기업들의 수요에서 출발하였고, 전자방식 고지서 발송 서비스를 제공해온 업체들이 대금 수취 및 정산기능까지 업무범위를 확장하면서 전자고지결제업무가 등장하게 되었다. 이러한 전자고지결제 서비스는 아파트관리비, 우유배달대금 등 정기적인 대금 지급을 위한 고지서 발행과 대금납부에 주로 이용되고 있다.[16]

동 서비스는 물품 판매자를 대신하여 전자지급이체방식으로 대금결제 기능이 부가된 전자고지서를 전자고지결제업자가 온라인으로 발송하고 지급인은 동 전자고지서에 따라 사용대금 확인 및 결제를 동시에 이행하며, 전자고지결제업자는 동 결제대금을 직접 수취하는 과정을 포함하고 있다.[17]

9. 전자금융보조업

'전자금융보조업자'란 금융기관 또는 전자금융업자를 위하여 전자금융거래를 보조하거나 그 일부를 대행하는 업무를 행하는 자 또는 결제중계시스템의 운영자로서 「금융위원회의 설치 등에 관한 법률」 제3조에 따른 금융위원회가 정하는 자를 말한다(「전자금융거래법」 제2조 제5호). 이에 따라 「전자금융감독규정」 제3조는 전자금융보조업자를 네 가지 범위로 규정하고 있다. 첫째, 정보처리시스템을 통하여 신용카드업자의 신용카드 승인 및 결제, 그 밖의 자금정산에 관한 업무를 지원하는 사업자(신용카드 VAN). 둘째, 정보처리시스템을 통하여 은행업을 영위하는 자의 자금인출업무, 환업무 및 그 밖의 업무를 지원하는 사업자(은행 VAN). 셋째, 전자금융업무와 관련된 정보처리시스템을 해당 금융기관 또는 전자금융업자를 위하여 운영하는 사업자. 넷째, 상기 사업자와 제휴, 위탁 또는 외부주문에 관한 계약을 체결하고 정보처리시스템을 운영하는 사업자이다.

이 중 업무수행 과정에서 신용카드번호 등의 금융정보를 취급하는 전자금융보조업자의 대표적인 유형은 신용카드 VAN(Value Added Network)사업자라고 할 수 있는데, 신용카드 VAN사업자는 신용카드사를 대신하여 신용카드가맹점을 모집하고 결제단말기를 보급하는 역할을 수행하며, 신용카드사와 가맹점 사이에서 거래승인을 위한 정보를 송수신하고 신용카드 결제과정에서 발생하는 매출전표 수거 및 매입요청 등의 업무도 중계하고 있다.[18]

신용카드 VAN사업자는 전기통신사업법상 부가통신사업자인 동시에 「전자금융거래법」상 전자금융보조업자로서의 지위를 보유하고 있는바, 「전자금융거래법」상 전자금융보조업자에 대해서는 별도의 등록절차를 거치지 않는다. 따라서 전자금융보조업자인 신용카드 VAN사업자에 대하여 금융감독당국은 직접적인 규제를 할 수 없다. 이러한 문제점을 인식하고 최근 카드사 개인정보유출에 대한 재발방지대책의 일환으로 「여신전문금융업법」을 개정하여 부가통신업자로서 금융위원회에 등록하도록 하였고(동법 제27조의2), 신용카드 VAN사업자는 자신이 전기통신서비스를 제공하는 신용카드 단말기를 금융위원회에 등록하도록 하여(동법 제27조의4), 일정한 규제가 가능하도록 하였다.

한편, 삼성페이의 삼성전자는 금융기관인 신용카드 업체의 신용카드거래 업무를 위하여 정보처리시스템을 운영하는 사업자로서 「전자금융거래법」상 전자금융보조업자에 해당될 수 있을 것이다.

10. 통신과금사업

「전자금융거래법」에 규정된 전자금융업자 및 전자금융보조업자 이외의 기타 전자지급결제 서비스 제공자의 대표적인 유형으로 통신과금사업자를 들 수 있다. 휴대폰 PG업자로 알려진 통신과금사업자는 과거 실질적인 업무성격에 따라 전자금융업자로 분류되었으나, 2007년 「정보통신망법」 개정으로 통신과금서비스에 대한 조항이 신설되면서 전자금융업자와는 다른 법적 기반을 갖게 되었다.[19]

통신과금서비스는 소비자가 인터넷쇼핑몰 등에서 물품 또는 유료 콘텐츠 등을 구매한 대금을 유·무선 전화료 등 통신요금에 합산하여 납부할 수 있도록 하는 서비스를 말하는데,[20] 「정보통신망법」은 통신과금서비스를 다음과 같이 규정하고 있다. 즉, '통신과금서비스'란 정보통신서비스로서 1) 타인이 판매·제공하는 재화 또는 용역의 대가를 자신이 제공하는 전기통신역무의 요금과 함께 청구·징수하는 업무, 또는 2) 타인이 판매·제공하는 재화 또는 용역의 대가가 위 1)의 업무를 제공하는 자의 전기통신역무의 요금과 함께 청구·징수되도록 거래정보를 전자적으로 송수신하는 것 또는 그 대가의 정산을 대행하거나 매개하는 업무를 말한다(「정보통신망법」 제2조 제1항 제10호). 이러한 통신과금서비스를 제공하는 통신과금사업자 중 위 1)의 업무를 행하는 자가 통신회사이며, 2)의 업무를 행하는 자가 후술하는 통신과금PG업체이다. 통신과금PG업체는 사용자 확인, 인증번호 전송 등의 거래관련 정보를 중계하고 통신회사로부터 물품 등의 대금을 수취한 후 수수료를 차감한 금액을 판매자에게 지급하는 업무를 영위하고 있다.[21]

III. 전자지급결제대행업에 대한 법적 문제

1. 의의

PG는 주로 온라인 신용카드결제에서 많이 사용되기 때문에, PG에 적용될 수 있는 법은 「여신전문금융업법」이 적용될 수 있고, 「전자금융거래법」이 적용될 수 있다.[22] 또한 2007년 12월 21일 「정보통신망법」 개정으로 통신과금서비스에 대한 조항이 신설되면서 통신과금PG에 대해서는 「정보통신망법」이 적용될 수 있게 되었다. 따라서 PG의 법률관계는 어떠한 구조로 이루어져 있는지 살펴볼 필요성이 있고, 또한 PG를 규제하는 각 법률의 규제 내용 및 각 법률 간의 관계를 검토해볼 필요가 있다. 최근 실무상 발생한 이슈도 함께 다루어 보고자 한다.

2. PG의 법률관계

지급결제수단의 종류에 따라 PG는 신용카드PG, 계좌이체PG, 통신과금PG 등으로 구분할 수 있다. 여기서는 신용카드PG를 중심으로 관련 법률관계를 파악한다. 오프라인 신용카드의 법률관계의 당사자에는 신용카드회원(구매자), 신용카드회사 및 오프라인 쇼핑몰(판매자 또는 가맹점)의 3당사자가 존재하는 반면, 신용카드회원이 온라인쇼핑몰에서 물품을 구입하고 신용카드로 결제를 하는 경우에는 기존의 3당사자 간의 법률관계에 PG업체가 추가되면서 신용카드회사와 PG업체, 온라인쇼핑몰과 PG업체, 신용카드회원과 PG업체 간의 법률관계가 더불어 발생하게 된다.[23] 또한 온라인 신용카드거래에 있어서는 카드회원은 매출전표에 서명하지 않을 뿐만 아니라, 매출전표의 서명과 물품 또는 용역의 제공이 동시이행의 관계에 있지도 아니하며, 신용카드회사와 가맹점계약을 체결한 카드가맹점이 직접 신용카드지급을 처리하지 않고 여러 쇼핑몰을 통합하여 관리하는 대표가맹점의 성격을 가지는 PG업체가 지급결제를 대행한다.[24] 이 점에서 기존 오프라인 신용카드의 결제구조와 차이점이 있다. 온라인 신용카드의 결제구조에서는 신용카드회원과 신용카드회사 사이의 관계는 기존의 법률관계와 같고, 신용카드회원과 온라인쇼핑몰의 관계는 매매계약 또는 용역제공계약인 점에서 같으나 대금지급관계는 결제대행에 의하여 대체된다.[25]

(1) PG업체와 신용카드회사

PG업체는 신용카드회원 등에게 물품의 판매 또는 용역의 제공 등을 하는 자를 위하여 신용카드 등에 의한 거래를 대행하기 위하여 신용카드회사와 대표가맹점 계약을 체결하게 된다(「여신전문금융업법」 제2조 제5호 나목). 이 계약은 카드가맹점규약에 의한 가맹점계약에 추가하여 전자상거래 결제대행서비스 특약, 수기매출전표 특약, EDI특약 등 온라인 신용카드지급의 결제대행을 위한 일련의 계약으로 구성된다.[26] 이러한 대표가맹점 계약은 결제대행서비스 특약 등으로 구성되는 비전형계약(혼합계약)이고, 계속적 채권관계에 속한다.[27]

이렇게 「여신전문금융업법」상 규정된 결제대행업체인 PG업체는 신용카드회사와 직접적인 계약관계를 맺게 되는데, 「전자금융거래법」에서는 특별히 PG업체가 누구와 계약을 체결해야 한다고 규정하고 있지 않으므로, 다른 PG업체와 계약을 체결하는 PG업체가 존재할 수 있는지 여부가 실무상 문제될 수 있다.[28]

(2) PG업체와 온라인쇼핑몰

PG업체는 결제대행을 원하는 온라인쇼핑몰과 결제대행이용계약을 체결하며 실무상 이 계약을 PG계약이라고 한다. 이러한 결제대행이용계약은 계속적 채권관계에 속하며, 그 법적 성질에 대해서는 다툼이 발생하고 있다. 첫째, 결제대행에 관한 위임계약적 성질을 가지고 있고 결제를 대행하고 수수료를 받으므로 유상계약의 일종이며, 위임의 구체적 내용은 PG업체가 자신의 명의로 대표가맹점계약을 체결하고 신용카드회사에 대금청구를 하나 실질적 거래의 주체는 온라인쇼핑몰이라는 점에서 PG업체의 대행은 주선행위의 일종으로 볼 수 있으므로, PG업체는 자신의 명의와 온라인쇼핑몰의 계산으로 거래를 실행시키는 준위탁매매인의 일종이라고 보는 견해이다.[29] 둘째, 결제대행에 관한 위임계약과 도급계약의 요소가 포함된 비전형계약이라고 보면서, 위임계약적 요소에 의하여 PG업체는 선량한 관리자의 주의로써 결제대행업무를 처리하여야 하며(「민법」 제681조), 이에 위반한 경우에는 손해배상책임을 지고, 또한 PG업체는 결제대행업무의 처리로 인하여 받은 카드이용대금을 위임인인 온라인쇼핑몰에 인도하여야 하며(「민법」 제684조 제2항), 결제대행이용계약은 유상계약이므로 PG업체가 결제대행업무를 완료한 때에는 온라인쇼핑몰은 보수(결제대행수수료, 정보중계수수료 등)를 지급하여야 한다고 보는 견해가 있다.[30] 셋째, PG업체는 온라인쇼핑몰로부터 채권추심을 위탁받아 이를 이행해주고 그 대가를 받는다는 점에서 「상법」상 위탁매매계약에 유사한 결제중계위탁 계약과 「상법」상의 위탁매매계약이 혼합된 계약이라고 보는 견해이다.[31] 넷째, PG업체는 자신의 명의로 신용카드사용에 따른 승인을 요청하여 그 결과를 수령하는 결제대행업무 를 처리하나 그 승인에 따른 신용카드 대금수령의 효과는 온라인쇼핑몰에게 귀속한다는 점에서 결제대행업무를 「상법」상 주선행위의 일종으로 보아 준위탁매매인에 해당한다 고 보는 견해[32] 등이 있다.

PG업체의 서비스를 이용하는 온라인쇼핑몰을 흔히 하위가맹점이라 부르는데, 이에 는 두 가지가 있다. 첫째, 신용카드가맹점이 아닌 업체로서 PG업체가 거래승인, 매입, 정산 및 결제를 대행하는 경우이며 이를 '대행가맹점'이라 부른다. 둘째, 신용카드가맹점 인 업체로서 PG업체가 거래승인, 매입, 정산서비스를 제공하고 결제는 신용카드회사가 직접 하는 경우이며 이를 '독립가맹점' 또는 '자체가맹점'이라고 부른다.[33] 따라서 PG업체 의 서비스는 신용카드가맹점이 아닌 업체는 물론 신용카드가맹점인 업체도 이용할 수 있으므로, 「여신전문금융업법」 적용에 있어 문제되는 영역이 있다. 또한 PG계약의 상대 방은 신용카드회원과 같은 일반 고객이 아니라 온라인쇼핑몰과 같은 업체이므로, 「전자 금융거래법」상 PG거래의 '이용자'는 누구인지 여부도 문제된다.

(3) PG업체와 신용카드회원

PG업체는 신용카드회원에 대하여 물품의 판매 또는 용역의 제공 없이 온라인쇼핑몰 을 위하여 카드이용대금의 결제를 대행하거나 관련 정보를 중계할 뿐이므로, PG업체는 신용카드회원이 카드이용대금을 지급하는 기초가 되는 법률관계인 매매계약 등과는 직접적인 관계가 없으며, 단지 카드이용대금의 결제나 정보중계에 관해서만 신용카드회 원과 관련을 맺는다.[34]

온라인쇼핑몰에서는 결제단계에서 신용카드대금이 PG업체의 이름으로 청구된다는 취지 및 결제정보를 입력하라는 메시지가 담긴 팝업창을 띄우는데, 그러한 팝업창은 온라인쇼핑몰이 결제화면을 PG업체와 링크시킨 것이다. 이때 신용카드회원이 결제정보 를 입력하면 PG업체의 서버에 내장된 응용프로그램에 입력되어 신용카드회원이 입력한 정보는 온라인쇼핑몰 서버가 아닌 PG업체의 서버에 남게 되고, 그 해당 정보를 PG업체가 직접 처리하게 된다.[35] 따라서 신용카드회원이 PG업체가 제공하는 화면에 결제정보를 입력하는 행위는 결제대행거래에 대한 신용카드회원의 명시적 또는 묵시적 동의라고 볼 수 있다. 또한 신용카드회원이 신용카드정보를 PG업체에 전송할 때 그 정보에 신용카드회사에 대한 지급지시가 포함되어 있다고 볼 수 있으므로, 신용카드회원의 신용카드 이용대금지급이 온라인쇼핑몰에 대하여 그 효력을 갖는 것으로 보아야 한다.[36]

3. PG업체에 대한 적용법률

지급결제수단의 종류에 따라 PG는 신용카드PG, 계좌이체PG, 통신과금PG 등으로 구분할 수 있고, 신용카드PG에 대해서는 「여신전문금융업법」, 「전자금융거래법」이 중첩적으로 적용될 수 있다. 또한 계좌이체PG에 대해서는 「전자금융거래법」이, 통신과금PG에 대해서는 「정보통신망법」이 각 적용될 수 있다.

(1) 「여신전문금융업법」의 규제

1) PG업체의 지위

PG업은 2002년 3월 30일 「여신전문금융업법」의 개정으로 신용카드가맹점으로서의 지위하에 처음으로 규제하게 되었다. 「여신전문금융업법」은 "신용카드업자와의 계약에 따라 신용카드회원 등에게 물품의 판매 또는 용역의 제공 등을 하는 자를 위하여 신용카드 등에 의한 거래를 대행하는 자"를 '결제대행업체'라고 하면서 이를 신용카드가맹점에 포함시켜 규제한 것이다(제2조 제5호 나목). 「여신전문금융업법」은 「전자금융거래법」과는 달리 '결제대행업체'를 신용카드가맹점으로 보면서 특별히 금융위원회에 등록의무를 부과하지 않았다. 따라서 「여신전문금융업법」은 신용카드PG에 대해 신용카드가맹점으로서 규제만 할 뿐, 그 밖에 업자로서 특별히 규제하고 있지는 않다. 신용카드가맹점으로서 신용카드PG는 「여신전문금융업법」상 신용카드회사 및 신용카드회원에 대하여 다양한 의무를 부담해야 한다. 즉, 신용카드PG는 물품의 판매 또는 용역의 제공 등을 하는 자, 즉 온라인쇼핑몰의 신용정보 및 신용카드 등에 따른 거래를 대행한 내용을 신용카드회사에 제공하여야 하고, 온라인쇼핑몰의 상호 및 주소를 신용카드회원이 알 수 있도록 하여야 하며, 신용카드회원이 거래취소 또는 환불 등을 요구하는 경우에는 이에 따라야 한다(「여신전문금융업법」 제19조 제7항).

2) PG업체의 책임

신용카드PG는 신용카드회원이 물품 또는 용역을 구매하는 경우 온라인쇼핑몰을 대행하여 신용카드거래를 처리하게 되는바, 「여신전문금융업법」상 신용카드가맹점인 신용카드PG는 원칙적으로 1) 분실 또는 도난된 신용카드를 사용한 거래, 2) 위조 또는 변조된 신용카드를 사용한 거래, 3) 해킹, 전산장애, 내부자정보유출 등 부정한 방법으로 얻은 신용카드의 정보를 이용하여 신용카드를 사용한 거래, 4) 다른 사람의 명의를 도용하여 발급받은 신용카드를 사용한 거래에 따른 손실에 대하여 책임을 부담하지 않는다. 다만, 신용카드회사가 당해 거래에 대하여 신용카드가맹점인 신용카드PG의 고의 또는 중대한 과실을 증명하여 그 손실의 전부 또는 일부를 신용카드PG가 부담할 수 있다는 취지의 계약을 체결하면 예외가 인정될 수 있다. 이때 그러한 내용의 계약은 서면에 의한 경우만 효력이 있으며, 신용카드가맹점인 신용카드PG의 중대한 과실은 계약서에 기재된 사항에 한정된다(「여신전문금융업법」 제17조).

신용카드PG는 신용카드가맹점으로서 1) 신용카드로 실제 매출금액 이상의 거래를 하는 행위, 2) 다른 신용카드가맹점의 명의를 사용하여 신용카드로 거래하는 행위는 금지되나, 신용카드PG의 성질상 물품의 판매 또는 용역의 제공 등이 없이 신용카드로 거래한 것처럼 꾸미는 행위, 신용카드가맹점의 명의를 타인에게 빌려주는 행위 및 신용카드에 의한 거래를 대행하는 행위는 금지되지 않는다(「여신전문금융업법」 제19조 제5항).

신용카드가맹점이면서 신용카드PG를 이용하는 '독립가맹점'의 경우 「여신전문금융업법」 제19조 제5항 제3호, 즉 "다른 신용카드가맹점의 명의를 사용하여 신용카드로 거래하는 행위"를 한 것으로 볼 수 있는지 문제된다.[37] 만일 그러한 행위로 해석된다면, '독립가맹점'은 신용카드PG를 이용할 수 없는 상황에 직면하게 된다. 이에 대해 다른 판례 및 문헌은 아직 발견되지 않고 있는바, 명문 규정에 충실하게 해석한다면, '독립가맹점'은 다른 신용카드가맹점의 명의, 즉 신용카드PG의 명의를 사용하여 신용카드로 거래하는 행위를 한 것으로 볼 수 있을 것이고, 그렇다면 이는 「여신전문금융업법」상 금지되는 행위에 해당될 수 있다고 본다. 따라서 '독립가맹점'이 신용카드PG를 이용할 수 있도록 하려면 「여신전문금융업법」 제19조 제5항 제3호의 "다른 신용카드가맹점의 명의를 사용하여 신용카드로 거래하는 행위"를 "다른 신용카드가맹점(결제대행업체는 제외)의 명의를 사용하여 신용카드로 거래하는 행위"로 개정할 필요성이 있다.

(2) 「전자금융거래법」의 규제

1) PG업체의 지위

2007년 1월 1일 시행된 「전자금융거래법」은 PG에 대하여, "전자적 방법으로 재화의 구입 또는 용역의 이용에 있어서 지급결제정보를 송신하거나 수신하는 것 또는 그 대가의 정산을 대행하거나 매개하는 것"이라고 규정하고(동법 제2조 제19호), 이러한 PG업을 영위하기 위해서는 일정요건을 구비하여 금융위원회에 등록하도록 하고 있다(동법 제28조 제2항 제4호). 다만, PG업체 중 전자금융거래와 관련된 자금을 수수하거나 수수를 대행하지 아니하고 전자지급거래에 관한 정보만을 단순히 전달하는 업무만을 수행하는 경우 「전자금융거래법」상 금융위원회 등록을 면제하도록 하였다(동법 제28조 제3항 제2호, 동법 시행령 제15조 제7항). 따라서 「전자금융거래법」상 전자금융업자로 인정되는 PG업체는 적어도 대가의 정산을 대행하거나 매개하는 업무는 수행하여야 한다. 「전자금융거래법」상 PG업체는 온라인 신용카드 거래 외에 그 밖에 전자적 방법으로 결제 대행할 수 있는 모든 경우를 포괄하므로, PG업 규제와 관련하여서는 일반법적인 역할을 수행한다고 볼 수 있다. 따라서 「전자금융거래법」은 위에서 언급한 신용카드PG 및 계좌이체PG에 대하여 모두 적용될 뿐만 아니라, 현재 「정보통신망법」의 규제를 받는 통신과금PG의 경우도 2007년 12월 21일 「정보통신망법」 개정으로 통신과금서비스에 대한 조항이 신설되기 이전에는 「전자금융거래법」이 적용되었다.

〈전자금융업자 등록 요건 유지 여부〉(금융위원회 유권해석)

〈질의요지〉

☐ A회사의 계열사가 전자금융업자로 신규 등록(전자지급결제대행업)을 하기 위해서 A회사의 전자금융업자 등록(전자지급결제대행업)을 반드시 말소하여야 하는지 여부

　* A회사는 전자지급결제대행업 및 결제대금예치업 등록이 되어 있음

☐ 계열사에 PG 사업을 영업양도하는 경우 A회사는 전자금융업자 등록(전자지급결제대행업)을 말소하여야 하는지 또는 에스크로 사업(결제대금예치업), 음식점 주문중개업 등 남아 있는 사업들에서 정산에 직접 관여한다고 보아 전자금융업자 등록(전자지급결제대행업)을 유지해야 하는지 여부

☐ 전자금융업자 등록(전자지급결제대행업/결제대금예치업)을 모두 유지하여야 한다면 기술적 기준, 재무건전성 기준 등 등록 시 요구되었던 조건을 모두 그대로 유지하여야 하는지 여부

「여신전문금융업법」과는 달리 「전자금융거래법」은 동법의 규제를 받는 PG업체에 대하여 엄격한 진입규제를 규정하고 있는바, PG업체가 금융위원회 등록을 하기 위하여는 1) 10억 원 이상의 자본금을 보유하여야 하며(일정한 경우 3억 원 이상의 자본금으로 그 요건이 완화됨), 2) 이용자의 보호가 가능하고 전자지급결제대행업을 수행함에 있어서 충분한 전문인력과 전산설비 등 물적 시설을 갖추어야 하고, 3) 자기자본·출자총액 또는 기본재산 대비 부채총액의 비율이 200% 이내여야 한다(「전자금융거래법」 제31조 제1항, 제30조 제2항, 동법 시행령 제17조 제2항 제1호, 제18조 제2항, 전자금융감독규정 제51조 제1항 제2호 다목). 그리고 금융위원회 등록을 한 PG업체는 전자금융업자로서 금융위원회 및 금융감독원의 감독 및 검사 대상이 된다.

금융위원회는 2012년 6월 해석을 통하여 이른바 「전자금융거래법」상 PG of PG가 존재할 수 있다고 하였다. 즉, 오픈마켓을 운용하는 사업자가 외부 PG업체를 이용하여 전자결제대행을 하면서 본인이 외부 PG업체로부터 정산대금을 받아 판매자에게 대금을 지급하는 경우 「전자금융거래법」상 PG업 등록이 필요한지 여부에 대하여, "일반상품 거래에서 외부 PG사를 이용해서 결제를 시행하더라도 그 결제대금을 PG사로부터 받아 판매자에게 지급한다면 이는 결제단계에 관여하는 것으로 간주되어 PG업자로 등록하여야 한다"라고 유권해석을 하였다. 따라서 「여신전문금융업법」상 PG업체가 되기 위해서는 신용카드회사와 계약을 체결하여야 하나, 「전자금융거래법」상 PG업체는 반드시 신용카드회사와 계약을 체결할 필요는 없다고 하겠다.

2) PG업체의 책임

「전자금융거래법」 제9조 제1항에 따르면, PG업체와 같은 전자금융업자는 1) 접근매체의 위조나 변조로 발생한 사고, 2) 계약체결 또는 거래지시의 전자적 전송이나 처리 과정에서 발생한 사고, 3) 전자금융거래를 위한 전자적 장치 또는 「정보통신망법」 제2조 제1항 제1호에 따른 정보통신망에 침입하여 거짓이나 그 밖의 부정한 방법으로 획득한 접근매체의 이용으로 발생한 사고 중 어느 하나에 해당하는 사고로 인하여 이용자에게 손해가 발생한 경우에는 그 손해배상책임이 있다. 다만, 예외적으로 PG업체와 같은 전자금융업자는 1) 사고발생에 있어서 이용자의 고의나 중대한 과실이 있는 경우로서 그 책임의 전부 또는 일부를 이용자의 부담으로 할 수 있다는 취지의 약정을 미리 이용자와 체결한 경우, 또는 2) 법인(중소기업기본법 제2조 제2항에 의한 소기업을 제외)인 이용자에게 손해가 발생한 경우로 전자금융업자가 사고를 방지하기 위하여 보안절차를 수립하고 이를 철저히 준수하는 등 합리적으로 요구되는 충분한 주의의무를 다한 경우 그 책임의 전부 또는 일부를 이용자가 부담하게 할 수 있다(동법 제9조 제2항).

과거 PG업체는 법률상의 실체가 불명확하여 신용카드회원의 문의 및 불만 제기 시 신속한 대응이 어렵다는 점, 신용카드지급과 관련하여 손해가 발생한 경우에 그 책임을 누가 지는가가 불명확하다는 점, 신용카드회사·PG업체·온라인쇼핑몰의 책임회피 및 전가 가능성이 있다는 점 등의 문제가 지적되고 있었다.[38] PG서비스 관련 특약은 PG업체 및 온라인쇼핑몰의 귀책사유로 인하여 신용카드회원이 아닌 제3자의 부정사용에 의한 거래가 발생하거나, 신용카드회원이 PG업체 및 온라인쇼핑몰의 물품판매와 관련하여 철회항변권을 행사하거나, 기타 PG업체 및 온라인쇼핑몰의 물품판매와 관련한 각종 소비자민원으로 신용카드회사에 손해가 발생한 경우 PG업체에게 손해배상의 책임을 지우고 있었지만,[39] 「전자금융거래법」이 제정되면서 PG업체의 전자금융업자로서의 그 법적 책임이 보다 명확하게 되었다.

그런데 이러한 PG업체의 책임은 전자금융거래에 있어서 '이용자'에 대한 책임이기 때문에 과연 전자금융거래계약상 PG업체의 '이용자'는 누구인지 검토하여야 한다. 즉, '이용자'가 PG업체와 결제대행이용계약을 체결한 온라인쇼핑몰인지 아니면 온라인쇼핑몰에서 신용카드로 물품을 구입한 신용카드회원인지 문제가 된다.

① 「전자금융거래법」상 '이용자'가 신용카드회원으로 해석되는 경우

「전자금융거래법」 제2조 제7호는 '이용자'라 함은 "전자금융거래를 위하여 금융회사 또는 전자금융업자와 체결한 계약(전자금융거래계약)에 따라 전자금융거래를 이용한 자"를 말한다고 규정하고 있다. 그런데 신용카드회원과 PG업체 간에 전자금융거래계약이 체결되어 있는지가 불분명하다. 이에 대하여 신용카드회원과 PG업체 간에는 물품구매와 관련해서는 직접적인 관련은 없지만, 신용카드회원이 온라인쇼핑몰에서 신용카드번호 및 필수정보를 PG업체의 팝업창에 입력하는 행위를 결제대행거래에 대한 거래지시로 해석하여 신용카드회원을 「전자금융거래법」상 '이용자'로 볼 수 있다는 견해[40]가 있다. 동 견해에 따르면, 결제대행지시의 전자적 전송이나 처리과정에서 발생한 사고로 인하여 신용카드회원에게 발생한 손해는 천재지변으로 인한 전산망의 다운과 같은 불가항력적인 사유를 제외하고는 PG업체가 신용카드회원에게 책임을 부담할 수 있다. 다만, 신용카드의 위조·변조 및 분실·도난으로 인한 사고의 경우에는 신용카드회원의 물품구매와 직접적인 관련이 없는 PG업체가 책임을 전부 부담하는 것은 불합리하므로, 신용카드회사와 미리 약정한 책임분담계약에 따라 책임을 져야 한다. 또한 동 견해에 따르면, 신용카드회원과 PG업체는 신용카드회원의 고의·중과실에 대한 면책약정을 사전에 체결하기는 어렵기 때문에 PG업체는 신용카드회원과 신용카드회사 간에 회원가입 시 체결한 면책약정을 준용하여 「전자금융거래법」 제9조의 손해배상책임을 벗어날 수 있다고 보고 있다. 다만, 면책약정의 해석은 「전자금융거래법 시행령」 제8조에서 고의나 중과실의 범위를 이용자가 접근매체(신용카드)를 제3자에게 대여하거나 그 사용을 위임한 경우 또는 양도나 담보의 목적으로 제공한 경우, 제3자가 권한 없이 이용자의 접근매체를 이용하여 전자금융거래를 할 수 있음을 알았거나 쉽게 알 수 있었음에도 불구하고 접근

매체를 누설하거나 노출 또는 방치한 경우라고 규정한 범위 내에서 이루어져야 한다.[41]

② 「전자금융거래법」상 '이용자'가 온라인쇼핑몰로 해석되는 경우

PG업체가 온라인쇼핑몰과 체결한 결제대행이용계약, 즉 PG계약은 계속적 채권관계에 속하는 위임계약의 성질을 가지고 있으나, PG계약을 전자금융거래계약으로 본다 하더라도 온라인쇼핑몰의 거래지시라 볼 수 있는 것이 없어 PG계약의 '이용자'를 온라인쇼핑몰로 보는 것은 해석론적으로 무난하지 않다는 견해[42]가 있다. 다만, 동 견해에 따르면, 만약 개별적인 신용카드거래에 있어서 결제대행에 관한 거래지시가 묵시적으로 존재하였다고 가정한다면 온라인쇼핑몰에 대하여 PG업체는 전자금융업자로서 '이용자'인 온라인쇼핑몰에 책임을 부담할 수 있다고 한다. 아직까지 PG업과 관련하여 「전자금융거래법」상 '이용자'를 온라인쇼핑몰로 보는 견해는 존재하지 않는 것으로 파악된다.

③ 소결

「전자금융거래법」 제2조 제1호에 따르면, '전자금융거래'라 함은 "금융회사 또는 전자금융업자가 전자적 장치를 통하여 금융상품 및 서비스를 제공(이하 '전자금융업무'라 한다)하고, 이용자가 금융회사 또는 전자금융업자와의 종사자와 직접 대면하거나 의사소통을 하지 아니하고 자동화된 방식으로 이를 이용하는 거래"를 의미한다. 그리고 「전자금융거래법」 제2조 제7호에 따른 '이용자'라 함은 "전자금융거래를 위하여 금융회사 또는 전자금융업자와 체결한 계약(이하 '전자금융거래계약'이라 한다)에 따라 전자금융거래를 이용하는 자"라고 규정한다. 또한 「전자금융거래법」 제2조 제20호에 따른 '가맹점'이라 함은 "금융회사 또는 전자금융업자와의 계약에 따라 직불전자지급수단이나 선불전자지급수단 또는 전자화폐에 의한 거래에 있어서 이용자에게 재화 또는 용역을 제공하는 자로서 금융회사 또는 전자금융업자가 아닌 자"라고 규정한다.

따라서 위와 같은 「전자금융거래법」 규정을 종합적으로 해석하면, PG업의 경우 전자지급결제대행 서비스라는 전자금융거래를 이용하는 주체가 신용카드회원인지 아니면 온라인쇼핑몰인지 판단할 수 있다. 즉, 외견상으로는 PG업이라는 결제대행업을 이용하는 것은 온라인쇼핑몰도 해당되는 것처럼 보이지만, 온라인쇼핑몰은 재화와 용역을 제공하는 자로서 「전자금융거래법」 제2조 제20호에 규정된 '가맹점'에 보다 가깝다. 왜냐하면 비록 위 가맹점 정의규정에 신용카드에 의한 거래가 제외되어 있으나, 이는 「여신전문금

융업법」과의 규제영역을 제대로 구별하지 못하여 발생한 입법적 불비로 생각되며, 온라인쇼핑몰의 실체는 가맹점에 가깝기 때문이다.

결국 PG업이 결합된 온라인 신용카드 거래구조의 경우 신용카드회원은 '이용자', 온라인쇼핑몰은 '가맹점', PG업체는 전자금융업자라는 관계로 정립하는 것이 보다 타당하다. 따라서 「전자금융거래법」 제38조 제2항에 따라 전자금융업자인 PG업체는 '가맹점'인 온라인쇼핑몰에 대하여 분실·도난된 신용카드 또는 위조·변조된 신용카드에 의한 거래에 따른 손실을 원칙적으로 부담해야 한다. 다만, 예외적으로 사전에 '가맹점'인 온라인쇼핑몰의 고의 또는 중과실에 의한 손실분담에 관한 약정을 체결한 경우에는 책임을 '가맹점'인 온라인쇼핑몰에 부담시킬 수 있다. 그리고 전자금융업자인 PG업체는 '이용자'인 신용카드회원에 대해서는 결제대행지시의 전자적 전송이나 처리과정에서 발생한 사고로 인하여 '이용자'인 신용카드회원에게 손해가 발생한 경우에는 「전자금융거래법」 제9조 제1항에 따라 원칙적으로 손해배상책임이 있다.

(3) 「정보통신망법」의 규제

1) PG업체의 지위

「정보통신망법」은 정보통신망의 이용을 촉진하고 정보통신서비스를 이용하는 자의 개인정보를 보호함과 아울러 정보통신망을 건전하고 안전하게 이용할 수 있는 환경을 조성하여 국민 생활의 향상과 공공복리의 증진에 이바지함을 목적으로 제정되었는바(동법 제1조), 2007년 12월 21일 개정에서 제7장에 통신과금서비스를 내용에 추가하였다. 통신과금서비스에는 정보통신서비스로서 타인이 판매·제공하는 재화 또는 용역의 대가를 자신이 제공하는 전기통신역무의 요금과 함께 청구·징수하는 업무(통신과금)나 타인이 판매·제공하는 재화 또는 용역의 대가가 위의 업무를 제공하는 자의 전기통신역무의 요금과 함께 청구·징수되도록 거래정보를 전자적으로 송수신하는 것 또는 그 대가의 정산을 대행하거나 매개하는 업무(통신과금PG) 등이 포함되는바(동법 제2조 제1항 제10호), 이에 따라 통신과금PG를 「정보통신망법」에서 규제하게 된 것이다.

원래 통신과금PG는 「전자금융거래법」상 PG로서 규제받고 있었으나, 2007년 12월 21일 「정보통신망법」을 개정하면서, 특히 통신과금서비스에 관하여 「전자금융거래법」의 적용이 경합한 때에는 「정보통신망법」을 우선하여 적용한다는 규정을 마련함으로써(동법 제5조) 통신과금PG는 「전자금융거래법」을 배제하고 「정보통신망법」의 규제만 받을 수 있도록 하였다. 통신과금서비스를 제공하려는 통신과금PG업체는 재무건전성, 통신과금서비스 이용자보호계획, 업무를 수행할 수 있는 인력과 물석 설비, 사업계획서 등을 갖추어 미래창조과학부장관에게 등록하여야 한다(동법 제53조 제1항). 다만, 이를 등록할 수 있는 자는 「상법」 제170조에 따른 회사 또는 「민법」 제32조에 따른 법인으로서 자본금·출자총액 또는 기본재산이 10억 원 이상이어야 한다(동조 제2항, 동법 시행령 제66조의2 제2항).

통신과금PG업체는 재화 등의 판매·제공의 대가가 발생한 때 및 대가를 청구할 때 1) 통신과금서비스 이용일시, 2) 통신과금서비스를 통한 구매·이용의 거래 상대방(통신과금서비스를 이용하여 그 대가를 받고 재화 또는 용역을 판매·제공하는 자를 말함)의 상호와 연락처, 3) 통신과금서비스를 통한 구매·이용금액과 그 명세, 4) 이의신청 방법 및 연락처 등을 통신과금서비스 이용자에게 고지하여야 하며(동법 제58조 제1항), 또한 통신과금서비스 이용자가 구매·이용내역을 확인할 수 있는 방법을 제공하여야 하고, 통신과금서비스 이용자가 구매·이용내역에 관한 서면(전자문서를 포함)을 요청하는 경우에는 그 요청을 받은 날로부터 2주 이내에 이를 제공하여야 하는 등(동조 제2항) 「정보통신망법」상 일정한 영업규제를 받고 있다.

통신과금PG업체는 기본적으로 「전자금융거래법」상 PG업체에서 출발하였으나, 통신과금서비스 결제라는 특성을 감안하여 미래창조과학부가 독자적으로 관할하면서 전통적인 금융규제 영역을 벗어난 규제를 받아 왔다. 이에 따라 통신과금PG업체는 타법의 규제를 받는 PG업체와 달리 특수한 형태의 수수료 구조로 영업을 진행하여 현재 문제가 제기되고 있다.

2) PG업체의 책임

통신과금PG업체는 통신과금서비스를 제공함에 있어서 이용자에게 손해가 발생한 경우에 그 손해의 발생이 통신과금서비스 이용자의 고의 또는 중과실로 인한 때를 제외하고는 그 손해를 배상하여야 한다. 그리고 손해배상을 함에 있어서는 손해배상을 받을 자와 협의하여야 하는데, 손해배상에 관한 협의가 성립되지 아니하거나 협의를 할 수 없는 경우에는 당사자는 방송통신위원회에 재정을 신청할 수 있다(「정보통신망법」 제60조).

3) 통신과금거래의 법률관계

통신과금거래의 구조는 신용카드거래와 매우 흡사한 측면이 있다. 즉, 신용카드거래는 신용카드회사의 신용제공에 근거해서 가맹점이 거래대금을 선급받지만 통신과금거래에서 신용카드회사의 위치에 있는 이동통신사는 신용을 제공하는 것이 아니어서 쇼핑몰은 소비자가 이동통신사에게 대금을 지급한 통신과금PG업체를 경유하여 대금을 수령하게 된다. 따라서 통신과금거래는 일종의 외상거래로서 이동통신사의 고객확인 정보를 신뢰하고 대금지급을 유예시키는 것이고 거래시점에는 지급행위에 상응한 행위는 존재하지 않는다.[43]

신용카드결제 방식과 달리 통신과금결제 방식으로 지급을 유예해주는 쇼핑몰 입장에서는 일반적으로 정산주기가 D+2개월 이상 장기이기 때문에 중소형 쇼핑몰의 경우 Cash-Flow에 어려움이 발생하고, 대형 쇼핑몰의 경우 불확실한 최종 대손율로 인해 회계처리상 어려움이 발생한다는 이유로, 통신과금PG업체가 대금을 미리 쇼핑몰에 지급해주는 선정산 방식이 관행화되었다.[44]

통신과금PG업체가 통신과금거래의 특수성을 감안하여 쇼핑몰에 대금을 미리 정산해주고 일정 수수료를 쇼핑몰로부터 받을 경우 「여신전문금융업법」 또는 「대부업 등의 등록 및 금융이용자 보호에 관한 법률」(이하 「대부업법」이라 한다) 위반의 문제가 대두되었다.

과거 방송통신위원회 또는 미래창조과학부에서는 통신과금PG업체의 통신과금서비스이용약관 심사를 통하여 통신과금PG업체의 선정산 구조에 대하여 특별히 이의를 제기하지 않았다. 그러나 이와 관련하여 「여신전문금융업법」 또는 「대부업법」 등 금융법 위반의 문제가 있는 상황이기 때문에 금융당국인 금융위원회, 금융감독원에서는 통신과금PG업체의 선정산 방식의 수수료 부과체계에 대하여 명확한 입장정리가 필요하다.

(4) 각 규제 법률의 관계

1) 「여신전문금융업법」과 「전자금융거래법」과의 관계

「여신전문금융업법」의 개정 및 「전자금융거래법」의 제정으로 신용카드회사와 대표가맹점 계약을 체결하고 일정요건을 구비하여 금융위원회에 등록을 한 신용카드PG업체는 「여신전문금융업법」에 의하면 신용카드가맹점, 「전자금융거래법」에 의하면 전자금융업자의 지위를 동시에 갖게 되었다. 따라서 신용카드PG업체는「여신전문금융업법」제19조 제7항에 따라 물품의 판매 또는 용역의 제공을 하는 자(온라인쇼핑몰)의 신용정보 및 신용카드거래의 대행내역을 신용카드회사에 제공해야 할 의무를 부담하는 동시에,「전자금융거래법」제39조에 규정된 금융감독원의 감독권에 따라야 할 의무를 부담하게 되는 등 이중적인 의무를 부담하게 되었다.

또한「여신전문금융업법」상 신용카드PG업체는 단지 신용카드가맹점에 불과하므로,「여신전문금융업법」제17조에 따라 원칙적으로 분실·도난된 신용카드나 위조·변조된 신용카드에 의한 거래에 따른 손실을 부담하지 아니하는 반면,「전자금융거래법」상 신용카드PG업체는 전자금융업자로서「전자금융거래법」제9조에 따라 신용카드회원의 결제 대행지시의 전자적 전송이나 처리과정에서 발생한 사고로 인한 책임을 부담하며, 동법 제38조에 따라 신용카드의 위조·변조 및 분실·도난으로 인한 사고의 경우에는 쇼핑몰에 손실을 떠넘길 수 없다.

「여신전문금융업법」과「전자금융거래법」의 규제를 모두 받는 신용카드PG업체의 경우 과중한 의무부담과 모순된 책임범위를 갖게 되는 문제가 발생하였는바, 이를 해결하기 위해서는「여신전문금융업법」의 점진적인 개정을 통하여「전자금융거래법」과 보조를 맞추는 것이 필요하다.

2)「정보통신망법」과「전자금융거래법」과의 관계

「전자금융거래법」의 규제를 받아 오던 PG업에 대하여「정보통신망법」이 개정을 통하여 통신과금PG업만을 별도로 규제하게 되었는바, 이에 대해서는 다음과 같이 비판하는 견해가 있다. 그 비판적 견해에 따르면, 통신과금결제대행은 전자지급결제대행에 해당하므로「정보통신망법」이 이를 구별하지 않고 규정하면서 동법의 규정을「전자금융거래법」에 우선 적용하도록 한 것은 법 적용의 불통일을 가져와 이용자들에 혼란을 가져올 뿐만 아니라 경우에 따라서는「전자금융거래법」이 적용되는 경우보다 불리한 결과를 가져올 수 있다고 주장하고,「정보통신망법」제5조의 우선적용규정은「전자상거래 등에서의 소비자보호에 관한 법률」이 동법과 다른 법률의 규정이 경합하는 경우에는 동법을 우선 적용하도록 하면서도 "다른 법률을 적용하는 것이 소비자에게 유리한 경우에는 그 법을 적용한다"라고 규정한 것(동법 제4조)과 비교하면서, 동일한 성질의 유사거래에「전자금융거래법」과「정보통신망법」이 적용되는 것도 혼란스럽고, 소비자의 입장에서 경우에 따라서는 불리한 「정보통신망법」이 적용되어야 하는 것도 형평의 관념에 비추어 불합리하다고 지적한다.[45]

PG의 개념에 대한 「전자금융거래법」상 규제방식을 「정보통신망법」이 그대로 따른 것으로 보아, 「전자금융거래법」상 PG와 「정보통신망법」상 PG는 그 성질상 큰 차이가 없다고 판단된다. 그렇다면 굳이 「정보통신망법」에서 우선적용규정을 둘 실익이 크게 없어 보이는바, 이용자 보호보다는 행정편의를 우선하였다는 비난이 제기될 수 있을 것이다.

IV. 디지털금융의 고도화와 「전자금융거래법」 개정 방안

금융위원회는 2020년 7월 27일 「전자금융거래법」의 전면 개편을 예고하며, '디지털금융 종합혁신방안'을 발표하였다. 즉 디지털금융 전반의 혁신과 디지털 리스크 관리체계 구축을 통해 지속 가능한 금융혁신과 안정을 도모하고자 하는 방안이다. 「전자금융거래법」은 2006년 제정되어 4차 산업혁명과 최근 금융환경의 변화에도 불구하고 큰 변화가 없었던 바, 이번 「전자금융거래법」의 전면 개정을 통하여 디지털금융의 법·제도가 대폭 개편될 것으로 예상된다.

1. 디지털금융 분야 인프라·산업·시장 전반의 고도화

안정적 시스템 운영과 함께 결제 인프라 혁신의 확장성 및 안정성 확보를 위한 오픈뱅킹 고도화 방안을 마련한다. 제2금융권 참가확대 등 오픈뱅킹의 기능과 범위 확대 및 이에 따른 금융보안 및 이용자 보호 강화 방안을 수립할 필요성이 있다. 지속 가능한 오픈뱅킹을 위한 법적 근거로서 「전자금융거래법」의 개정안에 이를 반영하는 방안을 마련 중에 있으며, 두 가지 방안을 고려 중에 있다. 첫째, 은행결제망 제공의무화와 차별 금지 방안이다. 전자는 모든 은행이 참가기관 등에게 은행의 자금이체 기능을 표준화(API)하여 제공하도록 의무 규정을 마련하고, 후자는 은행결제망을 이용하는 참가기관 등에 대해 처리 순서, 처리 시간, 비용(이용료) 등에서의 차별행위를 금지한다.

2. 전자금융업 관련 사항

전자금융업과 관련하여 핀테크 유니콘 기업이 활발하게 출현할 수 있도록 디지털 금융산업의 도약을 위한 제도적 기반을 마련한다. 이를 위하여 첫째, 간편결제·송금, 계좌 기반의 다양한 서비스 등이 가능한 금융플랫폼 육성을 위해 My Payment, 종합지급결제사업을 도입한다. MyPayment는 이용자의 지시에 따라 이용자 자금을 보유한 금융회사 등에 수취인 앞 지급지시를 하는 업종이다. 유럽연합은 2018년 1월에 이미 이를 도입한 바 있다. 종합지급결제사업자는 단일 라이선스로 모든 전자금융업을 영위하여 다양한 핀테크 서비스를 one-stop으로 제공할 수 있는 플랫폼사업자이다.

디지털 금융거래의 기반인 실명확인·인증 규제를 개선하여 생체정보, 분산신원확인 등 혁신적인 인증서비스 등장을 촉진하고, 간편결제 선불 충전·이용한도(현재 200만원)를 확대하는 등 규제를 합리화하는 방안을 마련한다.

3. 이용자 보호 측면

이용자 보호체계를 선진국 수준의 디지털금융이용자 보호체계로 구축한다. 이를 위하여 첫째, 전자금융업자가 보유한 이용자 자금에 대한 외부기관 보관·예치 의무화 등 유럽연합·미국·일본 등의 수준의 제도적인 보호 방안을 도입한다. 둘째, 플랫폼 비즈니스, 디지털금융사업자 간 연계·제휴 등의 투명성·책임성 확보를 위한 영업행위 규칙을 마련한다. 예를 들면, 신의성실, 차별금지, 오인방지, 이용자 선택 보장 의무 등을 들 수 있다.

4. 「전자금융거래법」 개정 방안

(1) 배경

2000년 후반 들어 스마트폰의 보급과 함께 모바일 기반의 간편결제·송금서비스를 제공하는 비은행 기업이 지속적으로 증가하고 있다. 지급결제시장이 은행 중심에서 비은행 중심으로 변모하고 있는 것이다. 새로운 형태의 서비스 증가는 법적 불확실성을 제거하는 동시에 혁신적 금융서비스 출현을 위한 실정법의 개선을 요구하게 되었다. 2006년 개정된 후 큰 변화 없는 「전자금융거래법」은 전 세계적인 지급결제시장의 환경변화를 충분히 반영하지 못하고 있다는 지적이 제기되고 있다.

한편, 유럽연합은 지급서비스지침 개정안(Second Payment service Directive, 이하 PSD2)을 마련한 후 2018년 1월부터 그 지침이 시행되고 있는 상황이다. 동 지침은 유럽연합 내 모든 지급거래에 동일한 수준의 규칙을 적용하여 법률적 불확실성과 거래의 비효율성을 줄이기 위한 목적을 가지고 있다. 기존 PSD의 지급결제서비스 범위는 지급계좌의 입출금, 지급계좌에 의한 지급거래의 집행이나 이용자에 대한 여신을 수반하는 지급거래의 집행, 지급수단의 발행, 송금, 통신·IT시스템 등을 통해 이용자와 상품·서비스 공급자를 중개하여 발생하는 지급거래였다. 하지만 PSD2는 이용자의 계좌나 자금의 보유 없이 서비스를 제공하는 지급지시서비스(payment initiation service)[46]와 계좌정보서비스(payment initiation service provider)[47]를 지급결제서비스 범위에 포함시켰다.

(2) 주요 개정 내용

우리나라 「전자금융거래법」 개정 방향은 새로운 지급결제서비스를 규제대상으로 포괄하고, 오픈뱅킹의 법적 근거를 마련하며, 이용자 보호를 강화하는 것을 주요 내용으로 하고 있다. 「전자금융거래법」 개정안은 새로운 지급결제서비스로 지급지시서비스업(MyPayment)과 종합지급결제사업 도입을 고려하고 있다. 지급지시서비스업은 다른 금융회사 계좌의 자금을 결제하거나 다른 금융회사 계좌로 송금하는 지시를 하는 서비스로 PSD2와 유사하다고 볼 수 있다. 하지만 종합지급결제사업은 PSD2와 다른 면이 있다. 종합지급결제사업은 핀테크 기업 등이 은행과 제휴 없이 지급결제 전용계좌를 개설해 결제, 송금 등을 할 수 있게 하는 서비스로, 비은행이 금융결제망을 직접 이용함으로써 은행과 동등한 지위에서 서비스를 제공하도록 도입하고자 한다. 하지만 PSD2에는 이와 유사한 서비스가 없는 것으로 알려지고 있다.

본인신용정보관리업(MyData)은 이용자의 요청에 따라 개인의 신용정보를 통합하여 제공하는 서비스로 2020년 8월 효력을 발생하고 있는 「신용정보법」에 도입되었다. 금융회사(은행, 보험회사, 카드회사 등)별 예금계좌 입출금 내역, 신용카드 및 직불카드 거래 내역, 대출계좌 정보, 투자자예탁금 및 CMA 등의 계좌 입출금 내역, 금융상품투자(주식, 펀드) 정보 등이 포함되었다.

오픈뱅킹의 법적 근거도 명확해질 것이다. PSD2와 유사하게 은행 등에 API 구축을 의무화하고, 지급결제서비스업자에 대해 금융결제망을 차별 없이 이용할 수 있도록 하고, 전자금융업자에게 이용자의 자금을 외부기관에 보관하게 하는 등의 방안과 정보보호 의무 등을 강화하여 이용자 보호에도 만전을 기하고 한다.

(3) 시사점

금융당국이 「전자금융거래법」을 개정하여, 오픈뱅킹의 법적 근거를 마련하고 지급결제 신사업을 도입하며 이용자들의 안전을 위한 보호 방안을 마련하는 조치는 긍정적인 평가를 내릴 수 있다. 이러한 일련의 시도들은 플랫폼사업자들의 혁신을 유도하는 데에 기여할 것이다. 「전자금융거래법」의 개정은 디지털금융 전반의 혁신과 리스크 관리체계를 구출할 것으로 보인다. 현재 시행 중인 오픈뱅킹 제도의 법적 근거를 명시적으로 제시하고, 제2금융권 참가 확대 등 오픈뱅킹의 기능과 범위를 확대하게 될 것이다. 기존 전자금융업에서 지급지시서비스업(MyPayment)과 종합지급결제사업의 도입 역시 핀테크 유니콘 기업이 활발하게 출현할 수 있는 기회를 제공하게 될 것으로 보인다.

V. 결론

PG는 크게 신용카드PG, 계좌이체PG, 통신과금PG로 구분될 수 있다. 각 PG는 지급결제수단에 따라 차이가 있을 뿐, 그 PG로서의 성질은 같다고 볼 수 있다. 그럼에도 각 지급결제수단에 따라 별도로 입법을 한 결과 이에 적용되는 「여신전문금융업법」, 「전자금융거래법」, 「정보통신망법」 사이의 부조화가 나타나는 문제가 발생하게 되었다. 따라서 모든 지급결제수단을 포함할 수 있는 「전자금융거래법」상 PG를 기준으로 각 입법의 모순을 개선해나가야 한다. 「전자금융거래법」과 「여신전문금융업법」에 대한 소관 부처인 금융위원회는 두 법에 대한 부조화를 조속히 해결하기 위해 노력해야 한다. 「정보통신망법」 소관 부처인 과학기술정보통신부는 통신과금PG도 「전자금융거래법」 등 금융규제에서 자유로울 수는 없으므로, 금융위원회와 충분한 조율을 거쳐 법률 개정에 착수하고 조화로운 규제를 위해 노력해야 한다. 2020년 2월 5일 기준으로 「전자금융거래법」상 전자금융업자의 허가 및 등록 현황을 살펴보니, 선불전자지급수단 발행 및 관리업자가 57개, 직불전자지급수단 발행 및 관리업자가 28개, 전자지급결제대행(PG)업자가 115개, 결제대금예치업자가 38개, 전자고지결제업자가 11개, 전자화폐발행 및 관리업자와 전자자금이체업자는 없는 것으로 파악되었다. 이러한 통계자료를 통하여 확인할 수 있는 것은 「전자금융거래법」상 전자금융업자로서 가장 활발하게 영업을 영위하는 것이 전자지급결제대행(PG)업이라는 점이다. 향후 전자지급결제대행(PG)업은 지속적인 성장 가능성이 있는 영업이라 판단되므로 이에 대한 합리적인 법적 규제가 요구된다고 하겠다.

그리고 2020년 7월 27일 전자금융거래법의 전면 개편을 예고한 금융위원회의 '디지털 금융 종합혁신방안' 발표는 지급결제 관련 제도에 있어 큰 변혁을 불러일으킬 내용인바, 추후 동 법안의 국회 통과 과정을 예의 주시할 필요가 있다고 본다.

1 「여신전문금융업법」상 신용카드도 전자지급수난으로서 닐리 이용되고 있는데, 「여신전문금융업법」은 「전자금융거래법」과 별도로 이러한 신용카드를 발행 및 관리하는 자를 신용카드업자로서 규율하고 있다.

2 손진화, 『전자금융거래법』, 법문사, 2008, 140면.

3 한국은행, 『BOK 이슈노트』, 2014-8호(2014. 6.), 132면.

4 한국은행 금융결제국, 『전자금융총람』, 금융정보화추진협의회, 2015. 2., 146면.

5 한국은행 금융결제국, 전게서, 154면.

6 한국은행, 전게서, 134면.

7 한국은행 금융결제국, 전게서, 154면.

8 한국은행 금융결제국, 전게서, 155면.

9 손진화, 전게서, 97면.

10 김홍식, "전자지급결제대행(Payment Gateway)업에 관한 법적 고찰", 『경영법률』, 제18집 제1호, 한국경영법률학회, 2007, 403면.

11 금융감독원, "전자지급결제대행서비스(Payment Gateway)의 현황 및 전망", 『전자금융감독정보』, 제2002-7호, 1면.

12 정경영, 『전자금융거래와 법』, 박영사, 2007, 391면.

13 한국은행 금융결제국, 전게서, 157면.

14 한국은행, 전게서, 133면.

15 한국은행 금융결제국, 전게서, 157면.

16 한국은행, 전게서, 135면.

17 한국은행 금융결제국, 전게서, 160면.

18 한국은행, 전게서, 138면.

19 한국은행, 전게서, 140면,

20 한국은행 금융결제국, 전게서, 163면.

21 한국은행, 전게서, 141면.

22 동법은 2007. 1. 1. 제정 시행된 것으로 PG업을 영위하기 위해서는 금융위원회에 등록하도록 규정하고 있다.

23 김홍식, 전게 논문, 407-408면.

24 손진화, "온라인 신용카드거래의 법률문제", 『경영법률』, 제16집 제1호, 한국경영법률학회, 2005, 377면.

25 정경영, 전게서, 393면.

26 손진화, 전게 논문, 379면; 정경영, 전게서, 393면; 김홍식, 전게 논문, 408면.

27 손진화, 전게 논문, 379면; 김홍식, 전게 논문, 408면.

28 이러한 관계를 실무상 PG of PG라고 부른다. 강현구, "전자지급결제대행업에 대한 법적 고찰 – 전자금융거래법, 여신전문금융업법, 정보통신망법 적용관계를 중심으로", 금융법연구 제13권 제1호, 2016, 72면.

29 정경영, 전게서, 393면.

30 손진화, 전게 논문, 380면.

31 김영호, "전자지급제도의 법리에 관한 연구(전자상거래지급결제중계제도(PG서비스에 의한 전자지급이체방식의 지급결제제도)와 이의 규제를 위한 입법론)", 『상사법연구』, 제21권 제1호, 한국상사법연구회, 2002, 116면.

32 김홍식, 전게 논문, 409면.

33 손진화, 전게 논문, 380면; 김홍식, 전게 논문, 409면.

34 손진화, 전게 논문, 381면; 정경영, 전게서, 394면.

35 정윤선, "전자상거래 결제서비스 안전확보방안 연구", 한국소비자보호원 정책연구실, 2006. 10., 30면.

36 김홍식, 전게 논문, 410면; 손진화, 전게 논문, 381면.

37 다른 신용카드가맹점의 명의를 사용하여 신용카드로 거래한 자는 3년 이하의 징역 또는 2천만 원 이하의 벌금에 처해질 수 있다(여신전문금융업법 제70조 제3항 제3호).

38 이보우, "인터넷쇼핑몰에 대한 카드사의 입장 및 협력방안", 『E-commerce』, 제43호(2002. 10.), 102면; 홍정인, "전자금융업자의 자격요건에 대한 PG사의 입장", 『E-commerce』, 제44호(2002. 11.), 102면; 손진화, 전게 논문, 385면.

39 손진화, 전게 논문, 385면.

40 김홍식, 전게 논문, 415면.

41 김홍식, 전게 논문, 416면.

42 김홍식, 전게 논문, 416-417면.

43 정경영, 전게서, 404면.

44 현재 실무상 통신과금PG의 선정산 방식은 전체 정산 방식의 90% 이상을 차지한다고 한다.

45 손진화, "모바일지급 서비스의 법률관계", 『경영법률』, 한국경영법률학회, 2009. 7., 17-19면.

46 지급지시서비스 제공업자는 서비스 이용자의 자금을 보유하지 않고 이용자의 지시로 다른 지급결제서비스 제공업자가 보유하고 있는 계좌에 지급결제 개시를 요청하는 서비스를 제공한다.

47 계좌정보서비스 제공업자는 이용자의 동의를 받아 이용자가 거래하는 은행 계좌정보, 최근 거래내역, 잔액정보 등 금융정보를 이용자에게 통합하여 제공한다.

03

핀테크와 해외송금

03

핀테크와 해외송금

I. 의 의

　외환거래 제도를 규율하는 법규는 직접적으로 외환관리를 목적으로 하는 기본법규와 간접적으로 이에 관계되는 관련법규로 구분된다. 전자로는 「외국환거래법」과 부속법규를 들 수 있고, 후자로는 「대외무역법」, 「외국인투자 촉진법」 및 「한국은행법」이 있다. 「외국환거래법」은 외국환거래와 그 밖의 대외거래의 자유를 보장하고 시장기능을 활성화하여 대외거래의 원활화 및 국제수지의 균형을 통하여 통화가치의 안정을 도모함으로써 국민경제의 건전한 발전에 이바지하는 것을 목적으로 한다(「외국환거래법」 제1조). 「외국환거래법」 제8조는 외국환업무취급기관주의를 채택하고 있다. 동 규정에 따르면, 외국환업무는 금융회사 등만이 취급할 수 있고, 외국환업무를 업으로 하려는 자는 대통령령으로 정하는 일정한 요건을 갖추어 미리 기획재정부 장관에게 등록하여야 한다. 여기서 금융회사 등이라 함은 「금융위원회의 설치 등에 관한 법률」 제38조에 따른 기관 등을 말한다(「외국환거래법」 제3조 제1항 제17호 및 동법 시행령 제7조). 해당하는 기관으로서는 「은행법」상의 은행과 증권사, 보험사, 상호저축은행, 신용협동조합, 농협, 수산업협동조합, 한국산업은행, 한국수출입은행, 중소기업은행, 체신관서 등을 들 수 있다. 외국환업무라 함은 일반적으로 외국환의 발행 또는 매매, 대한민국과 외국 간의 지급·추심 및 수령, 외국통화로 표시되거나 지급되는 거주자와의 예금 또는 금전의 대차, 보증 등을 말한다(「외국환거래법」 제3조 제1항 제16호 및 동법 시행령 제6조). 각 금융회사 등은 자신의 업무와 직접 관련되는 범위에서 외국환업무를 취급할 수 있다(「외국환거래법」 제8조 제2항). 그중 은행과 체신관서는 일반적인 외국환업무 전반을 취급할 수 있고 나머지 기관들은 그 성격에 따라 업무의 범위가 제한되고 있다.

II. 「외국환거래법」상 주요 내용

1. 의의

「외국환거래법」은 외환거래 관련 업무를 외국환업무와 외국환중개업무의 두 가지로 분류한다. 그중 외국환업무의 일종으로서 업무범위가 극히 협소한 환전업무의 경우에 한하여 외국환업무취급기관주의에 대한 예외로서 일반의 진입을 비교적 쉽게 허용하고 있는 반면, P2P 해외송금 서비스와 직접 관련되는 외국환업무의 경우에는 금융회사 등에 한하여 그 취급을 허용하고 있다. 이를 위반하여 등록하지 아니한 채 외국환업무를 취급할 경우 원칙적으로 3년 이하의 징역 또는 3억 원 이하의 벌금에 처하도록 규정하고 있다(「외국환거래법」 제27조의 제1항 제1호). 따라서 금융회사 등에 해당하지 아니하는 통상의 핀테크 업체의 경우에는 본질적인 내용의 외국환업무를 취급하는 것이 원칙적으로 불가능하였다. 1961년 「외국환거래법」 제정 당시에는 정부 당국의 인가를 받은 특정 은행에 한하여 외국환업무를 취급하도록 하였다. 시간이 흐르면서 외국환거래의 규제가 완화되는 경향으로 인하여 외국환업무 취급 주체가 확대되기는 하였지만 여전히 금융회사 등만이 외국환거래의 주체로 남아 있었다. 이는 외국환거래에 있어서 강력한 진입장벽에 해당하였다. 이와 같이 외국환거래 주체를 제한하고 있는 이유로는 국제적인 신용과 능력이 있는 은행을 통하여 외국환거래를 행하게 함으로써 외국환거래를 능률적으로 하고자 하는 목적이 있다는 견해,[1] 대부분의 외국환거래가 은행을 통하여 이루어지므로 외국환은행 제도를 통하여 정부 당국이 외국환거래에 대한 정보를 쉽게 확보할 수 있을 뿐 아니라 외국환은행을 외국환관리기관으로 지정하여 외국환관리 권한을 일부 위임함으로써 외국환관리의 실효성을 확보하고자 하는 목적이 있다는 견해[2]가 있다.

2. 전개

1992년도 「외국환관리법」이던 시절 개정을 통하여 Positive 방식에서 Negative 방식으로 전환되었다. 종전에는 허가 및 신고제를 병용하여 원칙적으로 대외거래를 규제하였으나, 대외거래의 전면적인 자율화에 따라서 자유로운 거래를 원칙으로 하되 필요한 부분에 대해서만 제한하는 방식으로 변경된 것이다. 이러한 기조는 현재도 유지되고 있고, 당시의 규제 부분에 비하여 완화된 상태이다. 한편, 외국환거래규정 제2-1조의4를 통해 2016년 3월 도입된 '소액외화이체업'과, 「외국환거래법」 제8조 제3항을 통해 2017년 7월 도입된 '소액해외송금업'은 핀테크 업체 등 비금융회사가 일정 범위 내에서 외국환업무를 수행할 수 있도록 함으로써 고객의 거래편의를 제고하고 급변하는 금융환경을 반영하여 금융업 경쟁력을 강화하고자 하였다. 비금융회사라 하더라도 외국환은행의 수탁업체로서 외화이체업을 영위할 수 있는 자가 바로 '소액외화이체업자'이다. 그리고 「외국환거래법」 개정을 통하여 2017년 7월부터는 전문외국환업무 취급업자로 기획재정부에 등록을 하게 되면, 비금융회사도 외국환은행을 통하지 않고 해외송금업을 영위할 수 있게 된 것이다. 따라서 핀테크 기업들도 해외송금업을 영위할 수 있는 기회가 생겼다고 볼 수 있다.

3. 소액외화이체업

소액외화이체업은 기본적으로 은행의 외국환업무를 일부 위탁받아 수탁자로서 업무를 수행한다. 은행과의 위수탁계약을 기반으로 진행되며, 법령이 허용되는 위탁업무의 범위는 지급·수령의 신청 접수, 사유 확인, 실명거래확인 지원, 동일인당 연간 한도 관리 등과 같이 은행의 업무를 보조하는 범위 내로 제한되어 있다. 주식회사 등 「상법」상 회사이거나 외국 기업의 국내지사 또는 환전영업자이면 소액외화이체업을 영위할 수 있다. 소액외화이체업을 영위하기 위해서는 인적·물적 요건에 대하여는 외국환거래규정 제2-1조의4 제1항 제2호 내지 제4호에 규정되어 있다.

4. 소액해외송금업

소액해외송금업은 비금융회사가 외국환업무를 은행과의 협약 없이 독자적으로 영위할 수 있는 형태이다. 「외국환거래법」 제8조 제3항 제2호는 금융회사가 아닌 자도 '대한 민국과 외국 간의 지급 및 수령과 이에 수반되는 외국통화의 매입 또는 매도'를 할 수 있게 허용하고 있다. 소액해외송금업자는 「외국환거래법」상 '전문외국환업무취급업자' 및 '외국환업무취급기관 등'으로 분류되어 관련 규제도 모두 적용받게 된다. 다만, '외국환업무취급기관'에는 속하지 않는다.

〈소액외화이체업과 소액해외송금업〉

구분	소액외화이체업	소액해외송금업
관련 법령	외국환거래규정	「외국환거래법」
법적 지위	은행의 수탁자	독자적 사업자
자본금	3억 원	20억 원
전문인력	1명 이상	2명 이상
이체한도	− 건당 미화 3천 달러 이하 − 동일인당 연간 미화 2만 달러 이하	− 건당 미화 3천 달러 이하 − 동일인당 연간 미화 2만 달러 이하

5. PG업자의 소액해외송금·환전업 가능 여부

2017년 7월 「외국환거래법」을 개정하여 전자지급결제대행업자(소위 PG업자)도 전문외국환업무취급자로 분류하여 별도 등록 시 소액해외송금업 및 환전업 겸영이 가능하게 되었다. 다만, 소액해외송금업 등록을 하려면 「상법」상 회사로 자기자본 20억 원 이상을 갖추어야 한다. 자기자본에 대한 부채 비율을 200% 이내로 한정한다.

III. 제3자 지급 등 지급의무

1. 의의

외국환거래는 수출입거래 등의 경상거래와 채권 매매 등의 자본거래로 구분된다. 각각의 거래는 계약 체결 등의 원인행위와 이에 따른 결제행위로 구분된다. 원인행위에 있어서, 경상거래의 경우에 「외국환거래법」상으로 아무런 제한이 없으나 자본거래의 경우에는 원칙적으로 미리 기획재정부 장관에게 신고하여야 한다(「외국환거래법」 제18조). 결제행위에 있어서 외국환은행을 통한 정상적인 형태인 경우에는 자유롭게 이를 행할 수 있다. 이 경우 건당 2천 달러를 초과하는 지급 등을 하고자 하는 자는 원칙적으로 외국환은행의 장에게 지급 등의 사유와 금액에 대한 증빙서류를 제출하여야 하며(외국환거래규정 제4-2조 제1항), 다만 거주자가 연간 5만 달러 이내의 금액을 지정거래외국환은행을 통하여 지급 등을 하는 경우에는 그러한 증빙서류의 제출이 면제된다(외국환거래규정 제4-3조). 당해 지급 등 그 원인이 되는 거래가 허가, 신고 등의 대상인 경우에는 먼저 그 절차를 거쳐야 하고(외국환거래규정 제4-2조 제2항), 외국환은행은 당해 지급 등을 하기 이전에 고객의 거래나 지급 등이 허가, 신고 등의 절차를 거친 것인지 미리 확인하여야 한다(「외국환거래법」 제10조).

2. 제3자 지급

거주자가 제3자 지급 등을 하고자 하는 경우에는 한국은행 총재에게 미리 신고하여야 한다. 다만, 제3자 지급 등을 하는 금액이 미화 2천 달러 이하인 경우 또는 거주자가 외국환은행 또는 이에 상응하는 외국 금융기관 명의로 개설된 에스크로 계좌를 통해 비거주자와 지급 등을 하는 경우 등에 있어서는 제3자 지급 등 신고의무가 면제된다(외국환거래규정 제5-10조 제1항). 2017년 현재 이러한 신고면제사유는 25개에 이르고 있으나 현실 속의 복잡하고 다양한 거래 형태 가운데 일부에 해당하는 것이어서 제3자 지급 등에 대한 신고의무는 여전히 규제로서의 의미가 있는 상황이다. 신고의무 위반 시에는 5천만 원 이하의 과태료가 부과될 수 있고(「외국환거래법」 제32조 제1항 제3호), 위반 금액이 25억 원을 초과하는 경우에는 1년 이하의 징역 또는 1억 원 이하의 벌금에 처해질 수 있다(「외국환거래법」 제29조 제1항 제6호, 동법 시행령 제40조 제1호).

3. 법정양식

제3자 지급 등에 관한 신고를 함에 있어서 법정양식에 의거하여 '거래의 종류', '계약상대방', '결제방법', '금액', '결제시기' 등을 기재하여야 한다(외국환거래규정 제5-3조 참조). 거주자로부터 그러한 신고를 받은 한국은행 총재는 신고사실을 국세청장 및 관세청장에게 통보하여야 한다(외국환거래규정 제5-10조 제4항). 현재로선 P2P 해외송금 서비스의 경우 외국환업무취급기관주의로 인하여 금융회사 등에 해당하지 아니하는 경우에는 외국환업무를 취급하는 것이 근본적으로 불가능하다. 그러나 제3자 지급 등의 경우에는 신고의무만을 부과하고 있으므로 제3자 지급 등에 관한 규정이 P2P 해외송금 서비스에 대한 근본적인 장애는 아닌 것으로 볼 수 있다.

전술한 「전자금융거래법」상 전자지급결제대행업자, 즉 PG업자는 2015년부터 외국환 업무취급기관으로 등록을 하면 PG업 영위와 관련하여 외국환업무가 가능하게 되었는바, 별도로 제3자 지급 등의 신고의무는 지지 않는다.

4. 외국환거래와 제3자

「외국환거래법」은 국제적으로 가장 일반적으로 사용되는 결제방법을 정상적인 것으로 취급한다. 정상적인 결제방법을 권유하는 이유는 수출대가의 신속하고 정확한 회수, 과도한 연지급 방식에 의한 수출입의 제한, 국내업체 간의 과당경쟁 방지와 유리한 거래 조건의 확보, 결제시점의 고의적인 변경에 의한 투기적 자본이동 방지, 대외지급의 확실한 이행, 국제상관습의 적용 등을 위한 것이다.[3] 「외국환거래법」은 사후관리의 효율성을 확보하기 위해 외국환은행을 통한 결제를 원칙으로 하고 있다. 이는 행정당국에 의한 직접적인 규제는 가급적 폐지하면서 외국환은행에 확인의무를 부여하여 정당한 자금인 경우에만 결제가 가능하도록 하고자 함이다. 외국환은행은 정부를 대신하여 각종 외국환 관련 업무를 처리하고 그 내용을 정부에 보고할 의무를 부담하는 대가로 외국환업무에 관한 배타적인 업무영역을 보장받게 된다.[4]

5. 상계 등의 특수한 형태의 결제방법

상계 등의 특수한 형태의 결제방법의 경우에는 외국환은행이 그러한 결제의 내용이나 경위 등을 정확히 파악하기 어려워 정당하게 결제되는 것인가에 의문이 제기될 수 있고, 불법적인 외화유출입 수단으로 악용될 소지가 있다.[5] 이에 따라 상계 등의 방법으로 채권·채무를 소멸시키거나 상쇄시키는 방법으로 결제하는 경우 외환당국에 사전신고 하도록 되어 있다(「외국환거래법」 제16조). 이는 불법적인 외화 유출을 방지하기 위하여 정부 당국이 외환거래의 동향을 모니터링하는 동시에 당사자에게 특별히 그러한 신고의무를 부과한 것이다.[6]

「외국환거래법」 제16조에 규정된 신고 사유 중에서 '상계'와 '외국환은행을 통하지 아니한 지급' 등의 경우에는 외국환은행에 지급의 흔적이 남지 않으므로 위에서 언급한 지적은 타당할 수 있다. 그러나 제3자 지급 등의 경우에는 외국환은행에 지급 기록이 남게 되므로 외환관리 목적에서 제3자 지급 등을 규제할 이유는 없다. 현행 「외국환거래법」이 입법상의 실수로 인하여 당초 환치기를 규제하고자 한 입법목적에서 벗어나 외국환은행을 통한 국경 간 지급 등의 경우까지 규제대상에 포함시킨 것이나 그 적용범위를 축소할 필요가 있을 뿐 아니라 제3자 지급 등에 대한 신고의무의 전면 폐지도 고려해볼 수 있다는 의견[7]이 있다.

IV. 「외국환거래법」 최근 개정 주요 내용

1. 의의

2019년 5월 3일부터 외환거래 분야 핀테크 스타트업을 활성화하고 금융업의 경쟁력을 강화하기 위한 외국환거래규정이 개정되었다. 정부는 2019년 1월부터 획기적 규제혁파의 일환으로 공무원이 규제의 필요성을 직접 입증하는 '규제입증책임전환제'를 시범 실시하여, 국민 생활 및 기업 활동과 밀접한 외국환거래 분야의 규제를 발굴하고 폐지 및 개선하였다.

금번 외국환거래규정 개정은 '규제입증책임전환제' 실시와 후속조치로써 외환거래 분야에서 ① 핀테크 업체, 환전영업자의 다양한 영업방식을 허용하여 신산업을 촉진하고, ② 저축은행, 증권사 등 비은행 금융회사의 역할을 확대하여 우리 금융산업 전반의 경쟁력을 강화하는 한편, ③ 국민실생활에 비추어 불합리한 규제는 과감히 철폐함으로써, 일반 국민의 외환거래 편의를 제고하고자 한다.

〈외국환거래규정 개정 주요 내용〉
① 신산업촉진: 소액해외송금업체를 통한 선불전자지급수단의 해외송금 허용, 무인환전기기를 통한 환전 가능 금액 한도 금액 한도 상향(동일자, 동일인 기준 1천 불에서 2천 불로 상향함)
② 금융업 경쟁력 강화: 자산 1조 원 이상 저축은행의 해외송금·수금 업무 허용, 증권사·카드사의 해외 송금·수금 한도 상향(건당 3천 불에서 5천 불로 상향, 연간 누계 3만 불에서 5만 불로 상향)
③ 외환거래 편의 제고: 현재 3년인 해외이주비 송금기한 연장 허용, 해외부동산 취득 시 20만 불의 계약금 송금한도 폐지

---

2. 외국환거래 분야 신산업 촉진

(1) 소액해외송금업체의 다양한 영업방식 허용

소액해외송금업체가 고객으로부터 선불전자지급수단을 받아 해외로 송금하는 방식을 허용하였다. 소액해외송금업체와 해외파트너사 간 대금청산 시 해외금융기관 여신을 통한 정산이 가능하도록 허용하였다.

기존에는 고객이 소액송금업체를 통해 송금을 할 때 고객의 은행계좌에 원화자금을 입금하는 방식만이 가능하였으나, 이제는 QR카드나 ○○머니 등 선불전자지급수단으로도 송금이 가능하게 된다. 또한 소액송금업체가 해외파트너사와 대금정산에 필요한 자금을 해외송금하는 대신 해외금융기관으로부터 현지에서 대출을 받아 마련할 수 있게 되어, 고객의 편의를 제공하고 송금수수료 절감 및 혁신적 방식에 따른 송금업 활성화가 가능하게 된다.

(2) 환전 전문업자의 영업범위 확대

무인환전기기를 활용하는 환전영업자에 대한 환전 한도를 동일자, 동일인 1천 불에서 2천 불로 상향하였다. 환전영업자가 고객으로부터 외국환매각신청서 및 외국환매입증명서를 제출받지 않고 환전할 수 있는 한도를 환전장부를 전산으로 관리하는 환전영업자에 한하여 2천 불에서 4천 불로 상향하였다.

출국 전 공항에서 무인환전기기를 통해 환전을 하고자 하는 경우에, 환전한도가 1천 불로 제한되었던 과거의 경우, 이를 해소하기 위해서는 은행을 방문해야만 하였다. 하지만 무인환전기기 환전영업자의 환전 한도를 동일자, 동일인 기준 2천 불로 상향하여 환전거래를 더욱 편리하게 하였다. 핀테크 기반 무인환전업을 활성화하는 동시에 환전한도 자체를 존치시켜 불법 자금 거래 등의 리스크를 관리할 수 있는 기반이 마련되는 것이다.

3. 금융업 경쟁력 강화

(1) 저축은행·우체국 등의 업무범위 확대

자산 1조 원 이상인 저축은행에 건당 5천 불, 동일인당 연간 누계 5만 불 범위 내에서 해외송금·수금업무를 허용하였다. 외국인 거주자가 국내에서 취득한 보수 등을 우체국을 통해 송금할 수 있도록 허용하였다. 단위 농·수협에 해외송금뿐만 아니라 수금업무도 허용하였다.

과거 저축은행 계좌를 가지고 있는 사람이 저축은행 계좌에 입금되어 있는 자금을 해외로 송금하고자 하는 경우, 해외송금업무가 허용되는 은행이나 소액해외송금업체를 거치지 않으면 아니 되었다. 금번 개정으로 자산 1조 원 이상인 저축은행이 건당 5천 불, 동일인당 연간 누계 5만 불 범위 내에서 해외송금·수금업무가 가능하게 되었다. 이러한 개정으로 말미암아 저축은행 고객의 송금 편의가 제고되고, 해외송금시장 내 경쟁의 확산으로 인하여 송금 수수료 인하와 서비스 다양화 등의 효과가 발생할 것으로 예상된다.

우체국의 업무범위도 확대되었다. 농촌에서 일하는 외국인 근로자가 있다고 하자. 그는 한 달 일해서 받은 급여를 자신의 가족에게 송금하고자 한다. 하지만 시골 마을에 우체국밖에 없어서, 송금을 하고자 한다면 은행이 있는 읍내로 가야만 하였다. 이러한 문제점이 개선되었다. 농어촌 외국인 근로자, 다문화 가정 등의 외환거래 편의를 제고하는 한편, 해외송금시장 내 경쟁 확산으로 송금 수수료 하락, 서비스 다양화 등의 긍정적 효과가 있다.

(2) 증권사·카드사 해외송금·수금 한도 상향

증권·카드사의 해외송금·수금 한도를 건당 3천 불에서 5천 불, 연간 누계 3만 불에서 5만 불로 상향하였다. 과거 증권사는 건당 3천 불, 연간 누계 3만 불 이내에서 해외송금업무를 하고 있었다. 고객 수요가 증가함에도 불구하고 한도가 적어 업무 수행에 제약이 있었다. 증권사를 포함한 카드사의 경우 연간 5만 불, 연간 누계 5만 불로 상향하여 업무 수행 제약을 완화하였다. 고객의 편의가 제고되는 동시에 해외송금시장 내 경쟁의 확산으로 송금 수수료가 하락될 것이며, 서비스의 다양화를 기대할 수 있다.

4. 외환 거래 편의 제고

(1) 일반국민의 외환거래 시 불합리한 규제 개선

해외이주자가 이주기간이 지연되는 상황에 대해 소명하는 경우 해외이주비의 송금기간 제한(현재 3년)을 연장 허용하였다. 해외부동산 취득 시, 계약금 송금 금액 한도(20만 불)를 폐지하였다. 다만, 탈세·재산도피 방지를 위해 비율한도(취득금액 10%)는 존치하였다.

해외(예를 들면, 미국의 경우) 이민을 가고자 하는 경우 해외이주신고확인서를 발급받은 후 3년 이내에 이주비를 송금해야 한다. 하지만 그 신고서 발급 이후 3년이 지나서도 이주절차를 마무리하지 못해 이주비 송금을 할 수 없는 상황이 발생할 수 있다. 이 경우 정당한 사유를 입증한다면, 송금기간 제한의 적용을 유예할 수 있도록 하였다. 해외로 재산반출 통로로 악용하는 경우를 고려하되 기한 규제는 존속하는 방안을 마련한 것이다. 이주자의 소명 유예기간을 부여함으로써 국민들의 편의를 제공하고자 한 것이다.

2008년 해외부동산 취득금액에 대한 제한이 폐지되었다. 한 기업체가 해외에 있는 대형 건물을 투자 목적으로 매입하고자 한다. 하지만 계약금이 송금한도 20만 불을 초과하여 송금을 할 수 없었다. 이러한 계약금 송금한도 규제를 금번에 폐지하였다. 이러한 폐지는 국민의 편의를 제고할 것이다. 다른 한편, 취득금액의 10%의 비율한도는 존치하여 탈세와 재산도피를 방지하고자 한다.

(2) 증빙·신고 등이 필요 없는 금액한도 상향

거래사유 등 증빙이 필요 없는 송금·수금 금액을 건당 3천 불 이하에서 5천 불 이하로 완화하였다. 제3자를 통한 송금 등을 할 때, 신고가 필요 없는 송금 금액을 건당 3천 불 이하에서 5천 불 이하로 완화하였다.

외국환은행을 통해 해외에 체류 중인 가족에게 생활비를 자주 송금하는 자가 있다. 하지만 송금액이 3천 불을 초과하는 경우 거래사유를 입증하는 서류를 제출해야 하는 번거로움이 있었다. 금번 개정으로 거래사유 증빙이 필요 없는 해외송금 한도의 경우 3천 불에서 5천 불로 상향하였다. 외환 거래 절차의 간소화가 이루어진 것이다. 하지만 필요 최소한의 모니터링 장치는 유지하도록 하여 불법 거래를 방지하고자 한다.

(3) 사전신고 의무 완화 등 기업의 대외거래 시 편의 제고

거주자가 비거주자의 채권·채무를 상계하고자 하는 경우 사전신고 의무를 상계처리 후 30일 내 사후 보고하는 것으로 전환하였다. 거주자가 이미 투자한 외국법인이 자체이익유보금 또는 자본잉여금으로 증액 투자하는 경우 사전신고 의무를 사후보고로 전환하였다. 누적 투자금액 10만 불 이하의 해외직접투자의 경우, 청산 보고를 할 때 공인회계사 감사보고서 제출 의무를 면제하였다.

국내에 있는 한 기업이 외국기업과 상시적인 무역거래를 하고 있다. 외국에 거래기업이 일방적으로 채권을 상계처리한 후 국내 기업에 대금을 송금하여 국내 기업은 부득이하게 외국환거래규정을 위반하는 결과가 초래되었다. 양자 간 채권·채무 상계거래 시 원칙적으로 사전신고가 필요하였다. 하지만 금번 개정으로 양자 간 상계거래 시 사전신고 의무를 폐지하여 수출거래 등 기업들의 영업 여건상 불가피한 이유로 사전신고를 하지 못하는 경우 처벌을 받는 것을 방지할 수 있도록 하였다. 사후보고의 유지는 최소한 모니터링을 통해 불법거래 가능성을 방지할 수 있게 된다.

V. 세계의 추세

1. 경향

주요 선진국은 외국환업무 취급을 포함하여 외환거래의 자유를 실질적으로 보장하고 있다. 인터넷과 스마트폰만을 활용하여 해외송금 서비스를 제공하는 핀테크 기업들은 영국과 미국을 중심으로 다수 등장하였고, 이들은 기존 금융기관 및 대형송금기관 대비 저렴한 수수료로 서비스를 제공하였다. 2006년 3월 국제결제은행 산하 지급결제제도위원회와 세계은행은 P2P 해외송금 서비스와 관련하여 5가지 기본원칙 발표를 통해 정책방향을 제시하였다. 그 기본원칙 중 하나인 '지급결제시스템 참가 등 경쟁적인 참가 등을 통한 경쟁적인 시장 환경의 조성'과 관련하여 '해외송금 서비스의 가격을 낮추고 질을 제고함으로써 그 효율성을 높이기 위해서는 경쟁적인 시장 환경을 조성하고 진입장벽을 낮게 유지할 필요가 있음'을 역설하였다.[8] 주요 선진국에서는 비금융기관이 P2P 해외송금 서비스를 제공하는 것이 제도적으로 가능한 것으로 판단된다. 실제로 다수의 비금융기관이 그러한 서비스를 제공하면서 금융기관과 경쟁하는 양상이다. 이는 소액해외송금 서비스 이용자 계층에 대한 비금융기관의 서비스가 상대적으로 높은 경쟁력을 가지고 있기 때문이다.[9] 오프라인 지점을 거치지 아니하고 인터넷과 스마트폰을 통한 서비스를 제공하는 핀테크 기업은 기존 은행 대비 최대 10분의 1 수준의 수수료로 서비스를 제공하고, 송금 체결시간을 단축시키며 단순한 온라인 프로세스를 적용한 사용자의 편의성 개선 등이 강점이다.

〈주요 해외송금 핀테크 기업 개요〉[10]

핀테크 기업	국가	투자규모 ($m)	수수료율* (영국→인도)	환율 (1£=99.56루피)	특이사항
Xoom	미국	215.0	1.5%	63.04	2013년 미국 나스닥 상장
WorldRemit	영국	140.0	1.5%	99.53	아프리카, 남미 등 특화
TransferWise	영국	90.3	0.7%	99.76	수요자 간 매칭, 환전 미발생
PeerTransfer	미국	43.25	–	–	유학생 학자금 송금 특화
Azimo	영국	11.5	0.5%	99.36	190여 개국 송금서비스 제공
Remity	미국	11.25	없음	63.32 *미국→인도 $200 기준 ($1=63.56루피)	인도 및 필리핀 지역 특화
Afrimarket	프랑스	6.3	–	–	아프리카 특화, 'cash-to-gogoods'
Pangea Payment	미국	6.0	1.97%	15.23	멕시코 등 중남미 이주민 특화
CurrencyFair	아일랜드	2.5	1.25%	2.1174	누적 송금액 21억 유로 (2015년 6월)
BitPesa	케냐	1.13	3%	없음	아프리카 내 비트코인 해외송금

* 수수료율은 200파운드 송금 기준, 환율수수료 미포함. 2015년 6월 29일 기준

2. 미국

미국의 경우 외환관리 법규가 처음부터 존재하지 않고 있으며, 기존의 은행들과 대형 송금업체들이 제공하던 서비스 방식에서 벗어나 혁신적이고 창의적인 서비스를 제공하며 빠른 속도로 해외송금 핀테크 기업이 성장하고 있다.[11] 미국의 유학생 학자금 송금업체인 PeerTransfer는 미국, 캐나다, 영국, 호주 내 650여 개 학교와 제휴해 해외 유학생들의 등록금 납부를 대행하고 있다. 200개 통화로 송금이 가능하며, 비자·마스터카드·알리페이를 통한 송금이 가능하다. 해외에서 수취한 대규모 자금 확보를 통해 은행과 수수료

및 환율 협상에서 우위를 보이고 있고, 모든 수취 자금을 환전하지 않고 각 국가에서 등록금 납부 후 남는 차액만 환전해 불필요한 수수료를 제거하고 있다. 은행 송금으로 납부할 경우 수취은행에서 부과하는 수수료로 인하여 학비를 미납하는 경우가 발생하였으나, PeerTransfer는 송금이나 수취, 환전 수수료 금액을 보장하면서 송금인뿐만 아니라 제휴 학교도 선호하여 이러한 납부 방식을 채택하고 있다.

3. 영국

영국을 포함한 유럽의 경우 1970~1980년대에 외환관리법규를 모두 폐지한 것으로 알려지고 있다.[12] 영국의 해외송금업체는 TransferWise업체와 Azimo업체가 있다. 영국의 대표적인 P2P 해외송금업체인 TransferWise는 금융기관을 거치지 아니하고 두 국가 사이의 자금을 송금하려는 사람의 수요를 서로 연결하는 방식을 통하여 수수료를 기존 은행 대비 10분의 1 수준으로 낮추면서 누적 송금액 45억 달러로 우리나라 금액으로 환산하면 2014년 말 기준 약 5조 원에 달하는 금액에 달하고 있다. 한편, Azimo는 영국에 근무하는 터키, 필리핀 등 해외이주 노동자를 대상으로 서비스를 시작하여 현재 약 20개 국가에서 190여 개 국가로 송금서비스를 제공하고 있다. 필리핀 등 주요 국가 송금의 경우 약 1~3%의 낮은 수수료와 실시간 또는 당일 송금서비스를 제공하면서, 전체 거래의 76%가 해외이주 노동자에 해당하고 50%는 미숙련 노동자로부터 발생한다. 수취는 은행계좌 입금도 가능하지만 가정으로 배달하거나 모바일 지갑 등으로도 가능하여 접근성이 낮은 저개발국 고객에게 다양한 선택권을 제공하고 있다.

4. 일본

(1) 연혁

일본은 2010년 4월 「자금결제에 관한 법률」(이하 「자금결제법」) 시행을 통하여 1회 송금액 100만 엔 이하에 한하여 금융기관 이외의 일반사업자의 외환송금 취급을 허용하였다.[13] 일본의 경우 외국환업무 취급의 문호를 폭넓게 개방하고 있다. 2010년 4월 「자금결제법」 시행을 통하여 일본은 시장참여를 제한하는 「외국환거래법」 중심의 규제체계에서 시장참여자의 성격에 따른 행위규제 중심체계로 전환하게 되었다.[14] 그동안 특정 금융기관에 한하여 외국환업무를 취급하도록 하던 지정제도를 폐지하였다.[15] 그리고 시장 진입요건 및 시장참여자 감독 등의 문제를 각 영역별 사업법에서 규율하도록 하였다.[16] 결국 '자금이동업제도'를 규정한 「자금결제법」이 2009년 6월 제정되고 2010년 4월 시행됨으로써 「은행법」에 대한 예외로서 금융기관 이외의 일반사업자의 해외송금업 진출이 비로소 가능하게 되었다.[17] 이러한 방향은 여러 가지 이유를 제시할 수 있겠지만, 무엇보다도 해외송금업이 음성화되는 부작용을 방지하고자 하는 목적에 있다. 해외송금의 경우 개별 사업법인 「은행법」에서 은행의 고유업무로 지정하여 일반사업자가 취급할 수 없었던 것이나, 이용자 보호 등의 차원에서 해외송금업에 대한 진입장벽을 낮추어 이를 양성화하고자 한 것이다.[18]

(2) 「자금결제법」

자금결제에 관한 서비스의 적절한 실시를 확보하고 그 이용자 등을 보호하며, 자금결제시스템의 안전성, 효율성 및 편리성의 향상에 이바지하고자 하는 목적으로 탄생된 것이 「자금결제법」이다(「자금결제법」 제1조). 「자금결제법」은 자금결제에 관한 서비스의 제공을 촉진하기 위해 선불식 지급수단의 발행, 은행 등 이외의 자가 하는 외환거래 및 은행 등과의 사이에서 발생한 외환거래에 관한 채권재무의 청산에 대하여 등록 그밖의 필요한 조치를 강구하고자 한다. 동법은 지불매체의 성격을 구별하지 아니하고 전자식의 경우에도 적용의 대상이 되고, 자금결제 관련 사업에 대한 감독법의 성격을 가지고 있다. 「자금결제법」상 '자금이동업'은 은행 등 이외의 자가 시행령에서 정하는 소액의 외환거래를 업으로서 운영하는 것을 말하고(「자금결제법」 제2조 제2항), '자금이동업자'라 함은 정부 당국으로부터 자금이동업 등록을 받은 자를 말한다(「자금결제법」 제2조 제3항). 당국에 등록할 경우 「은행법」상의 외국환업무 취급 제한 규정에도 불구하고 자금이동업을 영위할 수 있게 된다(「자금결제법」 제37조). 등록 시에는 상호, 주소, 자본금, 영업소의 명칭 및 소재지, 이사 및 감사의 성명, 자금이동업의 내용 및 방법 등을 제출하여야 한다(「자금결제법」 제38조).

(3) 시행

일본 이동통신사인 NTT DoCoMo는 2011년 7월 자국 내 가입자를 대상으로 자사의 단말기를 이용하여 1일 최대 45만 엔 및 1개월 최대 50만 엔까지 해외로 송금할 수 있는 모바일 해외송금 서비스를 출시하였다. 이는 「자금결제법」 이후 비금융기관인 이동통신사가 제공하는 최초의 해외송금 서비스에 해당한다.[19]

VI. 결 론

2014년 기준 해외이주민이 국내로 송금한 금액은 64.8억 달러로 유출액 58.0억 달러보다 많아 선진국일수록 유출액이 유입액보다 많은 것과는 대조를 이루고 있다. 한국으로 송금액이 가장 많은 국가는 미국이며, 일본이나 중국, 캐나다 및 호주 등이 그 뒤를 잇고 있다. 이들 국가는 해외동포가 많이 거주하거나 국내 기업의 해외 지사가 많은 국가들이 차지하고 있다. 한국으로부터 송금이 가장 많은 나라는 중국으로 전체 유출액의 71.5%에 달하는 것으로 나타나고 있으며, 베트남과 필리핀 등 외국인 근로자들이 많은 동남아 국가가 대부분을 차지하고 있다. 기획재정부는 국내 핀테크 산업 활성화의 일환으로 은행에만 허용했던 해외송금업무를 비금융사로 확대하기 위한 외화이체업 도입을 결정하였다.[20] 과거 우리나라는 외국환업무취급기관주의 등의 엄격한 규제로 인하여 금융기관이 아닌 핀테크 업체의 P2P 해외송금 서비스의 제공이 불가능한 것이었다. P2P 해외송금 서비스를 이용하게 되면 금융기관을 통한 해외송금 방식보다도 수수료와 편의성에서 우위성을 가지고 있다. 핀테크 업체가 제공하는 P2P 해외송금 서비스의 경우 모바일로 서비스 이용이 가능하여 편의성이 높고 소요시간에 있어서도 매우 짧기 때문에 유리하다. 국내 은행들은 기존 개인 간 해외송금 서비스의 편의성 등 질적 개선 및 수수료 인하 등을 통한 시장 방어와 함께 새롭게 출범하는 핀테크 기업과의 제휴 및 투자 확대를 통하여 소비자 선택권이 보장되는 방향으로 나아가야 한다.

한편, 우리 정부는 외화이체업의 발전성과 확장성이 확보될 수 있도록 이체방식에 대한 제한은 배제하고, 직접 송금방식 이외의 다양한 송금방식 도입이 가능한 해외 핀테크 기업 같이 새로운 송금 모델 기업이 도입될 전망이다. 핀테크 업체의 P2P 해외송금 서비스가 이용자에게 다양한 혜택을 부여하기 때문에 이를 허용하지 않을 경우 음성적으로 이용할 가능성이 있다. P2P 해외송금 서비스가 음성화할 경우 많은 폐해와 부작용이 예상된다. 또한 이용자들이 서비스 이용 과정에서 법적인 보호를 받지 못할 뿐 아니라 환치기에 가담하여 범죄자의 길로 내몰리게 될 가능성이 제기된다. 핀테크 업체가 진입할 수 있도록 P2P 해외송금시장에 대한 진입장벽을 낮추어 서비스 제공자들의 경쟁을 유도해야 할 필요성이 있다. 한편, 2017년 7월 18일 「외국환거래법」이 개정된 바 있는 '소액해외송금업 등록제도'는 핀테크 기업들에게 해외송금시장에 진출할 수 있는 기회를 주었다는 점에서, 업계에 상당한 의미를 부여하고 있고, 2019년 5월 3일부터 외환거래 분야 핀테크 스타트업 활성화와 금융업 경쟁력 제고를 위한 외국환거래 규정의 개정이 이루어졌다.

1 임홍근, 『외국환관리법』, 진정판, 심영사, 1977, 147면.

2 김영생, 『외국환관리법』, 법경사, 1993, 52면.

3 김동주, "핀테크 업체의 P2P 해외송금 서비스 허용을 위한 외환규제 완화에 대한 고찰", 금융법연구 제12권 제2호, 2015, 106면.

4 서문식, "외국환거래법상 제3자지급 규제의 연혁", 금융법연구 제11권 제3호, 한국금융법학회, 2014, 50면.

5 김영생, 『외국환관리법』, 법경사, 1993, 232면 이하.

6 한국은행, "우리나라의 외환제도와 외환시장", 2010, 12., 32면 이하.

7 서문식, "외국환거래법상 제3자지급 규제의 연혁", 금융법연구 제11권 제3호, 한국금융법학회, 2014, 51면, 75면.

8 장진성, "국제송금서비스를 위한 기본원칙", 지급결제와 정보기술, 2007년 1월, 금융결제원, 2007, 104면.

9 김소이, "개인 간 해외 송금 서비스에 대한 이해 및 시사점", 지급결제와 정보기술, 2011년 7월 호, 금융결제원, 2011, 9면.

10 강서진, "해외송금 핀테크 기업의 성장과 시사점", KB금융지주 경영연구소, 2015. 7. 6. 4면.

11 자세한 사항은 강서진, "해외송금 핀테크 기업의 성장과 시사점", KB금융지주 경영연구소, 2015. 7. 6. 4면 참조.

12 김동주, "핀테크 업체의 P2P 해외송금 서비스 허용을 위한 외환규제 완화에 대한 고찰", 금융법연구 제12권 제2호, 2015, 108면.

13 이형기, "일본 외환거래 규제의 자유화에 따른 영향과 변화", 금융투자 제162호, 금융투자협회, 2014, 93면.

14 이형기, "일본 외환거래 규제의 자유화에 따른 영향과 변화", 금융투자 제162호, 금융투자협회, 2014, 93면.

15 현석, "일본의 외환거래 자유화와 금융투자산업의 변화", 금융투자 제163호, 금융투자협회, 2014, 59면 이하.

16 이형기, "일본 외환거래 규제의 자유화에 따른 영향과 변화", 금융투자 제162호, 금융투자협회, 2014, 93면.

17 김동주, "핀테크 업체의 P2P 해외송금 서비스 허용을 위한 외환규제 완화에 대한 고찰", 금융법연구 제12권 제2호, 2015, 109면.

18 정경영, "일본 자금결제에 관한 법률에 관한 소고", 선진상사법률연구 제51호, 법무부, 2010, 48면.

19 김병일·김성철, "모바일 송금 서비스 동향 및 규제정책 방향", 전자통신동향분석 제27권 제6호, 한국전자통신연구원, 2012, 175면.

20 기획재정부 보도자료, "2015년 하반기 경제정책방향", 2015. 6. 25.

04

핀테크와 크라우드 펀딩

04

핀테크와 크라우드 펀딩

I. 의의

1. 개념

크라우드 펀딩은 자본조달에 관한 하나의 방법이다. 자금을 조달하기 위하여 우리는 은행을 통한 차입을 생각할 수 있다. 차입의 방법을 통하지 않고 자금을 조달하는 방법으로 등장한 것이 바로 크라우드 펀딩이다. 크라우드 펀딩(crowd funding)이라 함은 군중을 의미하는 crowd와 모집을 의미하는 funding이 결합한 것으로서 자금을 모집하는 행위에 중점을 두고 있다. 다수로부터 자금을 모집하는 행위를 크라우드 펀딩이라고 한다면, 다수인으로부터 기부행위를 받는 것, 고객으로부터 은행이 자금을 수신하는 행위, 주식이나 회사채를 회사가 발행하여 자금을 모집하는 행위 등도 크라우드 펀딩의 일종으로 볼 여지가 없는 것은 아니다. 그러한 모집행위를 기존의 자금조달이라고 한다면, 크라우드 펀딩은 기존의 방식과 달리 인터넷이나 SNS 등을 통한 자금모집과 밀접한 연관을 가지고 있다. 결국 크라우드 펀딩이라 함은 자금수요자가 자신의 프로젝트나 사업을 인터넷 및 SNS를 통하여 공개적으로 홍보하고, 불특정 다수인으로부터 소액을 지원받아 원하는 금액의 자금을 모집하는 행위를 의미하는 것으로 정의할 수 있다.[1]

2. 연혁

온라인 플랫폼을 이용해 다수의 소액투자자로부터 자금을 조달하는 방식, 즉 '군중을 통해 자금을 유치한다'는 의미로, 예비 창업자들이나 프로젝트 제안자, 창업 초기의 기업들이 온라인 플랫폼을 통해 아이디어나 사업계획을 홍보하고, 소액 투자가들로부터 자금을 조달하며, 다양한 방식으로 수익을 분배하는 형태의 투자 유치 방법이 바로 크라우드 펀딩이다. 세계 최초의 크라우드 펀딩은 2005년 영국에서 개발된 개인 금융형 서비스인 조파닷컴이라고 알려져 있다. 초기에는 P2P펀딩, 소셜펀딩 등으로도 불렸으나 2008년 1월 후원형 사이트인 미국의 인디고고가 개설되면서 '크라우드 펀딩'이라는 용어가 일반화되었다. 후원형 크라우드 펀딩 사이트 중 가장 유명한 것은 2009년 4월 출범한 미국의 킥스타터로, 2013년 한 해 약 3백만 명이 참여했다. 지분형 크라우드 펀딩은 2007년 영국의 크라우드클럽닷컴을 효시라고 본다. 그동안 한국에서는 관련 법규가 없어 후원형 형태의 크라우드 펀딩만이 가능했으나, 「자본시장과 금융투자업에 관한 법률」(이하 「자본시장법」이라 한다)이 2015년 7월에 개정되면서 온라인 소액투자 중개업자 등에 대한 특례 조항이 신설되었고, 2016년 1월 25일부터 개정안이 시행되면서, 이후 지분형 및 금융형 크라우드 펀딩의 운영도 가능하게 되었다. 이 법에 의하면, 「상법」에 따른 주식회사 혹은 외국 온라인 소액투자 중개업자(외국 법령에 따라 외국에서 온라인 소액투자 중개를 운영하면서 한국에 온라인 소액투자 중개에 필요한 지점이나 영업소를 설치한 사람)는 크라우드 펀딩을 중개할 수 있다. 다만, 자기자본금 5억 원 이상이 있으며, 투자자의 보호가 가능하고, 중개업을 수행하기에 충분한 인력과 전산설비, 그 밖의 물적 설비를 갖추고 있어야 한다.

II. 크라우드 펀딩의 당사자

크라우드 펀딩은 자금수요자, 자금지원자 및 중개인 세 당사자가 존재하게 된다. 자금 수요자가 자기 스스로 자금을 모집하고자 하는 경우에는 중개인이 없는 양 당사자만 존재하게 되지만, 중개인을 통하여 자금을 모집하는 경우가 발생할 수 있기 때문에 세 당사자가 존재할 수 있다.

1. 자금수요자

자금수요자는 자금을 필요로 하는 사람에 해당한다. 자격요건으로는 자연인, 법인 모두 가능하고 법인격 없는 사단이나 재단도 가능하다.[2] 자금을 필요로 하는 자는 누구나 크라우드 펀딩의 자격자가 될 수 있다. 다만, 불법적인 목적을 가지고 자금을 모집하는 크라우드 펀딩에는 참여할 수 없다고 할 것이다. 자금수요자는 자금이 필요하다는 것을 불특정의 잠재적인 자금지원자에게 공지하고 자금을 지원해줄 것을 설득하여야 한다. 인터넷이나 SNS를 활용하여 자금을 모집하기 때문에 자금수요자는 자신의 정보나 크라우드 펀딩의 조건에 대한 사항을 본인 또는 중개인의 웹사이트 등에 게시하여야 한다. 자금수요자는 본인이 이용하고자 하는 크라우드 펀딩의 법적 구조와 조건을 선택하고, 자신이 선택한 크라우드 펀딩의 유형에 따라 그 권리와 의무를 부담해야 한다.

2. 자금지원자

자금지원자도 역시 자격에 대한 제한을 두지 않고 있다. 다만, 1인이 지원할 수 있는 자금에 대하여 1회에 투자할 수 있는 금액을 제한하는 것이 일반적이다. 자금지원자는 크라우드 펀딩의 조건에 따라 지원금을 지급할 의무가 발생하고, 의무를 이행하게 되면 참여하는 크라우드 펀딩의 계약유형에 따라 기부자가 될 수도 있고, 채권자, 매수인 또는 담보제공자의 지위를 취득하게 된다. 그 지위에 따라 자신의 권리가 달라질 수 있다.

3. 중개인

크라우드 펀딩에 있어서 자금수요자가 직접 자금지원자를 모집하는 경우라면 중개인이 존재할 필요가 없다. 그러나 자금수요자가 자금모집에 관하여 조건 등을 내세우고, 자금지원자 또한 자금수요자 본인이 스스로 모집하고자 하면 직접 홍보를 하여야 한다. 이 경우 비용문제를 동반하게 된다. 그러므로 대부분의 경우 직접 모집하는 방법 대신에 중개인을 매개하여 모집하는 방식을 따르게 된다. 중개인은 자금수요자와 자금지원자를 연결하는 역할을 한다.

III. 유 형

1. 의의

크라우드 펀딩의 유형을 구분하는 방식으로는 후원형, 지분형, 금융형으로 구분[3]하기도 하지만 여기에서는 우선 보상의 대가 유무에 따른 기부형, 보상형, 대출형, 투자형 방식으로 구분하여 검토하기로 한다.[4] 다수의 사람이 자금수요자에게 자금을 지원하는 크라우드 펀딩은 다양한 유형이 있지만, 현재 가장 논의의 핵심이 되는 것은 대출형과 증권형이다. 한편으로 이들은 양자가 구분되기도 하지만, 또 한편으로는 상호 융합되어 있는 모습을 보이고 있다. P2P는 컴퓨터망에서 각 컴퓨터가 서로 다른 컴퓨터의 저장 장치 역할을 함으로써 중앙저장 장치를 거치지 않고 직접 서로 파일 등을 공유하는 체계를 말한다.[5] P2P를 금융거래에 결합하되, 금융기관을 거치지 아니하고 인터넷이나 모바일 등 온라인에서 당사자 사이에서 직접 거래가 이루어지게 되면 P2P 금융거래가 발생하게 된다. 자금이 필요한 사람이 인터넷상에 자금 수요를 요청하면 자금공급자가 자금을 대여한다는 측면에서 본다면 P2P 대출에 해당한다. 그러나 역시 인터넷상에서 다수의 사람으로부터 자금을 조달한다는 측면에서, 이는 crowd funding에 해당하게 된다. 그러한 측면에서 P2P 대출과 P2P 증권은 P2P 금융거래의 영역에 포함된다. 여기에서는 가장 현안문제로 부상하고 있는 P2P 대출형의 법적 형태를 다루되, 2016년에 「자본시장법」에 제정된 증권형을 토대로 하여 대출형 역시 동법 규제를 받는지 여부 역시 검토하기로 한다.

2. 보상 유무에 따른 분류

(1) 기부형

1) 개념

자금수요자의 사업이나 프로젝트를 지원하기 위하여 자금지원자가 자금을 기부하는 유형이 기부형에 해당한다. 기부형은 문화예술계에서 흔히 볼 수 있는데, 인디밴드의 공연, 연극 또는 영화의 제작 등의 예에서 활용된다. 기부라고 하는 것이 대가를 바라지 않는다는 의미를 가지고 있지만 반드시 반대급부가 없어야 하는 것은 아니다. 이 점은 보상형과 유사한 면이 있다.

2) 법적 성질

기부형의 경우 자금수요자는 자금제공자에게 감사의 편지를 쓴다든가 기부자명단에 기재하는 등의 비물질적인 행위를 제공하기도 한다. 그러나 비물질적인 행위에 반드시 한정하는 것은 아니다. 약한 정도의 물질적인 제공이 가능한 경우도 발생한다. 그런 측면에서 기부형 크라우드 펀딩의 법적 성질을 어떻게 보아야 할 것인가의 물음이 제기된다. 자금공급자가 자금수요자에게 증여하는 것을 기부형의 모습이라고 본다면, 이는 「민법」상 증여계약으로 볼 수 있다. 증여는 증여자가 무상으로 재산을 수증자에게 수여하는 의사표시를 하고, 수증자는 이를 승낙함으로써 계약의 효력이 발생한다(「민법」제554조). 한편, 증여계약 시 증여자는 수증자에게 일정한 의무를 부담시킬 수 있다. 이 경우에는 부담부증여가 된다(「민법」제560조 참조). 기부라고 하는 것은 기부자의 선의성에 기인한다. 기부행위에 대하여 기념품 등을 제공하기는 하지만 이를 반대급부로 보아서는 아니 될 것이다.

3) 문제점

순수하게 기부만을 하고자 하는 행위를 크라우드 펀딩으로 접목한 기부형 크라우드 펀딩의 경우 기부자는 반대급부를 목적으로 하지 않기 때문에 특별한 문제가 발생하지 않는다. 그러나 기부형 크라우드 펀딩의 경우에는 모집 사용계획서를 사전 등록하지 않아 「기부금품의 모집 및 사용에 관한 법률」(이하 「기부금품법」) 위반의 문제가 발생할 수 있다. 펀딩 과정에서 모집금액이 초과달성되는 경우 「기부금품법」은 이를 금하고 있다. 또한 이를 위반하는 경우에 처벌될 수 있다. 「기부금품법」이 모집달성을 한정적으로 열거하고 있기 때문에 크라우드 펀딩을 통해 기부금을 모집하는 것이 제한적이라고 하는 문제점이 발생한다. 「기부금품법」은 기부를 가장하여 자금을 모집하는 행위를 방지하기 위해 1천만 원 이상의 기부금을 모집하려는 기부모집자에 대하여 등록을 해야 할 의무를 부담한다. 「기부금품법」 제2조 제1호는 기부금품에 대한 정의 및 예외를 규정하고 있다. 기부형 크라우드 펀딩을 활용하는 자금수요자가 모집하는 금전 등은 기부금품에 해당하기 때문에 「기부금품법」의 적용대상이 되는데, 기부금품의 접수는 국가기관, 지방자치단체, 언론기관, 금융기관, 그 밖의 공개된 장소에서 이루어져야 한다(「기부금품법」 제7조 제1항). 기부형 크라우드 펀딩은 오프라인이 아닌 온라인에서 접수를 받는 구조를 가지고 있어, 기부금품 접수장소로의 적합성이 문제될 수 있다.

그러나 모집 관련 정보가 게시된 사이트에 회원가입 등의 절차 없이도 인터넷을 통하여 누구나 접속할 수 있는 환경이라면 공개된 장소라고 보아도 무방하지 않나 하는 생각이 든다.

모집자인 자금수요자는 「기부금품법」에 따라 등록하고 모집한 후에는 등록 시 제출한 모집·사용계획서에 따라 사용하지 않으면 아니 된다. 만약 모집목적을 달성할 수 없거나 모집의 목적으로 사용하고 남은 금액이 있는 경우에 등록청의 승인을 받은 후 모집목적과 유사한 용도로 사용할 수 있다(「기부금품법」 제12조). 「기부금품법」 제4조 제1항은 자금수요자는 모집하고자 하는 금액이 1천만 원 이상인 경우 등록청에 모집자로 등록해야 하는데, 이때 자금수요자가 모집자로 등록하기 위해서는 모집목적이 영리 또는 정치·종교 활동이 아니어야 한다.

현재 기부형 크라우드 펀딩 중개사이트에 게시되어 있는 사업의 경우 불우 이웃돕기나 경제적으로 어려운 환자의 치료비 모집 등 「기부금품법」상 목적인 경우가 대부분이다. 그렇지만 소송비용이나 취업활동에 대한 지원 등 동법의 범위를 벗어나는 경우도 발생하고 있다. 그러한 경우 자금수요자는 모집자로 등록할 수 없다. 등록하지 않고 1천만 원 이상을 모집하기 위하여 기부형 크라우드 펀딩을 활용하는 자는 「기부금품법」 제16조 제1항에 따라 3년 이하의 징역이나 3천만 원 이하의 벌금에 처한다. 다만, 사법적 효력은 인정된다. 현행 법제하에서 자금수요자가 기부형 크라우드 펀딩을 활용하기 위해서는 모집금액이 1천만 원 미만이어야 하는데, 1천만 원 미만의 자금으로 할 수 있는 사업의 규모가 제한적일 수밖에 없다.

(2) 보상형

1) 개념

기부형을 극복하기 위한 하나의 방안으로 보상형을 들 수 있다. 물론 기부형과 보상형은 기본적으로 순수한 보상과 반대급부라고 하는 차이점이 있다. 그렇지만 어떠한 사업을 추진하기 위한 방안으로서 기부형이 여의치 않은 경우에는 보상형이 보다 더 자금수요의 참여를 확대할 수 있을 것이다. 기부형과 달리 보상형은 자금수요자가 자금공급자에게 물품 등을 제공하게 된다.

2) 법적 성질

보상형에 대한 법적 성질에 대한 논의가 있다. 자금수요자와 자금공급자 사이에 보상을 조건으로 해석하는 경우와 보상을 반대급부로 해석하는 경우로 구분할 수 있다. 전자의 경우라면 부담부증여계약에 해당하겠지만 반대급부로 본다면 선구매계약으로 보아야 한다.[6] 전자의 부담부증여의 경우 조건을 붙일 수 있기 때문에 자금수요자가 이 조건을 이행하지 아니한 경우에 한하여 증여계약을 해제할 수 있다. 그러나 후자는 반대급부를 전제로 한 것이기 때문에, 이에 대한 이행이 없다면 자금수요자의 계약해제권이 발생할 것이다.

3) 문제점

후원형 크라우드 펀딩은 금전제공에 대한 반대급부로 지급한 금전보다 적거나 이와 유사한 형태의 비금전적 보상을 약속한 유형이다. 「자본시장법」상 투자가 아니라 소비로 해석되어 별도의 규제는 없을 수 있으나, 온라인 환경에서 자금수요자와 자금공급자 사이 계약이 체결되고 반대급부로 물품 등이 제공되기 때문에 「전자상거래 등에서의 소비자보호에 관한 법률」(이하 「전자상거래법」이라 한다)상 통신판매에 해당되어 동법의 적용대상이 될 수 있다.

「전자상거래법」 제2조 제2호는 통신판매를 "우편이나 전기통신, 그 밖에 총리령으로 정하는 방법으로 재화 또는 용역의 판매에 관한 정보를 제공하고 소비자의 청약을 받아 재화 또는 용역을 판매하는 것"이라고 정의하고 있다. 보상형 크라우드 펀딩은 온라인환경에서 자금수요자와 자금공급자 간 계약이 체결되고, 반대급부로 물품 등이 제공되기 때문에 「전자상거래법」상 통신판매에 해당한다. 「전자상거래법」에 의하면, 자금수요자는 통신판매업자, 중개인은 통신중개업자, 자금공급자는 소비자에 해당한다.

「전자상거래법」에 따르면 통신판매업자인 자금수요자는 공정거래위원회 또는 행정청에 통신판매업자로 등록하여야 하고(「전자상거래법」 제12조), 크라우드 펀딩을 개시하고자 할 때에는 해당 개시내용을 상호 및 대표자의 성명 등을 기재하여야 하며(동법 제13조 제1항), 자금공급자와 계약을 체결하기 전에 자금공급자와 재화 등에 대한 거래조건을 정확하게 이해하고 실수나 착오가 없이 거래할 수 있도록 동법 제13조 제2항 각호의 사항을 적절한 방법으로 표시·공급하거나 고지하여야 한다. 또한 통신판매업자는 재화 등의 공급시기에 특약이 없는 이상 소비자가 청약한 날로부터 7일 이내(선지급식

통신판매의 경우 소비자가 대금을 지급한 날로부터 3일 이내)에 공급에 필요한 조치를 하여야 한다(「전자상거래법」 제15조 제1항).

보상형 크라우드 펀딩이 「전자상거래법」 제2조 제1호 통신판매의 정의에 부합하는 것에는 의문의 여지가 없으나, 「전자상거래법」을 보상형 크라우드 펀딩에 그대로 적용하는 것은 문제가 있다. 첫째, 「전자상거래법」은 소비자가 청약하는 즉시 통신판매업자가 승낙하는 계약구조를 전제로 하고 있다. 그러나 크라우드 펀딩은 자금공급자의 청약이 있더라도 자금수요자가 즉시 승낙할 수 있는 것이 아니라 모집기간의 경과 및 목표금액의 도달 등과 같은 일정조건을 충족해야 승낙할 수 있는 거래구조를 가지고 있다. 둘째, 「전자상거래법」은 통신판매는 통신판매업자와 소비자 간 1대1 계약관계를 전제로 하고 있으나, 크라우드 펀딩은 1인의 자금수요자와 다수의 자금공급자가 동시에 계약이 체결되는 구조를 가지고 있다. 셋째, 「전자상거래법」은 소비자의 청약철회 등에 대한 권리를 인정하고 있다. 이를 크라우드 펀딩에 적용하는 경우 다른 소비자의 권리가 침해될 가능성이 높다. 즉, 소비자의 청약철회권을 크라우드 펀딩에 적용하면 All or Nothing형의 경우 문제가 발생한다. All or Nothing형은 모집기간뿐만 아니라 모집금액 또한 조건으로 하고 있어, 계약체결 후 자금공급자 중 1인이라도 청약철회권 등을 행사하면, 모집금액이 목표금액에 미달하게 되고 사후적으로 계약이 취소되어 다른 자금공급자에게 예측하지 못한 손해가 발생할 위험이 높다. 이때 거래의 안전을 위하여 계약의 효력을 유지하는 것으로 해석할 수도 있을 것이나, 그러한 경우 이를 악용하여 자금수요자가 지인 등을 활용하여 조건을 성취한 후 취소하는 방식을 활용할 수 있어 시장에 잘못된 정보가 전달될 가능성이 높다.

(3) 대출형

1) 개념

대출형인 P2P 대출 거래는 금융기관이 개입되지 않는다. 그만큼 자금수요자 입장에서 본다면 낮은 이자율 등 상대적으로 적은 비용으로 자금을 조달할 가능성이 있다. 자금제공자 입장에서도 다른 금융상품에 투자하는 것보다 높은 수익을 얻을 수 있는 가능성이 있다. P2P 대출의 경우 자금수요자와 자금공급자의 합의에 의한 금전소비대차계약이 체결된다. P2P 대출의 경우 직접대출과 간접대출로 구분된다.

2) 법적 성질

직접대출의 경우 자금지원자가 금융기관을 거치지 아니하고 자금수요자에게 직접 자금을 빌려주는 것을 의미하고, 간접대출의 경우 자금지원자가 제공한 자금이 중간에 다른 기관을 거쳐 자금수요자에게 제공되는 것을 의미한다. 기본적으로 대출형은 자금수요자와 자금공급자인 당사자의 금전소비대차계약으로 이루어지는데, 우리나라의 경우 담보제공위탁계약이나 원리금수취권매매의 변형된 형태로 활용되고 있다.

3) 문제점

2007년부터 시작된 우리나라의 P2P 대출 유형의 규모가 2015년 기준으로 담보대출이 약 143억 원과 신용대출이 약 234억 원 규모에 해당하며, 그 액수는 지속적으로 성장하고 있다. 이러한 성장에도 불구하고 대출형 크라우드 펀딩에 대한 관련 법제는 아직 미비한 상태이다. 우선적으로 대출형의 경우 「대부업 등의 등록 및 금융이용자 보호에 관한 법률」의 적용을 받게 된다. 그러므로 자금모집자의 허위광고 등으로 인하여 피해를 보는 경우에 사전·사후적인 보호장치가 없다. 크라우드 펀딩 업체도 「대부업법」으로 등록하고 있어 투자유치와 상장 등에 있어서도 문제점으로 제기된다. 또한 「자본시장법」에서도 대출형 크라우드 펀딩인 P2P 대출에 대해서 별도 규정이 없기 때문에 발행인이 P2P 대출을 활용하여 자금조달을 받고 증권형 크라우드 펀딩의 한도를 초과하여 자금조달을 한다면, 사실상 증권형 크라우드 펀딩의 발행한도를 회피할 수 있는 가능성이 발생한다. 이러한 문제점을 인식하고 금융감독당국은 2017년 2월 27일 'P2P 대출 가이드라인'을 제정하여 대출형 크라우드 펀딩에 대한 규제를 시작하였다.

(4) 증권형

자금지원자가 자금수요자의 사업에 지원하고 그에 대한 보상으로 수익의 분배를 받는 유형을 투자형이라고 한다. 이를 증권매매형이라고도 한다. 투자형은 자금지원자의 자금 지원행위가 소비대차계약을 통하여 이루어지는 것이 아니라 자금수요자가 발행하는 채무증권, 지분증권 또는 투자계약증권 등의 매매를 통하여 이루어진다. 즉, 투자계약을 전제로 한다. 증권형 P2P 금융거래는 2015년 7월 24일 「자본시장법」의 개정과 함께 2016년 2월 25일부터 시행되고 있다.

IV. P2P 대출형의 법적 형태

1. 의의

인터넷에서 개인과 개인이 직접 연결되어 파일을 공유하는 P2P 대출형의 경우, 금융회사를 거치지 아니하고 개인 간 직접적으로 거래하는 것이 일반적인 모습이다. 그러나 실제로 대출은 다양한 모습으로 발생하고 있다.[7] P2P 대출형의 다양한 대출의 모습은 크게 직접 대출형과 간접 대출형으로 구분할 수 있다. 전자의 전형적인 법적 형태는 소비대차계약의 형태이고, 후자는 담보제공위탁계약의 형태와 원리금수취권 매매의 형태로 나타난다. 소비대차계약 형태는 자금공급자와 자금수요자 사이에 계약을 직접적으로 체결하는 직접 대출의 모습과 중개기관을 개입시키는 중개형으로 나타난다. 이는 모두 직접대출형에 해당한다. P2P 대출의 경우 자금을 지원하는 자와 자금을 필요로 하는 자 외에 이를 중간에서 매개하는 역할을 하는 자, 즉 중개기관인 대출중개업자가 플랫폼을 개설하여 당사자 간의 거래를 중개하게 된다.[8] 이 역시 직접 대출에 해당한다. 중개기관 없이 자금공급자와 자금수요자 사이의 계약 역시 소비대차계약에 해당할 뿐만 아니라 이 양자 사이에 중개인을 매개로 하여 계약을 체결하는 것 역시 소비대차계약형에 해당한다. 중개기관이 개입한다는 면에서 간접적인 체결 모습을 띨 뿐이다. 이러한 중개기관은 신뢰성을 확보해주는 기능을 하게 된다. 중개기관은 자금수요자의 상환가능성 및 제출 자료의 신뢰성 등을 제공하거나 자금공급자와 자금수요자 사이의 자금 이전 및 이자의 배분 등을 통하여 양자 사이의 중개 역할을 한다. 그러나 그 중개라는 것도 자금공급자와 자금수요자 사이의 계약인 금전소비대차계약으로 귀결된다. 그러한 면에서 보았을 때, 중개형 역시 직접 대출형에 해당하는 것으로 본다. 간접 대출형은 담보제공위탁계약형과 원리금수취매매형으로 구분될 수 있다. 자금공급자와 자금수요자 사이에 금전소비대차계약이 아닌 담보제공위탁계약이 체결되는 유형이 전자라면, 금융기관과 자금수요자가 대출계약을 체결하고 금융기관이 체결하는 대출계약에 참가하여 원리금수취권을 취득하게 되는 유형이 후자에 해당한다.[9]

2. 직접 대출형: 소비대차계약

(1) 직접 체결

자금을 공급하는 자인 대주와 자금을 필요로 하는 자인 차주 사이에 금전을 차용하는 계약을 체결하는 점에서 P2P 거래의 전형적인 모습에 해당한다. 「민법」에 인정되고 있는 소비대차계약의 형태에 해당하고, 정치인들이 정치자금을 모집하기 위하여 펀드형태를 활용하는 모습에서 주로 볼 수 있다.[10] 대주와 차주라고 하는 양 당사자만 존재하고 양자를 중개할 중개인이 필요치 않다. 자금수요자는 자신이 부담해야 하는 이율, 자금이체의 방법, 상환조건 등 약정하고 싶은 내용을 공지한다. 자금수요자가 공지한 내용을 토대로 하여 자금공급자는 자금을 대여하게 되고, 자금을 수여받은 자는 차용증 등 채무증서를 교부하게 된다.[11] 개인 간의 대출계약에 해당하기 때문에 이자제한법상 최고이율인 24%로 제한되고, 채권 채무를 규정하고 있는 「민법」의 적용을 받게 된다. 직접 체결형태는 대외적으로 인지도가 높은 정치인 등의 경우에 성립되는 경우가 발생하지만, 일반적으로 그리 이용도가 높은 것은 아니다.

(2) 중개형

자금공급자가 제공한 자금이 다른 기관을 거쳐 자금수요자에게 분배되는 것으로 구체적인 구조에 따라 대출의 법적 구조 및 자금지원자의 지위 등이 달라진다.[12] 자금수요에 대한 신뢰성을 확보하기 위하여 소비대차형태가 사실상 성립하기 어렵다는 점을 고려하여 등장한 형태이다. 중개기관이 개입하기 때문에, 이를 중개형이라고도 한다.[13] 중개인은 자금공급자와 자금수요자가 만날 수 있는 시장을 제공한다. 양 당사자는 이 추상적인 가상의 시장을 통하여 직접 대면하지 않고 중개인을 통하여 웹상으로 대출조건을 결정하고 금전소비대차계약을 체결한다. 중개인은 자금의 이전이나 상환 등의 업무를 수행하고, 채무불이행이 발생한 경우에는 중개인이 추심하거나 추심기관에 추심을 위임할 수도 있다.

3. 간접 대출형

(1) 담보제공위탁계약형

이 유형에서는 자금공급자와 자금수요자 사이에 금전소비대차계약이 아니라 담보제공위탁계약이 체결된다.[14] 여기에는 자금공급자, 자금수요자, 중개인 등이 등장하고, 금융기관이 필수적으로 개입하게 된다. 자금수요자인 차입자는 중개업체 및 제3자의 담보제공을 정지조건으로 하고 자신의 대출채무에 대하여 금융기관에 예금담보를 설정해줄 것을 부탁하는 보증위탁계약을 체결한다. 동시에 차입자는 중개업체의 사이트를 통하여 자신이 원하는 내용의 대출 신청을 게시하고, 자신의 정보를 중개업체를 통하여 자금공급자인 투자자에게 제공한다.

자금공급자인 투자자는 차입자가 제시한 조건을 보고 담보제공 여부를 결정하여 담보제공위탁계약을 체결하고, 이를 정지조건으로 하는 차입자와 중개업체 간 보증위탁계약은 조건의 성취로 인하여 계약의 효력이 발휘된다. 담보제공위탁계약을 체결한 투자자는 중개업체에게 자금을 이체하여 현금담보를 제공한다. 중개업체는 제공받은 현금담보를 기반으로 금융기관에 중개인 명의의 예금계좌를 개설하고, 차입자의 대출에 대하여 예금을 담보로 한 연대보증계약을 체결한다. 차입자는 중개업체의 연대보증을 담보로 하여 금융기관과 대출계약을 체결한다. 여기서 차입자는 채무자, 금융기관은 채권자, 중개업체는 연대보증인, 투자자는 부보증인 지위에 서게 된다. 대출계약 체결 후 채무자인 차입자는 채권자인 금융기관에게 원리금을 상환해야 한다. 중개업체는 차입자로부터 상환금액을 받아 금융기관에 상환을 하고, 변제된 대출금에 상당하는 담보금을 반환받고, 이를 담보제공자인 투자자에게 반환하는 업무를 수행한다. 우리나라 팝펀딩, 어니스트펀드 등이 이 유형에 해당한다.

(2) 원리금수취권매매형

1) 의의

원리금수취권매매형은 다음과 같은 모습으로 나타난다.[15] 자금수요자인 차입자가 중개업체가 운용하는 사이트에 회원가입을 하고, 대출금액·상환조건 등을 명시하여 등록한다. 자금공급자인 투자자는 차입자의 신청 내용을 확인하여 자신이 참가하고자 하는 대출신청을 승인한다. 투자자가 차입자의 대출신청을 승인한다는 것은 중개업체인 플랫폼의 자회사인 금융기관인 대부업체가 대출을 실행하는 경우 승인된 조건으로 내출을 한다는 것을 의미한다. 투자자는 해당 대출계약상의 원리금수취권리에 참가한다는 의사표시를 한 것으로 본다. 중개업체는 자신이 직접 대출하는 경우 대부업 규제와 낙인효과 등을 우려하여 자회사인 대부업체를 통하여 대출을 하고 자신은 대부중개업자로 등록한다.

금융기관이 차입자가 신청한 대출을 승인하면, 양자 간 대출계약이 성립되고 투자자와 금융기관의 대출참가계약이 동시에 체결된다. 대출참가계약에 따라 대출채권에 대한 소유권은 금융기관이 보유하고, 투자자는 원리금수취권만을 갖게 된다. 대출채권에 대한 모든 권한은 금융기관이 가지고 있기 때문에 투자자는 원리금을 차입자로부터 직접 수취하거나 상환을 요구할 수 없고, 금융기관만이 차입자의 연체나 불상환 시 추심이나 강제집행 등의 권리를 행사할 수 있다. P2P 대출형 크라우드 펀딩 플랫폼 업체인 중개업체는 차입자와 투자자 간 대출에 관한 정보를 교류하는 장소를 제공하고, 원리금수취권의 매매를 중개하며, 차입자가 원리금을 상환하는 경우 그 상환금액을 투자자들에게 분배하거나 전달하는 역할을 담당하게 된다.

2) 적용 가능성

원리금수취권매매형은 자금공급자와 자금수요자 간에 직접적으로 계약이 체결되는 것이 아니다. 금융기관과 자금수요자가 대출계약을 체결하고, 금융기관이 체결하는 대출계약에 참가하여 원리금수취권을 취득한다. 원리금수취권매매형은 대출승인 여부에 대하여 자금공급자가 심사를 할 수 있다. 또한 원대주인 금융기관이 계약상 채권자로 남아있고 참가자는 원대주로부터 원리금을 수취하게 된다. 여기서 중요한 의미를 갖는 것은 '원리금수취권'과 '대출참가'에 대한 개념에 대한 파악이다. 우선 원리금수취권이 「민법」상 지명채권에 해당되는 것이 아니라, 증권성을 보유하고 있다면 참여자 모두에게 「자본시장법」의 적용 가능성이 발생한다.[16] 이에 대해서는 원리금수취권매매형의 「자본시장법」의 규제 가능성과 관련하여 후술하기로 한다.

4. P2P 대출형에 대한 규제

(1) P2P 대출 가이드라인의 제정

P2P 대출시장이 급속한 성장추세를 보이고 투자자 보호 등을 위한 P2P 대출의 규율 필요성이 제기됨에 따라 금융위원회·금융감독원은 2017년 2월 27일 'P2P 대출 가이드라인'(이하 '가이드라인')을 시행한다고 발표하였다.

(2) 가이드라인의 수범 주체

가이드라인은 연계 금융회사를 수범자로 하여 연계 금융회사가 P2P 대출정보 중개업자(P2P 대출 투자자와 차입자에 대한 대출정보 중개를 업으로 하는 자)와 연계 영업을 하기 위하여 확인해야 할 사항을 규정하고 있다.

(3) 가이드라인의 주요 내용

주요 내용은 다음과 같다. ① P2P 업체는 투자·차입 판단에 필요한 최소한의 정보를 제공하여야 하며, 제공 전 관련 사항을 확인하여야 한다. ② P2P 대출 투자를 위한 표시·광고, 계약 체결 등 행위를 함에 있어서 거짓 또는 과장된 내용을 알리는 행위 등이 금지된다. ③ P2P 대출 영업행위를 함에 있어서, P2P 대출에 투자자로서 참여하는 등의 행위를 하지 아니하여야 하고, P2P 업체 스스로의 이익을 얻기 위해 P2P 대출을 이용하지 아니하여야 하며, P2P 대출에 연체가 발생하는 경우 연체사실과 그 사유를 투자자에게 지체 없이 알려야 한다. ④ 투자자의 투자금 보호를 위해 P2P 업체의 자산과 고객의 자산을 명확히 분리·관리하도록 하는 장치를 마련하여야 한다. ⑤ 투자자들이 과도한 금액을 투자하고 상당한 손실을 입는 경우를 사전에 방지하기 위해 연간 1개 P2P 업체를 기준으로 개인투자자의 경우 동일 차입자에 대하여 5백만 원, 총 누적금액 1천만 원으로 제한된다. 일정한 소득요건[i) 이자·배당소득 2천만 원 초과 또는 ii) 사업·근로소득 1억 원 초과]을 구비한 개인투자자의 경우 동일 차입자에 대하여 2천만 원, 총 누적금액 4천만 원으로 제한된다. 다만 법인투자자 및 개인 전문투자자의 경우 상당 수준의 리스크 관리 능력을 보유하는 점을 고려하여 별도의 투자한도는 없다.

V. 「자본시장법」상 증권형 크라우드 펀딩

1. 의의

원래 크라우드 펀딩은 문화나 예술 등의 프로젝트 후원자를 모집하거나 재난 구호 사업에 필요한 자금을 모집하기 위하여 사용되었다. 그러나 최근에는 신규 사업을 위한 소액투자자 모집으로 그 의미가 확대되어 가고 있는 모습이다. 미국의 경우 기부형과 대출형으로 크라우드 펀딩이 운영되고 있었으나, 2012년 4월 소규모 기업의 창업자금조달을 촉진하기 위하여 투자형 크라우드 펀딩을 허용하는 내용의 창업기업지원법인 이른바 JOBS법을 제정한 바 있다. 우리나라도 2012년 5월 지분투자형 크라우드 펀딩법 도입이 논의되기 시작하였고, 2013년 온라인 금융 규제를 완화하여 '온라인 소액투자 중개업자'를 통한 크라우드 펀딩을 허용하는 「자본시장법」 개정안이 발의되었으며, 2015년 7월 6일 증권형 크라우드 펀딩의 허용을 골자로 하는 「자본시장법」이 개정되었다. 2016년 1월부터 대중이 소액을 투자하는 증권형 크라우드 펀딩 제도가 시행되고 있다. 이는 투자자에게 새로운 투자기회를 부여하는 동시에 창업 중소기업에게는 자금조달 기회를 제공하게 될 것이다.

2. 주요 내용

(1) 발행인 범위

우리나라 「자본시장법」과 동법 시행령은 증권형 크라우드 펀딩에 대한 발행인의 범위, 플랫폼 업체의 등록요건 및 투자자 보호 장치 등을 마련하고 있다. 「자본시장법」 제9조 제27항, 시행령 제14조의5에 의하여 발행기업은 원칙적으로 7년 이하의 창업자로 한정하고 있다. 예외적으로 벤처기업 및 기술 혁신형 중소기업 등 프로젝트 사업을 하는 경우에는 업력이 7년을 초과하여도 이용할 수 있게 하였다. 크라우드 펀딩이 발행할 수 있는 증권의 범위는 지분증권, 채무증권, 투자계약 증권으로 한정하여 명시하고 있다(「자본시장법」 제9조 제27항). 발행인이 크라우드 펀딩을 통해 증권을 발행할 수 있는 금액은 연간 7억 원으로 제한하고 있다(「자본시장법 시행령」 제118조의15 제1항).

(2) 플랫폼 업체의 등록요건

발행기업과 투자자를 연결하는 플랫폼 업체의 등록요건은 자기자본 5억 원(「자본시장법」 제117조의4 제2항)으로 하여 진입규제 및 증권발행 부담을 완화시켜주었다. 플랫폼 업체와 투자자 간의 이익충돌문제가 발생하지 않도록 중개 증권 취득, 투자자에 대한 투자자문 및 발행 기업에 대한 경영자문을 금하고 있다(「자본시장법」 제117조의7 제2항, 제3항).

(3) 모집방식

모집방식은 All or Nothing형을 취하고 있다. 이 유형에 따르면 모집기간 동안 모집금액이 자금수요자가 목표한 금액에 도달한 경우에만 크라우드 펀딩계약이 성립하게 된다. 이 점을 「자본시장법」은 수용하여 청약금액이 모집예정금액에 대통령령으로 정하는 비율인 100분의 80을 곱한 금액에 미달하는 때에는 그 발행을 취소하도록 하였다(「자본시장법」 제117조의10 제3항).

(4) 투자자의 투자 범위

일반투자자의 투자한도액은 기업 당 200만 원이며 연간투자한도 500만 원으로 제한하고 있다. 고소득자인 금융소득 종합과세 대상자의 경우 기업당 1,000만 원이며 연간투자한도는 2,000만 원으로 설정하고 있다. 그리고 전문투자자에 대하여는 한도자체를 두지 않고 있다(「자본시장법」 제117조의10 제6항).

(5) 전매금지

크라우드 펀딩을 통해 발행된 모든 증권에 대해 1년간 전매를 금지하고 예외적으로 매수자가 전문 투자자나 시행령으로 정하는 자인 경우에 한해 전매를 허용하고 있다(「자본시장법」 제117조의10 제7항).

(6) 투자광고

투자광고는 플랫폼 업체가 개설한 인터넷 홈페이지를 통해서만 할 수 있도록 제한하여, 무분별한 투자광고 및 신종 금융사기 발생을 방지하고 있다(「자본시장법」 제117조의 9 제1항). 다만, 다른 매체를 통히여 증권형 크라우드 펀딩을 할 예정이라는 사실과 포털 사이트 등에서 투자광고 홈페이지 주소만 안내하거나 단순 링크하는 경우는 허용하고 있다.

3. 문제점

(1) 모집수단의 제한

「자본시장법」 제117조의9 제1항은 "온라인 소액투자 중개업자 또는 온라인소액증권 발행인은 온라인 소액투자 중개업자가 개설한 인터넷 홈페이지 이외의 수단을 통해서 투자광고를 해서는 아니 된다"라고 규정하고 있다. 이러한 사항은 온라인 소액투자 중개 업자에게는 투자자, 즉 회원을 모집하는 데 장벽으로 작용될 수 있다.

(2) 전매 제한

「자본시장법」 제117조의10 제7항은 "크라우드 펀딩 투자자가 발행받은 증권을 예탁 일 또는 보호예수일로부터 1년간 매도 또는 양도할 수 없다, 다만, 전문투자자와 펀딩으 로 조달한 기업의 최대주주에 대한 매도나 양도는 허용된다"라고 규정하고 있다. 즉, 전매를 제한하고 있음을 알 수 있다. 전매제한은 크라우드 펀딩의 기본취지 및 투자자 속성을 고려할 때 합리적인 면이 있지만 이러한 전매제한은 투자자 재산권행사를 제한한 다는 비판에 직면하게 된다.[18]

(3) 절차상 복잡성

증권형 크라우드 펀딩에는 중앙기록기관, 투자명부관리기관, 예탁기관, 증권사 등 거래참여자가 추가되었다. 이는 투자자가 투자대상 물색부터 투자자금회수까지 매우 번거로움을 유발하게 하여 그에 따른 비용을 증가하게 하는 요인이 된다. 또한 투자자들 이 중개업자 플랫폼에 접근하였을 때 투자자 본인이 직접 중개업자가 제휴한 금융기관에 계좌를 개설해야 할 뿐만 아니라 금융기관을 통해 예탁결제원에 예탁결제를 개설하는 등의 불편함이 있다.

(4) 자금조달 제한

「자본시장법」은 투자자 보호를 위해 1개 기업이 1년간 모집할 수 있는 자금 규모를 최대 7억 원으로 제한하고 있고, 투자한도도 일반투자자는 연간 500만 원, 소득요건 적격자는 2,000만 원까지로 제한을 하고 있다. 동 규정의 취지는 개인투자자의 손실을 제한하고자 하는 목적이 있다. 그러나 한 기업이 펀딩금액을 2억 원으로 설정한 경우 목표금액 달성을 위해서는 많은 개인투자자를 유치해야 하기 때문에 그만큼 자금조달에 어려움을 겪을 수 있으므로, 자금조달의 한도액을 조정할 필요성이 제기된다.

(5) 사전적 모니터링

크라우드 펀딩 플랫폼 업체들은 크라우드 펀딩을 중개할 기업 정보가 부족하여 펀딩의 성공률이 떨어질 수 있다. 따라서 펀딩의 성공률을 높이기 위해서는 플랫폼 관리자들이 투자자 모집기업에 대한 사전적인 조사를 하여 기본 방지대책은 물론이고 전문가들의 경험과 심사를 통해 투자대상 기업을 선정하는 등 사전적인 모니터링 체계의 필요성이 있다.

VI. P2P 대출형 크라우드 펀딩의 「자본시장법」 규제 가능성

1. 의의

대출형 크라우드 펀딩의 경우에도 증권형 크라우드 펀딩에 포섭될 수 있는가에 대한 물음이 제기될 수 있다. 무엇보다도 P2P 대출형 크라우드 펀딩이 「자본시장법」상 증권에 해당되는지에 대한 물음이 전개될 수 있고, 만약 증권에 해당된다면 대출을 규제하고 있는 「대부업법」 외에 「자본시장법」의 적용가능성이 제기된다. 특히 증권형 크라우드 펀딩의 경우 「자본시장법」에 규정되었으므로, 대출형 역시 「자본시장법」의 규제를 받을 수 있다는 주장이 제기될 수 있는바, 이에 대한 논의를 전개하는 것은 의미가 있다.

2. 직접 대출형

중개인이 없는 당사자 간 직접적인 거래이든 중개인이 있지만 역시 당사자 간에 체결되는 계약의 경우 「자본시장법」상 적용은 쉽지 않다. 정치인 펀드와 같이 차입자와 투자자 간 직접적인 금전소비대차계약의 경우 지명채권으로 보아야 하고, 「자본시장법」상 채무증권의 성질인 대량의 발행이나 거래의 요건에 합치되지 않는 면이 있으며, 거래의 대량성이라는 측면을 인정한다고 할지라도 「자본시장법」상 채무증권의 유가증권성을 고려해보건대, 중개인 없는 자금공급자와 자금수요자의 직접 대출형은 「자본시장법」 적용은 불가능한 것이라 하겠다. 또한 중개기관이 개입하는 중개형의 경우도 소비대차계약의 증권성을 인정하기 어렵다는 점에서, 별반 차이가 없다.

〈P2P 대출업체와의 협업을 통한 대출업무 영위 가능 여부〉(금융위원회 유권해석)

〈질의요지〉

□ 신용카드업자가 P2P 대출업체를 통하여 개인 투자자로부터 투자금을 받아 대출업무를 영위하는 것이 가능한지 여부

〈회답〉

□ 여신전문금융회사가 대출업무를 위하여 P2P 업체 등을 통해 개인 투자자들로부터 자금을 조달하는 행위는 「여신전문금융업법」(이하 「여전법」)에서 열거하고 있는 조달방법에 해당하지 않으므로 허용하기 어려움을 알려드립니다.

〈이유〉

□ 여신전문금융회사는 「여전법」(제46조 등)에 따라 대출업무를 영위할 수 있으나 동 업무를 위한 자금은 회사채 발행, 금융기관 차입 등 「여전법」(제47조)상 열거된 방법을 통하여 조달해야 합니다.

□ 귀사에서 계획하고 있는 대출상품은 P2P 업체를 통하여 개인투자자들로부터 자금을 모집하고 투자금 액의 일정 비율을 대가로 지급하는 방식으로,

  ○ 금융기관 차입, 사채발행 등 「여전법」에서 열거하고 있는 자금조달방법에 해당하지 않으므로 여신전문금융회사는 동 상품을 취급하기 어려움을 알려드립니다.

  * 「여전법」 제47조(자금조달방법)

  ① 여신전문금융회사는 다음 각 호에서 정한 방법으로만 자금을 조달할 수 있다.

  1. 다른 법률에 따라 설립되거나, 금융위원회의 인가 또는 허가를 받거나, 금융위원회에 등록한 금융기관으로부터의 차입

  2. 사채(社債)나 어음의 발행

3. 보유하고 있는 유가증권의 매출

4. 보유하고 있는 대출채권(貸出債權)의 양도

5. 그 밖에 대통령령으로 정하는 방법

** 「여전법시행령」 제18조(자금조달방법)

① 법 제47조 제1항 제5호에서 "대통령령으로 정하는 방법"이란 다음 각 호의 방법을 말한다.

1. 「외국환거래법」 제8조에 따라 외국환업무취급기관으로 등록하여 행하는 차입 및 외화증권의 발행

2. 법 제46조 제1항 제1호부터 제4호까지의 업무와 관련하여 보유한 채권의 양도

3. 법 제46조 제1항 제1호부터 제4호까지의 업무와 관련하여 보유한 채권을 근거로 한 유가증권의 발행

3. 간접 대출형

(1) 담보제공위탁계약형의 경우

1) 학설

여러 가지 다툼이 제기된다. "투자자는 차입자와 소비대차계약이 아닌 담보제공위탁계약이 체결되기 때문에 투자자는 대주가 아닌 수탁물상보증인의 지위에 서게 되고, 투자자는 차입자에게 자금의 상환을 청구할 직접적 권리를 갖지 못하며, 차입자가 대출계약에 따른 상환을 하는 경우 상환된 부분만큼 제공한 담보를 상환 받기 때문에 「자본시장법」상 증권에 해당되지 않는다"는 주장[19]과 「자본시장법」상 금융투자상품의 정의에서 "금전 등의 개념"은 "금전, 그 밖의 재산적 가치가 있는 것"이라는 점에 착안하여, "담보제공이 금전 등의 투자에 해당하는 것이라고 하면서, 담보제공위탁계약형 모델에서 투자자가 부보증인으로서 중개업체의 보증보험에 기여하는 것은 투자계약증권에 해당한다고 보고, 담보제공위탁계약형에서 나오는 권리 또한 「자본시장법」상 투자계약증권에 해당된다"는 반대 입장[20]이 있다. 또한 중개업체가 자신의 연대보증을 없애고 투자자가 직접 대출 금융기관에 차주를 위한 연대보증계약을 맺도록 한다고 하더라도, 저축은행의 사업에 투자자가 투자를 하는 것으로 될 것이기 때문에 여전히 투자계약증권이 성립하게 된다고 한다.

2) 검토

대법원은 중개업체가 보증을 업으로 하면 보증보험업을 영위하는 것으로 본다.[21] 그러

므로 중개업체가 보험업 허가를 득하지 아니하고 보증보험업을 영위하는 것은 문제가 있다. 그러나 보험업을 영위하기 위해서는 보험계약자로부터 보험료를 수취해야 하는 것이 필요하다. 중개업체가 차입자로부터 받은 상환 원리금을 보험료와 동일하게 보는 것이 가능할는지 의문이다. 만약 중개업체가 보험업의 허가 없이 보증보험업을 영위한 경우라 한다면, 중개업자는 모두 형사처벌의 대상이 될 가능성이 발생하게 된다. 이 점 가혹한 측면이 있다.

〈은행이 수행하는 'P2P 대출투자금관리서비스'가 '금융투자상품'에 해당되는지 여부〉(금융위원회 유권해석)

〈질의요지〉

○ 저희 은행과 P2P 중개업자는 부수업무 신고를 하고 예금담보위탁형(or 현금담보제공형) P2P 금융서비스 업무를 수행하고 있습니다.
　- 은행은 투자자의 자금을 은행명의 통장으로 수취받아 관리하고 있다가, 투자의사가 확정되면 사업회사가 담보예금을 은행에 제공한 후 은행이 이를 담보로 대출자에게 대출을 실행하고,
　이 과정에서 은행은 투자금을 은행명의 계좌에서 P2P 중개업자 명의로 이체시킨 후 은행명의 별단예금계정에 자금을 보관하여 담보를 취득합니다.
○ 위와 같이 은행이 수행하고 있는 'P2P 대출투자금관리서비스'를 신탁으로 볼 여지가 있는지 여부에 대해 문의드립니다.

〈이유〉

○ 「자본시장과 금융투자업에 관한 법률」상 '신탁업'은 신탁을 영업으로 하는 것이라고 정의하고 있으며, '신탁'의 개념에 대해서는 「신탁법」에서 규정하고 있습니다.(「자본시장법」 제6조 제8항, 「신탁법」 제2조)
　* 제2조(신탁의 정의) 이 법에서 "신탁"이란 신탁을 설정하는 자(이하 "위탁자"라 한다)와 신탁을 인수하는 자(이하 "수탁자"라 한다) 간의 신임관계에 기하여 위탁자가 수탁자에게 특정의 재산(영업이나 저작재산권의 일부를 포함한다)을 이전하거나 담보권의 설정 또는 그 밖의 처분을 하고 수탁자로 하여금 일정한 자(이하 "수익자"라 한다)의 이익 또는 특정의 목적을 위하여 그 재산의 관리, 처분, 운용, 개발, 그 밖에 신탁 목적의 달성을 위하여 필요한 행위를 하게 하는 법률관계를 말한다.
○ 이에 따르면 "신탁"에 해당하기 위해서는 재산권을 수탁자에게 이전하고 수탁자는 수익자의 이익 등을 위해 해당 재산권을 관리, 처분, 운용, 개발 등의 행위를 하고 그에 따른 수익을 수익자에게 지급하는 등의 법률관계가 있어야 합니다.
○ 따라서 질의하신 사항과 관련하여, 실제로 은행이 해당 자금에 대한 별도의 운용을 하지 않고 단순히 자금을 보관·이체하는 행위만을 하는 등 위 신탁에 해당하는 업무를 하지 않는 경우에는 해당하지 않을 수 있음을 알려드립니다.

(2) 원리금수취권매매형의 경우

중개업체의 대부자회사가 영업주체로서 투자자의 자금을 출연받는다고 볼 수 있으므로, 원리금수취권은 익명조합이나 합자조합의 출자지분으로서 지분증권적 성격이 있다고 주장할 수 있다. 그러나 대부업체는 통상적으로 회사 형태를 취하고 있다. 그러므로 대부자회사를 인적인 결합체로서 조합으로 보고자 하는 입장은 타당성이 약한 면이 있다는 비판이 제기될 수 있다.

원리금수취권이 투자계약증권으로서 성격을 갖는다고 볼 수 있는가에 대하여도, 「자본시장법」 제4조 제6항은 '투자계약증권'이란 '특정 투자자가 그 투자자와 타인 간의 공동사업에 금전 등을 투자하고 주로 타인이 수행한 공동사업의 결과에 따라 손익을 귀속받는 계약상의 권리가 표시된 것'을 의미하고 있다. 원리금수취권이라고 하는 것이 투자자가 대출채권에 투자함으로써 여신회사가 채무자로부터 원리금을 회수하는 경우에 한하여 투자금에 비례한 원금 및 일정한 수익금을 여신회사로부터 지급받을 수 있는 권리라고 한다면, 원리금수취권 역시 투자의 성격이 없는 것은 아니지만, 무형의 권리를 원리금수취권이라 한다면 투자계약증권은 서면에 체화된 유가증권이라는 측면에서 차이가 있다.

4. 소결

P2P 대출형 크라우드 펀딩 중개업체를 「자본시장법」상 증권형 크라우드 펀딩 업체로 편입하여 규제하는 것이 가능하다는 주장이 있지만, 기존 대출형 크라우드 펀딩 중개업체는 모두 「자본시장법」상 온라인소액투자중개업 등록을 하지 않고 있다. 이 경우 제재를 면할 수 없을 것이다. 이 문제에 대한 해결방안이 고려되어야 한다.

증권형 크라우드 펀딩에 있어서 발행인에 해당하는 것이 대출형 크라우드 펀딩에서는 원리금수취권을 발행한 대부자회사이고, 담보제공위탁계약형의 경우 투자계약증권을 발행한 중개업체라고 하면서, 이러한 기관들도 「자본시장법」상 연간 발행한도 7억 원의 규제대상이 된다고 주장할 수 있다. 그러나 대출형 크라우드 펀딩의 거래규모를 지나치게 축소시키는 면이 있다고 하겠다. 증권형과 다른 대출형만의 장점을 몰각시키는 측면이 있다고 판단된다. 대출형 크라우드 펀딩을 증권형 크라우드 펀딩에 포섭시켜 「자본시장법」 규제를 받게 할 수 있는 논리는 그 이론적인 면에서 수용 가능성이 없는 것은 아니지만, 「자본시장법」상 증권으로 포섭하기 어려운 실무상 문제가 있고, 또한 기존에 이미 사업을 하고 있는 대출형 크라우드 펀딩 업체에 대한 「자본시장법」 위반의 제재를 해결해야 한다는 고민이 남겨져 있다.

VII. 최근 입법 논의

크라우드 펀딩을 통해 자금조달이 가능한 기업의 대상을 창업한 지 7년 이내의 창업기업에서 모든 비상장 중소기업으로 확대하는 「자본시장법」 일부개정안이 논의되고 있다. 또한 연소득 1억 원 이상 고소득 투자자가 동일 발행인에 투자할 수 있는 한도를 현행 천만 원에서 연소득의 10%까지 확대하여 크라우드 펀딩 산업 발전을 촉진하는 방안을 모색하고 있다. 이러한 방안은 크라우드 펀딩을 통한 기업들의 민간 자금시장이 시간이 갈수록 활발해지고 있음에도 불구하고, 시류에 맞지 않은 법률과 규제 정책은 관련 산업의 성장을 저해하고 있다는 지적을 반영하고자 한 것으로 평가할 수 있다. 즉, 크라우드 펀딩을 모집하는 '온라인소액투자중개업자'는 「자본시장법」상 '일반투자중개업자'와 구분 없이 대형 투자중개업자와 근본적으로 다른 영세한 크라우드 펀딩 업체까지도 동일한 규제 체계를 적용하는 것은 타당하지 않고, 크라우드 펀딩을 통해 자금조달을 할 수 있는 '발행인'의 자격요건 역시 7년이 경과하지 않은 창업기업 중 「중소기업창업 지원법」 시행령상 창업에서 제외되지 않는 업종들만 참여할 수 있어 많은 수의 업종들의 참여를 가로막는 요소로 작용하고 있다.

투자금액의 경우 동일 발행인에 대한 투자액 1,000만 원, 연간 누적 투자액 2,000만 원으로 제한되고 있는 점도 지적되는 사항이다. 「중소기업창업지원법 시행령」상 창업에서 제외되는 숙박, 음식점, 기타 개인서비스업 등의 사업도 온라인소액투자를 통해 사회적으로 필요한 서비스를 생산·공급하여 부가가치를 창출하도록 할 필요성이 있다. 창업자에 국한됨이 없이 자금조달이 어려운 비상장 중소기업들이 온라인소액투자를 통해 민간 자금을 유치하려는 수요가 필요한 상황을 고려해야 한다.

개정안에 따르면, 온라인소액투자중개업자를 투자중개업자와 구분하고(안 제9조 제27항), 크라우드 펀딩 참여 대상을 창업자에서 비상장 중소기업으로 확대하며(안 제9조 제27항 제1호), 연간 총 투자한도를 소득이 1억 원 이상인 자의 경우 동일 발행인에 대한 투자는 총소득금액의 10%, 연간 총투자는 총소득금액의 20%까지 투자할 수 있도록 하는 방안(안 제9조 및 제117조의10) 등을 주요 골자로 하고 있다.

1 윤민섭, "자금조달 수단으로서 Crowdfunding에 관한 연구", 기업법연구 제26권 제2호(통권 제49호), 2012, 187면.

2 자연인을 포함한 인적 결합체의 유형에 대하여는 유주선, 『회사법』 제2판, 형지사, 2016.

3 후원형은 창작활동, 문화예술활동, 사회공익활동 등의 아이디어를 실현할 수 있도록 후원하면서 기여자 명단에 이름을 올리거나, 보상품 혹은 사용권리를 받는 방식이고, 지분형은 사업 지분의 일부를 투자에 대한 보상으로 제공하는 방식이다. 금융형은 플랫폼을 통해 공개된 정보를 바탕으로 자금을 빌려주고 나중에 이익을 붙여 돌려받는 방식이다. 이 경우 투자에 대한 위험은 전적으로 투자자들에게 돌아간다.

4 윤민섭, "자금조달 수단으로서의 Crowdfunding에 관한 법적 연구", 기업법연구 제26권 제2호, 2012, 192면 이하; 윤민섭, "비금융형 크라우드펀딩의 법적 제문제와 개선방안", 저스티스 통권 제142호, 2014, 99면 이하.

5 고동원, "인터넷상에서의 개인 간(P2P) 금융거래에 관한 연구", 은행법연구 제8권 제2호, 2015, 5면.

6 윤민섭, "비금융형 크라우드펀딩의 법적 제문제와 개선방안", 저스티스 통권 제142호, 2014, 100면.

7 윤민섭, "P2P금융에 관한 법적 연구", 금융법연구 제9권 제2호, 2012, 460면.

8 자세히는 윤민섭, "자금조달 수단으로서 Crowdfunding에 관한 연구", 기업법연구 제26권 제2호, 2012, 194면 이하.

9 성희활, "P2P 대출형 크라우드펀딩의 법적 성격과 자본시장법적 규제계 수립에 관한 연구", 2016년 한국기업법학회 추계학술대회 자료집, 2016. 10. 14., 23면. 그 외에 어니스트펀드 P2P 대출형 크라우드 펀딩과 부동산담보 P2P 대출 등 새로운 형태의 등장도 눈여겨볼 만하다.

10 2010년 유시민펀드, 문재인펀드를 들 수 있다.

11 윤민섭, "P2P금융에 관한 법적 연구", 금융법연구 제9권 제2호, 2012, 460면.

12 윤민섭, "자금조달 수단으로서 Crowdfunding에 관한 연구", 기업법연구 제26권 제2호, 2012, 195면 이하.

13 중개형의 대표적인 것으로는 영국의 조파닷컴을 들 수 있다.

14 성희활, "P2P 대출형 크라우드펀딩의 법적 성격과 자본시장법적 규제계 수립에 관한 연구", 2016년 한국기업법학회 추계학술대회 자료집, 2016. 10. 14., 27면; 윤민섭, "P2P금융에 관한 법적 연구", 금융법연구 제9권 제2호, 2012, 463면 이하.

15 윤민섭, "P2P금융에 관한 법적 연구", 금융법연구 제9권 제2호, 2012, 467면 이하; 성희활, "P2P 대출형 크라우드펀딩의 법적 성격과 자본시장법적 규제체계 수립에 관한 연구", 2016년 한국기업법학회 추계학술대회 자료집, 2016. 10. 14., 27면.

16 성희활, "P2P 대출형 크라우드펀딩의 법적 성격과 자본시장법적 규제계 수립에 관한 연구", 2016년 한국기업법학회 추계학술대회 자료집, 2016. 10. 14., 27면.

18 고윤승, 크라우드 펀딩 운용상의 문제점과 개선방안에 관한 연구, e-비지니스연구, 12면.

19 윤민섭, "P2P금융에 관한 법적 연구", 금융법연구 제9권 제2호, 2012, 482면 이하.

20 성희활, "P2P 대출형 크라우드펀딩의 법적 성격과 자본시장법적 규제계 수립에 관한 연구", 2016년 한국기업법학회 추계학술대회 자료집, 2016. 10. 14., 36면.

21 중개업체가 보증을 업으로 하는 경우 보증보험업에 해당하는가에 대하여는 대법원 2013. 4. 26., 선고 2011도13558 판결.

05

P2P 대출에 대한 입법

05

P2P 대출에 대한 입법

I. 서 론

　금융과 기술이 결합된 핀테크 산업이 다양한 영역에서 기존 금융시스템이 지니고 있는 현상을 파괴하면서 혁신을 주도하고 있다. 모바일 중심으로 소비를 하는 경향이 두드러지게 나타나고 있고, 빅데이터 분석 등을 통한 기업의 정보 획득은 소비자에 대한 양질의 금융서비스의 제공 및 합리적인 소비자의 선택을 마련해주고 있는 모습이다. 핀테크는 지급결제, 해외송금, 인터넷전문은행, 자산관리 및 보험의 영역에서 발전하고 있는 모습이다.[1] 그러나 이러한 핀테크 영역 가운데에서도 가장 역동적인 분야는 바로 P2P 대출 영역이다. P2P 대출이라 함은 은행 등 전통적 의미의 금융회사를 거치지 않고 온라인 플랫폼을 통해 소규모 후원·투자 등의 목적으로 인터넷을 통해 불특정 다수로부터 자금을 모으는 행위를 말한다. P2P 대출은 자본을 조달하는 크라우드 펀딩의 한 유형으로 은행을 통하여 차입을 하는 것이 아니라, 인터넷에서 개인과 개인이 직접 연결되어 파일을 공유하여 금융회사를 거치지 아니하고 개인 간 직접적으로 거래하는 것이 일반적인 모습이다. 그러나 실제로 대출은 다양한 모습으로 나타날 수 있는데, 크게 직접 대출형과 간접 대출형으로 구분될 수 있다.[2]

　P2P 대출의 경우 자금을 지원하는 자와 자금을 필요로 하는 자 외에 이를 중간에서 매개하는 역할을 하는 자가 중개기관인 대출중개업자로서 플랫폼을 개설하여 당사자 간의 거래를 중개하게 된다. 이 역시 직접 대출에 해당한다. 중개기관 없이 자금공급자와 자금수

요자 사이의 계약 역시 소비대차계약에 해당할 뿐만 아니라 이 양자 사이에 중개인을 매개로 하여 계약을 체결하는 것 역시 소비대차계약형에 해당한다. 중개기관이 개입한다는 면에서 간접적인 체결 모습을 띨 뿐이다. 이러한 중개기관은 신뢰성을 확보해주는 기능을 하게 된다. 중개기관은 자금수요자의 상환가능성 및 제출 자료의 신뢰성 등을 제공하거나 자금공급자와 자금수요자 사이의 자금 이전 및 이자의 배분 등을 통하여 양자 사이의 중개 역할을 한다. 간접 대출형은 담보제공위탁계약형과 원리금수취매매형으로 구분될 수 있다. 자금공급자와 자금수요자 사이에 금전소비대차계약이 아닌 담보제공위탁계약이 체결되는 유형이 전자라면, 금융기관과 자금수요자가 대출계약을 체결하고 금융기관이 체결하는 대출계약에 참가하여 원리금수취권을 취득하게 되는 유형이 후자에 해당한다. 우리나라의 P2P 대출거래는 간접적 대출형태가 주로 활용되고 있다. 본 장에서는 P2P 대출 현황, 주요국의 정책과 규제 및 우리나라의 규제방안을 검토한 후, 독자적인 P2P대출 입법으로 탄생한 「온라인투자연계금융업 및 이용자 보호에 관한 법률」(이하 「온라인투자연계금융업법」이라 한다)에 대한 비판적 검토와 개선방안을 제시하고자 한다.

II. 우리나라의 현황

1. 대출 잔액

P2P 대출의 우리나라 시장은 2016년 9월 말 기준으로 대출 잔액은 2,087억 원이며, 2016년 6월 말 1,129억 원 대비 84.9% 증가하였다.[3] 대출유형별로 법인·사업자 담보대출이 940억 원으로, 대출 잔액에서 가장 높은 비중을 차지하고 있다(45%). 반면 개인 신용대출은 375억 원, 개인 담보대출은 499억 원, 법인·사업자신용대출은 273억 원에 이르고 있다. 한편, P2P 시장 전체의 누적 대출액은 2017년 11월 말 현재 2조 1,744억 원으로 집계됐다.[4] 2016년 말 6,289억 원보다 1조5455억 원으로 245.7% 급증한 것이다.

〈대출비중 추이〉 (단위: %)

	2015년 말	2016년 6월	2016년 9월
개인신용대출	48.8	16.6	17.9
법인담보대출	10.4	41.7	45.1

2016년 9월까지의 추이 과정을 살펴보면, 개인신용대출의 비중은 감소하고 있는 반면에 소규모 주택건설 자금 등을 포함한 법인을 대상으로 하는 부동산 관련 대출은 증가한 것으로 나타나고 있다.

2. 투자와 차입

2016년 9월 말을 기준으로 투자자 수는 135,747명이며, 2016년 6월 말(37,490명) 대비 26.2% 증가하였다. 건당 투자액은 1.5백만 원으로, 2016년 6월(3백만 원) 대비 50% 감소한 것으로 나타나고 있다. 급격한 투자자 증가 및 건당 투자액 감소는 2016년 8월 협회에 신규 가입한 '팝펀딩'에 기인한 것이다. 팝펀딩의 경우 투자자는 66,488명, 건당 투자액은 0.2백만 원으로 나타나고 있다.[5]

2016년 9월 말 기준으로 차입자 수는 4,891명이며, 2016년 말 3,270명 대비 49.6% 증가하고 있다. 건당 대출금액은 42.7백만 원으로, 법인·사업자 담보대출 비중이 높아지면서 2016년 6월 말(34.5백만 원) 대비 23.8% 증가하였다.

3. 차입 금리

업체마다 차이가 있으나 일반적으로 11~15% 수준으로 차입금리가 형성되어 있는 상황이다. 개인대출이냐 법인대출이냐, 신용대출이냐 담보대출이냐에 따른 대출 유형에 의하여 차입금리의 차이가 발생한다.[6] 대출기간은 대략 1년이며 6~36개월 사이에 분포되어 있고, 평균 수익률은 차입금리와 유사한 10~13% 수준에서 형성되고 있다.

4. 연체 비율

2015년 말 0.1%, 2016년 6월 말 0.5%에 비하여 2016년 9월 말에는 1.3%, 27.6억 원으로 나타나고 있다. 그러나 2017년 11월 말 연체율은 7.12%로 2016년 말, 1.24%의 5.7배로 뛰었다.[7] 개인 간(P2P) 대출의 연체율이 7%를 웃돌며 11개월 만에 약 6배로 급증한 것이다.

<연체율 추이>   (단위: %)

구분	2016년 말	2017년 6월 말	2017년 11월 말
전체 연체율	1.24	2.36	7.12
신용대출 전문업체	1.94	1.90	3.52
부동산PF 전문업체	1.22	3.94	13.71

주) 연체율: 30일 이상 연체대출액/대출잔액 비율 2) 연체율은 P2P 금융협회 회원사 기준

대출 규모가 늘고 대출 만기가 돌아오면서 연체율도 높아진 점이 하나의 이유가 되지만, 부동산 프로젝트 파이낸싱(PF) 대출 전문업체의 연체율이 13.71%로 높아진 점이 연체율을 상승시킨 요인으로 분석된다.[8] 시중금리 인상과 부동산 대책 등의 여파로 향후 부동산 경기가 침체될 경우 이들 업체의 연체율은 더 높아질 가능성이 있다.

5. 최근 현황

(1) 개요

P2P 금융은 핀테크 혁신의 주요 분야로 중금리 대출 등 새로운 대출 및 투자시장을 개척하며 빠르게 성장하고 있다. 기존에 높은 이자(18~24%)를 부담했던 저신용 차입자들에게 중금리(10% 내외) 신용 대출을 제시하며 대부업의 대안으로 등장하고 있는 것이다. 즉, 차입자와 투자자 간 온라인상에서 직접 거래하여 낮은 수준 시장이자율이 형성되고, 빅데이터를 활용한 여신심사 고도화 등을 통해 다른 거래비용도 절감할 수 있는 장점이 있다.

(2) 시장현황

2019년말 기준 P2P 업체는 239개사, 누적대출액은 약 8.6조 원이며, 대출잔액은 2.4억 원으로 2015년 이후 지속적인 증가세를 나타내고 있다.

<P2P 금융업체 수 및 대출 현황>

구분	2015년 말	2016년 말	2017년 말	2018년 말	2019년 말
P2P 금융업체 수	27	125	183	205	239
누적대출액	373억 원	6,289억 원	2.3조 원	4.8조 원	8.6조 원
대출잔액	-	4,140억 원	7,531억 원	1.6조 원	2.38조 원

주) P2P 금융업체 수는 연계대부업자로 등록한 업체 수 기준이며, 영업개시 여부와 별개임

차입자 수는 약 2만 명이며 개인 신용대출 비중이 73%로 높으나, 대출잔액은 부동산 관련 담보와 PF 대출 비중이 전체 66%로 높은 편이다. 투자자 수는 40만 명이며 소액이 개인투자자 비중(1천만 원 미만, 99%)이 높으나, 투자금액은 법인투자자 비중(전체 48%)이 높다. 차입자에게 받은 이자 연 8~16%를 투자자에게 수익으로 배분하는 구조이며, 이용자에게 별도의 수수료를 부과하고 있다. 즉, 차입자에게는 2~8% 수준이고, 투자자에게는 0~2% 수준을 부과하고 있다.

III. 주요국의 정책과 규제

1. 영국

(1) 시장 추이

2005년 최초로 대출중개업자가 등장한 이후 영국의 P2P 중개 규모 및 이용자 수는 지속적으로 증가하고 있다. 대출 규모는 2010년 1.1억 파운드에서 꾸준히 증가하여 2013년 1월 기준 4억 파운드에서 2014년 1월에는 10억 파운드, 2014년 4/4분기 말 누적 대출액은 약 22억 파운드에 이르러 연평균(CAGR) 209.7%의 속도로 성장하고 있고,[9] 2015년에는 32억 파운드로 성장하였으며, 2016년에는 55억 파운드를 기록했다. Morgan Stanley에 따르면 영국의 P2P 대출이 2020년까지 매년 연간 대출 실행액 기준 150억 파운드의 시장규모에 달할 것으로 예측하고 있다.[10] 2014년 말 차입자수와 투자자수는 각각 139,749명, 105,101명으로 전년 대비 88.6%, 21.3% 증가하고 있다. 영국의 대출중개업체인 Zopa(Zone of possible agreement)는 2005년 세계 최초의 P2P 대출중개업체로 개인 간 P2P 방식의 온라인 대출중개 플랫폼서비스를 제공한 이후 크게 성장하였다.[11] 후발주자로서 Funding Circle, Rate Setter 등이 선전하고 있는 모습이다. 설립 이후 2014년 말까지 Zopa의 누적대출액은 약 7억 파운드에 이르고, Funding Circle 약 4.8억 파운드, Rate Settler가 약 4.4억 파운드를 기록하고 있다.

(2) 역할

P2P 대출 초기 영국은 개인 투자자와 개인 차입자 간 대출을 중개하는 것을 주로

수행하였으나, 시간이 지나면서 개인투자자와 기업 간 대출을 중개하는 형태로 다양화의 면을 띠고 있다. 또한 창업자 및 중소기업을 대상으로 하는 대출중개 규모는 매우 빠르게 증가하여 2014년에는 개인대출 중개보다 더 큰 규모로 성장하게 되었다.[12] 영국 정부는 창업 및 중소기업에 대한 자금지원 방안의 일환으로 P2P 대출을 공식적으로 활용하여 중소기업 자금지원의 대안채널로 활용하고 있다.[13]

(3) 규제

1) 의의

대출형의 경우 과거 투자자 보호를 위한 규제를 두지 않았으나, 2014년 4월 대출형 및 지분투자형 크라우드 펀딩에 대한 규제를 신설하였다. 그러나 대출형 크라우드 펀딩은 증권형 크라우드 펀딩과 달리 그 규제의 내용을 달리 규정하고 있다. 이는 전자가 후자와 비교하여 상대적으로 위험이 적다는 점을 고려한 것이다.[14] 2014년 3월 이전에는 공정거래국(OFT: Office of Fair Trade)이 P2P 대출을 소비자금융으로 보고, 불공정한 대출로부터 자금수요자를 보호하는 측면에서 규제하고 있었다. 금융행위감독청(FCA: Financial Conduct Authority)은 P2P 대출 플랫폼을 통한 개인 차주의 대출행위를 비상업적인(non commercial) 것으로 보아 「소비자대출법」(CCA: Consumer Credit Act 1974)상의 계약 관련 규제를 적용하지 않았다. 또한 기존 P2P 대출 플랫폼 역시 별도의 대출중개인으로서 등록을 요구하지 않고 있었다. 다만, P2P 플랫폼이 채권관리나 추심행위의 업무를 하기 위해서는 허가를 받도록 하고 있었다. 2014년 4월 1일부터 대출형 크라우드 펀딩에 대한 규제는 2000년의 금융 서비스 및 시장법 2000(FSMA: Financial Services and Market Act 2000)의 2001년 규제활동에 관한 명령(RAO: Regulated Activities Order 2001)에 규정된 Article 36H를 통해 금융행위감독청(FCA)이 소비자 신용시장에 대한 규제권한을 공정거래청(OFT)으로부터 이관받아 P2P 대출 산업에 대한 규제를 시작하였다.[15] 금융영업행위 감독청(FCA: Financial Conduct Authority)은 P2P 대출중개업체에 대한 인가의무, 자본 규제, 고객 보호, 분쟁 조정 등을 통하여 규율한다.[16]

2) 재무적 안정성 측면

대출형 크라우드 펀딩 중개업 영위를 하기 위해서는 금융행위감독청(FCA)의 인가가 필요하다. 영국은 영업 및 재무 리스크 등에 대비하여 연간 대출 잔액 구간별로 최소자본을 규제하고 있다.[17] 자금부족으로 인한 중개의 안정성을 해지지 않기 위하여 최소요구 운영자본 기준을 설정하고 있다. 이 운영자본은 채무자 파산 시 투자자를 보호하기 위한 충당금 개념이라기보다는 플랫폼 유지의 영속성을 위한 운영자금에 해당한다. 또한 이용자 자금과 회사 자금이 분리되어 운영되도록 하고 있다. 고객자금을 보호하기 위하여 대출금 및 상환금을 의무적으로 은행에 보관하도록 하고 있고, 고유재산과 고객재산의 구분 관리 등을 통하여 고객재산 보호 의무를 부과하고 있다.[18] 고객자금을 보유하는 기업은 고객에게 신인의무를 부담하여, 동 의무를 이행하는 방식으로만 자금 지급이 가능하다.

3) 이용자 보호 측면

이용자 보호를 강화하기 위한 방안으로는 이용자가 노출될 수 있는 위험에 대한 명확한 고지를 규정하고 있고, 이용자에게 혼란을 야기할 수 있는 홍보문구의 명확화 및 이용자가 14일 이내에 투자 또는 차입을 취소할 수 있는 권한을 부여하고 있다.[19] 더 나아가 기대수익률, 부도율, 신용평가 내역, 기본계약서 등 투자결정에 필요한 사항의 공시 의무화 등을 들 수 있다.[20] 또한 원격지에서 체결된 금융서비스계약에 대해 원칙적으로 인정되는 '일정 기간 내 위약금 없는 이유 불문의 철회권'이 대출형 크라우드 펀딩에도 적용된다.[21] 투자자는 금융영업행위감독청(FCA) 산하 금융민원처리 전담기관인 금융옴부즈만서비스(Financial Ombudsman Service)에 민원을 제기하여 중재를 요청할 수 있도록 명문화한 점도 눈여겨볼 만한 사항이다.

4) 시스템 안정성 측면

중개업체는 효율적 중개를 지원하기 위한 시스템을 구축해야 하고, 이용자의 의사결정을 지원하기 위해 제공하는 정보의 신뢰성을 높일 수 있는 시스템을 구축해야 하며, 시스템 실패 상황에 대응하기 위한 위기대응 계획을 수립하도록 하고 있다.

2. 미국

(1) 시장 추이

미국의 P2P 대출산업은 2006년 2월 프로스퍼(Prosper)가 최초로 시작하여 9개월 만에 100,000명을 모아 2,000만 달러의 대출기금을 마련하였고, 2007년 5월 렌딩클럽이 등장하여 이 양자가 경쟁하면서 두 플랫폼을 중심으로 산업이 발전하게 되었다.[22] P2P 대출중개시장은 Lending Club과 Prosper 2개 사가 시장점유율 98%에 달하는 과점시장 형태를 띠고 있다. P2P 대출중개 시장의 규모는 2013년 31.8억 달러, 2014년 87.4억 달러, 2015년 290억 달러 최근 3년간 연평균 성장률 202.1%에 달하고 있다.[23] 특히 2015년 기준 290억 달러 중 개인대출의 경우 257억 달러, 기업대출의 경우 26억 달러, 부동산대출은 8억 달러 수준으로 개인대출의 규모가 기업대출의 약 10배에 이르는 것으로 보고되고 있다.[24]

(2) 성장원인

미국의 P2P 대출시장은 P2P 대출의 증권화로 기관투자자가 P2P 대출에 투자하기 시작하면서 빠른 성장을 하게 되었다. 빠른 성장의 원동력으로는 대출의 증권화와 낮은 금리를 들 수 있다.[25] 대출의 증권화는 대출채권의 크기가 작고 유동성이 떨어져 투자하기 어려웠던 연기금이나 보험회사가 P2P 대출에 투자할 수 있는 견인 역할을 하게 되었고, 신용카드 대출 금리보다 낮은 P2P 대출 금리는 P2P 대출시장의 대중화에 크게 기여하게 되었다.

(3) 운영모델

미국의 P2P 대출형의 운영모델은 공증형(Notary Model)인데, 이 공증형 모델은 P2P 대출 플랫폼이 대출을 공시하여 투자자를 모집하고 대출 모집 금액이 달성되면 P2P 대출 플랫폼과 협약을 맺은 은행이 대출을 실행한다. 대출 실행 후 P2P 대출 플랫폼은 대출에 투자한 만큼 투자자에게 증권(Notes)어음을 발행하고 대출자로부터 회수한 상환 금을 지급하게 된다.

(4) 회원 요건

미국 P2P 대출중개 사이트의 회원이 되기 위해서는 18세 이상의 미국 시민이거나 영주권자로 법적으로 유효한 사회보장번호와 은행계좌가 있어야 한다. 두 업체는 회원 신청자들의 신원을 정부기관 데이터베이스로 확인하는 한편, 은행 신용조회를 통해 신용

불량자나 불법 자금 여부를 조사할 수 있다. 또한 P2P 대출중개 사이트를 통해 대출을 받기 위해서는 일정한 신용평가 점수를 획득해야 한다. P2P 대출중개 사이트를 통해 투자를 하기 위해서도 일정한 요건이 요구되는데, 각 주 법령이나 Lending Club 내규에 따라 일정수준 이상 소득과 자산이 있어야 한다. 또한 개인투자의 한도가 정해져 있는바, Prosper의 경우 5백만 달러(기관투자자에게는 5천만 달러의 투자한도가 설정되어 있다), Lending Club의 경우 순자산의 10%라는 개인 투자 한도가 존재한다.

(5) 규제

1) 방식

P2P 대출중개 업체들은 금융회사로 분류되어 있지 않고, 이러한 특성 때문에 이 업체들에 대한 별도의 법률이나 규정이 적용되지 않고 있다.[26] 다만, 영업지역 주민이나 차입자 또는 투자자 등을 보호하기 위한 규제와 감독은 개별적으로 수행되고 있다. P2P 대출중개 과정에서 발생하는 행위 유형별로 금융관련법 적용대상이 되는 경우 이를 준용하도록 하고 있다. 대출채권과 관련하여 증권거래위원회(SEC)의 규제를 적용하고, 대출행위 등과 관련하여 연방 또는 주차원의 규제를 적용하고 있다.[27]

2) 증권 관련 규율

증권거래위원회(SEC)는 P2P 중개업자가 발행한 증권(Notes)을 고위험 유가증권으로 분류하고, 「증권법」에 의거하여 중개업자에 대하여 증권거래위원회 등록 및 투자설명서 작성 및 공시의무 등을 부과하고 있다.[28] 증권거래위원회는 P2P 대출의 성격을 투자자가 P2P 중개업자가 발행하는 증권(Notes)에 투자하는 것으로 해석하고 있다.

3) 대출 관련 규율

대출과 관련하여 미국은 「은행비밀법」(Bank Security Act), 「고리대금법」(Usury Laws), 「소비자보호법」 등을 적용한다. 「은행비밀법」에 의거 P2P 대출중개업자는 본인 및 테러리스트 의심자 명단 포함 여부를 확인하고 명단 포함 시 금융거래 거절 의무가 발생한다. 또한 「고리대금법」에 따라 대출이 발생한 주 정부의 법정 최고 이자율과 제휴 은행이 위치한 주의 법정 최고 이자율 중 높은 이자율의 범위 내에서 대출 이자율 부과가 가능하다. 「소비자보호법」의 적용도 받게 되는데, 제휴은행은 대출조건과 용어 등에 대해 이해 가능한 정보를 제공하여야 하고 P2P 중개업자는 이를 공시해야 할 의무가 있다. 한편, 일부 주에서는 P2P 대출중개업체에 대해 대부중개업(Loan Broker) 등록을 의무화하고 있고, 추심행위 시 채권추심업자 등록도 요구하기도 한다. 미국의 경우 어떠한 형태로든 대출을 취급하는 기관은 각 주 정부로부터 면허를 획득해야 해당 주 주민에게 대출이 가능하다. 또한 유가증권 발행을 위해서 각 주에서 면허를 받아야 해당 주의 주민을 투자자로 유치할 수 있다. Lending Club이나 Prosper 역시 마찬가지이다.

3. 일본

(1) 시장 추이

2008년 maneo가 처음 영업을 시작한 이후 Aquish, SBI Social Lending, Crowd Bank, Crowdcredit 등 5개 업체가 운영 중이다. 2013년의 경우 maneo, Aquish, SBI Social Lending 등 주요 3개 업체의 중개 규모는 약 130억 엔으로 추정되고 있다.[29] maneo는 일본 최초의 P2P 대출 플랫폼으로서 초기에는 개인 소비자 대출에 중점을 두었으나, 중소기업으로 그 영업의 변경을 가하였다. Aquish는 소비자 대출에 중점을 두면서 부동산담보 대출로 영업의 범위를 확대하고 있고, SBI Social Lending은 주로 증권담보대출을 제공하고 있으며, Crowdcredit는 해외 P2P 대출에 특화한 플랫폼으로서 페루를 교두보로 하여 남미 신용시장에 집중하고 있는 모습이다. 다만, 일본은 영국이나 미국에 비하여 시장의 성장이 그리 두드러진 모습은 아니라 하겠다. 이는 대출시장에서의 초과공급으로 인해 제도권 금융에 대해 소비자의 신용 접근성이 상대적으로 양호한 데에 그 요인이 있는 것으로 판단된다.

(2) 규제

초기에는 P2P 대출중개업체에 대한 별도의 규제를 마련하지 않고 해당 업체가 대부업 또는 금융상품거래업으로 등록하고 영업을 하였다.[30] 이에 따라 개인투자자의 자금을 차입자에게 중개해주는 서비스 플랫폼 제공은 불가능하였다. 이러한 규제를 우회하기 위하여 개인투자자는 P2P 대출 플랫폼 업체에 투자하는 것으로 처리하고 플랫폼 업체는 투자 펀드의 운용자로서 차입자에게 직접 대출하는 방식을 활용하였다. 개인 투자자와 플랫폼 제공업체 간에는 일본 「상법」에서 인정되고 있는 익명동업자계약을 체결하였다.

2014년 5월에 민간투지를 확대하고 중소기업 자금조달의 원활화, 소비자보호 등을 위해 미국의 JOBS법(Jumpstart Our Business Startups Act)과 유사한 형태의 법령을 제정하였다. 2014년 초부터 정치권에서 P2P 대출과 관련한 위험요인에 대한 우려를 표명하고 있지만, 기본적으로 P2P 대출 플랫폼을 중개업자로 보고 이에 대한 규제방안을 마련하고 있는 모습이고, P2P 대출을 규율하는 독립적인 법률은 존재하지 않고 있다.[31]

4. 중국

(1) 시장 추이

2007년 6월 P2P 인터넷 대출 플랫폼인 파이파이다이(PaiPaidai)가 상하이에 설립된 이후 빠르게 발전하고 있다.[32] 2011년 7월 크라우드 펀딩이 중국에서 처음으로 출현하였으며, 이 외에 일부 전자상거래 기업들도 금융 영역에 진입하여 징동상청(JD, 京東商城)과 알리바바(Alibaba) 등이 소형기업에 대한 금융서비스를 시작하였다. 한편, 중국의 경우 각 보험과 펀드 회사들도 지속적으로 온라인 플랫폼과의 합작을 강화하여 직접 판매와 제3자 판매 사이트가 빠른 속도로 발전하고 있다. 중국의 온라인 P2P 대출은 개인이나 중소기업을 대상으로 소액의 대출을 중개해주는 시장으로, 거래 규모는 꾸준히 증가하고 있다. 중국 P2P 대출 시장규모는 2013년 55.2억 달러, 2014년 238억 달러, 2015년에는 975.8억 달러로 최근 3년간 연평균 성장률 320.4%에 달하고 있다.[33] 대출 잔액 역시 증가 추세에 있으며, 2014년 169.3억 달러로 전년 대비 286.5% 증가하였다. P2P 대출 사업자수는 도입기인 2010년에는 10개에서 2015년 2,595개로 크게 증가하였다.

(2) 규제

1) 필요성

중국 정부는 P2P 대출시장의 규모 미성숙, 새로운 금융산업의 창출에 대한 기대 등으로 P2P 대출중개 시장에 대한 규제에 소극적으로 대처하였다. 그러나 유사수신업체 전락 등 P2P 대출중개의 문제점이 부각되자 감독을 강화하는 방안을 모색하고 있다.[34] P2P 대출 핵심인 신용평가가 형식적으로 이루어지는 경우가 많아 부실 급증의 우려와 일부

P2P 대출중개업체 모집자금이 대출규모를 초과하는 경우도 발생하여 P2P 대출중개업체가 은행권의 예금을 흡수하는 유사수신업체로 전락할 가능성도 있다. 2013년 4/4분기 중에만 P2P 대출중개업체가 도산하는 등 P2P 중개업체의 부도위험이 급증하고 대출사기도 빈번하게 발생되고 있으며, 전산보안 관련 규정의 부재로 P2P 대출중개업체 사이트가 보안에 극히 취약하여 고객정보 유출사고가 빈번하게 발생되고 있다.

2) 감독원칙

금융감독에 관한 연구 업무를 담당하는 감독기관은 2014년 4월 불법 자금모집 관련 회의에서 P2P 금융 플랫폼은 "중개역할만을 수행해야 하며, 자체적으로 담보를 제공할 수 없으며, 모집한 자금으로 캐쉬 풀링할 수 없고, 대중으로부터 불법 자금모집을 금한다"는 4가지 의무사항을 발표하였다. 또한 ① 실명제 실현, ② P2P 플랫폼은 투자자의 자금을 보유할 수 없으며, 캐쉬 플링 시스템을 구축할 수 없음, ③ P2P 플랫폼은 정보 중개기관임, ④ P2P는 진입장벽이 필요함, ⑤ 불법 자금모집을 방지하기 위해 대출자와 투자자의 자금은 제3자가 보관하여야 함, ⑥ 자체적으로 담보를 제공할 수 없음, ⑦ 자금 수납 시스템 보유, ⑧ 정보공개, ⑨ 업계기준 강화, ⑩ 포용적 금융 및 개인, 소형기업 지원 등 10가지 P2P 금융 감독원칙을 발표한 바 있다. 온라인 P2P 금융에 대한 직접적인 규제 법령이 없는 상황에서 P2P 금융 감독기관이 향후 P2P 금융에 대하여 최저자본제도 도입, 리스크 관리 기관의 의무 설치, 지급업무허가증과 같은 업무허가증 발급 등을 통하여 규제를 가할 가능성이 발생하고 있다.

5. 소결

영국에서 시작된 P2P 중개대출의 시장은 미국, 중국 등의 국가에서 지속적으로 성장하고 있다. 우리와 인접한 일본은 앞의 국가들에 비하여 상대적으로 답보상태를 보여주고 있지만, 2008년 글로벌 금융위기 이후 기존 은행들의 대출 장벽이 높아지면서 P2P 대출중개 규모가 급격하게 성장하고 있는 것은 우리나라의 경우와 유사한 형국을 보여주고 있다. P2P 대출중개시장의 증가와 함께 간과하지 말아야 할 사항이 이것을 이용하는 이해관계자의 보호문제이다. P2P 대출은 은행을 직접 방문하지 않고 온라인을 통한 대출 서비스를 이용한다. 차입자의 서비스 편의성과 효율적 운영 및 비용절감을 특징으로 하고, 대출자에게는 낮은 금리로 대출할 수 있는 기회를 제공하며, 투자자는 은행에 투자하는 것보다 높은 기대수익을 갖게 되는 장점을 제공하게 된다.

각국은 P2P 대출로 인한 부작용을 예방하기 위한 규제 정책을 사용하고 있다. 영국은 「금융 서비스 및 시장법」(FSMA 2000)을 법적 근거로 한 재무부 명령으로 P2P 대출중개업체에 대하여 인가의무, 최소자본규제, 고객자금 보호, 공시의무, 분쟁 조정 등 P2P 대출중개에서 발생할 수 있는 다양한 예방책을 마련하고 있다. 미국은 대출채권과 관련하여 「증권법」(Securities Act of 1933) 등 증권거래위원회(SEC) 규제를 적용하고, 대출행위 등과 관련해서는 「은행비밀법」(Bank Securities Act), 「이자제한법」(Usury Laws) 등 연방 또는 주 차원 규제가 적용된다. P2P 대출을 규율하는 별도의 법률은 존재하지 않은 것으로 판단된다. 다만, 증권형 P2P에 대하여는 JOBS법이 적용되어, 증권거래위원회가 P2P 중개업자가 발행한 증권을 고위험 유가증권으로 분류하고, 「증권법」에 의하여 중개업자에 대한 등록, 투자설명서 작성 및 공시의무를 부과한다. 일본의 경우 P2P 대출을 규율하는 별도의 법률은 존재하지 않는 것으로 파악된다. P2P 금융회사는 대금업법에 따라 대금업 또는 금융상품거래업으로 등록하고 해당 법률의 규제를 받게 된다. 중국은 P2P 대출에 대한 직접적인 규제법령은 없는 상황에서 특정한 P2P 대출 감독기관이 향후 P2P 금융에 대하여 최저자본제도, 리스크 관리 기관의 설치, 지급업무허가증과 같은 증서 발급 등을 통한 규제 가능성이 논해지고 있다.

IV. 규제 방안에 대한 검토와 독자적 규제 방안

1. 의의

P2P 대출은 기본적으로 투자자와 차입자 간의 투자와 대출을 중개하는 역할을 하여 Airbnb, Uber 등과 같은 공유경제에 기반한 금융모델로서 「자본시장과 금융투자업에 관한 법률」(이하 「자본시장법」이라 한다)상 집합투자업자 또는 온라인소액투자중개업자 등과도 구분되는 기존에 존재하지 않았던 새로운 개념의 금융업에 해당한다. P2P 대출이 성장함에 따라 P2P 대출의 관리·감독을 통한 이용자 보호의 측면과 신기술을 통한 새로운 산업의 발전을 증진해야 한다는 측면을 모두 고려해야 할 필요성이 있다.[35] 한편, 2016년 1월 25일 「자본시장법」의 개정으로 투자형 크라우드 펀딩인 온라인소액투자중개

업이 이미 실정법에 도입되었다.[36] 그러나 대출형 크라우드 펀딩인 P2P 대출업과 관련해서는 아직 명확한 근거법률이 마련되지 않은 상황이었다.[37] 따라서 근거 법률이 마련되지 않은 상황에서 금융위원회는 2016년 7월 1일 '제5차 금융개혁 추진위원회'에서 P2P 대출 규율방안에 대하여 논의한 후 2016년 11월 2일 'P2P 대출 가이드라인'을 발표하였다.[38] 이하에서는 행정지도로서 마련된 'P2P 대출 가이드라인', 「대부업법」 및 「자본시장법」 등 실정법에서 P2P 대출거래에 대한 효과적인 규제 가능성이 있었는가를 검토하기로 한다.

2. P2P 대출 가이드라인을 통한 규제

(1) 제정 배경

우리나라의 P2P 대출시장이 급속한 성장추세[39]를 보이고 투자자 보호 등을 위한 P2P 대출의 규율 필요성이 제기되었다. 해외 P2P 대출시장의 경우 급속한 성장 과정에서 부정대출 및 업체의 횡령 등 금융사고의 발생은 이에 대한 예방의 필요성이 더욱더 필요하게 되었다.[40] 2016년 7월 1일 제5차 금융개혁 추진위원회는 'P2P 대출 가이드라인' (이하 '가이드라인')을 제정하기로 결정하고, 2017년 2월 27일 가이드라인을 시행하였다. 동 가이드라인은 P2P 대출을 이용하는 차입자와 투자자를 보호하고 P2P 대출 관련 법령 적용의 불확실성을 해소 및 완화[41]를 통하여 P2P 대출시장의 건전한 발전을 도모하기 위한 목적을 가지고 있었으며, 1년 동안 한시적으로 운영되고 시장 상황에 따라 보완 개선하게 되는바 1년이 지나 보완 개선하게 되었다.

(2) 용어 정의

가이드라인은 P2P 대출, P2P 대출정보 중개업 등 다양한 용어를 정의하고 있다. 가이드라인에 따른 'P2P 대출'이라 함은 차입자를 위해 담보를 제공하고 수수료를 수취하거나 차입자에 대한 대출채권으로부터 발생하는 원리금을 수취할 수 있는 권리를 매입하려는 자(이하 '투자자')의 자금을 기초로 온라인 플랫폼을 통해 대출을 받으려는 자(이하 '차입자')에게 지급된 대출을 말하고, 'P2P 대출정보 중개업'이란 P2P 대출 투자자와 차입자에 대한 대출정보 중개를 업으로 하는 자를 의미한다. P2P 대출정보 중개업을 영위하는 자는 'P2P 대출정보 중개업자'가 되고, 동 가이드라인에서 말하는 '연계 금융회사'라 함은

P2P 대출정보 중개업자와 연계하여 대출실행업무를 수행하는 '대부업 등의 등록 및 금융이용지 보호에 관한 법률 제2조 제1호'에 따른 대부업자 또는 여신금융기관을 의미하게 된다.

(3) 주요 내용

1) 투자한도

투자자 보호를 위해 투자한도를 설정하되, 투자전문성 및 위험감수 능력 등에 따라 차등적으로 한도를 설정한다. 일반 개인투자자는 연간 1개 P2P 업체 기준으로, 동일차입자에 대하여 5백만 원, 총 누적금액 1천만 원(단, 부동산 PF대출, 부동산 담보대출 이외의 대출상품에 투자는 경우에는 추가 1천만 원)으로 제한한다. 소득요건[42]을 구비한 개인투자자의 경우에는 연간 1개 P2P 업체기준으로, 동일차입자 2천만 원, 총 누적금액 4천만 원으로 설정한다. 법인투자자 및 전문투자자(개인)[43]는 상당 수준의 리스크 관리능력을 보유하는 점을 고려하여 별도의 투자한도가 없다.

2) 투자금의 분리 관리

P2P 업체가 투자자의 투자금을 유용할 수 없도록 장치를 마련하여 사기나 횡령 등 금융사고를 미연에 방지하고자 한다. P2P 업체가 투자금을 보관 및 예탁을 받을 수 없도록 규정하고, 투자자의 투자금을 은행 등 공신력 있는 기관에 투자자의 재산임을 밝히고 예치·신탁해야 한다. 또한 해산결의나 파산선고 등 영업을 지속할 수 없는 중대한 사유가 발생한 경우 예치 또는 신탁된 투자금이 투자자에게 우선하여 지급될 수 있어야 한다.

3) 투자자 제공 정보

투자판단에 필요한 최소한의 정보를 제공하도록 규정하고, 제공 전 관련사항 확인의무를 P2P 업체에 부과한다. 차입자의 신용도, 자산·부채 현황, 소득·직장 정보, 연체기록, 대출목적 및 상환 계획 등을 투자자에게 제공해야 한다. 특히 담보대출의 경우에는 별도의 한도를 설정하지 않되, 감정평가서나 등기부등본 플랫폼을 통한 담보에 대한 정보공시를 강화한다. 이러한 정보공시를 통해 P2P 업체 자율적으로 선순위채권 등을 고려하여 담보물회수예상가액을 초과하지 않는 범위 내에서 취급하도록 유도한다. 또한 연계 금융회사는 P2P 대출정보 중개업자와 연계 영업을 하기 위해서는 P2P 대출의 구조, 전월 말 기준으로 누적 대출금액, 대출잔액, 연체율 등의 사업정보를 매월 홈페이지에 게재하도록 하여 투자자의 업체선정에 도움을 줄 수 있도록 한다. 한국 P2P 금융협회는 투자자에게 제공하는 정보에 대한 표준안을 마련하고, P2P 업체 정보인 대출잔액이나 연체율 등을 비교 공시해야 한다.

4) 차입자 정보 제공

차입자의 대출 이용 시 대출이자나 수수료 등 부담해야 할 전체금액의 내역을 명확히 제공해야 한다. 이러한 내용은 수수료 등을 명목으로 금리 상한규제의 우회를 방지하는 기능을 하게 된다. 또한 차입자에게 상환방식, 연체이자 및 추심절차 등에 대해서도 쉽게 이해할 수 있도록 플랫폼에 정보를 공시해야 한다.

5) 영업행위 준수사항

P2P 업체 및 연계 금융회사는 P2P 대출에 대해 투자자 또는 차입자로 참여하는 것을 금지한다. P2P 업체의 역할은 리스크 부담이 없는 대출정보의 중개에 해당하는 것임에도 불구하고 투자에 직접 참여하여 일부 리스크를 부담하는 것은 중개업에 해당하는 것으로 볼 수 없기 때문이다.

3. 실정법을 통한 규제

우리나라 법률에서 P2P 대출을 규제하기 위한 방안으로는 「대부업법」에 규정하는 방안, 온라인소액대출중개업을 규정하고 있는 「자본시장법」에 편입하여 함께 규정하는 방안, 아니면 특별법으로 별도 입법하는 방안 등이 제시되었다.

(1) 「대부업법」을 통한 규제

1) 의의

현재 P2P 대출중개서비스에 대한 명확한 법적 규정이 구비되어 있지 않아 중개수수료, P2P 대출중개업체의 이용자 보호 등에 관해 여러 가지 논란이 있는 실정이다. P2P 대출중개서비스에 대한 법적 규정은 별도로 없는 상태이나 가장 유사한 형태인 대부(중개)업으로 영업하거나 저축은행 또는 대부업체와 연계하여 운영하고 있는 상황이다. 한편, 현행 「대부업법」은 차입자로부터 중개수수료를 받는 것은 금지되어 있어 P2P 플랫폼 사업체를 별도로 운영하여 차입자로부터는 플랫폼 이용료를 받는 방식으로 규제를 우회하고 있는 상황이다. 2016년 11월 'P2P 대출 가이드라인 제정 방안' 발표 후 P2P 대출에 연계된 대부업자를 감독하기 위한 법령상 근거를 명확히 하고 그 밖의 법령 운용과정의 미비사항을 정비하기 위하여 「대부업법 시행령」 일부개정과 감독규정 개정이 이루어졌다.

2) 등록의무

> 〈「대부업법 시행령」〉
>
> **제2조의4(금융위원회 등록이 필요한 대부업자 등)** 법 제3조 제2항 제6호에서 "대통령령으로 정하는 자"란 다음 각 호에 해당하는 자의 정보를 온라인에서 게재하는 자와 연계하여 대부업을 하려는 자를 말한다.
>
> 1. 대부채권으로부터 발생하는 원금과 이자의 수취만을 목적으로 하는 권리를 취득하려는 자(이하 "자금제공자"라 한다)
> 2. 대부를 받으려는 자 <본조신설 2017. 8. 29.>

금융위원회는 금융위원회 등록이 필요한 대부업자로 시행령 제2조의4 '대부채권으로부터 발생하는 원금과 이자의 수취만을 목적으로 하는 권리를 취득하려는 자(제1호)'와 '대부를 받으려는 자(제2호)'의 정보를 온라인에서 게재하는 자와 연계하여 대부업을 하는 자로 규정하고 있다. 전자는 투자자에 해당하고, 후자는 차입자에 해당한다. 그동안 감독 사각지대에 있던 P2P 연계 대부업체에 대하여 금융위원회 등록 의무를 부과한 것이다. 현재 시·도 등록을 통해 대출영업을 하고 있는 P2P 대출 대부업체는 약 150개로 추산된다. 등록 의무를 시행하는 것은 6개월간의 유예기간을 잡고 2018년 3월부터 등록이 의무화되었다. 금융위원회에 등록되면 연계 대부업체를 통하여 간접적인 방법으로 P2P 대출 플랫폼에 대한 금융위원회의 감독이 가능해진다.

3) 총자산한도

<「대부업법 시행령」>
제4조의4(총자산한도) ① 법 제7조의3 제1항에서 "대통령령으로 정하는 배수"란 10배를 말한다.
② 법 제7조의3 제2항의 총자산한도는 「상법」 제30조 제2항에 따른 대차대조표상 자산을 기준으로 산정한다. 다만, 법 제3조 제2항 제6호 및 이 영 제2조의4에 따라 금융위원회에 등록한 대부업자가 보유 대부채권의 전부에 대하여 원금과 이자의 수취만을 목적으로 하는 권리를 자금제공자에게 이전한 경우 해당 대부채권은 총자산한도 산정 시 총자산에 포함하지 아니한다. <개정 2017. 8. 29.>

「대부업법 시행령」에 따라 P2P 대출의 대부업자는 3억 원 이상의 자기자본을 가지고 금융위원회에 등록하여야 한다. 금융위원회 등록대상 대부업자는 「대부업법」 제7조의3에 따라 자기자본의 10배의 범위 내에서만 대부가 가능하다. 금융위원회 등록대상 대부업자는 자기자본을 대출잔액 대비 10% 이상으로 유지하여야 하기 때문에 대출잔액이 증가할수록 자기자본도 증가하여야 한다.[44]

4) 겸업 금지

<대부업 감독규정>
제10조(등록요건 등) ② 시행령 제2조의11 제1항 제5호의 "금융위원회가 정하여 고시하는 업"이란 다음 각 호를 말한다.
1. 법 제3조 제2항 제6호 및 시행령 제2조의4에 따른 대부업(이하 이 규정에서 "온라인대출정보연계대부업"이라 한다)을 영위하는 경우 온라인대출정보연계대부업 이외의 대부업 및 대부중개업
2. 대부업자가 온라인대출정보연계대부업 이외의 대부업 및 대부중개업을 영위하는 경우 온라인대출정보연계대부업

「대부업법 시행령」 제2조의11은 겸업금지업종 등에 관한 내용을 규정하고 있다. P2P 대출의 대부업자는 P2P 대출 외의 일반 대부업 및 대부중개업을 겸영하는 것을 금지하는 대부업 감독규정을 개정하였다. 기존 대부업자가 자신의 부실위험채권을 투자자에게 이전시킬 목적으로 P2P 대출을 악용할 수 있는 여지를 차단하기 위한 목적이 있다.

(2) 「자본시장법」을 통한 규제

1) 의의

P2P 대출중개가 크라우드 펀딩의 일종에 해당하고 「자본시장법」에서 '온라인소액투자중개업'을 도입하여 투자형 크라우드 펀딩을 이미 규율하고 있는 점을 감안하여, 「자본시장법」의 개정을 통한 투자자 보호가 가장 현실적인 대안일 것이라는 주장이 있다.[45] 크라우드 펀딩을 위한 온라인 플랫폼을 구축하고 많은 투자자와 개인정보 등을 관리하는 것은 모든 크라우드 펀딩 업체가 기본적으로 수행하고 있는 것이므로 증권형 크라우드 펀딩 업체와 대출형 크라우드 펀딩 업체의 업무수행 범위나 그 능력에 본질적인 차이는 없다고 하면서, P2P 대출형 크라우드 펀딩 중개업체를 「자본시장법」상 증권형 크라우드 펀딩 업체로 편입하는 것이 타당하다고 한다.[46]

2) 직접 형태의 방향

'증권형 크라우드 펀딩'에 있어서 발행인에 해당하는 것이 'P2P 대출형 크라우드 펀딩'에서는 원리금수취권매매형의 경우 원리금수취권을 발행한 대부자회사, 담보제공위탁계약형의 경우 보증보험업을 영위하면서 투자계약증권을 발행한 중개업체, 금융기관 제휴형 부동산담보형의 경우 원리금수취권을 발행한 제휴 금융기관이다. 이 경우 이들 기관도 연간 발행한도 7억 원의 규제대상이 됨에 따라 거래가 대폭 축소될 수밖에 없는 상황에 직면하게 되는데, P2P 대출형을 「자본시장법」에 규율하고자 하는 입장에 따르면, 대부자회사나 제휴 금융기관 없이 차입자가 채무증권을 발행하고 투자자가 중개업체의 중개로 동 채무증권을 직접 취득하는 형태로 전환하여 중개업체의 영업이 지속성을 가질 것이라고 한다.[47]

3) 「대부업법」 특례규정 신설

P2P 대출형 크라우드 펀딩 업계가 직접형태가 아닌 복잡한 간접형태 사업방식을 고안해낸 중요한 이유는 「대부업법」 규제 때문이라고 하면서, 2005년 이전까지는 「대부업법 시행령」에서 5천만 원 이하의 소액대부는 대부업의 적용을 면제하고 있었는데, 이 조항이 2005년 8월 삭제되면서 이제는 금액 크기에 관계없이 대부를 업으로 수행하는 자는 누구나 「대부업법」상 등록이 요구되는 부담이 발생하게 된 것이라고 한다. 이에 따라

투자자와 차입자를 직접 연결하는 중개 방식으로 대출거래가 이루어지면 투자자들이 대부업 등록 부담을 꺼려 대출을 기피할 것이므로 현재의 간접적 거래방식으로 전환한 바, 이 간접적 거래방식에서 발생하는 권리의 성격이 본의 아니게 「자본시장법」상 증권의 개념에 포섭되는 사태가 발생한 것이라고 한다.[48] 하나의 방안으로서 「대부업법」 특례 규정의 재신설을 주장한다.

4. 한계

P2P 대출의 관리·감독과 이용자 보호를 위한 방안으로 「대부업법」을 토대로 하여 'P2P 대출 가이드라인'이 마련되었다. 그러나 동 가이드라인은 행정지도로서 법규적인 효력이 발생하지 않는 한계를 가지고 있고, 「대부업법」은 신기술과 접목되어 있는 P2P 대출의 다양한 영업 양태를 모두 규율할 수 없다는 문제점이 발생한다. 행정지도나 기존의 법률은 일의적이고 획일적인 규제로서 P2P 대출의 특성과 P2P 대출의 다양한 면을 고려하지 못하여 P2P 금융업의 건전한 성장과 이용자 보호에 큰 역할을 할 수 없다는 문제점이 발생한다. 2017년 8월 29일 「대부업법 시행령」을 개정하여 P2P 대출의 규제가 능성을 엿볼 수 있지만, 빅데이터를 분석하고 신용평가 업무 등에 있어 IT 기술을 활용한 원가 절감 등을 통하여 투자자에게는 온라인 플랫폼을 통한 차입자에 대한 대출 투자기회를 제공하여 중금리의 수익을 얻게 하고, 기존 금융권에서는 대출이 불가능하거나 고금리 대출만이 가능했던 저신용자들에게 투자의 투자자금에 기초한 중금리 대출을 제공함으로써 투자자와 차입자 등 P2P 대출 이용자의 편의를 도모하고 혁신적 금융서비스 제공을 통하여 금융 및 국민 경제발전에 이바지하는 P2P 대출의 특성을 반영하기에는 무리가 있다. P2P 대출을 대출 측면에서 볼 때 대부업과 가장 유사하다는 이유로 「대부업법」에서 규율한다면 대부업에 대한 부정적 인식 등으로 P2P 대출이 본격적으로 성장하는 것을 저해할 우려가 있다고 하겠다. 대부업은 최근에 불법행위 등이 상당히 근절되었다고는 하지만 그간 쌓은 평판이 매우 부정적이어서 기관 투자가가 자금을 공급하기는 한계가 있다. 또한 P2P 대출중개가 대부업으로 등록될 경우 일반인과 기관 투자가의 활발한 참여를 통한 P2P 대출의 저변 확대가 어렵게 되고, 이는 P2P 대출이 전통적 금융의 사각지대를 해소하는 등 대안적 역할을 충실히 하도록 하는 데 장애로 작용할 수 있다. 한편, 현행 「대부업법」은 차입자 보호가 주요 목적이고, 차입자에 관한 정보비대칭성 해소와 추심의 책임 소재 규명 등 투자자 보호에 관한 것은 미비되어 있어 「대부업법」

이 P2P 대출을 규율하기 위해서는 제정 수준의 전면 개정이 이루어져야 한다는 주장도 제기되었다. P2P 대출은 이용자 보호를 위한 관리와 감독의 필요성도 필요하지만 기술 발전을 통한 새로운 금융산업의 도래를 후퇴시키는 실책이 발생되어서는 아니 될 것이다.

P2P 대출이 기존 금융회사와 연계하여 운영될 경우 원리금수취권 등의 증권거래로 이루어지기 때문에 자본시장과 관련한 법률로 규제하는 것이 실익이 없는 것은 아니고, 미국에서도 JOBS법을 통해 증권거래위원회(SEC)가 P2P 대출을 규제하고 있다는 점을 고려하여, P2P 대출중개업의 경우 「자본시장법」에 규정하는 것이 타당하다고 하지만, 다음과 같은 점에서 받아들이기 어렵다고 판단된다. 첫째, 증권형 크라우드 펀딩에 있어서 발행인에 해당하는 것이 대출형 크라우드 펀딩에서는 원리금수취권을 발행한 대부자회사, 담보제공위탁계약형의 경우 투자계약증권을 발행한 중개업체 등이라고 하면서, 이러한 기관들도 「자본시장법」상 연간 발행한도 7억 원의 규제대상이 된다고 하지만, 이는 대출형 크라우드 펀딩의 거래규모를 지나치게 축소시키는 면이 있는바, 증권형과는 차이가 있는 대출형만의 장점을 고려하지 못한 측면이 있다고 하겠다. 둘째, 2005년 이전까지는 「대부업법 시행령」에서 5천만 원 이하의 소액대부는 「대부업법」의 적용을 면제하고 있었던바, 이러한 소액대부 특례규정을 부활시켜 「자본시장법」 규제 부담을 해소할 수 있다고 주장하지만, 이러한 규정이 대출형 크라우드 펀딩에 대한 「자본시장법」상 규제를 완화시키는 데 도움이 될 수 있을지 모르나, 「대부업법」은 대부이용자를 보호하는 데 그 취지가 있는바, 5천만 원 이하의 소액대부의 경우에도 대부이용자의 보호 의미는 여전이 존재하기 때문에 소액대부 특례규정을 쉽게 부활시키는 방안은 타당한 것은 아니라 하겠다. 대출형 크라우드 펀딩을 증권형 크라우드 펀딩에 포섭시켜 「자본시장법」 규제를 받게 할 수 있다는 논리는 이론적인 측면에서는 일부 인정받을 수 있겠지만, 「자본시장법」상 증권으로 포섭하기 어렵다는 실무상 문제점을 고려한다면, 「자본시장법」 포섭 방안에 찬동하기는 어렵다고 하겠다.

5. 독자적 법률 제정 필요성

4차 산업혁명 시대에 급속하게 변화하는 금융소비자의 요구를 충족하고 기존 금융규제와 조화를 이루기 위한 방안으로, IT 기술을 활용하여 영업하는 P2P 금융업의 특성을 고려하고, 또한 이용자 보호를 위하여 관련 업체들을 엄격하게 관리하기 위한 별도의 법률을 제정해야 한다는 주장에 따라 민병두 의원이 대표 발의한 '온라인대출중개업에 관한 법률(안)'[49]이 제출된 바 있고, 2019년 11월 26일 「온라인투자연계금융업 및 이용자 보호에 관한 법률」(이하 「온라인투자연계금융업법」이라 한다)을 제정하였다. 이하에서는 동법에 대한 체계를 살펴보고 주요 내용을 간략하게 설명하기로 한다.

V. 「온라인투자연계금융업법」

1. 체계

「온라인투자연계금융업법」은 모두 제7장 57개의 조문과 부칙으로 이루어져 있다. 제1장은 총칙으로서 동법의 목적과 주요 개념에 대한 정의를 하고 있다. 제2장은 온라인투자연계금융업의 등록 등에 관한 내용을 규정하고 있는데, 온라인투자연계금융업을 하려는 자는 등록의 요건을 갖추어 금융위원회에 등록해야 한다(제5조). 제3장 영업행위와 관련하여 온라인투자연계금융업자는 선량한 관리자의 주의로써 온라인투자연계금융업을 영위해야 하며(제9조 제1항), 영업건전성 및 온라인투자연계금융 이용방법 등을 쉽게 이해할 수 있도록 특정한 정보를 온라인 플랫폼을 통하여 공시해야 한다(제10조). 제11조와 제12조는 온라인투자연계금융업자의 수수료 수취와 온라인투자연계금융업 관련 준수사항을 규정하고 있다.

제4장은 온라인투자연계금융업에 관한 내용을 규정하고 있다. 온라인투자연계금융업자는 차입자의 연계대출 정보를 온라인 플랫폼에 개시하기 전에 차입자의 부채상황 등을 확인해야 하고(제20조 제1항), 투자자에 대한 정보를 확인해야 할 의무가 있다(제21조). 제22조는 투자자에게 제공하는 정보에 대한 내용을, 제23조는 연계투자계약의 체결 등의 내용을 규정하고 있다.

제5장은 온라인투자연계금융협회의 설립이나 업무 및 협회의 정관 등의 내용을 규정하고 있다. 제37조는 온라인투자연계금융협회의 설립, 제38조는 협회의 업무에 관한 내용을 규정하고 있다. 온라인투자연계금융업자는 협회에 가입하지 않으면 아니 된다(제40조).

제6장은 감독과 처분에 관한 내용을 규정하고 있다. 금융위원회는 온라인투자연계금융업자가 동법에 따른 명령이나 처분을 적절히 준수하는지에 대한 여부를 감독해야

한다(제43조). 금융위원회의 조치명령권에 대하여는 제45조가, 온라인투자연계금융업자 등에 대한 자료제출의 요구 등에 관하여는 제47조가, 영업정지 및 등록취소에 대하여는 제49조가 규정하고 있다.

제7장은 벌칙에 대한 내용으로 벌칙(제55조), 양벌규정(제56조) 및 과태료(제57조) 등의 내용을 규정하고 있다.

2. 주요 정의 규정

(1) 온라인투자연계금융

온라인플랫폼을 통하여 특정 차입자에게 자금을 제공할 목적으로 투자한 투자자의 자금을 투자자가 지정한 해당 차입자에게 대출(어음할인·양도담보, 그 밖에 이와 비슷한 방법을 통한 자금의 제공을 포함한다)하고 그 연계대출에 따른 원리금수취권을 투자자에게 제공하는 것을 말한다(제2조 제1호). 이러한 온라인투자연계금융을 업으로 하는 것을 온라인투자연계금융업이라고 하고(제2조 제2호), 온라인투자연계금융업의 등록을 한 자를 온라인투자연계금융업자라고 한다(제2조 제3호).

(2) 원리금수취권

온라인투자연계금융업자가 회수하는 연계대출 상환금을 해당 연계대출에 제공된 연계투자 금액에 비례하여 지급받기로 약정함으로써 투자자가 취득하는 권리를 말한다(제2조 제4호).

(3) 온라인투자연계금융의 당사자

온라인투자연계금융업자를 통하여 연계투자를 하는 자(원리금수취권을 양수하는 자를 포함한다)를 투자자라고 하고, 온라인투자연계금융업자를 통하여 연계대출을 받는 자를 차입자, 투자자와 차입자를 모두 지칭하는 것을 이용자라고 한다(제2조 제5호 내지 제7호).

(4) 온라인투자연계금융업의 물적 인프라

온라인투자연계금융업은 온라인상의 플랫폼을 통하여 이루어진다. 온라인투자연계금융업자가 연계대출계약 및 연계투자계약의 체결, 연계대출채권 및 원리금수취권의 관리, 각종 정보 공시 등 제5조에 따라 등록한 온라인투자연계금융업의 제반 업무에 이용하는 인터넷 홈페이지, 모바일 응용프로그램 및 이에 준하는 전자적 시스템을 온라인플랫폼이라고 한다(제2조 제8호).

3. 진입규제 제도

누구든지 이 법에 따른 온라인투자연계금융업 등록을 하지 아니하고는 온라인투자연계금융업을 영위하여서는 아니 된다(제4조).

온라인투자연계금융업을 하려는 자는 금융위원회에 등록하여야 하는데 다음과 같은 요건을 갖추어야 한다(제5조 제1항).

(i) 상법에 따른 주식회사일 것
(ii) 5억 원 이상으로서 연계대출 규모 등을 고려하여 대통령령으로 정하는 금액 이상의 자기자본을 갖출 것

온라인투자연계금융업을 하려는 자는 자기자본 규모 등 등록요건을 갖추어 금융위원회에 등록하여야 한다. 온라인투자연계금융업자들의 연계대출 규모에 따라 등록에 필요한 최소 자기자본 요건을 차등하여 규정하였다(시행령 제3조 제1항).

〈자기자본 등록·유지요건〉

연계대출채권 잔액	자기자본 등록 시 요건	자기자본 유지요건
300억 원 미만	5억 원	3.5억 원
300억 원~1,000억 미만	10억 원	7억 원
1,000억 원 이상	30억 원	21억 원

(iii) 이용자의 보호가 가능하고 온라인투자연계금융업을 수행하기에 충분한 인력과 전산설비, 그 밖의 물적 설비를 갖출 것

(iv) 운영하고자 하는 온라인투자연계금융업의 사업계획이 타당하고 건전할 것

(v) 임원이 금융회사의 지배구조에 관한 법률 제5조 제1항이 정하고 있는 결격사유가 없을 것

(vi) 특정 이용자와 다른 이용자 간, 온라인투자연계금융업자와 이용자 간의 이해상충을 방지하기 위한 체계를 포함하여 적절한 내부통제장치가 마련되어 있을 것

(vii) 대주주(최대주주의 특수관계인인 주주를 포함하며, 최대주주가 법인인 경우에는 그 법인의 주요 경영상황에 대하여 사실상 영향력을 행사하고 있는 주주로서 대통령령으로 정하는 자를 포함한다)가 대통령령으로 정하는 충분한 출자능력, 건전한 재무상태 및 사회적 신용을 갖출 것

(viii) 그 밖에 재무건전성 등 대통령령으로 정하는 건전한 재무상태와 법령 위반사실이 없는 등 대통령령으로 정하는 건전한 사회적 신용을 갖출 것

4. 영업행위 규제

(1) 신의성실의무

온라인투자연계금융업자는 선량한 관리자의 주의로써 온라인투자연계금융업을 영위하여야 하며, 이용자의 이익을 보호하여야 한다(제9조 제1항).

온라인투자연계금융업자는 온라인투자연계금융업을 영위할 때 정당한 사유 없이 이용자의 이익을 해하면서 자기가 이익을 얻거나 제삼자가 이익을 얻도록 하여서는 아니된다(제9조 제2항).

(2) 정보공시

온라인투자연계금융업자는 이용자가 온라인투자연계금융업자의 영업건전성 및 온라인투자연계금융 이용방법 등을 쉽게 이해할 수 있도록 다음 각 호의 정보를 자신의 온라인플랫폼을 통하여 공시하여야 한다(제10조 제1항).

(i) 온라인투자연계금융업의 거래구조 및 영업방식

(ii) 온라인투자연계금융업자의 재무 및 경영현황

(iii)   누적 연계대출 금액 및 연계대출 잔액

(iv)   차입자의 상환능력평가 체계

(v)   연체율 등 연체에 관한 사항

(vi)   대출이자에 관한 사항

(vii)   수수료 등 부대비용에 관한 사항

(viii) 상환방식에 관한 사항

(ix)   채무불이행 시 채권추심 등 원리금 회수 방식에 관한 사항

(x)   투자금 등의 예치기관에 관한 사항

(xi)   온라인투자연계금융업자의 등록취소, 해산결의, 파산선고 등 영업 중단 시 업무처리절차

(xii)   온라인투자연계금융 이용에 도움을 줄 수 있는 사항으로 대통령령으로 정하는 사항

(3) 수수료 수취제한

온라인투자연계금융업자가 온라인투자연계금융업과 관련하여 이용자로부터 수수료를 수취하는 경우에는 대통령령으로 정하는 사항을 준수하여야 한다(제11조 제1항).

온라인투자연계금융업자는 「대부업법」 제15조 제1항에서 정하는 율을 초과하여 차입자로부터 연계대출에 대한 이자를 받을 수 없다. 이 경우 이자율 산정 시 제1항에 따른 수수료 중에서 차입자로부터 수취하는 수수료(해당 거래의 체결과 변제 등에 관한 부대비용으로서 대통령령으로 정한 사항은 제외한다)를 포함한다(제11조 제2항).

온라인투자연계금융업자는 이용자로부터 받는 수수료의 부과기준에 관한 사항을 정하고, 온라인플랫폼에 이를 공시하여야 한다(제11조 제3항).

온라인투자연계금융업자는 수수료의 부과기준을 정할 때 이용자들을 정당한 사유 없이 차별하여서는 아니 된다(제11조 제4항).

(4) 준수사항

온라인투자연계금융업자는 자신 또는 자신의 대주주 및 임직원에게 연계대출을 하는 것이 금지된다(제12조 제1항). 또한 온라인투자연계금융업자는 차입자가 요청한 연계대

출 금액에 상응하는 투자금의 모집이 완료되지 않은 경우에는 연계대출을 실행할 수 없다(제12조 제2항).

그러나 차입자가 연계대출 금액의 변경을 요청한 경우에는 연계투자계약을 신청한 투자자들에게 투자의사를 재확인한 후 연계대출을 실행할 수 있다(제12조 제3항).

온라인투자연계금융업자는 자기가 실행할 연계대출에 자기의 계산으로 연계투자를 할 수 없다. 다만, 다음 각 호의 요건을 모두 갖춘 경우에는 연계대출 모집 미달 금액의 범위 내에서 자기의 계산으로 연계투자를 할 수 있다(제12조 제4항).

(i)   차입자가 신청한 연계대출 금액의 100분의 80 이하의 범위에서 대통령령으로 정하는 비율 이상 모집될 것
(ii) 자기의 계산으로 한 연계투자 잔액이 자기자본의 100분의 100 이하일 것
(iii) 온라인투자연계금융업자의 건전성 유지와 이용자 보호 등을 위하여 대통령령으로 정하는 사항을 준수할 것

5. 업무규제

(1) 고유업무

온라인투자연계금융업자가 할 수 있는 고유업무는 다음과 같다(제13조).

(i)   등록을 한 온라인투자연계금융업
(ii) 자기의 계산으로 하는 연계투자 업무
(iii) 원리금수취권 양도·양수의 중개 업무
(iv) 투자자에 대한 정보제공을 목적으로 차입자의 신용상태를 평가하여 그 결과를 투자자에게 제공하는 업무
(v)   연계대출채권의 관리 및 추심 업무
(vi) 그 밖에 위와 관련된 업무로서 대통령령으로 정하는 업무

(2) 겸영 및 부수업무

온라인투자연계금융업자가 그 업무를 함께 하여도 이용자 보호 및 건전한 거래질서를

해할 우려가 없는 업무로서 대통령령으로 정하는 금융업무는 겸영이 가능하다(제13조 제7호).

온라인투자연계금융업자가 겸영할 수 있는 금융업무에는 「신용정보의 이용 및 보호에 관한 법률」에 따른 본인신용정보관리업, 「자본시장법」에 따른 금융투자업 중 금융위원회가 정하여 고시하는 업무, 「전자금융거래법」에 따른 전자금융업, 대출의 중개 및 주선 업무, 그 밖에 이용자 보호 및 건전한 거래질서를 해칠 우려가 없는 업무로서 금융위원회가 정하여 고시하는 금융업무 등이 있다(시행령 제13조).

온라인투자연계금융업자가 겸영업무를 하려는 경우에는 그 업무를 영위하고자 하는 날의 7일 전까지 이를 금융위원회에 신고하여야 한다(제14조 제1항).

온라인투자연계금융업자는 온라인투자연계금융업에 부수하는 업무로서 소유하고 있는 인력·자산 또는 설비를 활용하는 업무를 수행할 수 있다(제13조 제8호).

또한 부수업무를 하려는 경우에도 그 업무를 영위하고자 하는 날의 7일 전까지 이를 금융위원회에 신고하여야 한다. 다만, 이용자 보호 및 건전한 거래질서를 해할 우려가 없는 업무로서 금융위원회가 정하여 고시하는 업무와 제한명령 또는 시정명령을 받은 부수업무를 제외한 공고된 다른 온라인투자연계금융업자와 같은 부수업무를 하려는 경우에는 신고를 하지 아니하고 그 부수업무를 영위할 수 있다(제14조 제2항).

(3) 부수업무에 대한 제한 및 시정명령

금융위원회는 부수업무 신고내용이 온라인투자연계금융업자의 경영건전성을 저해하는 경우, 온라인투자연계금융업의 영위에 따른 이용자 보호에 지장을 초래하는 경우, 금융시장의 안정성을 저해하는 경우, 그 밖에 이용자 보호 및 건전한 거래질서 유지를 위하여 필요한 경우로서 대통령령으로 정하는 경우 등 어느 하나에 해당하는 경우에는 그 부수업무의 영위를 제한하거나 시정할 것을 명할 수 있다(제14조 제3항).

이 경우 제한명령 또는 시정명령은 그 내용 및 사유가 구체적으로 기재된 문서로 하여야 한다(제14조 제4항). 금융위원회는 신고받은 부수업무 및 제한명령 또는 시정명령을 한 부수업무를 대통령령으로 정하는 방법 및 절차에 따라 인터넷 홈페이지 등에 공고하여야 한다(제14조 제5항).

(4) 업무위탁의 제한

온라인투자연계금융업자는 온라인투자연계금융업과 직접적으로 관련된 필수적인 업무로서 대통령령으로 정하는 업무를 제삼자에게 위탁할 수 없는 것이 원칙이다(제15조 제1항). 즉, 준법감시인의 업무, 내부감사업무, 위험관리업무, 차입자에 대한 정보의 사실 확인 및 신용위험의 분석·평가 업무, 연계대출계약의 심사·승인 및 계약의 체결·해지 업무, 투자자 모집, 연계투자 계약 신청의 접수 및 계약의 체결·해지 업무는 위탁할 수 없다(시행령 제15조 제1항). 그러나 이용자 보호 및 건전한 거래질서를 해칠 우려가 없는 경우로서 금융위원회가 정하여 고시하는 업무는 위탁할 수 있다.

6. 내부통제기준과 이해상충의 관리

온라인투자연계금융업자는 내부통제기준을 마련하여야 한다(제17조). 내부통제기준에는 온라인투자연계금융업자가 법령을 준수하고, 경영을 건전하게 하며 이용자를 보호하기 위하여 온라인투자연계금융업자의 임직원이 직무를 수행할 때 준수하여야 할 기준 및 절차를 담아야 하며, 준법감시인 1명 이상을 두어야 한다. 준법감시인은 내부통제기준의 준수 여부를 점검하고 내부통제기준을 위반한 사실을 발견 시 감사나 감사위원회에 보고해야 한다.

법률 제18조는 온라인투자연계금융업자는 온라인투자연계금융업자와 이용자 간, 특정 이용자와 다른 이용자 간 이해상충을 방지하기 위한 준수사항을 규정하고 있다(제1항). 온라인투자연계금융업자는 이해상충이 발생할 가능성을 파악, 평가한 결과 이해상충이 발생할 가능성이 있다고 인정되는 경우 그 사실을 미리 해당 이용자에게 알려야 하고(제2항), 그 이해상충이 발생할 가능성이 낮추는 것이 곤란하다고 판단되는 경우에는 해당 이용자들의 연계투자를 받거나 연계대출을 실행해서는 안 된다고 규정하고 있다(제3항).

7. 광고행위의 제한

법률 제19조는 온라인투자연계금융업자로 하여금 '사실과 다르게 광고하거나 사실을 지나치게 부풀려 광고하는 행위', '사실을 은폐하거나 축소하는 방법으로 광고하는 행위',

'비교대상 및 기준을 분명하게 밝히지 아니하거나 객관적인 근거 없이 유리하다고 광고하는 행위', '다른 온라인투자연계금융업자에 관하여 객관적인 근거가 없는 내용으로 광고하여 비방하거나 불리한 사실만을 광고하여 다른 온라인투자연계금융업자를 비방하는 광고행위', '원금보장, 확정수입 등 투자자들이 투자원금 및 수익이 보장된다고 오인할 소지가 있는 내용으로 광고하는 행위' 등을 금지하고 있다.

8. 정보제공의무

온라인투자연계금융업자는 투자자에 대하여 일정한 정보를 제공하여야 한다(제22조). 즉, 그는 온라인 플랫폼을 통하여 '대출예정금액, 대출기간, 대출금리, 상환 일자·일정·금액 등 연계대출의 내용', '연계투자에 따른 위험', '수수료·수수료율', '이자소득에 대한 세금·세율', '연계투자 수익률·순수익률', '투자자가 수취할 수 있는 수 있는 예상 수익률' 등을 투자자가 쉽게 이해할 수 있도록 제공해야 한다.

9. 연계대출채권의 관리와 파산절연

법률 제27조와 제28조는 연계대출채권 관리와 연계대출채권의 파산절연 등에 대한 내용을 규정하고 있다. 즉, 온라인투자연계금융업자는 연계투자계약의 조건에 따라 연계대출채권의 원리금상환, 연계대출채권에 대한 담보 등에 대하여 선량한 관리자의 주의로서 이를 관리해야 하고(제27조 제1항), 연계대출채권을 그 외의 자산과 구분하고 이를 연계대출 상품별로 구분하여 관리해야 하며(제27조 제2항), 등록취소나 해산결의 또는 파산선고 등의 영업중단 등을 대비하여 공신력 있는 수탁기관에 위탁해야 한다(제27조 제3항).

온라인투자연계금융업자가 파산하거나 회생절차가 개시되는 경우 온라인투자연계금융업자의 연계대출채권은 온라인투자연계금융업자의 파산재단 또는 회생절차의 관리인이 관리 및 처분권한을 가지는 채무자의 재산을 구성하지 않아야 하며(제28조 제1항), 기업구조조정 관리절차가 개시된 경우 온라인투자연계금융업자의 연계대출채권은 관리대상이 되는 재산을 구성하지 아니한다(제28조 제3항). 한편, 투자자는 연계대출채권으로부터 제삼자에 우선하여 변제받을 권리인 우선변제권을 갖는다(제28조 제4항).

10. 대출한도와 투자한도

온라인투자연계금융업자는 동일한 차입자에 대하여 자신이 보유하고 있는 총연계대출 채권 잔액의 100분의 10 이내에서 시행령으로 정하는 한도를 초과하는 연계대출를 할 수 없는 것을 원칙으로 하고, 일정한 사유에 대하여는 예외로 한다(제32조 제1항). 투자자가 온라인투자연계금융업자를 통하여 연계투자를 할 수 있는 금액은 투자자의 투자목적, 재산상황, 투자경험, 연계투자 상품의 종류 및 차입자의 특성 등을 고려하여 시행령으로 정하게 된다(제32조 제2항).

VI. 결 론

P2P 대출 가이드라인은 금융감독원의 행정지도로서 법적 규범력에 대한 한계가 발생하고, 개정된 「대부업법 시행령」은 P2P 대출과 연계하여 영업하는 대부업자에 관한 규율만을 담고 있어 P2P 대출 플랫폼 법인에 대한 직접적인 규율을 하지 못하는 불합리한 점이 있었다. 대부업자의 자기자본을 통한 단일 대부자와 다수 차입자 간의 대부행위를 규율하는 「대부업법」은 투자자의 자금을 통한 다수 투자자와 다수 차입자 간 대출행위가 이루어지는 P2P 대출산업의 특성과 맞지 않았다. 또한 증권발행을 통한 자금조달을 중개하는 온라인소액투자중개업자와는 달리, 대출을 통한 자금조달을 중개하는 P2P 대출업자를 온라인소액투자중개업자를 규정하고 있는 「자본시장법」에서 규율하고자 하는 방안 역시 타당하지 않았다. 이러한 측면을 고려한 P2P 대출업에 대한 독자적인 법률이 바로 「온라인투자연계금융업법」이다.

폭발적인 성장세에도 불구하고 P2P 대출거래의 여러 법적 문제를 인식하고, P2P 대출 거래를 안정적이고 지속적으로 성장하기 위한 하나의 방안으로 제정된 법률이니만큼 시장에서 기대하는 바가 크다.

1 강현구·유주선·이성남,『핀테크와 법』, 도서출판 씨아이알(2017), 37면 이하.

2 윤민섭, "P2P 대출의 법제화에 대한 연구", 경제법연구(제16권 제3호), 한국경제법학회(2017), 79면 이하. 전자의 전형적인 법적 형태는 소비대차계약의 형태이고, 후자는 담보제공위탁계약의 형태와 원리금수취권매매의 형태로 나타난다. 소비대차계약 형태는 자금공급자와 자금수요자 사이에 계약을 직접적으로 체결하는 직접대출의 모습과 중개기관을 개입시키는 중개형으로 나타난다. 이는 모두 직접대출형에 해당한다.

3 한국 P2P 금융협회에 가입한 29개사 중 자료를 제출한 27개사를 기준으로 조사한 것이다. 금융위원회, "P2P 대출 가이드라인 제정 방안", 2016년 11월 자료 참조.

4 2018년 1월 9일 동아일보 참조.

5 팝펀딩 제외 시 투자자수는 69,250명(2016년 6월 말 대비 84.7% 증가)이며, 건당 투자액은 2.9백만 원 수준으로 2016년 6월 말과 유사하다.

6 금융위원회 금융감독원 P2P 대출 가이드라인 제정 방안, 2016년 11월 자료, 3면 참조.

7 2018년 1월 9일 동아일보 참조. 금융당국도 지속적으로 경고하고 있다. 연체율이 높아지고 있는 만큼 무리한 경품을 내거는 업체나 P2P금융협회에 가입되지 않은 회사에 대한 투자를 주의해야 한다.

8 특정 P2P 대출업체(1개 업체)의 매출담보대출에서 8.7억 원의 연체가 발생하고 있다.

9 서병호·이순호, "P2P 대출중개에 관한 제도적 개선방안", 한국금융연구원 연구용역보고서(2015), 71면.

10 이지은, "영국의 P2P 대출 관련 입법 현황 및 국내 법제에의 시사점", 2017년 경제법학회 추계학술대회 자료집(2017년 11월 10일), 41면.

11 이코노미 조선 제193호, 2017년 3월 호 참조. Zopa는 차입자나 자금공급자 사이의 중개인이 수수하는 비용이나 예대 마진 등을 줄이면 대출자는 보다 낮은 금리로 자금을 빌리고 투자자는 더 높은 수익을 기대할 수 있다는 점을 착안한 것이다. 또한 은행에서 많은 금융소비자가 자금을 빌리기 위해 대기시간과 절차와 불편한 서비스를 해소하기 위한 방안으로 등장한 것이고, 이는 기존의 공급자와 소비자 개념에서 벗어나 모든 참여자가 공급자인 동시에 수요자가 되는 새로운 형태의 비즈니스 모델을 창출하게 된 것이다.

12 2014년 개인대출 규모는 547백만 파운드에 이르렀고, 기업대출의 규모는 749백만 파운드를 기록하여 처음으로 개인대출 규모를 추월한 것으로 나타나고 있다. 서병호·이순호, "P2P 대출중개에 관한 제도적 개선방안", 한국금융연구원 연구용역보고서(2015), 73면.

13 이지은, "영국의 P2P 대출 관련 입법 현황 및 국내 법제에의 시사점", 2017년 경제법학회 추계학술대회 자료집(2017년 11월 10일), 44면. 2013년 영국은 창업 및 중소기업 차입자를 대상으로 P2P 대출을 중개하는 Funding Circle을 통해 2천만 파운드를 지원하였다.

14 서승환·이지은, "디지털사회 법제연구(III) -P2P 대출 규제체계 구축을 위한 비교법제 연구-", 한국법제연구원 연구보고서(2017), 57면.

15 자세히는 황성근, "온라인 P2P 대출 서비스 실태조사", 한국소비자원 조사보고서(2016), 23면 이하.

16 이지은, "영국의 P2P 대출 관련 입법 현황 및 국내 법제에의 시사점", 2017년 경제법학회 추계학술대회 자료집(2017년 11월 10일), 50면 이하.

17 서병호·이순호, "P2P 대출중개에 관한 제도적 개선방안", 한국금융연구원 연구보고서(2015), 85면 <표 III-13> 참조.

18 서승환·이지은, "디지털사회 법제연구(III) -P2P 대출 규제체계 구축을 위한 비교법제 연구-", 한국법제연구원 연구보고서(2017), 73면.

19 서병호·이순호, "P2P 대출중개에 관한 제도적 개선방안", 한국금융연구원 연구보고서(2015), 85면.

20 소매고객은 연락방법, 플랫폼의 인가사항, 고객이 기대할 수 있는 성과보고의 세부내용, 플랫폼의 이해상충에 관한 정책, 비용과 수수료에 대한 정보, 고객자금 보호에 관한 세부내용 등을 포함하는 플랫폼에 대한 정보를 제공받도록 하였다. 또한 중개플랫폼과 고객 간의 필수적 권리의무 관계를 정리한 기본계약서를 고객에게

교부해야 하고, 투자자가 합당한 지식을 보유한 상태에서 투자 여부를 결정하도록 플랫폼에서 제공하는 서비스와 관련하여 플랫폼에서의 투자가 가지는 성질 및 위험에 대하여 충분히 설명해야 한다. 여기에는 부도율, 실사에 관한 접근방법, 플랫폼에서 평가한 위험등급 등 핵심사항이 포함된다. 또한 기대 수익률·부도율과 투자자가 특정 차입자에게 대출을 행하는 방법, 신용평가내역 등 대출에 대한 특정 정보도 제공해야 한다.

21 다만, 해당 플랫폼의 지배력 범위를 벗어난 금융시장의 변동에 따라 그 투자계약의 가격이 변동하는 경우나 투자에 영업성이 있어 일반소비자로 볼 수 없는 투자자의 경우 또는 투자계약이 양 당사자에 의해 완전히 이행된 경우 등은 철회권이 불인정된다.

22 원래 Prosper가 선발주자로서 절대적인 시장점유율을 기록하고 있었으나, 2008년 영업정지 이후 새로운 형태로 영업하는 과정에서 Lending Club의 시장점유율이 급증하여 2010년에 Prosper를 추월하게 되었다. 2008년 두 업체는 증권거래위원회(SEC: Securities and Exchange Commission)에 의하여 업무를 정지당한 이후 정식으로 증권거래위원회(SEC)에 등록하게 되었다. P2P 대출중개 업체들은 설립 초기 연체율이 매우 높아 투자자 보호 이슈가 제기되었으나, SEC의 감독 이후 신용 리스크 관리를 통해 연체율이 대폭 하락하였다.

23 황성근, "온라인 P2P 대출 서비스 실태조사", 한국소비자원 조사보고서(2016), 16면.

24 윤지아, "미국 및 중국의 P2P 대출시장 동향", 「자본시장 Weekly」 2016-27호(2016. 07. 12.~07. 18), 1면.

25 황성근, "온라인 P2P 대출 서비스 실태조사", 한국소비자원 조사보고서(2016), 17면.

26 황성근, "온라인 P2P 대출 서비스 실태조사", 한국소비자원 조사보고서(2016), 19면.

27 서승환·이지은, "디지털사회 법제연구(III) -P2P 대출 규제체계 구축을 위한 비교법제 연구-", 한국법제연구원 연구보고서(2017), 48면 이하.

28 서병호·이순호, "P2P 대출중개에 관한 제도적 개선방안", 한국금융연구원 연구보고서(2015), 61면 이하.

29 서병호·이순호, "P2P 대출중개에 관한 제도적 개선방안", 한국금융연구원 연구보고서(2015), 117면.

30 서병호·이순호, "P2P 대출중개에 관한 제도적 개선방안", 한국금융연구원 연구보고서(2015), 118면 이하.

31 P2P 대출 플랫폼에 대한 자금 공급자가 일정 자격을 충족할 경우 ISA(Individual saving account)로 간주하여 이익에 대해 과세를 면제해주는 것을 검토하고 있다.

32 서병호·이순호, "P2P 대출중개에 관한 제도적 개선방안", 한국금융연구원 연구보고서(2015), 93면 이하.

33 황성근, "온라인 P2P 대출 서비스 실태조사", 한국소비자원 조사보고서(2016), 27면.

34 황성근, "온라인 P2P 대출 서비스 실태조사", 한국소비자원 조사보고서(2016), 29면.

35 윤민섭, "P2P 대출의 법제화에 대한 연구", 경제법연구(제16권 제3호), 한국경제법학회(2017), 89면 이하; 고동원, "인터넷상에서의 개인 간(P2P) 금융거래에 관한 법적 연구 -P2P 대출거래를 중심으로-", 은행법연구(제8권 제2호), 한국은행법학회(2015), 3면 이하.

36 고윤승, "크라우드 펀딩 운용상의 문제점과 개선방안에 관한 연구", e-비즈니스연구(제17권 제4호), 국제e-비지니스학회(2016), 7면 이하.

37 이순호, "P2P 대출 규제를 위한 입법적 대안에 관한 연구", 주간 금융 브리프(제25권 제1호), 한국금융연구원(2016), 10면. 여기에서 필자는 대부업법이나 자본시장법에 규정하거나 새롭게 특별법을 제정하는 방안을 제시하고 있다.

38 2016년 11월 3일 금융위원회 보도자료 역시 "P2P 대출 가이드라인 제정방안"에 대한 추진배경과 제정 방향에 대한 내용을 담고 있다.

39 2016년 11월 3일 금융감독원이 'P2P 대출 가이드라인' 제정 방안 발표 자료에 따르면, 대출 잔액으로 보면 2015년 12월 235억 원, 2016년 3월 724억 원, 2016년 6월 1,129억 원, 2016년 9월 2,087억 원으로 지속적으로 성장하고 있는 모습이다.

40 미국의 'Lending Club'은 2016년 2,200만 달러 규모의 부정대출을 중개한 사건이 발생하였고, 이미 중국에서는 2015년 12월 'e쭈바오'는 허위정보로 500억 위안의 자금을 모집하여 유용한 사건 발생이 있었다.

41 가이드라인의 기준을 충족하는 P2P 대출정보 중개업자와 연계하여 영업하는 대부업체에 대해서는 「대부업법」

상 총자산한도 규제(동법 제7의3, 동법 시행령 제4의4)의 적용을 제외한다.

42 소득요건이라 함은 이자·배당소득 2천만 원 또는 사업·근로소득 1억 원 초과하는 것을 의미한다.

43 전문투자자라 함은 금융투자업자에 계좌를 개설한지 1년이 지나고, 금융투자상품 잔고가 5억 원 이상으로 소득액 1억 원 또는 재산가액 10억 원 이상인 자를 말한다.

44 윤민섭, "P2P 대출의 법제화에 대한 연구", 경제법연구(제16권 제3호), 한국경제법학회(2017), 96면.

45 성희활, "P2P 대출형 크라우드펀딩의 법적 성격과 자본시장법적 규제체계 수립에 관한 연구", 기업법연구(제30권 제4호), 한국기업법학회(2016), 47면 이하.

46 성희활, "P2P 대출형 크라우드펀딩의 법적 성격과 자본시장법적 규제체계 수립에 관한 연구", 기업법연구(제30권 제4호), 한국기업법학회(2016), 72면.

47 성희활, "P2P 대출형 크라우드펀딩의 법적 성격과 자본시장법적 규제체계 수립에 관한 연구", 기업법연구(제30권 제4호), 한국기업법학회(2016), 72면.

48 성희활, "P2P 대출형 크라우드펀딩의 법적 성격과 자본시장법적 규제체계 수립에 관한 연구", 기업법연구(제30권 제4호), 한국기업법학회(2016), 73면.

49 의안번호 8120, 온라인대출중개업에 관한 법률안(민병두의원 대표 발의), 2017년 7월 20일 발의.

06

핀테크와 인터넷전문은행

06
· · ·

핀테크와 인터넷전문은행

I. 인터넷전문은행의 개념

1. 인터넷전문은행의 정의

인터넷전문은행의 정의에 대해서는 해외는 물론 우리나라에서도 특별히 법적으로 규정하고 있지 않다. 그럼에도 굳이 정의를 내린다면 '인터넷전문은행'이란 점포를 통한 대면거래를 하지 않고 인터넷을 주요한 영업채널로 활용하는 은행을 의미한다.[1]

인터넷전문은행은 이용고객이 은행 직원으로부터 각종 금융상품에 관한 상담이나 서비스를 받기보다는 스스로 은행 홈페이지를 통하여 직접 금융상품을 검색하고 은행업무를 직접 처리하는 대신 수수료나 금리는 저렴한 일종의 셀프서비스 시스템이라고 볼 수 있다. 많은 전문가들은 인터넷전문은행이 가격경쟁력을 기반으로 일정규모의 이용고객을 확보하는 한편, 점포를 갖지 않음으로써 절감된 비용을 전략적으로 경쟁요소로 활용할 수 있다면 점포 위주의 수익모델을 가진 기존 은행의 경쟁성에서 안정적인 시장을 확보할 수 있을 것으로 기대하고 있다.[2]

2. 기존 일반은행과의 비교

인터넷전문은행은 일반은행 또는 인터넷뱅킹과는 여러 면에서 차이가 있는데, 그 구체적인 차이를 보면 다음과 같다. 첫째 영업형태에서 크게 차이가 있다. 즉, 인터넷전문은행은 온라인 채널 또는 전자매체를 활용하여 대부분의 은행업무를 비대면 처리하여 업무를 한다는 점에서 오프라인 지점 또는 물리적인 영업 네트워크를 중심으로 업무를 처리하는 일반은행과는 영업형태 측면에서 다르다고 볼 수 있다.

〈인터넷전문은행이 일정 조건하에서 제한적인 대면영업 및 업무처리가 가능한지〉(금융위원회 유권해석)

〈질의요지〉

1. 질의 배경
   ○ 당사는 2015. 11. 29. 금융위원회로부터 "은행업을 전자금융거래(「전자금융거래법」 제2조 제1호에 따른 거래)의 방법으로 영위할 것"을 부대조건으로 은행업 예비인가를 받은 케이뱅크 컨소시엄 구성원들이 출자하여 설립한 법인으로서 상기와 같은 조건으로 은행업을 영위할 목적으로 은행업 본인가를 신청하였음
   ○ 당사는 상기와 같은 조건에 따라 은행업 본인가를 받아 은행업을 영위할 경우 고객의 서비스 이용에 있어서의 불편함을 최소화하기 위한 차원에서 부득이하게 제한적으로 대면영업 내지 대면업무처리를 할 필요가 있는바, 이와 같은 제한적 대면영업 내지 대면업무처리가 상기 인가 부대조건에 반하는 것인지 질의드리고자 함

2. 당사가 고려하고 있는 제한적 대면영업의 내용
가. 원칙
   ○ 당사는 기본적으로 모든 대고객 영업을 인터넷홈페이지 또는 스마트폰 앱 등 「전자금융거래법」 제2조 제1호에서 정한 전자금융거래의 방법으로 수행하고자 함
나. 예외
   ○ 상기와 같은 원칙에도 불구하고 아래와 같은 경우 당사 본점을 방문하거나 콜센터로 전화를 한 고객을 상대로 대면영업을 하고자 함(대상업무)
     - 최초 금융거래를 전자금융거래의 방식으로 시도하였으나 기술적인 사유나 고객이 비대면 거래에 익숙치 아니하는 등의 사유 등으로 해당 거래를 비대면으로 최종 종료하지 못한 고객(이하 "대상고객")만을 대상으로 함
     - 이와 같은 대상고객이 콜센터로 전화를 걸어 상담을 요청할 경우 (i) 콜센터 직원이 유선상으로 금융계약을 체결하거나 (ii) 콜센터 직원이 본점 또는 대면센터(콜센터 운영하는 장소에서 운영하는 A/S 센터) 방문을 안내하고, 해당 고객이 본점 또는 대면센터를 방문하는 경우 대면으로 해당 금융계약을 체결
다. 제한
   ○ 상기와 같은 제한적인 대면거래에도 불구하고 이와 같은 대면거래가 가능함에 대한 광고는 하지 아니하기로 함

〈회답〉

1. 귀사는 2015. 11. 29. 금융위원회로부터 "은행업을 「전자금융거래법」 제2조 제1호에 따른 전자금융
   거래 방법으로 영위할 것"을 부대조건으로 은행업 예비인가를 받은 바,
   ○ 본인가를 받은 이후 원칙적으로 전자금융거래 방법으로 은행업을 영위해야 합니다.

2. 다만, 전자금융거래 방법으로 은행거래를 시도하였으나 해당 거래를 전자금융거래 방법으로 최종 종료
   하지 못한 고객의 경우,
   ○ 금융소비자 보호 관점에서 극히 예외적으로 콜센터 직원 설명 등을 통한 금융계약 체결이나, 본점
   또는 대면센터로 고객을 방문토록 안내하여 전자금융거래 이외의 방법으로 해당 금융거래를 종료토
   록 하는 것은 상기 부대조건에 반하지 않는 것으로 판단됩니다.

3. 이 경우에도 귀사는 다음의 사항을 준수하는 것이 바람직해 보입니다.
   ○ 고객과 최초 거래부터 전자금융거래 이외의 방법으로 거래하는 것은 부대조건 위반의 소지가 있는
   바, 해당 고객과 전자금융거래 방법으로 금융거래를 시도하였음을 증빙할 수 있어야 합니다.
   ○ 전자금융거래 이외의 방법으로 금융거래가 가능함을 광고하는 것은 지양해주시기 바랍니다.

둘째, 수익구조에서 차이가 있다. 즉, 인터넷전문은행의 경우 주로 개인고객을 중심으로 각 은행별 특성에 맞는 특화된 상품과 서비스를 제공하는 반면, 일반은행은 기업 및 기관고객을 포함한 다양한 고객군을 대상으로 종합적인 서비스를 제공하여 수익구조 측면에서 확실한 차이점이 있다. 셋째, 법적 실체의 측면에서 차이가 있다. 즉, 인터넷전 문은행은 은행업무와 관련된 모든 서비스를 실체가 있는 점포가 아닌 가상공간인 웹사이트 등을 통해 제공하는 반면, 일반은행은 기존 점포망을 활용하고 보조적으로 인터넷뱅킹 서비스를 제공하고 있다는 점에서 그 법적 실체에 있어서 차이점이 있다.[3]

II. 인터넷전문은행의 발전과정

1. 인터넷전문은행의 성장과정

인터넷전문은행이라는 수익모델은 1990년대 중반 이후부터 2000년대 초반까지 세간의 이목을 집중시켜, 미국과 유럽을 중심으로 많은 인터넷전문은행들이 설립되기 시작하

였다. 그러나 인터넷 기반의 수익모델을 가진 많은 닷컴 기업들의 성공사례와 달리 인터넷전문은행은 그 초기 실적이 대부분 저조하였는바, 이는 인터넷전문은행이 기존 은행에 비하여 브랜드 인지도와 신뢰도가 떨어져 막대한 투자와 초기 마케팅 비용에도 불구하고 예금유치와 고객확보에 실패하였기 때문이다.[4]

하지만 인터넷전문은행이 실패한 도입초기와는 달리 새로운 수익모델의 개발, 인터넷뱅킹 이용률 증가 등으로 최근에는 인터넷전문은행의 영업실적이 향상되고 재무구조가 개선되고 있으며, 차별화 전략으로 독자적인 수익모델을 개발하거나 틈새시장을 확보함으로써, 성공사례가 늘어나고 있다. 2007년 말 기준으로 미국의 12개 인터넷전문은행들은 Etrade를 제외하고는 대부분 흑자를 기록하였고, 일본의 4개 인터넷전문은행들이 2005년 상반기부터 모두 흑자를 기록하기 시작하였으며, 유럽에서도 Egg Bank, ING Direct 계열 은행들이 안정적인 수익 기반을 확보하기 시작하였다.[5]

2. 국내 인터넷전문은행의 발전과정

우리나라는 높은 인터넷 기술수준과 보급정도에도 불구하고 인터넷전문은행의 도입시기가 늦었다. 이렇게 우리나라에서 인터넷전문은행 도입시기가 늦은 이유는 인터넷전문은행의 설립을 위한 법적 기반이 마련되지 아니하였고, 업계에서도 그 수익모델에 대하여 회의적이었기 때문이다. 즉, 2000년 이후 조흥, 하나, 국민은행 등 시중은행과 롯데, SK, 코오롱, 이네트 및 벤처기업 23개사의 공동 출자로 인터넷전문은행의 설립을 추진한 적이 있었으나 법적 기반의 미비 및 수익모델의 부재 등의 이유로 무산된 바 있다.[6]

2008년에는 금융위원회가 적극적으로 「은행법」 개정을 통하여 인터넷전문은행을 도입하고자 하였으나, 같은 해 9월 미국발 글로벌 금융위기로 인하여 은행산업에 대한 규제가 전 세계적으로 강화되었고, 은행 건전성 우려, 수익모델 취약성, 과다경쟁 우려 등으로 입법에 실패하였다.[7]

그러나 2015년 초 정부가 핀테크 등을 적극 육성하고자 하는 정책을 내놓으면서, 인터넷전문은행의 도입이 다시 가시화되었고, 금융당국이 2015년 11월 29일 (가칭)한국카카오 은행과 (가칭)케이뱅크 은행에 대하여 은행업 예비인가를 내줌으로써 우리나라도 인터넷전문은행의 가능성이 열리게 되었다. 2016년 12월 14일 금융위원회는 케이뱅크에 대하여 은행업 본인가를 내주었고, 2017년 4월 5일 한국카카오 은행에 대하여도 본인가를 내줌으로써, 이제부터 본격적으로 우리나라도 인터넷전문은행 영업이 시작되었다.

III. 해외 인터넷전문은행 도입 사례

1. 미국

(1) 설립배경

미국은 1990년대 중반부터 금융전업주의가 완화되기 시작하면서 비은행 금융회사와 일부 산업자본이 업무영역의 확장을 위해 인터넷전문은행 도입을 추진하기 시작하였다. 최초의 설립사례는 1995년 10월 SFNB(Security First Network Bank)로서, 미국의 저축감독국(OTS: Office of Thrift Supervision)으로부터 온라인뱅킹 업무수행을 인가받아, 1995년 10월 18일 적십자사에 기부거래를 시작으로 인터넷뱅킹 업무를 시작하였다. 인터넷전문은행의 출범은 취약점으로 지적되었던 보안문제가 기술력으로 해결되었기 때문에 가능하였다. SFNB는 보안성이 불확실하였던 시기에 인터넷 기반 금융거래를 수행하였다는 점에서 의미가 있다고 하겠다.[8]

(2) 인가기관 및 인가조건

미국의 경우 인터넷전문은행의 인가는 통화감독청(OCC: Office of the Comptroller of the Currency), 저축기관감독청(OTS) 및 각 주의 은행청에서 담당하는데, 기본적으로 기존 은행의 제도와 동일하다. 즉, 연방상업은행 및 연방저축기관의 경우 통화감독청 및 저축기관감독청이, 주인가 상업은행 및 주인가 저축기관은 각 주 은행청이 인가업무를 담당한다.[9]

미국의 인터넷전문은행 인가절차는 기본적으로 금융 안정성 및 건전성을 고려하는 전통적인 은행 인가절차와 크게 다르지 않으나, 추가적으로 인터넷전문은행 고유의 위험을 고려하여 인가를 해주고 있다.[10] 즉, 사업계획서에는 재무계획, 리스크 관리방안, 시장분석 등이 포함되어야 하며 자본조달계획에는 최소 3년 또는 안정적인 수익이 확보되는 시점까지의 자본조달 및 자본운용 방안이 포함되어 있어야 한다. 그리고 통화감독청의 인가기준에 따르면 최소 첫 3년 동안 기본자본비율이 8% 이상을 유지하도록 의무화되어 있다. 미국은 은산분리 원칙이 지켜지고 있어 주로 비은행 금융회사들이 인터넷전문은행을 설립하였으나, 일부 산업자본들도 'Industrial Loan Company(ILC)' 인가를 받아 인터넷전문은행을 영위하고 있다.[11]

(3) 업무범위

미국의 경우 인터넷전문은행의 차별규제는 존재하지 않으며, 사업계획서 검토 과정에서 비즈니스 모델, 전문성, 자본금 등을 감안하여 업무범위를 지정하고, 동 업무만 영위하는 전제하에 조건부 인가를 하고 있다. 예를 들어, 중기대출에 특화한 Aerobank의 경우 대출 대상을 중소기업으로 한정하고 있으며, 증권회사가 설립한 Charles Schwab Bank는 개인종합자산관리 서비스에 특화하고 있다.[12]

(4) 수익모델

인터넷전문은행의 수익모델은 일반은행과 동일한 인가조건에 따라 허용되었기 때문에 일반은행과 큰 차이가 없으나, 시간이 지남에 따라 은행별로 경쟁력이 있는 영업전략을 수립하여 다양한 수익구조를 시현하고 있다. 예를 들어, Etrade Bank는 주로 RP를 통한 자금조달과 증권투자를 확대함으로써 기존 영업에서의 강점을 살려나가고 있으며, GMAC Bank는 금융채에 의한 자금조달과 오토론, 리스, 카드 등 대출로 자산을 운용하고 있다. 그리고 가장 활발한 영업을 통해 미국 최대의 성공적인 인터넷전문은행으로 성장한 ING Bank는 click and call 서비스를 도입하여 인터넷에 접속한 고객을 콜센터로 유도하여 점포의 대면 서비스에 상응하는 서비스를 제공함으로써 고객의 만족도를 극대화하고 있다.[13]

2. 일본

(1) 설립배경

일본은 산업자본의 은행산업 진출을 위한 교두보로써 인터넷전문은행이 시작되었다. 일본 금융청은 2000년 8월 기존 은행업 테두리 내에서 인터넷전문은행이 갖는 특수성을 감안한 은행 면허심사 및 감독지침을 마련함으로써 인터넷전문은행제도를 도입하였는데, 2000년 10월부터 산업자본과 금융기관의 합작을 통한 인터넷전문은행 설립이 본격화되었다. 즉, 미쓰이스미토모은행(60%), 일본생명(10%), 가전업체인 후지쯔(10%)가 공동출자하여 Japan Net Bank를 일본 최초로 설립하였으며, 2001년에는 유통업체인 이토요카도와 미츠비시도쿄 UFJ가 설립한 IY Bank(현재 Seven Bank), 가전업체인 Sony Financial이

미국의 JP Morgan 및 일본의 SMBC와 설립한 Sony Bank 등이 인터넷전문은행으로서 영업을 시작하였다.[14]

(2) 인가조건

일본 인터넷전문은행의 인가기준은 기본적으로 일반 은행과 동일하다. 최소자본금은 일반은행과 동일한 20억 엔 이상이며, 자본적적성은 4%(국내 영업), 8%(국내외 영업)을 요구하고 있고, 오프라인 점포 보유에 대한 사전규제는 특별히 없다.[15]

비금융기업이 인터넷전문은행을 설립할 수 있도록 산업자본의 은행업 진출을 허용하였는바, 비금융기업이 은행 지분을 5% 이상 매입할 때에는 금융당국에 신고해야 하고, 20% 이상 매입 시에는 사전인가를 받도록 하였다.[16]

(3) 업무범위

일본의 경우 인터넷전문은행의 차별규제는 존재하지 않으며, 수지안정화를 위한 계획 및 타당성 여부를 검토하는 과정에서 비즈니스 모델 결정 후 타 업무를 취급하려면 감독당국의 사전 승인이 필요하다. 예를 들어, 모기업이 무선통신 업체인 Jibun Bank는 개인 대상 모바일 뱅킹에 특화되어 있고, 인터넷쇼핑몰 회사와 은행계 보험사가 합작한 Rakuten Bank는 인터넷 결제 및 송금업무에 특화되어 있다.[17]

(4) 수익모델

일본은 6개 인터넷전문은행이 사업을 영위하고 있으며, 이들은 유통, 증권, 통신 등 다양한 업종의 모기업과 시너지모델을 구축하고 기존 은행과 차별화하여 성장을 하고 있다. 총 6개사 중 주신SBI네트은행, 다이와넥스트은행, Rakuten 은행 등 3개사가 계열 증권사와의 긴밀한 연계 영업을 기반으로 차별화된 사업모델을 구축하고 있다.

일본의 인터넷전문은행은 우리가 관념적으로 생각하는 은행업, 즉 여수신을 통한 예대마진 장사에 치중하는 사업모델이 아니라, 그들은 하나 같이 기존의 핵심사업 또는 모회사의 경쟁력을 하나의 지렛대로써 활용하고 있다.[18]

3. 영국

영국도 미국이나 일본과 마찬가지로 별도의 인터넷전문은행 설립에 대한 인가기준을 두고 있지 않고, 일반은행의 인가기준을 적용하고 있다. 3개의 인터넷전문은행이 운영 중이나 Egg Bank를 제외하면 특별한 영업실적이나 성과를 거두지는 못하고 있다.[19]

2008년 9월 글로벌 금융위기 이후 Challenger Bank가 주목받고 있는데, 주로 주택대출 시장이나 신생기업을 대상으로 관계형 금융, 타 업종과의 연계 등을 통해 기존의 은행과 차별화된 서비스를 제공한다는 점을 특징으로 꼽을 수 있다. Challenger Bank는 소매금융과 중소기업금융을 주요한 사업영역으로 영업 전개하고 있다.

영국의 금융감독청(FCA: Financial Conduct Authority)은 은행설립의 최저자본금을 100만 파운드 또는 100만 유로 중 큰 금액을 기준으로 적용하고 있으며, 원화로는 약 20억 원이 안 되는 금액이다. 근래의 금융감독은 원칙중심주의이기 때문에 미국식 규정중심규제와는 구별되는 행보를 보이고 있는데, 2014년부터 인가 심사는 6개월 이내에 결과를 통보하도록 제도적 개선책을 마련하였다.[20]

4. 독일

독일의 경우 인터넷전문은행은 1990년대 후반부터 운영되기 시작하였다. 주요 인터넷전문은행으로는 ING Group의 자회사인 ING Diba, Commerzbank의 자회사인 Comdirect 등이 있다. 이들은 예금, 대출, 주식거래와 같은 서비스를 제공할 뿐만 아니라, 가입 시 보너스 포인트 지급, 지급카드 연회비 면제, 조회·이체 등 주요 거래수수료 면제 등 다양한 혜택을 제공한다.[21]

독일에서 현재 가장 성공적인 인터넷전문은행으로 알려진 인터넷전문은행은 피도르 (Fidor)은행이다. 온라인 커뮤니티를 최대한 활용한 스마트뱅킹으로 급성장세를 타고 있는 피도르 은행은 지난 2009년 독일에서 설립된 인터넷전문은행으로서 지점망이 없는 대신 페이스북, 트위터, 구글 등 온라인 채널의 효율성을 높였는바, 직원 수는 40여명 안팎이지만 설립 7년 만에 온라인 커뮤니티 이용자수 25만 명, 총예금액 2억 5천만 유로 (원화로 약 3,200억 원) 규모로 성장하였다.[22]

5. 중국

중국의 경우에는 위에서 살펴본 주요국들과 다른 양상을 띠고 있다. 먼저, 정부가 인터넷전문은행 설립을 통해 기득권을 보유한 금융기관의 변화와 자금 배분의 효율화를 목표로 하고 있다는 점이다. 둘째, 인터넷전문 기업들이 주도적으로 설립에 나서고 있다는 점이다. 즉, 중국의 첫 번째 인터넷전문은행인 위뱅크(Webank)는 중국 최대 SNS 기업인 텐센트가 2015년 1월 설립하였고, 알리바바도 2015년 6월 MYBank를 설립하였다.[23]

2014년 3월 바이두, 알리바바, 텐센트 등 3개 기업이 민영은행 시범사업자로 선정되었고, 2015년 1월에 텐센트가 자본금 30억 위안으로 인터넷전문은행의 영업을 시작하였다. 중국의 은행업은 국유은행의 한계, 금리체계의 미성숙 등으로 금융시스템의 발전은 선진국에 비하여 상대적으로 뒤처진 것으로 평가되지만, 인터넷전문은행의 도입만큼은 신속하게 진행되었다. 허용을 한 지 8개월 만에 은행업인가, 상품인가, 시스템에 관한 보안성 심의를 마친 것이다.[24]

6. 싱가포르 및 홍콩

(1) 싱가포르

2000년 들어 싱가포르 통화감독청(MAS: Monetary Authority of Singapore)은 인터넷뱅킹 전반에 관한 정책방향을 발표하면서 인터넷전문은행 설립 등에 관한 가이드라인을 제시하였다. 인가 기준을 보면 기존 은행의 자회사, 외국 인터넷전문은행의 지점, 신설법인 등 설립 형태에 따라 인가조건을 상이하게 적용하였으나, 자본 적정성과 유동성 규제는 일반은행과 동일한 기준을 적용한 것이 특징이다.

기존 은행의 자회사로 설립될 경우 최저자본금 1억 S$만 충족하면 된다. 다만, 합작투자로 설립될 경우 은행이 50% 이상의 지분을 보유해야 하고, 합작 인터넷전문은행의 CEO는 은행에서 선임하도록 규정하였다. 한편, 외국 인터넷전문은행의 지점으로 설립될 경우에는 최저자본금 2억 S$를 요구하고, 신규 독립법인으로 진출할 경우 최저자본금은 일반은행 인가와 동일한 수준인 15억 S$를 적용하고 있다. 이와 같이 MAS는 다양한 진출 형태를 고려하여 인가조건을 세부적으로 규정하였다.[25]

(2) 홍콩

홍콩의 경우 2000년 5월에 홍콩 금융감독청(HKMA: Hong Kong Monetary Authority)에서 인터넷 금융서비스의 확대를 위해 인터넷전문은행 설립 및 영업에 대한 가이드라인을 제시하였다.

홍콩 내 기업이 인터넷전문은행을 설립하기 위해서는 최저자본금 300만 HK\$가 필요하고 은행 또는 금융회사의 지분율이 50% 이상이 되어야 한다. 인터넷전문은행에 투자한 은행 또는 금융회사는 홍콩 내에서 확실한 위상 확립, 금융권 내 좋은 평가, 적정한 위험관리 경험 등을 가져야 하고, 대표 선임 및 이사회를 주도해야 한다. 이러한 조치는 모은행의 유동성 지원을 확보하는 차원에서 이루어진 것이다. 또한 홍콩 「은행법」에서 온라인 네트워크를 보조할 수 있는 영업점 설립을 허용하고 있기 때문에 인터넷전문은행은 최소 1개 이상의 영업점을 설치해야 한다. 위험관리 측면에서 유동성, 운영, 평판 등 3개 위험에 대해서는 철저한 관리를 요구하고 있으며, 전산 및 보안시스템에 대해 정기적으로 외부 평가를 받도록 하였다.

HKMA는 인터넷전문은행의 IT시스템을 아웃소싱하는 것을 허용하지 않으며 사전 운영계획과 관련하여 논의하도록 규정하였다.[26]

IV. 우리나라 인터넷전문은행의 도입과정

1. 초기 논의 과정

금융당국은 과거 2차례(2001년, 2008년)에 걸쳐 국내 인터넷전문은행 제도의 도입을 시도하였으나 무산된 바 있다.

즉, 2001년에는 대기업(SK Telecom, 롯데 등)과 벤처회사(안철수 연구소, 이네트퓨처 등)가 컨소시엄을 구성하여 'V Bank'라는 인터넷전문은행 설립을 추진하였으나, 대기업 중심의 추진방식, 은산분리 규제, 최저자본금 확보, 외국계자본 유치 실패 그리고 금융실명제 등의 제도적 난제로 인하여 무산되었다.[27]

2008년에는 금융위원회가 적극적으로 「은행법」 개정을 통하여 인터넷전문은행을 도입하고자 하였다. 즉, 금융위원회는 2008년 12월 인터넷전문은행의 정의를 「은행법」에 명시하고 최저자본금 요건, 업무범위 등을 시행령에 위임하는 형태로「은행법」개정안을 발의하였다. 그러나 가장 민감한 은산분리와 실명확인 방식에 대해서는 원칙적으로 변화를 이끌어내지 못하였다. 특히 실명확인 방식에 대해서는「금융실명거래 및 비밀보장에 관한 법률」(이하「금융실명법」)의 큰 틀을 흔들지 않는 범위 내에서 온라인 실명확인을 허용하지 않고 은행 직원이 직접 방문하거나 제휴를 통한 업무 대행 등의 대체 방식을 허용하는 데 그쳤다.[28] 결국 같은 해 9월 미국발 금융위기로 인하여 은행산업에 대한 규제가 전 세계적으로 강화되었고, 은행 건전성 우려, 수익모델 취약성, 과당경쟁 우려 등으로 입법에 실패하였다.[29]

2. 국내 인터넷전문은행의 도입

2015년 6월 금융위원회는 인터넷전문은행 도입방안을 발표하였다. 즉, 1)「은행법」상 산업자본의 지분보유 규제를 완화하고 최저자본금 요건을 완화하는 등 진입장벽을 완화하고 사전 규제를 최소화하여 경쟁촉진 및 글로벌 경쟁력 조속 확보라고 하는 정책적인 목표를 달성하되, 2) 현행법상 은산분리 제도하에서 1~2개의 인터넷전문은행 시범 예비인가 절차를 진행하여 인가를 부여하고, 3)「은행법」개정을 통하여 은산분리 규제가 완화된 이후 본격적으로 인터넷전문은행을 인가하기로 하는 단계적 추진전략(Two-Track approach)을 골자로 한 도입계획을 발표하였다.[30] 그리고 금융위원회는 기존 은행이 주도하는 인터넷전문은행은 바람직하지 않다는 입장을 표명하였다. 이에 따라 ICT 기업이 주도하는 컨소시엄, 즉 주식회사 카카오 및 한국금융지주를 중심으로 한 카카오 컨소시엄, 인터파크 그룹을 중심으로 한 인터파크 컨소시엄 및 KT와 우리은행을 중심으로 한 KT컨소시엄의 3개 컨소시엄이 2015년 10월 1일 은행업 예비인가를 신청하였으며, 이 중 카카오 컨소시엄 및 KT컨소시엄이 예비인가 대상자로 선정되었다.[31]

그 후 2016년 12월 14일 금융위원회는 케이뱅크에 대하여 은행업 본인가를 내주었고, 2017년 4월 5일 한국카카오 은행에 본인가를 내줌으로써, 이제부터 본격적으로 우리나라도 인터넷전문은행 영업이 시작되었다. 그리고 최근 금융위원회는 2019. 12. 16. (가칭)한국토스은행에 대해 은행업 예비인가를 함으로써, 국내 세 번째 인터넷전문은행의 탄생을 예고하였다.

3. 인터넷전문은행 도입 관련 「은행법」 개정안 내용

구체적인 「은행법」 개정안은 정부 입법이 아니라 국회의원 대표발의를 통해 이루어졌는바, 신동우 의원(2015. 7.)과 김용태 의원(2015. 10.)의 「은행법」 개정안이 국회에 상정되었다.

개정안의 주요 내용은 인터넷전문은행의 정의, 최저자본금, 비금융주력자의 보유 지분율 확대, 대주주 신용공여 등 4가지 내용을 포함하였다. 먼저 인터넷전문은행이란 은행업을 전자금융거래의 방법으로 영위하는 은행으로 정의하고(제2조 제1항 제11호 신설), 최저자본금은 지방은행 수준인 250억 원 이상으로 규정하였다(제8조 제2항 제1호 수정). 비금융주력자의 주식보유제한 예외사항으로 인터넷전문은행의 의결권 있는 발행주식총수의 100분의 50 이내에서 주식을 보유할 수 있도록 허용하였다(제16조의2 제3항 제4호 신설). 위 사항에 대해서는 두 개정안이 동일하나, 신동우 의원 개정안에는 「독점규제 및 공정거래에 관한 법률」(이하 「공정거래법」)상 상호출자제한기업집단을 제외하는 내용이 포함되었고, 김용태 의원 개정안에는 대주주에 대한 신용공여를 원천적으로 차단하는 내용이 포함되었다(제35조의2 제9항 신설). 표현상의 차이는 있으나 은산분리 문제를 간접적으로 보완하는 장치를 마련한 것으로 볼 수 있었다. 위와 같은 「은행법」 개정안은 최저자본금 수준을 제외하고는 금융위원회의 인터넷전문은행 도입방안과 일치하는 것으로 보인다.[32] 두 「은행법」 개정안을 비교하면 다음 표와 같다.

	신동우 의원 개정안	김용태 의원 개정안
정의	은행업을 전자금융거래(「전자금융거래법」 제2조 제1호에 따른 거래)의 방법으로 영위하는 은행 (제2조 제1항 제11호 신설)	은행업을 주로 전자금융거래의 방법으로 영위하는 은행 (제2조 제1항 제11호 신설)
최저 자본금	250억 원 이상 (제8조 제2항 제1호 단서)	250억 원 이상 (제8조 제2항 제1호 단서)
주식보유 한도	비금융주력자(「공정거래법」에 따른 상호출자제한기업집단 제외)가 인터넷전문은행의 의결권 있는 발행주식총수의 100분의 50 이내에서 주식을 보유하는 경우 은행 지분보유 승인절차를 거쳐 보유할 수 있도록 함 (제16조의2 제3항 제4호 신설)	비금융주력자가 인터넷전문은행의 의결권 있는 발행주식총수의 100분의 50 이내에서 주식을 보유하는 경우 은행 지분보유 승인절차를 거쳐 보유할 수 있도록 함 (제16조의2 제3항 제4호 신설)
대주주 신용공여		대주주 및 대주주가 지배하는 기업집단에 속하는 회사에 신용공여를 할 수 없도록 함 (제35조의2 제9항 신설)

V. 우리나라의 인터넷전문은행 도입 관련 법적 쟁점

1. 서론

인터넷전문은행 도입에서 가장 큰 법적 쟁점은 은산분리 문제와 실명확인 문제일 것이다. 실명확인은 후술하는 바와 같이 금융위원회의 유권해석 변경을 통하여 해소되었으나, 은산분리 문제는 인터넷전문은행 도입 전부터 계속 논의되어왔고 지금도 해결되지 못한 숙제이다. 이 두 가지 법적 쟁점 외에도 인터넷전문은행의 업무범위 문제를 비롯하여 대주주거래 제한, 최저자본금, 건전성 규제, 인가심사기준 등의 문제가 있을 수 있으며, 빅데이터 사업모델 활성화를 위한 개인(신용)정보 규제 문제도 있을 수 있다. 다음에서 차례대로 살펴본다.

2. 은산분리 문제

(1) 은산분리의 개념

은산분리는 금융자본을 산업자본이 지배하지 못하도록 하는 것을 말한다. 즉, 금융을 공공재로 보기 때문에 어느 한 산업자본이 금융기관을 사금고처럼 사용하지 못하게 하기 위한 취지이다. 우리나라는 금융자본과 산업자본의 분리(금산분리)라는 정책기조를 유지하기 위하여 1982년 동일인의 은행주식 보유한도를 최초로 규제하기 시작하였고, 특히 은행산업에 있어서 은산분리의 정책기조는 매우 엄격하게 유지되어왔다.[33]

즉, 「은행법」 제15조에 따르면 단일 주주가 당해 은행의 의결권 있는 발행주식총수의 10%를 초과하여 보유할 수 없도록 하고(지방은행은 15%), 단일 주주가 산업자본(비금융주력자)일 경우에는 4%를 초과하여 은행의 주식을 보유할 수 없도록 하였다(「은행법」 제16조의2). 이와 같은 비금융주력자의 주식보유한도는 2009년도 시행된 「은행법」에서 국내 은행산업의 경쟁력 제고를 명분으로 9%로 완화되었다가 다시 2013년 개정으로 4%로 환원되었다.

(2) 은산분리 완화방안

은산분리 제도의 틀은 유지하되, 인터넷전문은행에 한해서만 은산분리 규제를 대폭 완화하고자 하는 것이 금융당국의 입장이다. 즉, 2015년 6월 18일 금융위원회는 IT 인프라를 활용한 금융서비스 제공 및 핀테크 활성화 차원에서 비금융기업의 진입을 유도하기 위해 은행지분보유 한도를 50%로 완화하는 방안을 발표하였다. 은산분리의 예외적 완화 없이는 핀테크 기업과 같은 창의성과 혁신성을 갖춘 잠재후보의 신규 진입이 사실상 불가능하다는 점을 논거로 들고 있다. 다만 상호출자제한기업집단 소속 기업을 제외한 비금융기업의 진입만을 허용하기로 하였고, 인가 심사기준에 사업계획의 혁신성을 우선적으로 고려할 것이라고 발표하였다.

이와 같은 정부의 정책적인 입장과 궤를 같이 하여 전술한 바와 같이 신동우 의원의 「은행법」 개정안이 국회에 상정되었다. 즉, 신동우 의원이 발의한 「은행법」 개정안 제16조의2 제3항 제4호 신설조항에 따르면, 「공정거래법」상 상호출자제한기업집단을 제외한 산업자본(비금융주력자)의 경우 인터넷전문은행의 의결권 있는 주식의 50%까지 금융위원회의 승인을 거쳐 보유할 수 있도록 하였다. 반면 전술한 김용태 의원이 발의한 「은행법」 개정안은 인터넷전문은행의 지분을 50%까지 취득할 수 있는 산업자본(비금융주력자)의 범위에 특별히 상호출자제한기업집단을 제외하지 않았다. 다만 인터넷전문은행의 대주주인 기업집단에 대하여 신용공여를 전면적으로 금지시킴으로써 (「은행법」 개정안 제35조의2 제9항 신설), 은산분리의 완화에 따른 부작용을 최소화시키고자 하였다.

(3) 검토

은산분리 문제를 해결하지 않고는 ICT 기업이 주도하는 인터넷전문은행을 설립할 수는 없으므로, 금융위원회 및 위 두 「은행법」 개정안의 태도는 타당한 측면이 있다고 본다. 그런데 여전히 국회에서는 인터넷전문은행 관련 「은행법」 개정안이 통과되지 않고 있는데, 그 이유 중의 하나가 바로 이 은산분리 문제라고 여겨진다. 산업자본이 은행을 지배함으로써 은행이 대기업의 사금고화될 수 있다는 염려가 여전히 존재하는 현 상황에서 인터넷전문은행도 예외가 될 수 없다는 논쟁인 것으로 보인다.

2017년 4월 출범한 케이뱅크와 7월에 출범한 카카오뱅크가 금융계에 새바람을 일으켰다. 이들은 인터넷전문은행의 대표적인 주자들이다. 후발주자인 카카오뱅크가 선발주자인 케이뱅크를 따라 잡는 모습이다. 카카오뱅크는 4,200만 명을 보유한 국내 최대 메신저 서비스인 카카오톡에 친숙한 소비자들이 새롭게 출범한 은행에 생소함을 느끼지 않고 있다. 선발주자인 케이뱅크를 앞지른 가장 이유 중의 하나이다. 카카오톡을 통한 마케팅과 대규모 플랫폼에 '뱅크월렛카카오'와 '카카오페이' 등 지급결제서비스를 운영한 경험을 은행에 결합시킨 것도 큰 몫을 한 것으로 평가받고 있다.

카카오뱅크가 케이뱅크를 앞지른 이유는 여러 가지를 제시할 수 있겠지만, 무엇보다도 주주 구성의 차이를 들 수 있다. 카카오뱅크는 2017년 9월 증자가 필요한 시기에 자본금을 3,000억 원에서 8,000억 원으로 비교적 쉽게 늘렸다. 이는 지분 58%을 소유하고 있는 확실한 대주주가 있었기 때문이다. 하지만 케이뱅크는 확실한 대주주를 가지고 있지 않고, KT가 은산분리 규제를 받아 규모를 키우는 것에 한계를 드러냈었다.

다만, 후술하는 바와 같이 2019년 1월 17일 인터넷전문은행 특별법 제정 시행으로 비금융주력자인 ICT 기업이 인터넷전문은행의 의결권 있는 주식을 34%까지 보유할 수 있도록 하여 「은행법」에서 규정하고 있는 은산분리 규제를 어느 정도 완화하였으나, 불완전한 은산분리 완화라는 비판이 제기되고 있다.

3. 실명확인 문제

(1) 「금융실명법」상 실명확인 의무

현행 「금융실명법」에서는 계좌개설 시 거래자의 '실지명의(성명, 주민번호 등)'를 확인해야 하고 실지명의를 주민등록증, 운전면허증, 외국인등록증, 여권 등의 실명확인증표를 통해 확인하도록 규정하고 있다(동법 제3조). 그런데 「금융실명법」은 이와 같은 실명확인증표를 반드시 대면으로 확인하여야 한다는 명시적인 규정을 두고 있지 않았으나, 구 재정경제부 등 감독당국에서는 예외 없이 대면확인을 통한 실명확인증표의 실물확인(위변조 여부 확인 및 사진 대조)이 필요하다는 입장을 고수하여 왔다.[34]

따라서 인터넷전문은행과 같이 비대면 방식으로 업무를 영위해야 하는 경우 기존 대면방식의 실명확인을 유지한다면 사실상 업무를 할 수 없게 되는 문제가 발생하였다.

(2) 비대면 실명확인의 필요성

이와 같은 문제점을 인식하고 금융위원회는 2015년 5월 1) 전체 금융서비스 이용 중 비대면 채널의 비중이 약 90%를 차지하고 있는 현황에서 계좌개설 시 창구 방문이 필수적이어서 소비자 불편이 발생하고 있고, 2) IT 분야의 발전, 다양한 본인확인 기술개발 추세가 반영되지 않아 금융현장에서 핀테크를 활용한 업무 효율화가 곤란하며, 3) 계좌개설 시 대면확인 관행에 익숙하게 되어 계좌개설 이후의 금융서비스 제공 시에도 대면확인 방식을 지속하게 되는 원인이 된다는 점을 들어, 비대면 실명확인 방식을 허용하는 방향으로 입장을 변경하였다.

이에 따라 금융위원회는 ① 실명확인증표의 사본 제출, ② 영상통화를 통한 확인, ③ 접근매체 전달 시 확인, ④ 기존 계좌의 활용, ⑤ 기타 이에 준하는 새로운 방식(생체인식 등)을 통한 확인 중 2가지를 적용하는 경우 비대면 실명확인이 가능함을 명시하였다. 이는 원칙적으로 영국, 캐나다, 일본 등의 사례와 같은 positive 방식으로 금융회사가 선택가능한 비대면확인 방식을 열거하되(예측 가능성 및 법적 안정성 제고), 법규에서는 추상적인 실명확인 의무만 규정하고 금융회사 자율적으로 비대면확인 방식을 사용하도록하는 미국의 사례에 준하여, 이에 준하는 새로운 방식의 개발·사용도 허용하는 방식으로 절충적인 입장을 취하였다고 금융위원회는 밝히고 있다.

결국 금융위원회는 유권해석의 변경을 통하여 비대면 실명확인 방식을 허용하게 되었고, 이에 따라 2015년 12월 2일 이와 같은 비대면확인 방식을 이용한 신한은행의 비대면 실명확인 계좌개설에 관한 보도자료가 발표되었다.

(3) 자금세탁규제 관련 법령의 문제

「금융실명법」상 실명확인 의무는 자금세탁규제 관련 법령, 즉 「특정금융거래정보의 보고 및 이용에 관한 법률」(이하 「특정금융정보법」), 「범죄수익은닉의 규제 및 처벌에 관한 법률」(이하 「범죄수익규제법」), 「마약류 불법거래 방지에 관한 특례법」 및 「공중 등 협박목적을 위한 자금조달행위의 금지에 관한 법률」 등의 고객확인의무(고객확인제도, 의심거래보고, 고액현금거래보고 등)의 이행방안과 밀접한 관련이 있다. 따라서 국제 자금세탁방지기구(FATF: Financial Action Task Force on Money Laundering)의 고객확인 기준 내지 권고내용을 충분히 고려하여 운영할 필요가 있다. 다만 FATF의 권고 등에서는 비대면 거래 자체를 불허하고 있지는 아니하나, 비대면 거래에 대하여는 자금세탁의 위험이 높은 점을 고려하여 보다 강화된 고개확인 조치를 적용할 것을 권고하고 있다. 그러나 그 구체적인 적용방안에 대한 기준을 제공하고 있지는 않다.[35]

이와 같은 FATF의 권고 등 국제 규범에 따라 입법된 우리나라의 자금세탁규제 관련

법령에서는 비대면 거래를 자금세탁 등의 위험이 높은 것으로 고려하도록 하고는 있으나, 비대면 거래에 대한 본인확인의무의 이행방법 및 절차에 대하여 특별한 규정을 두고 있지 않다. 따라서 향후에는 비대면 실명확인에 기초한 비대면 거래에 관하여 구체적인 실무와 분석이 축적될 필요가 있으며, 금융위원회의 보도자료 "붙임: 금융거래 시 실명확인 방식 합리화방안"에서도 그러한 점을 적절히 지적하고 있다.[36]

(4) 「전자금융거래법」상 본인확인의무와의 관련성 문제

「전자금융거래법」제6조 제2항에서는 원칙적으로 금융회사 또는 전자금융업자가 접근매체를 발급할 때에는 "이용자의 신청이 있는 경우에 한하여 본인임을 확인한 후에 발급하여야 한다"라고 규정하여, 접근매체 발급 시 본인확인의무를 규정하고 있다. 그런데 금융위원회 고시인 전자금융감독규정 제34조 제2항 제3호에서는 "전자금융거래에 사용되는 일회용 비밀번호(OTP를 포함한다. 이하 이 조에서 같다) 등의 접근매체를 발급받기 위해서는 반드시 본인 실명증표를 확인한 후 교부할 것"이라고 규정하여 본인 실명증표를 확인할 것을 의무화하고 있다.

이와 같은 접근매체의 발급 시 본인확인 방법에 대하여 금융위원회는 대면확인을 의미한다는 엄격한 해석을 해왔다(위 보도자료 9면 참조). 이에 대하여는 실무적으로 여러 비판이 제기되어왔는데, 즉 통장이나 직불카드 등 은행거래에 있어서 사용되는 접근매체와 신용카드거래에 있어서 거래내역조회에 사용되는 온라인 홈페이지 접속 ID와 비밀번호를 동일하게 취급하여 후자의 경우에도 발급 시 대면확인을 요한다는 것은 지나치게 엄격한 해석이라고 평가되어왔다.

그런데 전술한 금융위원회의 변경된 유권해석에서는 「전자금융거래법」상 접근매체 발급 시 본인확인 절차에 대하여도 비대면 실명확인 방식이 준용될 수 있음을 명시하고 있다.[37]

다만, 「전자금융거래법」상 접근매체 발급을 위한 본인확인 이행 시 금융위원회가 제시한 비대면 실명확인 방식, 즉 5가지 중 2가지 방식을 충족해야 하는 방식을 반드시 따라야 하는지 의문이다. 즉, 「금융실명법」상 계좌개설을 위한 실명확인 방식의 정도와 「전자금융거래법」상 접근매체 발급을 위한 본인확인 방식의 정도가 같다고 볼 수는 없으며, 후자의 방식을 좀 더 완화시킬 필요가 있다고 본다.

4. 업무범위의 제한 문제

(1) 인터넷전문은행의 업무범위에 관한 논의

인터넷전문은행의 업무범위를 어디까지로 할 것인가와 관련하여, 일반은행과의 차이가 존재한다는 특수성을 감안할 때 기업대출, 방카슈랑스 등 점포를 통한 대면 심사나 설명이 중요한 업무에 대해서는 불허해야 한다는 의견이 제기되고 있다. 반면 인터넷전문은행의 특수성상 고객의 거래 안전 보호 및 시장경제 질서를 혼란케 할 중요 업무에 대해서는 경우에 따라 유동적으로 제한해야 하겠지만 법으로 제한하는 것보다는 해외 주요국과 마찬가지로 인가 과정에서 역량을 감안하여 비즈니스 모델을 결정하자는 의견도 강한 상황이다.[38]

인터넷전문은행을 이미 실시하고 있는 해외 국가들의 사례를 비교법적으로 검토해 보면, 인터넷전문은행을 성공적으로 운영하고 있는 미국, 일본, EU 등 많은 국가들이 규제를 완화하여 융통성 있게 수익창출을 이루고 있다고 보이고, 이에 세계 경제 흐름과 은행산업의 경쟁력에서 뒤처지지 않기 위해서라도 우리는 인터넷전문은행과 관련된 규제의 부작용을 최소화하는 차원에서 완화하여 적용해야 한다는 견해가 유력하다. 즉, 동 견해에 의하면, 인터넷전문은행의 업무범위와 관련하여 사전에 엄격히 규제를 적용하여 업무범위를 축소시키는 것은 인터넷전문은행 산업의 성공적인 정착과 운영을 방해할 여지가 크므로, 해외 사례와 우리 학자들의 논의를 바탕으로 필요 최소한으로 규제를 적용해 업무범위를 일반은행과 동일하게 적용해야 하고, 거기에 따른 부작용, 예를 들면 필연적으로 대면을 요하는 업무, 신원보증을 엄격히 해야 하는 업무 등은 그에 맞게 유동적으로 업무범위를 제한하는 방향으로 규정을 적용해야 한다고 본다.[39]

(2) 금융위원회의 입장 및 「은행법」 개정안의 내용

금융위원회는 2015년 6월 18일 인터넷전문은행의 도입방안을 발표하면서 원칙적으로 인터넷전문은행의 업무범위를 제한하지 아니하고 「은행법」상 업무범위를 그대로 적용하되, 온라인 형태의 영업만이 가능하고 오프라인 영업점포를 통한 대면 영업방식을 제한하는 것으로 정리하였다.[40]

한편, 김용태 의원의 「은행법」 개정안에서는, 인터넷전문은행에 대하여 "지점을 설치하지 아니하거나 대통령령으로 정하는 수 이하의 지점을 설치하고 은행업은 주로 전자금융거래(「전자금융거래법」 제2조 제1호에 따른 거래를 말한다)의 방법으로 영위하는 은행을 말한다"라고 정의하여, 부수적으로 인터넷전문은행이 일정 수 이하의 지점을 통하여 오프라인 영업을 할 수 있는 길을 열어주었다. 반면 신동우 의원의 「은행법」 개정안에서는, 인터넷전문은행을 "은행업을 전자금융거래(「전자금융거래법」 제2조 제1호에 따른 거래를 말한다)의 방법으로 영위하는 은행을 말한다"라고 규정하고 있는데, 김용태 의원안에 비하면 좀 더 엄격한 규제를 하고 있는 것으로 보인다. 즉, 「전자금융거래법」상 전자금융거래는 비대면 자동화된 온라인 거래만을 의미하는바, 신동우 의원안에 의하면 은행업, 즉 은행의 고유업무를 순수한 비대면 자동화된 온라인 거래로만 영위할 수 있음을 전제로 한 것이다.

이렇게 신동우 의원안에 따른다면 결국 그 개념적인 정의에 의하여 인터넷전문은행의 업무범위가 제한되는 결과가 된다. 특히 여신업무의 경우 그 본질적인 특성상 모집 내지 대출신청의 단계부터 신용평가 및 여신심사 단계에 이르기까지 각 단계별로 금융기관 임직원과의 대면이 현실적으로 필요하며, 사실상 비대면 자동화거래를 구현하는 것이 극히 어려운 측면이 있는바, 이러한 방법의 은행업을 인터넷전문은행의 범위에서 제외한다면 사실상 인터넷전문은행의 업무범위를 지나치게 협소하게 제한하는 결과에 이르게 될 수 있다고 본다.[41]

(3) 검토

전술한 바와 같이 신동우 의원의 「은행법」 개정안은 인터넷전문은행의 개념을 온라인 거래로만 한정함으로써 인터넷전문은행의 업무범위를 지나치게 협소하게 만든 문제점이 있다. 따라서 인터넷전문은행의 개념을 전자금융거래 외에도 오프라인 영업이 가능하도록 길을 열어주고 있는 김용태 의원의 「은행법」 개정안이 보다 타당하다고 생각된다.

한편, 인터넷전문은행의 업무범위를 원칙적으로 법령에 제한하기보다는 금융당국이 실제 인가 시 사업모델의 혁신성 등의 심사를 통하여 인가에 조건을 붙이는 방법으로 이를 규제하는 방안이 더 합리적이라고 생각된다.

현재 후술하는 인터넷전문은행 특별법 제정 시행으로 "인터넷전문은행이란 은행업을 주로 전자금융거래의 방법으로 영위하는 은행"으로 정의함으로써, 일부 예외적인 경우에만 대면 영업을 허용하고 있다.

5. 대주주 거래 제한 문제

은산분리 완화에 대한 보완조치로서 대주주와의 이해상충 문제를 차단하기 위하여 대주주 거래 관련 규제를 더욱 강화할 필요성이 제기된다.

현행 「은행법」 시행령에서는 대주주에 대한 신용공여 한도를 은행 자기자본의 25% 및 지분율 이내로 제한하고 있다.

그런데 금융위원회는 인터넷전문은행 도입방안을 발표하면서 대주주에 대한 신용공여 한도를 자기자본의 10% 및 지분율 이내로 강화하였고, 이와 함께 대주주가 발행한 주식 취득 제한도 자기자본의 1% 이내에서 전면 금지하는 방안을 추진하였다.

해외사례를 살펴보면 미국의 경우 자기자본의 15% 또는 50만 달러 중 적은 금액으로 제한하고 있으며, 일본의 경우 주요 주주에 대해서는 자기자본의 15%, 특수관계인은 25%로 제한하고 있다. 즉, 대부분의 국가에서는 대주주 관련 거래제한은 매우 엄격하게 적용하고 있다.[42]

한편, 전술한 바와 같이 김용태 의원의 「은행법」 개정안의 경우 인터넷전문은행이 대주주 및 대주주가 지배하는 기업집단에 속하는 회사에 신용공여를 할 수 없도록 전면 금지하고 있는바(개정안 제35조의2 제9항 신설), 이는 신동우 의원의 「은행법」 개정안과 달리 「공정거래법」에 따른 상호출자제한기업집단도 인터넷전문은행의 지분을 50%까지 소유할 수 있도록 규정하여 은산분리의 부작용을 막기 위한 취지로 도입한 것이다.

그러나 대주주에 대하여 신용공여를 전면 금지하는 것은 과도한 규제로 보일 소지가 있으므로, 대주주가 「공정거래법」상 상호출자제한기업집단에 속하는지 여부와 상관없이 전면 금지는 문제가 있을 것으로 보이고, 해외 사례와 우리의 현실을 고려하여 신용공여의 한도를 자기자본의 10% 및 지분율로 제한하는 것이 합리적이라고 생각된다.

현재 후술하는 인터넷전문은행 특별법 제정 시행으로 대주주에 대한 신용공여를 전면 금지하고 있다.

6. 최저자본금 문제

인터넷전문은행의 최저자본금에 대한 규제완화가 필요한지 여부가 문제된다. 즉, 현행 「은행법」은 시중일반은행의 경우 1,000억 원, 지방은행의 경우 250억 원의 최저자본금 규제를 두고 있는데, 인터넷전문은행의 경우 이러한 최저자본금을 완화해줄 필요가 있는지 문제된다.

금융위원회는 진입장벽을 낮춰 경쟁을 촉진하고 영업점이 없는 은행이라는 특수성을 고려하여 시중은행의 최저자본금인 1,000억 원보다 낮은 500억 원으로 설정하였다.

그러나 전술한 바와 같이 신동우 의원의 「은행법」 개정안이나 김용태 의원의 「은행법」 개정안 모두 인터넷전문은행의 최저자본금을 지방은행 수준인 250억 원으로 정하였다(개정안 제8조 제2항 제1호 단서).

미국에서는 최저자본금에 대한 규제가 별도로 없으나, 일본과 유럽은 각각 20억 엔, 500만 유로로 설정되어 있다. 이는 각 국가의 일반은행과 동일한 수준을 적용하는 것이다. 그러나 실제 인터넷전문은행의 설립자본금은 대부분 국가에서 10배 이상 높은 것으로 나타났다. 예를 들어 2010년 설립된 일본의 인터넷전문은행인 Daiwa-Next Bank는 300억 엔의 설립자본금이 소요되었으며, EU의 Fidor Bank는 1,242만 유로의 설립자본금이, Uno e-Bank는 8,000만 유로의 설립자본금이 소요되었다. 미국의 경우 Alostar Bank의 설립자본금이 1.73억 달러에 이르고 있는데 이는 초기 투자비용이 제외된 금액이다.[43]

결국 핀테크 기업 등 혁신기업으로 하여금 인터넷전문은행에의 진출을 유도하기 위해서는 진입장벽을 낮춘다는 차원에서 일반은행의 최저자본금보다는 낮추는 것이 바람직스러울 것이라고 본다. 다만 인터넷전문은행 인가신청의 난립을 방지하기 위해서는 너무 낮은 자본금 규제도 문제가 있을 것으로 본다. 그렇다면 적어도 지방은행의 최저자본금 정도는 되어야 할 것이므로, 「은행법」 개정안의 최저자본금은 적절하다고 생각된다. 다만 초기 투자비용을 고려하면 실제로는 최저자본금보다는 더 높은 기준으로 인가심사할 가능성이 클 것으로 보인다.

현재 후술하는 인터넷전문은행 특별법 제정 시행으로 최저자본금은 250억 원으로 정하였다.

7. 건전성 규제 문제

인터넷전문은행은 무점포 영업 특성상 기존 은행과 차별되는 고유 리스크를 안고 있으므로 이에 대한 감독문제가 이슈로 제기된다.

인터넷전문은행의 고유 리스크는 다음과 같다. 첫째, 전략 리스크이다. 신규 진입자로서 기존 인터넷뱅킹과 경쟁하기 위해서는 차별화된 영업 전략이 생존에 필요한데, 이것을 제대로 구현하기 어려운 점이 있다. 둘째, 운영 리스크이다. 온라인에 전적으로 의존하기 때문에 해킹, 바이러스 등으로 인한 금융사고가 발생할 경우 보안체계, 내부통제 등 운영체제 전반의 신뢰성 저하가 우려된다. 셋째, 평판 리스크이다. 신규 진입 및 물리적 지점 부재로 인해 고객 민원 처리, 개인정보 보호 미흡, 전산장애 시 해결 미흡 등으로 브랜드 신뢰 저하 우려가 있다. 넷째, 신용 리스크이다. 비대면으로 인한 부실심사, 고금리 자금조달에 따른 고위험 여신운용, 특정 고객층에 대한 여신 포트폴리오 편중 등으로 신용 리스크 확대 우려가 있다. 다섯째, 유동성 리스크이다. 타깃 고객층의 특성상 고객이 금리변화에 민감하고 예금의 중도 해지도 용이하기 때문에 신뢰도 저하 시 뱅크런 우려가 있다. 여섯째, 지급결제 리스크이다. 사업 초기 재무구조 취약 등으로 결제시스템 참가비 납부가 부담스러운 가운데 시스템 불안으로 결제가 원활하지 않을 우려가 있다. 인터넷전문은행도 은행이므로 일반은행과 동일하게 감독기준을 적용해야 한다는 의견이 있었던 반면 비대면 거래의 특성을 감안하여 일부 감독기준을 차등 적용해야 한다는 의견도 대두되었다.[44]

그런데 금융위원회는 인터넷전문은행의 건전성규제에 대하여 일반은행과 동일하게 적용하되, 초기부담은 완화해주는 방향으로 결정하였다.[45] 즉, 인터넷전문은행이라 하더라도 자산건전성에 대해서는 예외가 있을 수 없으나, 설립 초기에 부담을 완화하는 차원에서 자본적정성과 유동성 감독기준을 차등 적용하였다. 이에 따라 설립초기에는 영업형태가 단순할 뿐만 아니라 바젤 III 적용을 위한 인프라 구축이 어렵다는 점을 고려하여 바젤 I을 적용하고, 자산규모가 2조 원 이상(예대율 적용기준)을 초과하는 경우 바젤 III를 적용하도록 하였다. 또한 유동성 규제도 인터넷전문은행의 특수성을 반영하여 특수은행 수준을 적용하고 유동성 위기 시 모회사의 유동성 공급을 의무화하여 모회사의 책임성을 강조하였다.[46]

건전성 규제는 매우 중요하며, 이미 인가형태에 따라 차등 적용하고 있기 때문에 인터넷전문은행의 수준에 맞게 단계적으로 시행하는 것도 초기 활성화를 위해서는 필요하다. 다만, 인터넷전문은행도 은행 면허를 받는 것이기 때문에 유동성 위기에 직면할 경우 은행산업 전체 시스템 리스크로 번질 수 있으므로 건전성 규제는 점차 강화할 필요가 있다고 본다.[47]

8. 인가심사기준 관련 문제

인터넷전문은행이 설립되기 위해서는 은행으로서의 기본적 요건 충족과 금융감독당국의 인가가 필요한데, 인터넷전문은행에 대한 금융감독당국의 인가심사기준은 일반은행과 다르게 적용해야 하는지 여부가 문제된다.

해외의 주요국은 인터넷전문은행을 기존「은행법」체계 내에서 특수한 영업형태로 인정하고 있어 기존 은행들과 동일한 기준으로 인가하며, 비대면의 특수성을 감안하여 여러 가지 안전장치를 추가적으로 요구하고 있다.[48]

금융위원회는 조기출현 및 성공가능성 제고 차원에서 현행법 테두리 내에서 적격성을 갖춘 자에게 우선 시범적으로 인가를 하고, 은산분리 완화 등「은행법」개정 후 당초 도입목적에 부합하는 인터넷전문은행이 출현되도록 본격적으로 인가할 방침임을 밝혔다. 즉, 현행법상 은산분리 제도하에서 1 내지 2개 시범적 인가를 할 계획으로 법개정 없이 추진할 수 있어 인터넷전문은행 조기 출현이 가능하고, 인터넷전문은행의 성공모델을 검증하는 Test Bed로 활용하기로 하였다.[49]

그리고 금융위원회·금융감독원은 2015년 7월 22일 인터넷전문은행에 대한 인가심사기준을 마련하여 발표하였다. 기본적으로 은행업 인가심사기준은 은행업감독규정 별표 2-2에서 다루고 있으며 일반은행과 동일하게 적용하기로 하였다. 다만, 인터넷전문은행의 특수성을 반영하여 비대면 영업에 따른 위험 관련 사항과 사업계획에 대한 심사를 강화하기로 하였다. 이에 따라 주요 평가항목은 자본금 및 자금조달 방안 10%, 대주주 및 주주구성계획 10%, 사업계획 70%, 인력·영업시설·전산체계 및 물적 설비 10%로 정하였는데, 특히 사업계획 심사 시 사업계획의 혁신성, 사업모델의 안정성, 금융소비자의 편익증대, 국내 금융산업 발전 및 경쟁력 강화, 해외진출 가능성 등 5가지 항목을 중점적으로 검토하기로 하였다.

결국 인터넷전문은행도 은행으로 인가를 받는 것이기 때문에 기본적으로 일반은행의 인가심사기준과 차이가 있어서는 안 될 것이나, 인터넷전문은행의 특수성을 감안한 인가심사기준은 별도로 두어야 할 것으로 생각된다. 특히 인터넷전문은행은 새로운 목적을 가지고 설립되는 은행인 만큼 기존 일반은행과 차별화된 사업모델이 요구되어야 하고, 또한 특화사업영역 발굴과 핀테크 기술의 접목이 반영되는 것이 중요하다.[50]

9. 빅데이터 활용방안과 비식별화 관련 문제

인터넷전문은행의 사업모델과 관련하여 빅데이터[51]가 문제되는데, 이는 실제 인터넷전문은행의 추진 취지 및 실제 예비인가를 받은 각 컨소시엄의 사업모델이 모두 당해 신규법인인 은행의 독립적인 경영을 수익모델로 삼기보다는 각 컨소시엄 구성 주주의 개별 사업모델 및 관련 정보 내지 플랫폼과의 연계를 통한 시너지를 기반으로 한 사업모델을 구현하고자 하기 때문이다.[52]

이와 같은 빅데이터 기반 사업모델의 구현에 있어서 가장 장애가 되는 것은 바로 「개인정보 보호법」 및 「신용정보의 이용 및 보호에 관한 법률」(이하 「신용정보법」) 등 국내 개인정보 관련 법령상 규제이다. 특히 국내 개인정보 관련 법령에는 개인정보의 정의를 매우 포괄적인 형태로 규정하고 있어, 사실상 빅데이터의 근간을 이루는 다양한 정보들의 수집 및 이용, 공유에 대하여 사전적, 구체적인 동의를 요구하게 되어(opt-in 방식) 사실상 빅데이터 관점의 정보이용이 불가능한 점, 비식별화의 방법 및 기준에 대하여 관련 법령에서 아무런 규정을 두고 있지 않아, 비식별화를 통한 데이터분석 기법의 활용이 어렵게 되고 개인정보처리자에게 본인의 행위가 위법행위에 해당할 가능성을 감수할 것으로 강요한다는 점,[53] 빅데이터 활용의 경우 데이터 마이닝 및 프로파일링 등의 기법이 필수적으로 요구되는데, 이는 「개인정보 보호법」상 최소수집의 원칙(제16조 제1항), 수집 목적범위 외의 이용 금지(제18조 제1항) 등에 위배될 수밖에 없다는 점 등의 문제가 지적되어왔다.[54]

금융위원회는 2016년도 대통령 업무보고에서 빅데이터 활성화를 주요 과제로 제시하였는바, 즉 1) 제도적인 측면에서 외국 사례와 같이 비식별정보는 개인신용정보에서 제외하여 빅데이터 활용 기반을 마련하고, 2) 인프라적인 측면에서 한국신용정보원을 통하여 핀테크 기업과 금융회사 등의 정보수요를 지원하며, 3) 금융보안원이 한국신용정보원, 금융회사, 핀테크 업체 등과 공동으로 빅데이터 활용 비식별 지침을 마련하였다.[55]

이와 같이 실제 빅데이터 활용과 관련하여 비식별화를 통한 정보활용방안도 효과적일 수 있으나, 기본적으로 구체적인 사전동의를 기반으로 하는 opt-in 방식의 개인정보보호 규제의 규제체계적 타당성을 다시 검토해보는 것이 필요하다고 본다.[56]

최근 「개인정보 보호법」, 「신용정보법」 등의 개정 시행으로 많은 부분 제도 개선이 이루어졌는바, 구체적인 내용은 후술하기로 한다.

VI. 인터넷전문은행을 위한 특별법령 제정 및 주요 내용

1. 법률 주요 내용

(1) 의의

「인터넷전문은행 설립 및 운영에 관한 특례법」(이하 「인터넷전문은행법」)이 2018년 9월 20일 국회 본회의를 통과하고 2019년 1월 17일부터 시행되고 있다. 동법은 ICT 기업의 인터넷전문은행 지분 보유 규제를 완화하는 내용을 담고 있고, 「은행법」에서 비금융주력자의 은행 지분 보유를 4%로 제한하는 은산분리 규제 내용을 완화하고 있다는 점에 그 특징을 엿볼 수 있다.

(2) 은산분리 규제 완화

제5조 제1항은 비금융주력자인 ICT 기업의 인터넷전문은행의 의결권 있는 주식을 34%까지 보유할 수 있도록 「은행법」에서 규정하고 있는 은산분리 규제를 완화하고 있다. 제2항은 인터넷전문은행 주식 보유한도 10%를 초과하여 34%까지 보유할 수 있는 ICT 기업의 자격 및 주식보유와 관련한 승인요건을 출자능력, 재무상태 및 사회적 신용, 경제적 집중에 대한 영향, 주주구성계획의 적정성, 정보통신업 여위, 회사의 자산 비중, 금융과 정보통신기술의 융합 촉진 및 서민금융 지원 등을 위한 기여 계획을 고려하여 대통령령으로 정하도록 규정하고 있다(제5조 제2항).

(3) 대주주의 금지행위

ICT 기업의 인터넷전문은행 지분 보유를 확대하면서 대주주의 사금고화를 방지하기 위하여 인터넷전문은행과 인터넷전문은행 대주주의 금지행위들을 규정하고 있다. 제8조는 인터넷전문은행은 대주주에게 신용공여를 할 수 없도록 하고 있고, 제9조는 대주주가 발행한 주식을 취득할 수 없도록 규정하고 있다. 한편, 제10조는 인터넷전문은행 대주주의 부당한 영향력 행사를 할 수 없도록 인터넷전문은행에 대하여 외부에 공개되지 아니한 자료 또는 정보의 제공을 요구하는 행위, 경제적 이익 등 반대급부의 제공을 조건으로 다른 주주와 담합하여 인터넷전문은행의 인사 또는 경영에 부당한 영향력을 행사하는 행위, 경쟁사업자의 사업활동과 관련하여 신용공여를 조기 회수하도록 요구하는 행위 등 인터넷전문은행의 경영에 영향력을 행사하는 행위를 금지하는 등 사후적인 규제장치를 강화하였다.

(4) 예외적인 대면영업 허용

제16조는 금융소비자의 보호 및 편의를 증진하기 위하여, 제2조에도 불구하고 인터넷전문은행은 불가피하다고 인정되는 경우 대통령령으로 정하는 방법으로 은행업을 영위할 수 있고, 이 경우 인터넷전문은행은 해당 영업의 내용, 방식, 범위 등을 대통령령으로 정하는 바에 따라 금융위원회에 사전 보고하도록 하고 있다. 인터넷전문은행이 일반은행과 사실상 동일한 업무를 영위하면서 비대면 거래를 통해서만 금융서비스가 제공되는 경우 오히려 금융소비자 보호가 취약해질 우려를 고려한 것이다.

2. 시행령 주요 내용

(1) 주식보유한도 특례가 적용되는 한도초과보유주주의 자격요건

「인터넷전문은행법」은 경제력 집중의 억제, 정보통신업 비중을 감안하여 한도초과보유주주 10% 초과 요건을 정하도록 규정하고 있다. 국회 정무위는 「공정거래법」상 상호출자제한기업집단의 진입은 원칙적으로 배제하고, 정보통신업을 영위하는 회사의 비중이 높은 경우 예외적으로 허용하자는 부대의견이 있었다. 시행령은 「공정거래법」상 상호출자제한대상 기업집단은 한도초과보유주주가 되지 못하도록 하되, 정보통신업(ICT) 주력 그룹에 한하여 한도초과보유주주가 될 수 있도록 허용한다. ICT 주력기업 판단기준으로는 '기업집단 내 비금융회사 자산 합계액' 대비 '기업집단 내 ICT 기업 자산 합계액'이 50% 이상이어야 하고, ICT 기업은 통계청 표준산업분류상 정보통신업('서적, 잡지 및 인쇄물 출판업', '방송업', '공영우편업'은 제외)을 영위하는 회사를 의미한다.

(2) 동일차주 신용공여 한도 예외

여기서 동일차주라 함은 '신용위험을 공유하는 자'로서 「공정거래법」상 기업집단을 의미한다. 「인터넷전문은행법」은 「은행법」 자기자본의 25%보다 동일차주 신용공여 한도를 20%로 강화하되, 불가피한 경우는 예외를 인정한다. 즉, 국민경제에 중요한 영향을 미치거나, 은행 건전성에 부정적 영향이 없는 불가피한 경우를 예외 사유로 규정하는데, '구조조정을 위해 은행 공동으로 추가로 신용공여를 하는 경우', '해당 은행의 자기자본이 감소한 경우', '신용공여를 받은 기업 간의 합병, 영업의 양수도 등이 있는 경우' 등을 들 수 있다.

(3) 대주주 거래 규제의 예외

「인터넷전문은행법」은 대주주에 대한 신용공여 및 대주주 발행주식 취득을 금지하되, 불가피한 경우에는 예외를 인정하고 있다. 대주주의 거래가 아니었으나, 은행의 책임이 없는 사유로 대주주와의 거래로 된 경우 등을 예외 사유로 규정한다. 대주주에 대한 신용공여 금지 예외로는 '기업 간 합병, 영업의 양수도 등으로 대주주 아닌 자에 대한 신용공여가 대주주에 대한 신용공여로 되는 경우'를 들 수 있고, 대주주 발행 지분증권 취득 금지의 예외로서 '담보권 실행 등 권리행사에 필요하여 대주주가 발행한 지분증권을 취득한 경우', '대물변제에 의하여 대주주가 발행한 지분증권을 수령하는 경우', '기업 간 합병, 영업의 양수도 등으로 이미 소유하고 있는 지분증권이 대주주가 발행한 지분증권이 된 경우' 등을 들 수 있다.

(4) 예외적 대면영업 허용 사유

「인터넷전문은행법」은 인터넷전문은행에 대해 비대면영업을 원칙으로 하도록 규정하되, 예외적으로 대면영업을 허용하고 있다. 다음과 같은 사항에 유의할 필요가 있다.

첫째, 대면영업을 허용하는 예외적 사례를 규정하되, 인터넷전문은행 취지에 반하지 않게 최소한으로 허용한다. 예외적 허용 사유로 '「장애인복지법」에 따른 장애인, 65세 이상의 노인의 편의증진을 위해 불가피한 경우', '전자금융거래의 방법으로 거래를 시도하였으나, 법령이나 기술상 제약으로 거래를 최종 종료하기 어려운 경우' 등을 들 수 있다. 이러한 사례로는 '휴대폰 분실, 고장 등의 사유로 금융거래가 일시적으로 어려운 경우'나 '보이스피싱 사기 우려가 의심되어 보이스피싱법에 따라 전자금융거래가 제한된 계좌에서 출금, 자동이체 등을 하고 싶은 경우' 등을 들 수 있다.

둘째, 전자금융거래 이외의 방법으로 거래가 가능하다는 광고를 금지한다.

셋째, 인터넷전문은행이 대면영업을 영위하려는 경우 7일 전까지 방식, 범위 등을 금융위원회에 사전에 보고하여야 한다.

3. 「은행법」과 「인터넷전문은행법」의 비교

〈양자의 비교〉[57]

	현 「은행법」	「인터넷전문은행법」
비금융주력자 지분보유 한도	4%(무의결권주 포함 시 10%)	경제력 집중을 심화시키지 않을 것, 정보통신업 비중이 상당할 것
대주주 결격 요건	금융관련법령, 「공정거래법」, 「조세범처벌법」 위반	좌동(다만, 「공정거래법」 위반은 불공정거래 위반으로 한정)
	–	특경가법
	시행령 별표로 규정	법 별표로 규정
대주주 신용공여	자기자본의 25%	원칙금지 예외: 기업의 합병 및 영업양수도 등
대주주 발행 증권 취득	자기자본의 1%	원칙: 금지 예외: 기업의 합병 및 영업양수도 등
대주주와의 불리한 거래제한 범위	매매, 교환, 신용공여	좌동
	–	용역, 리스 등 모든 계약으로 확대
동일차주 등에 대한 신용공여	동일차주: 자기자본의 25%	자기자본의 20%
	동일 개인, 법인: 자기자본의 20%	자기자본의 15%
대주주의 부당한 영향력 행사 금지(은행의 이익에 반하는 부당한 영향력 행사를 의미)	대주주 개인의 취할 목적으로 한정	'대주주 개인의 이익을 취할 목적' 삭제함
업무범위	개인 신용공여 가능	좌동
	기업 신용공여 가능	금지(중소기업 신용공여 예외적 허용)

VII. 맺음말

지금까지 인터넷전문은행의 개관적인 내용을 살펴보았고, 그중에서 특히 인터넷전문은행의 도입에 따른 법적 쟁점을 검토해보았다.

전술한 바와 같이 과거 해외 인터넷전문은행들이 초창기에 수익부진으로 상당수가 퇴출되었으나, 시간이 경과함에 따라 기술경험과 규모의 효과를 축적하여 최근 자산규모가 커지고 흑자로 전환되면서 정착되고 있는 상황이다. 특히 일본의 경우 1997년 금융산업의 위기를 타개하기 위하여 비금융기관이 20% 이상 은행지분을 소유할 수 있도록 금융규제 완화로 산업자본을 포함한 다양한 이해관계자들이 인터넷전문은행을 통해 은행산업 진출이 활발하게 이루어졌다는 점은 주목할 만한 일이다. 이는 국내 금융환경과 유사하게 금산분리 및 은행소유지분의 완화에 따른 조치로 산업자본이 금융업으로 활발하게 진출할 것으로 예상되고, 이러한 산업자본 유입에 따른 리스크를 차단하기 위한 일본 정부의 감독정책은 우리에게 좋은 사례로 제시될 수 있다고 본다. 그리고 해외 주요 국가들은 인터넷전문은행에 대해 기존의 금융 리스크 중에서 유동성 리스크, 전략 리스크, 평판 및 운영 리스크와 고객보호를 위한 대책을 일반은행에 비해 다소 차별화화여 집중적으로 관리하도록 체계를 마련하여 운영하고 있다. 미국, 일본 등 주요 국가와 국내 금융환경과는 차이가 있음은 분명하나, 인터넷전문은행 설립이 가져올 전자금융의 기술적 변화는 유사하다는 점에서 인터넷전문은행 특성에 따른 해외 국가의 인가지침은 우리에게 좋은 가이드라인을 제공해준다고 볼 수 있다.[58]

「인터넷전문은행법」은 「공정거래법」상 상호출자제한기업집단의 경우 인터넷전문은행의 한도초과보유주주가 될 수 없으나, 기업집단 내 정보통신업(ICT) 회사의 자산비중이 50% 이상인 경우 예외적 허용하였다. 또한 법률상 인터넷전문은행의 대주주 사금고화 방지를 위한 다양한 장치를 마련하여 대주주와의 거래 등을 원칙적으로 금지하였으나, 불가피한 경우 예외적으로 대주주와의 거래 등이 허용될 수 있도록 구체적인 예외사유를 규정하였다. 비금융주력자가 은행의 발행주식 총수의 34%까지 소유할 수 있는 길을 열어준 금번 「인터넷전문은행법」 제정으로 말미암아, 인터넷전문은행은 비금융기업의 투자를 유도할 수 있는 계기가 마련되었다. 은산분리 규제가 완화됨에 따라 산업자본을 유치할 수 있게 된 것이다. 금번 「인터넷전문은행법」 제정은 비대면거래 영업을 위주로 하는 인터넷전문은행의 발전을 기대할 수 있게 되었다.

1 이상복·왕상한, "주요국 인터넷전문은행의 현황과 그 법적 시사점", 한양대학교 법학연구소, 법학논총, 2016, 305면.
2 정윤성, "인터넷전문은행의 현황과 전망", 지급결제와 정보기술 제23호, 금융결제원(2006. 1.), 4면.
3 김종완, "인터넷뱅킹 사용자의 만족도가 인터넷 전문은행으로의 전환의도에 미치는 영향에 관한 실증적 연구", 숭실대학교 대학원 박사학위 논문(2009. 12.), 10-11면.
4 김종완, 전게 논문, 13면.
5 김종환, 전게 논문, 14면.
6 김희철, "인터넷전문은행 도입의 법적 논점 및 바람직한 도입 방안에 관한 고찰", 안암법학, 2009, 400면.
7 이시직·이하정, "국내 인터넷전문은행 제도의 도입을 위한 법률적 검토-최저자본금 및 은산분리 규제를 중심으로-", 정보통신방송정책 제27권 16호, 정보통신정책연구원(2015. 9.), 3면.
8 김은수, "인터넷전문은행 도입에 관한 소고", 상사판례연구 제28집 제3권(2015. 9.), 160면.
9 정상표, "인터넷전문은행의 업무범위에 관한 연구", 국제법무 제7집 제2호(2015. 11.), 44면.
10 이수진, "미국 인터넷전문은행 인가 사례 및 시사점", 주간 금융브리프, 금융포커스 24권 21호(2015. 5. 23-5. 29), 1면.
11 정상표, 전게 논문, 44면.
12 정상표, 전게 논문, 45면.
13 이상복·왕상한, 전게 논문, 312면.
14 이상복·왕상한, 전게 논문, 313면.
15 이상복·왕상한, 전게 논문, 314면.
16 김은수, 전게 논문, 164면.
17 정상표, 전게 논문, 47면.
18 이상복·왕상한, 전게 논문, 314-315면.
19 김종완, 전게 논문, 24면.
20 김은수, 전게 논문, 162-163면.
21 김서영, "프랑스·독일의 인터넷뱅킹 현황 및 시사점", 지급결제와 정보기술, 금융결제원(2006. 1.), 24면.
22 이수진, "독일 Fidor Bank 사례로 살펴본 인터넷전문은행의 지향점", 주간 금융브리프, 금융포커스 24권 48호(2015. 12. 12-12. 18), 2면.
23 김재우·장효선, "은행-인터넷전문은행 도입에 따른 국내 금융의 미래", Sector Update, 삼성증권(2015. 1. 27.), 12면; 정희수, "인터넷전문은행의 도입의 법적 이슈와 영향", 금융업 연구 제12권 제3호(2015), 11면.
24 김은수, 전게 논문, 165-166면.
25 정희수, 전게 논문, 10면.
26 정희수, 전게 논문, 10-11면.
27 이상복·왕상한, 전게 논문, 318면.
28 정희수, 전게 논문, 12면.
29 이시직 외 1인, 전게 논문, 3면.
30 금융위원회 보도자료, "인터넷전문은행이 도입됩니다. 보다 다양한 금융서비스를 손쉽고 저렴하게 이용하실 수 있습니다"(2015. 6. 18.).
31 금융위원회 보도자료, "인터넷전문은행 예비인가 결과"(2015. 11. 29.).
32 정희수, 전게 논문, 13-15면.
33 김은수, 전게 논문, 174면.

34 이준희, "인터넷전문은행 관련 법률적 쟁점에 관한 소고", 기업법연구 제30권 제1호(2016. 3.), 92면.

35 전응준, "전자금융거래에서 고객(본인)확인의 의미", 『핀테크 시대』(고학수 저), 박영사, 2015, 170면.

36 이준희, 전계 논문, 95면.

37 이준희, 전계 논문, 96면.

38 서병호, "한국형 인터넷전문은행 도입방안", 한국금융연구원, 2015, 58면.

39 정상표, 전계 논문, 52-53면.

40 금융위원회 보도자료, "별첨2 인터넷전문은행 도입방안"(2015. 6. 18.), 6면.

41 이준희, 전계 논문, 98-99면.

42 정희수, 전계 논문, 18면.

43 정희수, 전계 논문, 19면.

44 서병호, 전계 자료, 60-61면.

45 금융위원회 2015년 6월 18일 보도자료 10면.

46 2016년 기준으로 일반은행은 85%(2019년까지 매년 5%p씩 상향조정)를 맞추어야 하나, 인터넷전문은행은 70%(2019년까지 매년 10%p씩 상향조정)를 준수해야 한다.

47 정희수, 전계 논문, 20면.

48 서병호, 전계 자료, 37면.

49 금융위원회 2015년 6월 18일 보도자료 11-12면.

50 정희수, 전계 논문, 21면 참조.

51 빅데이터의 개념은 법률적으로 정의된 개념은 아니나, 통상 다양한 종류의 대규모 집적정보(데이터)로부터 저렴한 비용으로 가치를 추출하고 데이터의 초고속 수집, 발굴 및 분석을 지원하도록 고안된 차세대 기술 및 아키텍처라고 설명된다. 이준희, 전계 논문, 99면 참조.

52 이준희, 전계 논문, 99-100면.

53 김혜영, "빅데이터(Big Data) 산업의 현황과 과제", 한국정보법학회 2015년 하계 정기세미나(온라인 유통산업 활성화의 법적 과제) 제3세션 발표자료, 15면.

54 이준희, 전계 논문, 100면.

55 금융위원회 보도자료, "참고자료(주요정책 설명자료)"(2016. 1. 18.).

56 이준희, 전계 논문, 101면.

57 2018년 10월 17일 금융위원회 보도자료(ICT기업의 인터넷전문은행에 대한 투자가 확대됩니다.)

58 김태호·박태형·임종인, "국내 인터넷전문은행 설립 시 예상되는 전자금융리스크에 대한 대응방안 연구", 정보보호학회지 제18권 제5호(2008. 10.), 41면.

07

핀테크와 자산관리

07

핀테크와 자산관리

I. 서 설

1. 자산관리의 의의

자산은 실물자산(real asset)과 금융자산(financial asset)으로 대별할 수 있다. 자산관리란 협의로는 투자활동을 뜻하는 자산운용을 말하고 광의로는 자금의 조달 및 운용 등 전반적인 활동을 포함한다. 사람은 살아가는 동안 자산을 취득하고, 소비하며 처분하는 경제적 활동을 필연적으로 하게 된다. 집을 사거나 전세 또는 임대차를 하는 것, 월급을 받아 은행에 예금을 하는 것 등도 자산관리 활동의 하나로 볼 수 있다. 개인의 경우 학자금, 결혼자금, 여행자금, 은퇴 후 노후 생활자금 등의 다양한 자금의 수요가 발생하는데 이러한 자금을 조달하기 위하여 다양한 투자활동을 하게 된다. 또한 기업의 경우에도 재무활동은 매우 중요한 것으로 인식되고 있고, 기업 자산에 대한 조달 및 운용에 관한 의사결정을 행하고 관리하는 재무활동을 하게 된다.

자산의 관리는 거래 활동을 통하여 실현되는데 과거에는 물물교환을 통하여 자산관리 활동이 이루어졌고, 오늘날은 화폐거래를 통하여 이루어지고 있다. 기술이 발전하지 못했던 시대에는 모든 형태의 거래는 대면거래가 원칙이었고, 공간적 시간적 제약을 피하기 위하여 설정된 제도가 각종 대리상, 중개상 제도이다. 그러나 기술이 발달함에 따라서 금융거래를 비롯한 상품거래 등이 우편, 전화, 홈쇼핑, 인터넷을 통한 비대면

거래로 발달하게 되었다.

이러한 거래방식의 분화 및 발전은 ICT(Information and Communication Technology)의 발전에 힘입은 것이다. 거래에서의 성립과 효력은 이러한 기술의 발전을 수용하면서 발달하였고, 법은 때론 이러한 기술의 발전을 수용해야 한다. 핀테크는 새로운 것이 아니다. 이미 은행의 ATM 기계가 도입된 시기부터 우리는 이미 핀테크 시대에 들어선 것이다. 그리고 앞으로도 이러한 기술적인 변화와 발전은 금융거래 등의 거래계에 영향을 지속적으로 미칠 것이고 이에 따라 법도 끊임없이 변화에 적응해나갈 것이다.

2. 금융업과 자산관리

금융업은 크게 은행업, 보험업, 금융투자업으로 나눌 수 있는데 은행업이란 예금을 받거나 유가증권 또는 그 밖의 채무증서를 발행하여 불특정 다수인으로부터 채무를 부담함으로써 조달한 자금을 대출하는 것을 업으로 하는 것을 말한다(「은행법」 제2조 제1항 제1호). 보험업이란 보험상품의 취급과 관련하여 발생하는 보험의 인수(引受), 보험료 수수 및 보험금 지급 등을 영업으로 하는 것으로서 생명보험업·손해보험업 및 제3보험업을 말한다. 금융투자업은 이익을 얻을 목적으로 계속적이거나 반복적인 방법으로 행하는 행위로서 투자매매업, 투자중개업, 집합투자업, 투자자문업, 투자일임업, 신탁업 중 어느 하나에 해당하는 업(業)을 말한다(「자본시장법」 제6조 제1항). 이러한 금융업은 고객으로부터 자금을 받아 자산을 운용하는 것을 공통으로 한다. 보험업에서 자산관리는 2차적인 활동영역에 속한다. 보험료로 집합된 자산을 취득하고 처분하고 수익활동을 하는 것이다. 그러나 은행업이나 금융투자업은 직접적으로 자산활동을 고객과의 계약관계를 통하여 형성하는 점에서 보험회사의 자산운용과 그 성격을 달리한다.

보험업의 자산관리는 자신의 내부업무의 하나로 인식되는 것이 보통이나 은행업이나 금융투자업 속에서 자산관리는 고객에 대한 직접적인 서비스의 대상이라는 점에서 차이가 있다.

3. 핀테크와 자산관리

4차 산업혁명은 기업들이 제조업과 정보통신기술(ICT)을 융합해 작업 경쟁력을 제고하는 차세대 산업혁명을 가리키는 말이다. 이것은 비단 제조업과 정보통신기술의 융합뿐만 아니라 금융과 정보통신기술의 융합이라는 핀테크 산업의 탄생을 가능하게 하였다. 금융업은 자금의 수요자와 공급자 간의 매개역할을 수행하는 은행업, 각 경제주체의 위험을 보장하는 보험업, 투자자와 기업을 직접 연결해주는 금융투자업이 중요한 역할을 수행하고 있다. 금융회사를 통하여 모여진 자금은 일정 기간 동안 자산운용 및 관리를 통하여 금융회사에 머물다가 금융회사의 자산운용의 결과가 반영되어 고객에게 되돌아가게 된다. 오늘날 금융회사의 자산관리서비스는 금융자산을 획득하고 처분하고 관리하는 것을 말하며, 여기에 자산에 대한 취득 등에 대한 자문서비스도 포함된다. 이러한 자산관리서비스는 고객들의 금융자산 증가, 노후 소득 보장 수요의 증가 등으로 중요한 위치를 점하게 되었다. 특히 2000년대 후반 온라인 플랫폼을 통한 자산관리서비스의 개념이 발생한 이후, 자산관리 시장은 금융자산의 증가, 금융상품 다양성 및 복잡성 증가, 고령화 등의 환경변화에 따라 자산관리의 수요가 증가하고 있다.

이에 따라 글로벌 금융회사들이 고객 기반을 확충하기 위해 온라인 자산관리서비스를 강화하고 다양한 펀드상품을 종합적으로 비교·구매할 수 있는 온라인 플랫폼인 펀드슈퍼마켓이나 온라인 보험쇼핑몰(Aggregator) 방식 등의 형태로 온라인 채널을 활용하기 시작하게 되었다.

IT 기술의 발전과 투자자들의 자기 주도적인 투자 성향으로 인해 빅데이터와 소프트웨어를 활용한 맞춤형 자산관리, 자산포트폴리오, 금융상품 비교 등의 핀테크 자산관리 서비스는 성장가능성이 높은 산업으로 부상하고 있다.

최근 해외 선진국에서는 고도의 소프트웨어 기반의 투자자문, 운용서비스를 제공하는 온라인 특화 자산관리 회사가 증가하는 추세이다. 온라인 특화 자산관리 회사는 고도화된 알고리즘 기반의 소프트웨어를 활용하여 저렴한 비용으로 자동화된 자산관리서비스를 제공한다.

국내의 경우도 은행 분야의 인터넷전문은행과 금융투자 분야의 펀드수퍼마켓, 로보어드바이저, 보험 분야의 보험슈퍼마켓 등이 발달하고 있다.

II. 자산관리 판매채널로서 펀드슈퍼마켓

1. 집합투자로서 펀드의 의의

펀드란 여러 사람들로부터 자금을 모아 이를 전문가가 대신 주식이나 채권 등에 투자해 그 성과를 다시 투자자에게 돌려주는 금융상품이다. 이러한 펀드제도는 오늘날 투자의 유용한 수단으로서 광범위하게 확산되고 발달을 하고 있다. 투자는 투자자 자신이 투자의 종목과 시기 수량 등을 직접 판단하여 투자하는 직접투자와 전문가의 도움을 받아 하는 간접투자가 있다. 펀드는 전문가가 대신 운용하는 간접투자 상품이다. 만일 직접투자를 하게 되면 투자자 본인 스스로가 투자할 종목을 찾고 사고파는 시점을 정해야 한다. 여유가 있는 투자자라면 직접 투자를 할 수 있겠지만 생업 등으로 시간적 여유가 없거나 종목 연구를 할 전문 지식 등이 부족하다면 투자에 나서기가 어렵다.

2. 집합투자로서 펀드의 기본적인 법률관계

(1) 집합투자

「자본시장법」상 집합투자업이란 집합투자를 영업으로 하는 것을 말한다(「자본시장법」 제6조 제4항). 집합투자란 2인 이상의 투자자로부터 모은 금전 등 또는 국가재정법 제81조에 따른 여유자금을 투자자 또는 각 기금관리주체로부터 일상적인 운용지시를 받지 아니하면서 재산적 가치가 있는 투자대상자산을 취득·처분, 그 밖의 방법으로 운용하고 그 결과를 투자자 또는 각 기금관리주체에게 배분하여 귀속시키는 것을 말한다(「자본시장법」 제6조 제5항). 다만, 다음 각 호의 어느 하나에 해당하는 경우를 제외한다(「자본시장법」 제6조 제5항 단서).

(i) 대통령령으로 정하는 법률에 따라 사모(私募)의 방법으로 금전 등을 모아 운용·배분하는 것으로서 대통령령으로 정하는 투자자의 총수가 대통령령으로 정하는 수 이하인 경우

(ii) 자산유동화에 관한 법률 제3조의 자산유동화계획에 따라 금전 등을 모아 운용·배분하는 경우

(iii)　그 밖에 행위의 성격 및 투자자 보호의 필요성 등을 고려하여 대통령령으로 정하는 경우

(2) 집합투자기구

1) 의의

집합투자기구(collective investment vehicle)는 집합투자를 수행하기 위한 기구를 말한다 (「자본시장법」 제9조 제18항). 집합투자기구는 「자본시장법」에서 특별히 정한 경우를 제외하고는 「상법」 및 「민법」의 적용을 받는다(「자본시장법」 제181조). 집합투자기구는 통상 펀드라고 불리는데 집합투자증권의 발행방법과 투자자의 수에 따라 공모집합투자기구와 사모집합투자기구로 분류된다(「자본시장법」 제9조 제19항). 사모집합투자기구란 집합투자증권을 사모로만 발행하는 집합투자기구로서 대통령령으로 정하는 투자자의 총수가 49인 이하인 것을 말한다(「자본시장법」 제9조 제19항 및 동법 시행령 제14조 제2항).[1]

집합투자기구는 다수의 투자자로부터 모집된 자금을 자산운용전문가인 제3자가 운용하고 그 수익을 투자자에게 분배하고 실현하는 법적 수단이다.

그리고 집합투자에서의 법률관계는 자산운용자와 투자자와의 관계를 중심으로 구성된다.

집합투자기구는 전통적으로 신탁 계약과 주식회사 형태로 발전되어왔다. 그러나 여기에 한정되지 않고 다수의 투자자가 공동 사업에 참여할 수 있는 법적 형식이면 되고, 투자재산의 보유와 운용은 제3의 전문가에게 위탁되기 때문에 반드시 법인격이 요구되지도 않는다.

자본 시장의 투자상품과 자산운용방법이 다양화되면서 집합투자기구의 법적 형태도 다양화되고 있다.

과거 「간접투자자산 운용업법」상 집합투자기구는 신탁계약인 투자신탁과 주식회사인 투자회사에 한정되었다. 그리고 2004년 「상법」상 합자회사도 집합투자기구의 법적 형태로 추가되었으나, 이는 사모투자전문회사(Private Equity Fund)라는 특수한 집합투자기구로만 제한되었다. 이에 따라 「상법」상 유한회사나 익명조합 등을 이용하여 사실상 집합투자를 행하지만 집합투자로서의 법적 규제를 받지 아니하는 집합투자기구가 출현하게 되었다. 「자본시장법」은 투자자 보호의 범위를 확대하고, 집합투자업을 활성화시키고자 하는 취지에서 집합투자에 활용될 수 있는 모든 법적 단체를 집합투자기구로 수용

하였다. 즉, 투자신탁과 투자회사 외에 「상법」상 유한회사·합자회사, 「민법」상 조합 및 「상법」상 익명조합을 집합투자기구의 새로운 법적 형태로 인정하게 되었다.

2) 유형 및 법적 구조

집합투자기구는 그 형태에 따라 회사형태의 집합투자기구와 조합형태의 집합투자기구로 나누어볼 수 있다. 회사형태의 집합투자기구로는 투자회사, 투자유한회사, 투자합자회사, 투자유한책임회사가 있고, 조합형태의 집합투자기구로는 투자합자조합, 투자익명조합이 있다.

또한 법적 구조에 따라 신탁형, 조합형, 회사형이 있고, 집합투자재산의 운용대상에 따라 증권집합투자기구, 부동산집합투자기구, 특별집합투자기구, 혼합자산집합투자기구, 단기금융집합투자기구가 있다(「자본시장법」 제229조). 또한 특수한 형태의 집합투자기구로서 환매금지형집합투자기구(「자본시장법」 제230조), 종류형집합투자기구(「자본시장법」 제231조), 전환형집합투자기구(「자본시장법」 제232조), 모자형집합투자기구(「자본시장법」 제233조), 상장지수집합투자기구(「자본시장법」 제234조)가 있다.

(3) 집합투자재산

집합투자재산이란 집합투자기구의 재산으로서 투자신탁재산·투자회사재산·투자유한회사재산·투자합자회사재산·투자유한책임회사재산·투자합자조합재산·투자익명조합재산을 말한다(「자본시장법」 제9조 제20항).

(4) 집합투자증권

집합투자증권이란 집합투자기구에 대한 출자지분(투자신탁의 경우에는 수익권을 말한다)이 표시된 것을 말한다. 집합투자기구에 대한 출자지분이나 수익권이 표시된 것이므로 집합투자기구와 관련 없는 출자지분이나 수익권이 표시된 것은 집합투자증권에 해당하지 않는다.[2]

「자본시장법」은 금융투자상품을 증권과 파생상품으로 크게 구분하고 증권으로는 채무증권, 지분증권, 수익증권, 투자계약증권, 파생결합증권, 증권예탁증권으로 구분한다. 파생상품은 장내파생상품과 장외파생상품으로 구분한다(「자본시장법」 제4조 제2항).

또한 「자본시장법」상 증권이란 내국인 또는 외국인이 발행한 금융투자상품으로서 투자자가 취득과 동시에 지급한 금전 등 외에 어떠한 명목으로든지 추가로 지급의무(투자자가 기초자산에 대한 매매를 성립시킬 수 있는 권리를 행사하게 됨으로써 부담하게 되는 지급의무를 제외한다)를 부담하지 아니하는 것을 말한다(「자본시장법」 제4조 제1항).

그런데 집합투자기구에 대한 출자지분(투자신탁의 경우에는 수익권을 말한다)이 표시된 것을 집합투자증권이라고 하는데 위의 분류에 따르면 어디에 소속되는 증권인지 문제된다.

우선 집합투자증권은 투자신탁의 경우에는 수익증권(「자본시장법」 제4조 제2항 제3호)을 말하고, 그 밖의 경우에는 출자지분이 표시된 것으로서 「자본시장법」 제4조 제2항 제2호의 지분증권을 말하는 것으로 볼 수 있다.

(5) 집합투자규약 및 집합투자자 총회

집합투자기구가 내부 구성원 간에 맺는 계약을 집합투자규약이라 하고, 이는 집합투자기구의 조직, 운영 및 투자자의 권리·의무를 정한 것으로서 투자신탁의 신탁계약, 투자회사·투자유한회사·투자합자회사·투자유한책임회사의 정관 및 투자합자조합·투자익명조합의 조합계약을 말한다(「자본시장법」 제9조 제22항). 집합투자자총회란 집합투자기구의 투자자 전원으로 구성된 의사결정기관으로서 수익자총회, 주주총회, 사원총회, 조합원총회 및 익명조합원총회를 말한다(「자본시장법」 제9조 제23항).

(6) 집합투자의 요소

집합투자는 2인 이상의 투자자로부터 모은 자산을 투자하는 것이고 집합투자는 투자자의 운용권을 배제하고 집합투자업자가 투자자로부터 일상적인 운용지시를 받지 않는다.

자산운용방법은 종래 「간접투자자산 운용업법」에서는 운용방법이 제한되어 있었으나 「자본시장법」은 재산적 가치가 있는 투자대상자산을 취득·처분, 그 밖의 방법으로 운용할 수 있다.

또한 자산운용결과가 투자자에게 배분되어 귀속되어야 한다. 이때 투자자는 운용결과가 배분되는 시점의 투자자를 말한다.[3]

(7) 집합투자기구의 업무 수행기관

집합투자업무는 자산의 운용업무, 자산의 보관 및 관리 업무, 판매업무, 일반사무관리 업무 등으로 구분할 수 있다.

운용업무는 투자신탁재산 및 투자익명조합재산의 경우에는 그 투자신탁 및 투자익명조합의 집합투자업자가 수행한다. 투자회사 등의 집합투자재산 운용업무는 회사 등의 법인이사(투자회사·투자유한회사), 업무집행사원(투자합자회사), 업무집행자(투자유한책임회사), 업무집행조합원(투자합자조합)인 집합투자업자가 수행한다(「자본시장법」 제184조 제2항).

집합투자재산의 보관 및 관리 업무는 신탁업자에게 위탁하여야 한다(「자본시장법」 제184조 제3항). 집합투자업자는 자신이 운용하는 집합투자재산을 보관·관리하는 신탁업자가 되어서는 아니 된다(「자본시장법」 제184조 제4항).

판매업무는 투자신탁·투자익명조합의 집합투자업자 또는 투자회사 등은 집합투자기구의 집합투자증권을 판매하고자 하는 경우에는 투자매매업자와 판매계약을 체결하거나 투자중개업자와 위탁판매계약을 체결하여야 한다. 다만 투자신탁·투자익명조합의 집합투자업자가 투자매매업자·투자중개업자로서 자기가 운용하는 집합투자기구의 집합투자증권을 판매하는 경우에는 판매 계약 또는 위탁판매계약을 체결하지 않아도 된다(「자본시장법」 제184조 제5항).

일반사무관리는 투자회사 주식의 발행 및 명의개서, 투자회사 재산의 계산, 법령 및 정관에 의한 통지 및 공고, 이사회 및 주주총회의 소집 및 개최, 의사록 작성 등에 관한 업무를 말하는데 투자회사는 이러한 업무를 일반사무관리회사에 위탁하여야 한다(「자본시장법」 제184조 제7항). 투자회사는 「상법」상 주식회사에 해당하지만 상근임원 또는 직원을 둘 수 없으며 본점 이외의 영업소를 설치할 수 없는 페이퍼컴퍼니이기 때문에 일반사무관리회사에 위탁하도록 한 것이다.

3. 신탁형 집합투자기구의 법률관계

(1) 신탁계약의 체결

투자신탁을 설정하고자 하는 집합투자업자는 위탁자로서 신탁업자와 신탁계약을 체결하여야 한다(「자본시장법」 제188조 제1항). 집합투자업자가 신탁업자가 아닌 자와 신탁계약을 체결한 경우에는 그 신탁계약은 무효로 된다. 투자는 집합투자증권을 매수함으로써 투자신탁의 법률관계에 참여한다.[4]

(2) 신탁계약서 기재사항

신탁계약서에는 집합투자업자 및 신탁업자의 상호, 신탁원본의 가액 및 수익증권의 총좌수에 관한 사항, 투자신탁재산의 운용 및 관리에 관한 사항 등을 기재한다(「자본시장법」 제188조 제1항).

(3) 신탁계약의 변경

신탁계약을 변경하고자 하는 경우에는 신탁업자와 변경계약을 체결한다(「자본시장법」 제188조 제2항). 신탁계약의 변경에는 원칙적으로 수익자의 동의를 얻을 필요가 없다. 이러한 범위에서 「민법」 제541조는 그 적용이 제한된다. 다만 중요사항의 변경에는 수익자 총회의 결의를 거쳐야 한다. 중요사항으로는 집합투자업자·신탁업자 등이 받는 보수, 그 밖의 수수료 인상, 신탁업자의 변경, 신탁계약기간의 변경 등이다(「자본시장법」 제188조 제2항 단서).

(4) 신탁계약의 해지

신탁계약의 해지란 신탁계약을 장래에 향하여 소멸시키고 신탁관계를 종료시키는 일방적 단독행위를 말한다. 신탁계약의 해지는 임의해지와 법정해지가 있다. 해지권자는 집합투자업자만 가지고, 신탁업자는 해지권을 행사할 수 없다.

4. 집합투자증권의 판매채널

집합투자증권의 판매는 투자매매업자, 투자중개업자가 영위할 수 있고, 금융투자업자는 투자권유대행인에게 투자권유를 위탁할 수 있다(「자본시장법」 제51조).

이러한 판매채널은 대면 채널보다 비대면 판매채널이 증가하고 이러한 추세를 반영하여 펀드슈퍼마켓이 등장하였다.

5. 펀드슈퍼마켓

(1) 의의

펀드슈퍼마켓이란 한마디로 고객이 구입할 수 있는 펀드가 진열된 가상의 공간을 말한다. 즉, 여러 자산운용사가 출시한 펀드를 손쉽게 만날 수 있는 사이버상의 펀드투자 플랫폼이다. 공정하고 객관적인 정보를 바탕으로 투자자 스스로 선택하고 매매하는 투자자 중심의 새로운 펀드시장이다. 부동산 경기 침체, 100세 시대 도래에 따른 노후대비 필요성 등을 감안할 때, 펀드시장의 활성화는 자본시장의 발전은 물론 개별 경제주체의 자산증식을 위해서도 반드시 필요하다. 정부도 이에 따라 펀드시장 활성화의 큰 제약요인으로 지적되어온 펀드 판매채널의 획기적 개선책을 강구하고 있고, 온라인 펀드슈퍼마켓을 출범시켰다.

(2) 주요 특징

펀드슈퍼마켓은 원칙적으로 시중에 출시되는 모든 공모펀드를 판매할 예정이다. 펀드에 가입하려는 투자자는 금융회사 창구를 방문할 필요 없이 펀드슈퍼마켓에 접속하여 다양한 펀드상품을 비교하는 것이 가능하다. 또한 펀드가입 시 받는 선취수수료를 원칙적으로 면제하고, 펀드보수도 현행 오프라인 펀드에 비해 1/3 수준만을 받는다. 누구든지 자신이 선호하는 유형의 펀드를 쉽게 비교·선택할 수 있도록 검색기능이 갖추어져 있다. 개인별 포트폴리오, 위험감수 성향 등을 입력하면 가장 적합한 펀드상품이 제시되는 프로그램을 운영하고 있다. 펀드슈퍼마켓은 다수의 자산운용사 등이 지분을 분산 소유함으로써 특정회사에 의한 지배가 불가능하다. 상품선정 및 배치 등에 있어서도 객관적 지표(평가등급, 수익률 등)를 기준으로 운용한다.

(3) 기대 효과 및 향후 정책과제

1) 투자자 측면

펀드에 가입하고자 하는 투자자는 누구든지 펀드슈퍼마켓을 통해 자신에게 가장 알맞은 펀드를 선택하고 가입할 수 있게 된다. 또한 투자자는 기존의 금융기관 창구를 통해 펀드에 가입할 때보다 훨씬 싼 수수료와 보수를 지불하고 펀드투자가 가능하게 되며,

이는 궁극적으로 펀드 수익률을 제고하는 효과로 이어질 것이다.

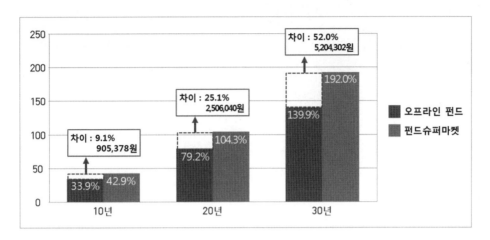

* [가정] 1. 투자 원금: 10,000,000원, 2. 펀드수익률: 연 4%, 3. 오프라인펀드 판매보수 1%, 펀드슈퍼마켓 판매보
   수 0.35%
※ 출처: 펀드온라인코리아

펀드슈퍼마켓 도입 시 수익률 제고 효과 추정

한편, 판매자가 판매회사에 종속됨에 따른 구조적인 이해상충 문제가 해소됨으로써, 투자자는 보다 중립적·전문적인 투자자문서비스를 제공받을 수 있을 것으로 기대된다.

2) 자산운용업계 측면

자산운용회사는 판매채널 확보에 대한 부담이 줄어들고, 다양하고 창의적인 상품을 개발하여 판매할 수 있는 영업환경을 확보할 수 있게 된다. 특히 판매망이 취약하여 금융지주계열 등 대형 자산운용사에 비해 애로가 큰 중소형 자산운용사 등에게는 영업 활성화의 중요한 계기로 작용할 수 있을 것으로 기대된다. 펀드슈퍼마켓을 통해 펀드투자가 활성화될 경우 금융자산의 은행 예·적금 편중현상 개선에 도움을 줄 것으로 기대되며, 이는 궁극적으로 은행과 금융투자업의 균형적 발전에 기여할 것이다. 또한 침체국면을 지속하고 있는 자본시장의 활력 제고에도 도움이 될 전망이다. 우리나라에는 집합투자증권의 투자매매와 중개업무를 수행하는 온라인 채널인 펀드온라인코리아가 2013년 9월 25일에 설립되었다.

(4) 펀드슈퍼마켓 관련 정부정책 동향

1) 펀드슈퍼마켓 설립 추진 관련 금융당국 입장

2013년 11월 26일 금융위원회는 자산운용업계가 공동으로 설립한 펀드온라인코리아(일명 '펀드슈퍼마켓')가 투자매매업, 투자중개업 예비인가를 신청해옴에 따라 가급적 신속히 설립 인가할 방침을 밝히면서, 온라인 펀드슈퍼마켓은 펀드시장의 활성화에 기여할 것으로 보았다.[5]

이에 따라 금융위원회는 2014년 4월 16일 펀드온라인코리아의 금융투자업(투자매매업 및 투자중개업) 인가를 내줌으로써 국내 최초의 펀드 판매 전문채널이 출범하게 되었다.[6]

2) 온라인 채널 펀드 판매 활성화 방안 강구

최초의 펀드슈퍼마켓이 등장한 이후, 펀드슈퍼마켓을 통한 온라인 펀드 판매는 투자자에게 '높은 시·공간적 접근성'과 '상대적으로 낮은 수수료'라는 혜택을 제공할 수 있는 장점이 있으나, 온라인 전용펀드의 소극적 설정·판매로 온라인 펀드의 큰 혜택인 낮은 판매보수·수수료 향유가 곤란하다는 문제가 제기되었고, 또한 투자자 보호에도 미흡하다는 지적이 있었다.

이에 따라 금융위원회는 2017년 4월 3일 온라인 펀드시장 활성화를 위하여 다음과 같은 개선방안을 발표하였다. 즉, 1) 공모 개방형 증권펀드(ETF 제외)를 신규 설정·설립하는 경우 온라인 전용펀드도 함께 설정하도록 유도하고, 기존 펀드에 대해서는 온라인을 통해 판매하는 경우 온라인 전용펀드를 별도로 설정하여 판매하도록 유도하기로 하였으며, 2) 다양하고 좋은 펀드상품이 펀드슈퍼마켓을 통해 저렴하게 투자자들에게 공급될 수 있도록 유도하기로 하였고, 3) 펀드 판매채널 간의 경쟁 촉진 및 다양화를 통한 펀드 온라인 판매서비스의 품질을 개선하기로 하였으며, 4) 온라인을 통한 펀드 가입 시에도 투자자의 투자성향에 맞는 적합한 정보를 알기 쉽게 제공하도록 개선하기로 하였다.[7]

3) 소결

금융당국은 온라인 펀드 판매채널인 펀드슈퍼마켓이 활성화됨으로써, 그동안 침체되었던 펀드시장을 살릴 수 있을 것으로 판단하였고, 지금도 마찬가지 판단을 하고 있는 것으로 보인다. 따라서 금융당국은 온라인 펀드 저변 확대를 위한 펀드슈퍼마켓 발전

방침은 지속적으로 유지할 것으로 기대된다.

(5) 펀드다모아

금융투자협회는 전자공시시스템으로 펀드다모아를 운용하고 있다. 펀드다모아는 펀드의 수익률을 기준으로 쉽고 간편하게 펀드를 비교할 수 있도록 전자공시서비스의 주요 정보를 발췌하여 만든 웹페이지이다.

펀드다모아의 주요 특징으로는 1) 펀드를 유형별로 분류하여 1년 수익률 기준 상위 50개의 펀드가 내림차순으로 정렬되고, 2) 기존의 전자공시서비스와의 연계를 통하여 투자자의 선택에 따라 펀드 및 운용사·판매사에 관한 정보 조회기능이 가능하며, 3) 펀드 판매사명 클릭 시, 해당 판매사 홈페이지로 연결할 수 있다.

III. 금융상품 자문업

1. 서설

금융상품의 복잡·다양화 추세 및 저금리·고령화 시대의 본격적 도래로 인해 개인의 라이프사이클을 반영한 맞춤형 자산관리 자문에 대한 수요가 증가하고 있다. 또한 소비자의 금융상품 선택을 지원하는 전문적·중립적 자문서비스의 중요성도 대두하고 있다. 최근 개인종합자산관리계좌(ISA) 등 금융업을 아우르는 복합금융상품 도입, 연금 등 장기상품 확대에 따라 자문서비스에 대한 수요는 더욱 커질 전망이다.

그러나 우리나라의 경우 금융소비자가 손쉽게 이용할 수 있는 전문적이고 중립적인 자문시장이 부족한 실정이다. 자문은 1:1 맞춤형 서비스를 특징으로 하는 고비용 구조로서, 주로 고액·기관투자자를 중심으로 제공하고 있다. 이에 소비자들은 금융상품 제조·판매 회사의 투자권유에 의존하여 상품을 구매하고 있으나 전문성·중립성 부족 등으로 소비자 이익에 충실하지 못한 문제점이 드러나고 있다.

한편, 영국, 호주 등 해외 주요 선진국에서는 자문서비스 활성화와 자문의 질 제고를 위한 정책적 노력을 지속 추진하고 있다. 특히 글로벌 금융위기를 계기로 판매채널의 이익 위주로 금융상품을 판매하는 문제가 부각되면서 자문기능을 강화하는 추세이다.

2. 자문업의 제공 주체

자산관리 자문서비스는 투자자문사, 은행·증권의 Private Banking 부서 등에서 제공하고 있지만, 기관·고액자산가 위주로 이루어져 일반인이 이용하기 어렵고, 주로 판매사 입장의 업무를 수행한다. 투자자문사의 경우 2015년 말 현재 170개 사가 「자본시장법」상 투자자문사로 영업하고 있으나, 개인에 대한 자문서비스는 활성화되지 못하고 있다. 개인에 대한 자문서비스는 일반적으로 투자일임업을 함께 영위하며 주로 기관투자자가 보유한 자금에 대한 주식·채권 중심의 운용자문을 제공하고 있다. Private Banking은 은행, 증권사 등에서 고액 자산가를 대상으로 금융상품, 부동산을 중심으로 자문을 제공하고 있다. 고객 유지·관리 차원의 판매부수적 서비스로 인식하고 자기회사나 계열사 상품 위주로 포트폴리오를 설계하여 제공한다. 무료 서비스를 표방하지만, 자문의 결과가 해당 상품 구매로 이어져 판매보수·수수료에 포함하여 수취하는 경향이다.

또한 보험의 경우 주로 보험대리점 소속 재무설계사(투자권유대행인)를 통해 고객에게 생애설계 및 은퇴설계에 필요한 자산관리자문을 제공하고 있다. 별도 자문료를 수취하지만, 그보다는 재무설계 자문의 결과 등을 반영한 보험·펀드 등의 판매 수입이 주된 수익원이다.

〈자문/판매서비스 제공 주체별 특징 비교〉

구분	제공주체	접근성	전문성	중립성	자문대상상품범위
자문	투자자문사	×	○	○	주식·채권위주
	은행·증권 PB	×	○	×	자사 판매상품
	재무설계회사	△	○	×	자사 취급상품 위주
판매	금융회사판매창구	○	△	×	자사 판매상품

3. 자산관리서비스 주체로서 투자자문업 및 투자일임업

(1) 서설

오늘날 각 개별 경제주체와 기업 나아가 정부 등 모든 경제주체가 금융자산의 증가에 따라 금융자산을 활용한 여러 가지 투자처를 찾아 나서고 자산의 지출과 수익성, 자금의 집행계획 및 실행 등 자산관리에 필요한 여러 활동이 필요하다. 자산을 관리하는 형태는 자신이 직접 투자 판단을 수행하여 투자하는 방법과 투자자문을 받아 투자 여부를 결정하는 방법 또는 아예 투자를 제3자에게 위임하는 방법을 생각할 수 있다.

　금융회사는 직접적으로 개별경제 주체가 자산관리를 수행하는 경우를 제외하고 자산관리의 수요자에게 자문서비스를 제공하거나 투자일임을 받거나 수탁을 받아 자산관리 업무를 수행하게 되는데 이와 관련된 대표적인 금융업종으로는 투자자문업과 투자일임업 등이 있다.

(2) 투자자문업

1) 의의

　투자자문업이란 금융투자상품, 그 밖에 대통령령으로 정하는 투자대상자산의 가치 또는 금융투자상품등에 대한 투자판단(종류, 종목, 취득·처분, 취득·처분의 방법·수량·가격 및 시기 등에 대한 판단을 말한다)에 관한 자문에 응하는 것을 영업으로 하는 것을 말한다.

2) 자문대상 자산

(가) 금융투자상품

　금융투자상품이란 이익을 얻거나 손실을 회피할 목적으로 현재 또는 장래의 특정(特定) 시점에 금전, 그 밖의 재산적 가치가 있는 것을 지급하기로 약정함으로써 취득하는 권리로서, 그 권리를 취득하기 위하여 지급하였거나 지급하여야 할 금전 등의 총액(판매수수료 등 대통령령으로 정하는 금액을 제외한다)이 그 권리로부터 회수하였거나 회수할 수 있는 금전 등의 총액(해지수수료 등 대통령령으로 정하는 금액을 포함한다)을 초과하게 될 위험이 있는 것을 말한다(「자본시장법」 제3조 제1항). 금융투자상품은 증권과 파생상품으로 구분하고 파생상품은 장내파생상품과 장외파생상품으로 구분한다(제3조 제2항).

(나) 그 밖에 대통령령으로 정하는 투자대상자산

　투자대상자산은 (i) 부동산, (ii) 지상권·지역권·전세권·임차권·분양권 등 부동산 관련 권리, (iii) 금융기관에의 예치금, (iv) 다음의 어느 하나에 해당하는 출자지분 또는 권리, 즉 i) 「상법」에 따른 합자회사·유한책임회사·합자조합·익명조합의 출자지분, ii) 「민법」에 따른 조합의 출자지분, iii) 그 밖에 특정사업으로부터 발생하는 수익을 분배받을 수 있는 계약상의 출자지분 또는 권리 및 (v) 다음의 어느 하나에 해당하는 금지금(「조세특례제한법」 제106조의3 제1항 각 호 외의 부분에 따른 금지금)을 말한다.

즉, i) 거래소가 그 매매를 위하여 개설한 시장에서 거래되는 금지금, ii) 은행이 그 판매를 대행하거나 매매·대여하는 금지금을 말한다.

3) 투자자문업에서 제외

불특정 다수인을 대상으로 발행 또는 송신되고, 불특정 다수인이 수시로 구입 또는 수신할 수 있는 간행물·출판물·통신물 또는 방송 등을 통하여 조언을 하는 경우에는 투자자문업으로 보지 아니한다(「자본시장법」 제7조 제3항).

'불특정인을 상대로'라는 것은 행위 당시에 상대방이 특정되지 않았다는 의미가 아니라, 그 행위의 대가인 금품 기타 재산상의 이익에 주목적을 두고 상대방의 특정성을 중시하지 않는다는 의미라고 보아야 한다.[8]

4) 투자자문업자

투자자문업자란 금융투자업자 중 투자자문업을 영위하는 자를 말한다. 투자자문업을 영위하고자 하는 자는 금융위원회에 등록하여야 한다(「자본시장법」 제18조 제1항).

이러한 투자자문업은 사전에 등록하여야 하며 등록요건으로는 (i) 일정한 법적 형태를 갖출 것, (ii) 업무단위별로 적절한 자기자본을 갖출 것, (iii) 인적 설비를 구비할 것, (iv) 임원의 결격사유가 없을 것, (v) 대주주 자격 등을 갖출 것, (vi) 일정한 건전한 재무상태와 사회적 신용을 갖출 것, (vii) 이해상충방지체계를 구축할 것 등이 있다(「자본시장법」 제18조 제2항 제1호~제6호).

투자자문업자의 법적 형태로는 「상법」에 따른 주식회사이거나 시행령으로 정하는 금융기관이어야 한다(「자본시장법」 제18조 제2항 제1호 가목).

이는 투자자의 보호를 위하여 영업의 건전성과 재무안정성 및 전문성을 확보하기 위한 것으로 이해된다. 자기자본은 업무단위별로 적절한 자기자본을 갖추어야 하는데 구체적인 자기자본금액은 인가업무 단위별로 1억 원 이상으로 시행령에서 정하고 있다(자본시장법시행령 제21조 제1항 별표3) 예컨대 일반투자자를 상대로 모든 투자자산을 대상으로 할 경우 요구되는 자본금은 8억 원이 된다. 한편, 인적 설비요건과 관련해서 일정 수의 투자권유자문인력을 상근 임직원으로 갖출 것을 요선으로 하고 있다(「자본시장법」 제18조 제2항 제3호).

〈대법원 2008. 9. 11. 선고 2006다53856 판결〉[9]

(1) 투자일임계약에 의하여 고객의 자산을 관리하는 투자자문회사가 고객에 대하여 부담하는 선관주의의무의 내용 및 어느 특정한 투자방식의 채택이 선관주의의무 위반으로 평가되는지 여부의 판단 기준

투자일임계약에 의하여 고객의 자산을 관리하는 투자자문회사는 고객에 대하여 부담하는 선관주의의무의 당연한 내용으로서 우선 고객의 투자목적·투자경험·위험선호의 정도 및 투자예정기간 등을 미리 파악하여 그에 적합한 투자방식을 선택하여 투자하여야 하고, 조사된 투자목적에 비추어 볼 때 과도한 위험을 초래하는 거래행위를 감행하여 고객의 재산에 손실을 가한 때에는 그로 인한 손해를 배상할 책임이 있으나, 고객의 투자목적 등은 지극히 다양하므로, 어느 특정한 상품에 투자하거나 어떠한 투자전략을 채택한 데에 단지 높은 위험이 수반된다는 사정만으로 일률적으로 선관주의의무를 위반한 것이라고 단정할 수는 없다. 즉, 고객이 감수하여야 할 위험과 예상되는 수익은 당연히 비례하기 마련인데, 주식은 물론 가격 등락이 극심한 파생상품 투자에서 가격변동에 따른 위험은 불가피한 것으로서 포트폴리오의 구성에 의하여 예상 가능한 모든 혹은 대부분의 위험을 분산하거나 전가하는 데에는 한계가 있을 뿐 아니라 설령 그것이 가능하다 하여도 수익률의 희생이 수반될 수밖에 없으므로, 예상 가능한 모든 위험에 완벽하게 대처하면서 동시에 높은 수익률이 실현될 것을 기대할 수는 없는 것이고, 투자목적 등에 비추어 상대적으로 높은 수익률을 기대하거나 요구하면서 동시에 가격 등락에 따른 불가피한 손실로부터 자유로울 것을 기대할 수는 없다. 결국, 어느 특정한 투자방식을 채택한 것이 선관주의의무 위반으로 평가되는지 여부는 고객이 투자목적 등에 비추어 어느 정도의 위험을 감수할 것인가 하는 측면과 투자일임을 받은 회사의 투자가 어느 정도의 위험을 내포하고 있는 것인가 하는 측면을 비교·검토하여 조사된 고객의 투자목적 등에 비추어 볼 때 과도한 위험을 초래하는 거래행위에 해당하는지 아닌지에 따라 가려져야 한다.

(2) 투자일임계약에 의하여 고객의 자산을 관리하는 투자자문회사의 담당자들이 옵션상품에 투자하면서 일부 거래에서 주가지수 변동에 대한 예측을 잘못한 경우 선관주의의무 위반 여부

투자일임계약에 의하여 고객의 자산을 관리하는 투자자문회사가 주가지수 옵션상품 투자에 구사한 스트랭글 또는 레이쇼 스프레드 매도 전략은 주가지수가 예상과 달리 큰 폭으로 변동하는 경우에는 큰 폭의 손실을 볼 수 있으나, 이는 어디까지나 확률과 그에 입각한 투자판단의 문제로서 사전에 조사한 위 고객의 투자목적 등에 비추어 적합성을 잃은 것으로 보기 어렵고, 위 회사의 투자일임 담당자들이 일부 거래에서 주가지수 변동에 대한 예측을 잘못함으로써 고객에게 상당한 규모의 손실을 입혔더라도 그것이 본질적으로 상품가격의 불가예측성과 변동성에 기인하는 것인 이상 그것만으로 선관주의의무를 위반하였다고 볼 수 없다.

(3) 투자일임업

1) 의의

투자일임업이란 투자자로부터 금융투자상품등에 대한 투자판단의 전부 또는 일부를 일임받아 투자자별로 구분하여 그 투자자의 재산상태나 투자목적 등을 고려하여 금융투자상품등을 취득·처분, 그 밖의 방법으로 운용하는 것을 영업으로 하는 것을 말한다(「자본시장법」 제6조 제7항). 여기서 투자판단이란 금융투자상품의 종류, 종목, 취득·처분, 취득·처분의 방법·수량·가격 및 시기 등에 대한 판단을 말한다.

2) 투자일임업자

투자일임업자는 투자결정에 관한 권한을 투자자로부터 위임을 받으므로 투자자 보호를 위하여 자기자본, 인적요건에 있어서 투자자문업자보다 강화된 요건이 적용된다.

투자일임에는 매매 등 자산의 운용은 물론 자산의 보관 및 관리(배당금과 이자의 수령 등), 자산운용에 따른 각종 보고 등의 업무도 포함된다. 이러한 투자일임업을 영위하기 위해서는 사전에 등록하여야 하며, 등록요건은 앞에서 소개한 투자자문업의 요건과 대동소이하나 투자자문은 투자결정에 관한 결정권한이 고객 자신에게 있는 반면, 투자일임업은 투자일임업자에게 이에 관한 재량권이 부여되어 있는 점을 고려하여 「자본시장법」상 투자일임업에 대해서는 투자자문업의 등록요건에 더하여 자기자본, 투자운용전문인력 등에 있어 더 강화된 등록요건을 부과하고 있다(「자본시장법」 제18조 제2항, 「자본시장법 시행령」 제21조).

한편, '투자일임업'이란 전술한 바와 같이 투자자로부터 금융투자상품 등에 대한 투자판단의 전부 또는 일부를 일임받아 투자자별로 구분하여 그 투자자의 재산 상태나 투자목적 등을 고려하여 금융투자상품 등을 취득·처분 그 밖의 방법으로 운용하는 것을 업으로 하는 것을 말하는바, 투자자문업과 마찬가지로 종래 금융투자상품으로 한정되어 있던 투자일임자산의 범위가 투자자문자산과 동일하게 확대되었다.

4. 자산관리서비스 제고를 위한 제도 개선 방향

(1) 기본방향

투자자문업 활성화를 위한 노력을 경주하고 있는데 기본적인 방향은 첫째, 일반인도 전문적이고 중립적인 자문서비스를 제공받는 등 금융상품에 대한 자문이 활성화될 수 있는 제도적 기반을 마련하는 것이고, 둘째, 로보어드바이저 등 온라인 기반의 저렴하고 혁신적인 자문서비스가 발전해나갈 수 있도록 규제를 획기적으로 완화하는 것이다. 셋째, 금융상품 자문채널과 판매채널을 유기적으로 연결하여 자문에 대한 접근성을 높이고 소비자의 편의성을 제고하는 것이다.[10]

(2) 자문업자의 진입장벽 완화

「자본시장법」상 투자자문업자로 등록하기 위한 자본금 요건은 일반투자자 대상이 5억 원 수준이다. 또한 전업자문사의 업무영역 확보와 자문의 독립성 등을 감안하여 은행의 자문업 겸영을 제한하는 등 진입장벽이 존재한다.[11]

개선방안으로 예금, 펀드, 파생결합증권 등으로 범위를 한정한 투자자문업 등록단위를 신설하고, 자본금을 5억 원에서 1억 원으로 완화하며, 대신 자문업자의 전문성과 소비자 신뢰 확보를 위해 기존 자문업 대비 경력요건 추가 등 인적요건을 강화하고, 장기적으로는 법인이 아닌 개인의 자문업 진출도 허용하는 것이다.

또한 은행에 대해 이번에 신설하는 투자자문업(자본금 1억 원) 영업범위로 한정된 자문업 겸영을 허용해주는 것이 필요하다. 다만 주식, 채권 등에 대한 자문은 이해상충 소지가 있는 점을 감안하여 기존 투자자문사가 주로 영위하던 주식·채권·파생상품 운용자문은 제한한다. 이를 위해서는 「자본시장법 시행령」 별표1을 개정하는 것이 필요하다.

(3) 독립투자자문업 제도 도입

금융상품 판매채널은 자기회사 및 계열사가 제공하는 상품 중심의 일회성 판매서비스를 위주로 하고 있어 소비자 입장 대변이 미흡하다. 이에 따라 자문업이 활성화되더라도, 제조·판매 등의 겸영이 제한되지 않아 자사상품 위주의 자문을 제공할 가능성이 존재한다. 이러한 문제점을 해소하기 위해서는 판매회사와 절연되어 중립적·전문적 자문을 제공함으로써 소비자가 신뢰할 수 있는 자문채널을 육성할 필요가 있다.

그 구체적인 방법으로 금융상품 제조·판매회사에 소속되지 않고 중립적인 위치에서 금융상품 자문을 제공하는 독립투자자문업(IFA: Independent Financial Advisor) 제도를 도입하고 금융상품 제조·판매회사로부터 구조적으로 독립성을 확보할 수 있도록 엄격한 요건을 요구할 필요가 있다.

또한 자문업무에 필요한 전문성 유지와 윤리성 제고를 위해 기존 투자자문업자에 비해 사후교육을 강화하고, 독립자문업자는 '독립성'을 표시하거나 홍보할 수 있도록 하여 여타 자문업자와 차별화하고 소비자가 인지할 수 있도록 유도한다. 그리고 소규모 인력 중심인 자문업자가 부담 없이 자문에 특화할 수 있도록 후선 업무에 대한 업무위탁 활성화를 위한 가이드라인을 마련하고 개방형 판매채널과의 연계 등을 지원할 필요성이 있다.

(4) 자문서비스 제공에 따른 투자자 보호장치 마련

투자자문업 규제는 주식 매매 자문 중심으로 이루어져, 금융상품 선택에 대한 자문 관련 투자자 보호 장치는 미흡하다. 주로 일임업을 겸영한다는 전제하에 일임재산 운용과 관련한 규제만 존재한다. 현행 「자본시장법」에 의하면 자문 제공 시 선관주의, 충실의무 등 일반원칙만 존재하며 자문행위 자체에 대한 구체적 투자자 보호 규제는 없다.

이에 따라 자문업자가 지켜야 할 투자자 보호장치를 체계적으로 정립하여 「자본시장법」상 충실의무를 구체화하는 모범규준을 마련할 필요가 있다.

이를 구체적으로 살펴보면

(i)   자문업자가 고객이익을 최우선으로 고려할 수 있도록 현행 「자본시장법」상 행위준칙을 보다 구체화한다. 이를 위해서는 ① 투자자의 연령·위험 감수능력·투자 목적·소득수준 등 투자자 정보를 충분히 파악하고 이에 적합한 방식으로 자문을 제공하도록 한다(「자본시장법」 제46조). ② 자문업자가 취급한다고 공시한 자문대상범위, 즉 자문서비스를 제공할 수 있는 금융상품의 종류, 취급대상상품의 제조·판매사가 제한되어 있는 경우 그 구체적 범위에 속하는 상품을 충분히 비교분석하여 파악된 투자자 정보를 바탕으로 최적의 상품을 추천하도록 한다. ③ 추천하는 상품의 주요 내용과 위험을 투자자가 이해할 수 있도록 충실히 설명하여야 하며, 자문계약 이후의 자문 제공 시에도 해당 의무를 적용한다. ④ 특정 상품을 추천한 근거를 기록·보관하도록 한다.

(ii)　자문의 대가는 고객으로부터 받도록 하고, 고객 자산규모, 자문 제공 횟수 등 포트폴리오의 내용에 관계없이 중립적인 방식으로 부과한다. 다만 포트폴리오 내 특정 상품 포함 여부 등에 따라 자문료를 차등화하는 것은 제한한다. 독립자문업자가 아닌 자문업자의 경우에는 고객이 지불하는 자문보수 이외에 제조·판매업자로부터 받는 지원을 금지하지는 않지만, 그 내용을 소비자가 알 수 있도록 구체적으로 공시하도록 한다.

(iii)　자문업자의 자문에 영향을 미칠 수 있는 요인을 공시하고 자문계약 체결 이전에 설명하도록 의무화한다. 즉, 공시내용의 주요사항은 다음과 같다. ① IFA가 아닌 자가 IFA임을 표방하는 것을 금지, ② 자문서비스를 제공할 수 있는 금융상품의 종류, 취급대상상품의 제조·판매사가 제한되어 있는 경우 그 구체적 범위, ③ 자문업자가 제공하는 서비스의 구체적 내용과 자문서비스 제공 절차, ④ 자문보수의 규모와 산정기준, 제조·판매업자로부터 받는 일체의 간접적·비금전적 보상 등 이해상충 가능성이 있는 보상의 규모와 유형, ⑤ 판매·자문 겸영 시 겸영사실, 임직원 겸직 여부, 제조·판매업자와의 각종 거래관계, 제휴를 맺은 판매업자의 명칭과 제휴의 구체적 내용 등이다.

(5) 은행 등 판매채널의 자문업 겸영 관련 행위규범 마련

현재 은행·증권 등 판매회사는 금융상품을 판매하는 과정에서 특정상품 선택과 관련한 추천·조언을 제공하고 있다. 이는 '자문'의 실질과 유사하지만, 특정상품 판매실적과 연동된 판매보수·수수료를 수취하는 '판매'의 일환이다. 판매수익 극대화를 위해 수수료가 높은 상품 위주로 추천하는 경향이다. 겸영업자의 경우 판매과정에서 자문이 내재되어 있지만, 판매와 자문행위 간 구별이 어려워 적절한 행위준칙 적용이 곤란하므로 판매채널의 자문업 겸영 허용에 맞추어, 판매채널의 자문 제공방식과 이에 따른 의무와 보수 규제를 정립할 필요가 있다.

판매·자문 겸영회사가 제공하는 판매와 자문의 구분은 판매회사가 제공하는 상품추천은 기존과 같이 '판매'로 간주하고 기존 판매회사에서 이루어지던 관행을 그대로 인정하되 판매보수·수수료만 수취하고, 판매관련 규제를 적용한다. 판매절차는 고객에 대한 상품 추천, 고객의 상품 선택, 판매계약 체결의 순으로 이루어진다.

고객이 자문업을 겸영하는 판매회사에서 자문을 받겠다는 의사를 표시한 경우에는

'자문'에 해당하고 자문보수만 수취하며, 자문 관련 규제를 적용한다. 자문절차는 자문계약을 체결하며 상품을 추천하고 설명한다.

한편, 은행 등이 금융상품을 판매하면서 자문을 구분하여 보수를 받겠다고 하는 경우에는 자문에는 자문보수·규제를, 판매에는 판매보수·규제를 적용한다. 소비자가 제공받는 서비스를 명확히 인지할 수 있도록 자문 및 판매서비스의 내용과 보수를 구분하여 설명하도록 의무화한다.

(6) 자문업자의 업무범위 확대

자문은 금융상품에 대한 정보 제공을 통해 소비자의 선택을 지원하는 것으로 상품구조가 복잡하거나 가입 기간이 긴 장기 상품일수록 그 필요성이 점증하고 있다. 「자본시장법」상 투자자문업자는 금융상품 중 금융투자상품과 예금 등에 대한 자문만이 가능하다.

이에 따라 개선방안으로 금융투자상품, 예금, 보험 등 모든 금융상품에 대한 종합적·포괄적 금융상품 자문이 가능하도록 하는 제도 개선을 검토하고, 전 금융상품에 대한 자문을 제공하는 금융상품 자문업자 제도를 고려할 필요가 있다.

(7) 온라인 일임 자문업의 단계적 허용

투자자문·일임계약은 온라인 계약 체결이 허용되지 않아 투자자들의 금융회사 방문이 필수적이다. 특히 로보어드바이저를 활용한 자문이 활성화되기 위해서는 계좌개설부터 재산운용까지 전 과정의 온라인·비대면화가 필요하다.[12]

자문계약과 일임형 ISA계약의 온라인 계약 체결을 허용하고, 로보어드바이저에 대한 유효성·적합성 검증 이후 고객에게 직접 자문을 제공(Front office)하는 자문계약까지 온라인 계약 체결을 확대하고, 중장기적으로 일임형 ISA와 같이 일정 요건을 갖춘 투자일임에 대해서는 온라인 계약 체결을 허용해주는 방안을 검토할 필요가 있다.

(8) 자문서비스의 이용편의성 제고

1) 자문 및 금융상품 구매에 대한 one-stop 프로세스 구축

자문과 판매가 동일주체가 아닌 별개의 주체에 의해 이루어짐에 따라, 자문을 받아 해당 금융상품을 구매하기 위한 절차가 번거롭다. 소비자는 자문사와 판매사를 각각 방문하여 자문과 구매계약에 필요한 투자권유절차 등을 중복적으로 거쳐야 하는 불편이 따른다.

개선방안으로 소비자가 자문부터 상품 구매까지 편리하게 이용할 수 있도록 자문업자 - 판매업자 - 소비자를 연결하는 one-stop 프로세스를 활성화하는 것이다. 구체적인 방안은 (i) 소비자는 직접 판매사에 방문하거나, 판매사의 온라인 판매채널을 통하여 자문사 선택 → 자문·투자중개계약 동시 체결, (ii) 은행·증권사 등 판매업자는 로보어드바이저, IFA 등 다수의 우수 자문사 풀을 보유하면서 개인별로 적합한 자문사를 매칭, (iii) 자문사는 연결된 투자자에게 1:1 맞춤형 자문을 제공, (iv) 판매업자는 그 자문사가 제공한 맞춤형 포트폴리오 및 금융상품을 해당 소비자 계좌에 그대로 실행(구매집행)하는 것이다.

세부적인 절차는 자문업자가 자문 내용을 고객에게 제시 → 고객이 승인(운용지시) → 자문내역이 판매사로 자동 전달 → 판매사 계좌에서 자동주문하는 절차로 진행한다.

이를 위해 자문과 판매에 각각 적용되는 규제와 비용의 중복요소를 제거하고 단순화하는 것이다. 자문 이후에 이루어지는 구매집행은 자문의 결과를 수동적으로 반영하는 것이므로 설명의무, 적합성 원칙 등 투자권유 규제를 배제할 필요성이 있다. 판매사는 판매보수 중 단순 집행판매 수수료만 수취를 유도한다.

2) 자문업자 업무지원을 위한 인프라 구축

전문인력 중심의 자문업자가 고객관리 등 일반사무처리보다는 자문업무에 전념할 수 있도록 인프라를 구축할 필요가 있다. 자문업자는 소수인력으로 창업하는 등 회사 규모가 작은 경우가 많아 자문서비스 제공에 필요한 전산설비 구비 등에 부담을 느낀다.

최근 일부 증권사 등에서 자문업자의 업무처리를 지원하는 서비스를 제공하는 플랫폼 구축을 검토 중에 있으나, 이러한 업무처리 기능을 위탁 가능한지 여부가 불분명하여 플랫폼 구축을 위한 위탁이 활성화되지 못하고 있다.[13]

이에 따라 자문업자가 자문에만 전념할 수 있도록 일반 사무처리 업무는 증권사 등 전문기관에 위탁할 수 있도록 허용하고, 증권사 등 위탁받은 기관은 자문업자로부터 직접적인 자문기능을 제외한 대다수 사무처리 업무를 아웃소싱받아 수행하는 것이다. 이를 위해, 자문업자가 일반 사무처리 업무를 위탁할 수 있도록 명확화하고, 인프라

이용에 대한 가이드라인을 제시하는 것이 필요하다.

※ 자문업자 지원 인프라의 주요 역할

① 고객정보 관리: 고객계정관리, 고객정보관리, 상품설명 프로세스

② 자문계약 관련 후단 업무: 자문사 보수 징수, 자문보고서 발송

③ 홈페이지 제작, 공시 프로세스 지원 등

④ 온라인 자문계약 체결 프로세스 제공

⑤ 자문내역관리: 자문사와 판매사 간 주문전달/체결 등의 Hub 기능

IV. 로보어드바이저

1. 서설

(1) 로보어드바이저의 개념

글로벌 핀테크 산업에서 가장 큰 비중을 차지하고 있는 영역 중의 하나가 개인자산관리 영역이다. 개인자산관리 수요는 개인의 금융자산의 증가로 적합한 투자대상과 수단을 정교화할 필요가 있다. 이러한 자산관리 수요증대와 더불어 정보통신기술(ICT)의 발달에 따라 빅데이터 분석과 함께 저렴한 비용으로 운용할 수 있는 로보어드바이저가 등장하였다.

로보어드바이저(Robo-Advisor, 이하 'RA'라고도 칭하기로 한다)란 로봇(Robort)과 어드바이저(Advisor)의 합성어이다. Robo-Advisor에 대한 명확한 정의는 없지만, 재무설계나 투자결정을 금융공학적 알고리즘(Algorithm)으로 자동화하여 온라인으로 제공하는 투자자문업자를 지칭한다. 다시 말하면 로보어드바이저란 거래자료들을 분석해 만들어진, 미리 프로그램된 규칙을 통해서 투자결정 및 자산배분을 하는 자동 프로그램을 지칭한다. 로봇과 어드바이저의 합성어이지만 단순히 조언을 하는 정도의 의미를 갖는 것이 아니라 자동적으로 자산의 배분 및 포트폴리오 구성, 매매, 자산의 조정을 진행하는 대상을 의미한다.

<FX 마진 거래 알고리즘 매매 관련>(금융위원회 유권해석)

<질의요지 1>

일임계약을 통한 FX마진거래 알고리즘 매매 업무 프로세스 관련하여,

1. 동일한 투자유형의 고객들의 일임재산을 하나의 해외계좌에 송금하여 시스템 트레이딩을 하는 경우 금지되는 집합운용에 해당하는지 여부
2. 투자일임업자의 해외송금/예탁이 가능한지 여부
3. 입법예고 전자적 투자조언장치의 각 요건을 충족하여야 하는지 여부

<이유>

1. 동일한 투자유형의 고객들의 일임재산을 하나의 해외계좌에 송금하여 시스템 트레이딩을 하는 경우 금지되는 집합운용에 해당하는지 여부

   ○ 금융투자업 규정 제4-77조 제4호에 따르면 일임재산 운용 시 집합주문은 원칙적으로 금지되어 있으나, 투자자의 연령·투자목적·소득수준 등을 유형화하여 각 유형에 적합한 방식으로 운용하는 경우에는 집합주문이 가능합니다.

   - 다만 질의하신 바와 같이 시스템 트레이딩(컴퓨터 프로그램 등을 활용하여 일정한 매매규칙을 사용하여 주식 등을 매매거래하는 것)을 통해 집합주문 등이 이루어지는 경우는 투자자의 연령·투자위험 감수능력·투자목적·소득수준 등의 요소를 유형화하여 운용하는 것에 해당한다고 볼 수 없을 것으로 판단됩니다.

2. 투자일임업자의 해외송금/예탁이 가능한지 여부

   ○ 「자본시장과 금융투자업에 관한 법률」(이하 「자본시장법」) 제98조 제1항 제1호 및 동조 제2항 제9호에 의하면 투자일임업자가 투자자로부터 재산을 보관·예탁받거나, 재산의 예탁 및 인출을 위임받는 것을 원칙적으로 금지하고 있습니다.

   ○ 질의하신 내용(고객 재산을 유형별로 해외계좌에 송금 및 예탁 후 시스템 트레이딩 하는 행위)의 경우 「자본시장법 시행령」에서 별도의 예외규정*을 두고 있지 않으므로 불공정 거래행위에 해당할 가능성이 있다고 판단됩니다.

   * 증권의 대차거래 또는 그 중개·주선이나 대리업무를 하기 위해 투자자의 동의를 받은 경우에 한해 투자일임재산 인출 행위를 위임받는 것이 예외적으로 가능(「자본시장법 시행령」 제99조 제2항 제3호의2)

3. 입법예고된 전자적 투자조언장치의 각 요건을 충족하여야 하는지 여부

   ○ 개정절차가 진행 중인 「자본시장법 시행령」 개정안에 따르면, 투자자 성향 분석, 분기별 리밸런싱, 분산투자 등 투자자 보호를 위한 일정 요건을 갖춘 자동화된 전산정보처리장치(이하 "전자적 투자조언장치")에 한해 투자운용전문인력을 대체하여, 직접 고객재산을 운용하는 등 일임업무를 수행할 수 있도록 규정하고 있습니다.

   - 따라서 질의하신 알고리즘이 투자운용인력을 대체하여 일임재산을 운용하는 등 일임업무를 수행하고자 하는 경우에는 해당 요건(테스트베드 통과 등)을 갖추어야 합니다.

<질의요지 2>

☐ 로보어드바이저 테스트베드에 참여하기 위해서는 로보어드바이저 알고리즘이 산출한 금융투자상품 포트폴리오를 금융투자업자 고유재산으로 매입해야 함

☐ 그러나 불건전영업행위 규제로 인해 조사분석자료를 생산하는 금융투자업자의 경우 그 조사분석자료가 분석한 금융투자상품을 일정 기간 동안 고유재산으로 매매할 수 없고 이해상충이 없는 예외적인 경우에만 고유재산을 활용한 매매가 허용됨

○ 아래와 같이 이해상충을 방지한 경우, 예외적으로 조사분석자료가 분석한 금융투자상품을 고유재산을 활용해 매매할 수 있는지에 대해 질의

- ① 로보어드바이저 알고리즘이 조사분석자료를 반영하지 않고 사전에 제작

- ② 로보어드바이저 알고리즘에 해당 회사가 공표한 조사분석자료의 내용을 반영하여 매매하는 명령체계가 존재하지 않을 것

- ③ 로보어드바이저 알고리즘 운용과정에서 사람의 개입이 없을 것

<답변>

☐ 조사분석자료 생산 부서와 임직원 겸직 등 정보교류차단장치가 완비된 부서에서 로보어드바이저 테스트베드 참여를 목적으로 사전에 정해진 로보어드바이저 알고리즘에 따라 사람의 개입 없이 금융투자업자 자기의 계산으로 금융투자상품을 매매하는 것은 「자본시장과 금융투자에 관한 법률 시행령」 제68조 제1항 제2호다목에 따른 불건전영업행위 예외사유에 해당하는 만큼,

○ 조사분석자료의 내용이 사실상 확정된 때부터 공포 후 24시간이 경과되기 전의 기간에 조사분석자료의 대상이 된 금융투자상품을 금융투자업자 자기의 계산으로 매매할 수 있습니다.

<이유>

☐ 투자매매중개업자가 금융투자상품의 가치에 대한 주장이나 예측을 담고 있는 자료를 투자자에게 공표함에 있어 조사분석자료의 내용이 사실상 확정된 때부터 공표한 후 24시간이 지나기 전까지는 해당 금융투자상품을 금융투자업자 자기의 계산으로 매매할 수 없는 것이 원칙입니다.(법§71ii)

☐ 그러나 공표된 조사분석자료의 내용을 이용하여 매매하지 아니하였음을 증명하는 경우에는 해당 기간내라도 금융투자업자 자기의 계산으로 당해 금융투자상품을 매매할 수 있습니다.(영§68①ii다)

☐ 그러나 공표된 조사분석자료의 내용을 이용하여 매매하지 아니하였음을 증명하는 경우에는 해당 기간 내라도 금융투자업자 자기의 계산으로 당해 금융투자상품을 매매할 수 있습니다.(영§68①ii다)

☐ 로보어드바이저 테스트베드에 참여하는 로보어드바이저 알고리즘이 다음과 같은 요건을 갖추었다면 조사분석자료의 내용을 이용하여 매매하지 않았음을 증명할 수 있을 것입니다.

① 로보어드바이저 운용부서와 조사분석자료 작성 부서 간의 엄격한 정보교류차단

② 로보어드바이저 알고리즘이 조사분석자료를 반영하지 않고 사전에 제작
③ 로보어드바이저 알고리즘에 해당 회사가 공표한 조사분석자료의 내용을 반영하여 매매하는 명령체
계가 존재하지 않을 것
④ 로보어드바이저 알고리즘 운용과정에서 사람의 개입이 없을 것 등

우리나라의 경우 로보어드바이저는 2011년 핀테크의 성공적인 사례로 소개되면서 등장하였다. 금융위기 이후 미국을 중심으로 고액자산가를 대상으로 하는 자산관리 시장을 벗어나, 상대적으로 자산규모는 전통적인 부유층에 비해 작지만 전체 시장규모와 수익성이 큰 대중 부유층을 대상으로 하는 온라인 자산관리 회사가 등장하였다. 이는 온라인상으로 고객이 자신의 투자조건을 입력하면 자동화된 시스템을 이용해 고객별 맞춤형 포트폴리오를 구성하는 온라인 자산관리서비스를 말한다.

(2) 로보어드바이저의 성장 배경

로보어드바이저의 성장 배경은 첫째, 고령화의 진전과 저금리 시대에 따라 거액 자산가 내지 중산층 이상의 사람들이 주로 이용하던 투자자문서비스를 저렴한 비용으로 제공하여 자문서비스의 수요 저변이 확대되었다는 점이다. 둘째, 금융소비자의 권익을 증대하고, 금융공학 기술 등을 응용한 금융상품이 복잡화되고 다양해지는 추세에 효과적으로 대응하기 위한 자문필요성에 대처할 필요성이 증대하였다는 점이다. 셋째, 자산관리자(financial planner)로부터 대면 서비스를 제공받는 것보다 사람의 개입이 없는 소프트웨어가 제공하는 자문이 보다 공정할 것이라고 생각하는 경향이 늘어나고 있다는 점이다. 넷째, 핀테크의 발전으로 관리비용 절감 및 멀티채널을 이용한 통합자산관리가 가능해짐에 따라 신규업체의 진입이 활발하고 젊은 고객층의 디지털 채널을 활용한 자산관리를 선호하는 경향이 있다는 점이다.

(3) 유사개념과의 구별

로보어드바이저는 복제거래(copy trading)라고 불리는 자동 포트폴리오 운영서비스(automated portfolio management services)와 구별할 필요가 있다. 이는 알고리즘이나 다른 IT tool을 이용하여 제공되는 포트폴리오 운영서비스로, 이러한 서비스제공자는 제3자의

거래주문을 그대로 따라 집행하는 것을 말한다. 즉, 개별 투자자의 투자성향 및 목적 등에 대한 분석이 전제 되지 않고 포트폴리오분석이 뒤따르지 않는다는 점에서 자문의 형태인 로보어드바이저와는 차이가 있다. 한편, 고객의 투자포트폴리오 스캔서비스 (investment portfolio scan service)라고 불리는 것과 구별할 필요가 있는데 투자포트폴리오 스캔서비스는 투자자의 현재 투자포트플리오를 분석하고 이를 저렴한 비용의 다른 투자 수단과 비교하여 정보를 제공하는 서비스가 이에 해당된다.[14]

2. 프로세스

일반적으로 로보어드바이저의 자산관리 프로세스는 다음과 같은 4단계의 과정을 통해서 이루어진다. 1단계는 투자자의 투자성향을 진단하는 것이다. 설문지 방식을 통해 투자자의 위험성향, 투자규모, 투자목표 등을 파악한다. 2단계는 투자자에게 포트폴리오를 추천하는 것이다. 로보어드바이저가 투자자 성향에 따라 맞춤 포토폴리오를 추천하는 단계이다. 3단계는 투자를 실행하는 것이다. 로보어드바이저가 추천한 포트폴리오에 따라 투자를 실행한다. 4단계는 포트폴리오를 조정하는 것이다. 정기적으로 시장을 모니터링하는 한편, 시장상황을 반영하여 포트폴리오를 자동 조정하는 프로세스로 이루어진다.

3. 법적 이슈

(1) 서설

로보어드바이저가 하나의 인적 요소로서 자격을 갖추고 독립적인 서비스를 제공하기 위해서는 현행법상 여러 법률적 제약이 존재한다. 로보어드바이저는 후선업무(Back office)에서 금융회사가 로보어드바이저를 이용하는 것은 금지되어 있지 않지만, Front office에서 이를 활용하는, 즉 사람의 개입 없이 순전히 로보어드바이저에 의한 자문· 일임만을 하는 것은 현행법상 가능하지 않다.

따라서 우선 로보어드바이저가 독자적으로 자문 및 일임 서비스를 제공하기 위해서는 앞으로 제거되어야 할 법적 장애 및 로보어드바이저를 활용함에 따라 발생할 수 있는 관련 법적 이슈에 대해 살펴본다.

(2) 진입규제의 적용

1) 규제현황

현행 「자본시장법」은 투자자문업 또는 투자일임업을 영위하기 위해서는 일정한 자격요건을 갖추어 금융위원회에 등록하여야 한다(동법 제18조).

따라서 로보어드바이저 영업은 「자본시장법」상 투자자문업 또는 투자일임업의 일종으로 판단되기 때문에 로보어드바이저를 영업으로 영위하기 위해서는 「자본시장법」상 일정한 요건을 갖추어 금융위원회에 등록하여야 한다.

구체적인 금융위원회 등록요건은 「자본시장법」 제18조 제2항 및 그 하위규정에서 규정하고 있는바, 해당 「자본시장법」 규정을 소개하면 다음과 같다.

「자본시장법」 제18조(투자자문업 또는 투자일임업의 등록) ① 투자자문업 또는 투자일임업을 영위하려는 자는 다음 각 호의 사항을 구성요소로 하여 대통령령으로 정하는 업무 단위(이하 "등록업무 단위"라 한다)의 전부나 일부를 선택하여 금융위원회에 하나의 금융투자업등록을 하여야 한다.

1. 투자자문업 또는 투자일임업

2. 금융투자상품 등의 범위(증권, 장내파생상품, 장외파생상품 및 그 밖에 대통령령으로 정하는 투자대상자산을 말한다)

3. 투자자의 유형

② 제1항에 따라 금융투자업등록을 하려는 자는 다음 각 호의 요건을 모두 갖추어야 한다.

1. 다음 각 목의 어느 하나에 해당하는 자일 것. 다만, 외국 투자자문업자(외국 법령에 따라 외국에서 투자자문업에 상당하는 영업을 영위하는 자를 말한다. 이하 같다) 또는 외국 투자일임업자(외국 법령에 따라 외국에서 투자일임업에 상당하는 영업을 영위하는 자를 말한다. 이하 같다)가 외국에서 국내 거주자를 상대로 직접 영업을 하거나 통신수단을 이용하여 투자자문업 또는 투자일임업을 영위하는 경우에는 적용하지 아니한다.

    가. 「상법」에 따른 주식회사이거나 대통령령으로 정하는 금융기관

    나. 외국 투자자문업자로서 투자자문업의 수행에 필요한 지점, 그 밖의 영업소를 설치한 자

    다. 외국 투자일임업자로서 투자일임업의 수행에 필요한 지점, 그 밖의 영업소를 설치한 자

2. 등록업무 단위별로 1억 원 이상으로서 대통령령으로 정하는 금액 이상의 자기자본을 갖출 것

3. 다음 각 목의 구분에 따른 투자권유자문인력(제286조 제1항 제3호 가목에 따른 투자권유자문인력을 말한다. 이하 같다) 또는 투자운용인력(제286조 제1항 제3호 다목에 따른 투자운용인력을 말한다. 이하 같다)을 갖출 것. 이 경우 제1호 각 목 외의 부분 단서에 규정된 자가 해당 국가에서 투자권유자문인력 또는 투자운용인력에 상당하는 자를 다음 각 목의 수 이상 확보하고 있는 때에는 해당 요건을 갖춘 것으로 본다.

가. 투자자문업의 경우에는 투자권유자문인력을 대통령령으로 정하는 수 이상 갖출 것

나. 투자일임업의 경우에는 투자운용인력을 대통령령으로 정하는 수 이상 갖출 것

4. 임원이「금융회사의 지배구조에 관한 법률」제5조에 적합할 것

5. 대주주나 외국 투자자문업자 또는 외국 투자일임업자가 다음 각 목의 구분에 따른 요건을 갖출 것

가. 제1호 가목의 경우 대주주(제12조 제2항 제6호 가목의 대주주를 말한다)가 대통령령으로 정하는 사회적 신용을 갖출 것

나. 제1호 각 목 외의 부분 단서 및 같은 호 나목·다목의 경우 외국 투자자문업자 또는 외국 투자일임업자가 대통령령으로 정하는 사회적 신용을 갖출 것

5의2. 대통령령으로 정하는 건전한 재무상태와 사회적 신용을 갖출 것

6. 금융투자업자와 투자자 간, 특정 투자자와 다른 투자자 간의 이해상충을 방지하기 위한 체계로서 대통령령으로 정하는 요건을 갖출 것

국내 로보어드바이저는 현행「자본시장법」제98조에 규정된 투자자문업자 및 투자일임업자의 불건전 영업행위 금지규정의 예외로서 투자자 보호 및 건전한 거래질서를 해할 우려가 없는 경우로 인정되고 있다.[15] 즉,「자본시장법 시행령」제99조 제1항 제1호의2는 투자자문업자 또는 투자일임업자의 불건전 영업행위인「자본시장법」제98조 제1항 제3호[16]를 적용할 때, '전자적 투자조언장치', 즉 로보어드바이저를 활용하여 일반투자자를 대상으로 투자자문업 또는 투자일임업을 수행할 수 있도록 함으로써, 로보어드바이저의 근거규정을 마련하였다.

그리고「자본시장법 시행령」제2조 제6호는 '전자적 투자조언장치', 즉 로보어드바이저에 대해 정의 규정을 마련하여 일정한 요건을 갖추도록 하였다. 즉, '전자적 투자조언장치'란 다음의 요건을 모두 갖춘 자동화된 전산정보처리장치를 말하는데, 1) 집합투자재산을 운용하는 경우에는 집합투자기구의 투자목적·투자방침과 투자전략에 맞게 운용하여야 하고, 투자자문업 또는 투자일임업을 수행하는 경우에는 투자자의 투자목적·재산상황·투자경험 등을 고려하여 투자자의 투자성향을 분석하여야 하며, 2)「정보통신망 이용촉진 및 정보보호 등에 관한 법률」(이하「정보통신망법」이라 한다) 제2조 제7호에 따른 침해사고[17] 및 재해 등을 예방하기 위한 체계 및 침해사고 또는 재해가 발생했을 때 피해 확산·재발 방지와 신속한 복구를 위한 체계를 갖추어야 하고, 3) 그 밖에 투자자 보호와 건전한 거래질서유지를 위해 금융위원회가 정하여 고시하는 요건을 갖추어야 한다.

이에 따라 금융위원회는 금융투자업규정 제1-2조의2를 마련하여 '전자적 투자장치'는 나름의 요건을 모두 추가적으로 갖추도록 하였다. 즉, ① i) 집합투자재산을 운용하는 경우에는 전자적 투자조언장치의 활용이 집합투자규약등에 명기된 투자목적·투자방침과 투자전략 등에 부합하는지 주기적으로 점검하여야 하고, ii) 투자자문업 또는 투자일임업을 수행하는 경우에는 투자자문의 내용 또는 투자일임재산에 포함된 투자대상자산이 하나의 종류·종목에 집중되지 아니하도록 하고, 매 분기별로 1회 이상 투자자문 내용 또는 투자일임재산의 안전성 및 수익성, 그리고 투자자의 투자성향 분석을 고려하여 투자자문의 내용 및 투자일임재산에 포함된 투자대상자산의 종목·수량 등이 적합한지 여부를 평가하여 투자자문의 내용 또는 투자일임재산의 운용방법의 변경이 필요하다고 인정되는 경우 그 투자자문의 내용 또는 투자일임재산의 운용방법을 변경하여야 하며, ② 전자적 투자조언장치를 유지·보수하기 위하여 일정한 요건을 갖춘 전문인력을 1인 이상 두어야 하고, ③ 위에서 언급한 모든 요건을 충족하는지 확인하기 위해 (주)코스콤의 지원을 받아 외부전문가로 구성된 심의위원회가 수행하는 요건 심사 절차를 거쳐야 한다.

2) 산업발전 현황

우리나라는 초기 도입 단계로 미국 등 선진국에 비해 발전 정도가 미흡하다. 그러나 최근 운용인력이 로보어드바이저의 도움을 받아 고객자산을 운용하는 2단계 서비스를 선보이는 회사가 시장에 진입하였다. 미국의 경우 로보어드바이저가 사람의 개입 없이 고객 자산을 직접 운용하는 4단계 서비스를 중심으로 발전하고 있다.

요컨대 로보어드바이저는 자동화된 시스템을 활용하여 자산배분·자산운용 등 자산관리와 관련된 금융서비스를 제공하는 도구(software)이다. RA 서비스 유형은 재산운용 과정에서 고객 및 자문인력의 참여 여부에 따라 크게 4단계 유형으로 구분한다.

〈로보어드바이저를 활용한 서비스 유형 구분〉

활용정도＼투자주체	고객(자문형)
RA를 Back office에서 활용	(1단계) 자문인력이 RA의 자산배분 결과를 활용하여 고객에게 자문
RA가 Front office에서 서비스	(3단계) RA가 사람의 개입 없이 자산배분 결과를 고객에게 자문

※ 출처: 금융위원회 보도자료(2016. 3. 24.)

3) 해외 로보어드바이저 규제 현황

(가) 미국

미국 자본시장 감독기구인 SEC(Securities and Exchange Commission)는 「1940년 투자자문업자법(Investment Advisors Act of 1940; IAA)」 개정을 통하여 '인터넷을 통해 특정한 형태로 투자자문을 제공하는 업자를 위한 면제 요건'에 인터넷자문업자 정의를 신설하였고, 이에 따라 온라인으로 투자자문 및 자산관리서비스를 제공하는 투자자문사를 인터넷 자문업자로 구분하여 SEC에 등록하도록 하였는데, 이는 로보어드바이저가 미국의 자산관리 시장에 진입할 수 있는 법적 기반이 되었다.[18]

로보어드바이저는 인터넷을 통해 제공되는 투자자문서비스의 수단으로 활용되고 있지만,[19] 현재 등록투자자문업자(RIA: Registered Investment Advisors)로서 투자자문 및 자산관리서비스를 제공하고 있고, 「1940년 투자회사법」(ICA: Investment Company Act of 1940)상의 투자회사로도 등록할 수 있다. 또한 등록요건 외에는 별도의 규제를 두고 있지 않지만, 공적 규제기관인 SEC에서 직접 감독하고 있으며, 자율 규제기관인 금융산업규제국(FINRA: Financial Industry Regulatory Authority)이 로보어드바이저 플랫폼을 사용하는 증권회사를 통하여 간접적으로 규제를 시도하고 있다.[20]

SEC는 로보어드바이저의 상호작용 및 의사소통의 한계를 인정하면서 서비스를 제공하는 방법에 대해 투자자의 이해 정도에 대한 잠재적 격차를 해소하기 위해 로보어드바이저에게 일반적인 등록투자자문업자와 같은 필수정보 외에 특정한 산업관행 및 관련위험에 대한 정보를 공개하도록 하였으며, 이에 포함된 내용으로 알고리즘에 대한 설명 의무를 부과하고 있다.[21]

(나) 영국

영국 금융감독청인 FCA는 2016년 3월 정부와 산업계 및 규제 당국이 모든 금융투자자들에게 합리적이고 접근 가능한 재정적 자문과 지침을 제공할 수 있는 시장개발을 촉진하기 위하여 '금융자문시장 검토보고서(FAMR: Financial Advice Market Review) 2016'을 발표하였는데, 동 보고서는 대중시장의 자동화된 자문비즈니스 모델(automated advice business models)의 개발을 지원하는 내용을 골자로 하고 있다. 즉, 금융상품 판매와 연동하여 받던 자문업자의 수수료 수취를 금지하고, 이로 인한 불완전판매를 근절하고자 시행했던 '판매채널 개혁방안(RDR: Retail Distribution Review)'은 결과적으로 투자자문 및 자산관리서비스가 소매시장 전반으로 확대되기 위해서 비용효율적이고 자동화된 자문모델(automated advice models), 즉 로보어드바이저의 도입을 촉구하게 되었다.[22]

또한 위 보고서에 따르면, FCA는 적합성 원칙[23]을 적용하는 구체적 수행방안으로 ① 투자자문 및 자산관리서비스를 제공할 금융상품에 적합한 고객을 걸러낼 수 있는 필터링 절차(filtering)를 마련할 것, ② 효과적인 서비스 제공을 위해 지속적인 모니터링(ongoing monitoring)을 할 것, ③ 자문서비스를 제공받는 고객의 특성에 맞게 사용자 인터페이스(user interface)를 기술 중립적으로 설계(interface design)해야 할 것, ④ 기업은 책임을 이행하는 데 필요한 기술, 지식 및 전문 지식을 갖춘 인력을 고용할 것, ⑤ 자문서비스를 제공할 금융상품은 고객의 투자수요·성향·목적에 맞게 선택(product selection)될 것, ⑥ 서비스의 성격에 대한 정보를 공개(disclosing)하여 고객이 서비스의 성격과 위험 및 제공되는 특정 투자유형을 합리적으로 이해할 수 있어야 할 것 등을 제시하였다.[24]

한편, FCA는 재무부 의뢰에 따라 2015년 11월 금융규제 샌드박스(Regulatory Sandbox) 제도[25] 도입을 발표하고, 2016년 5월 9일 제1차로 금융규제 샌드박스 신청을 받아 지금까지 운영하고 있는데, 가장 많은 신청기업들이 로보어드바이저를 통한 상품을 금융규제 샌드박스를 통해 테스트를 하였으며,[26] FCA로부터 규제 피드백을 제공받는 등 지원을 받았다. 이에 따라 로보어드바저 사업자들은 알고리즘을 샌드박스 내에서 특정소비자 군에서 테스트해볼 수 있었고, 이를 통해서 알고리즘이 제시한 자문 내용에 대한 소비자 및 전문가들의 반응과 평가를 감안하여 알고리즘의 유용성 여부를 사전에 검증해볼 수 있었는데, 이를 바탕으로 로보어드바이저 알고리즘의 부적절한 자문을 통한 위험을 줄이기 위해 투자자문의 결과에 대하여 투자 전문가의 확인을 거치도록 하였다.[27]

(다) 호주

호주에서 증권업, 자산운용업, 파생상품업 등 금융서비스업을 영위하기 위해서는 「회사법」(Corporation Act 2001) 제7장에 따른 일정한 요건을 충족하여 인가를 받아야 한다.[28] 호주 금융규제당국인 호주증권투자위원회(ASIC: Australian Securities and Investment Commission)로부터 추가적으로 호주금융서비스 라이선스(AFSL: Australian Financial Services

License)를 받으면 금융서비스업을 영위할 수 있으며(제913B조), 금융서비스업 인가를 받은 업체는 금융상품자문 제공영업을 수행할 수 있다.[29] 로보어드바이저의 개인 자문은 호주 「회사법」상의 개인의 개별 상황을 고려하여 제공하는 금융상품 자문 제공영역에 포함되며,[30] 제766B(3)조는 전자적 수단을 활용한 자문서비스를 포함하여 투자자문행위에 대해 전반적으로 규정하고 있다.[31]

호주에서 금융상품자문업을 운영하고자 하는 경우, 「회사법」상의 요건으로 적어도 최소한의 교육을 받고 적격능력 요건을 충족한 1인 이상의 책임자를 두어야 하는데, 이때 책임자는 일정한 자격요건을 충족하고 AFSL을 소지하고 있어야 한다. 이는 로보어드바이저를 운영하기 위해서도 필요하나 이러한 자격요건은 로보어드바이저에게 그대로 적용될 수 없기 때문에 전통적인 금융상품 투자자문과 비교하여 자연인 책임자를 지정하여 자격요건을 부여하고 법적의무를 이행하도록 하고 있다.[32]

4) 문제점 및 개선방안

우리의 경우 사람의 개입 없는 RA 직접서비스(Front office)를 제한하고 「자본시장법」상 자문·운용인력(人)이 아닌 자의 자문·일임 업무를 제한하고 있어, RA가 직접 자문·일임을 하는 행위(3·4단계)는 금지된다. 그러나 전문인력이 RA의 자산배분 결과를 자문·운용 업무에 활용(1·2단계)하는 것은 제한이 없다.

금융당국은 로보어드바이저의 활성화를 위한 환경 조성을 위하여 정책적 개선방안을 다음과 같이 제시하고 있다.

첫째, RA의 자문·일임업무 수행 및 인력 대체를 단계적으로 확대한다는 것이다.

즉, 맞춤형 포트폴리오 구성에 대해 다음과 같은 일정 요건을 갖춘 RA는 Front office에서 직접 고객에게 서비스(3·4단계)를 제공할 수 있도록 허용한다는 것이다. 즉, 고려할 수 있는 요건으로 (i) 투자자 성향분석 및 포트폴리오 구성, (ii) 고객정보 보호, (iii) 해킹 방지 및 재해 대비 등에 대비한 보안성, (iv) 공개 테스트를 거칠 것 등이다.

또한 중장기적으로 글로벌 규제 동향을 보아가며 투자일임·자문사의 등록 요건인 인력(일임사 2인, 자문사 1인) 요건을 RA로 대체하는 방안을 검토하겠다고 한다.

둘째, RA 역량을 검증하기 위한 테스트베드를 운영한다는 것이다.

RA가 Front office에서 직접 자문·일임 서비스를 제공하기 위해 RA의 유효성·적합성 등에 대한 시장에 의한 검증을 실시한다는 것이다. 금융규제 테스트베드(Regulatory

Sandbox)를 내에서 RA 공개 테스트를 개최하여 서비스 적정성 등을 검증한다는 것이다.

참여대상은 RA를 Front office에서 활용하고자 하는 회사로서 검증방법은 '로보어드바이저 오픈 베타' 사이트를 개소하여 회사별로 대표 포트폴리오를 등록하고 RA가 직접 운용한다. 그리고 소수의 투자자가 일정 금액을 RA에게 운용을 맡기고 자산배분 알고리즘의 정상 작동 여부를 확인하는 것이다. 또한 RA가 운용하는 계좌의 수익률, 변동성 등을 비교할 수 있도록 정보를 게재하는 것이다.

※ 테스트 참여 방법(예시): T/F를 통해 구체적인 방안 확정

Ⓐ 한 업체별로 최대 10명의 투자자가 투자자별 최대 100만 원 범위 내에서 투자(업체 또는 임직원의 투자는 의무화)

　*최대한도이며, 한도보다 적은 투자자수 및 투자금액도 가능

Ⓑ 최소 3개월 이상 RA가 투자자금을 직접 운용

Ⓒ 투자자 보호 장치 등 금융회사 스스로의 책임 방안 마련

Ⓓ 테스트 주체 및 감독당국의 밀착 모니터링 실시

테스트에 참여한 RA에 대해서는 테스트 과정에서의 성과 등에 대해 홍보할 수 있도록 허용하고 테스트에 참여하지 않은 RA에 대해서는 대고객 직접서비스(Front office) 제공(3·4단계)을 불허한다는 것이다.

그러나 Front office에서 완전히 인력을 대체하는 방안은 보다 신중하게 접근할 필요가 있다. 투자권유자문인력 또는 투자운용인력 자격 및 연수의무 그리고 윤리적 자질을 강화하는 것이 국제적 추세이고, 로보어드바이저는 통상의 투자자문업자나 일임업자와 달리 고객 자신이 입력한 정보에 기초하여 자문과 운용이 이루어진다는 점에서 한계가 있다. 또한 소프트웨어가 알아서 고객이 입력한 정보를 선택적으로 취합할 가능성이 있으며 가상의 상황과 조건을 바탕으로 구성된 알고리즘의 한계나 오류 등도 가능하여 적절한 자문이 이루어지지 않을 위험이 내재되어 있으므로 이에 대한 위험을 사전에 통제할 수 있는 시스템의 구비가 진입요건으로 요구될 필요가 있다. 즉, 로보어드바이저의 허용 시 실행되는 자동화기법의 설계 및 실행기법 등에 대해서는 일반적인 IT안정성은 물론 이용하는 알고리즘 및 방법론과 관련한 잠재적 위험이 예방될 수 있는 상태가 전제되어야 한다.[33]

참고로, 영국의 금융감독청인 FCA(Financial Conduct Authority)는 5가지 조건을 충족

한 경우에만 로보어드바이저의 직접서비스를 허용하고 있다. 즉, (i) 사업자가 계획하는 새로운 사업이 금융서비스업이거나 이를 지원하는 경우에 한하여 조건부 인가로 승인된다. (ii) 금융소비자보호장치를 갖추고 있을 것이 요구된다. 이를 위한 방법으로는 다음의 4가지 방법이 제시되고 있다. 다만 FCA는 이들 방법을 단독 내지 병행하여 사용하고 있는데, 즉 ① 사전고지에 의해 동의를 얻은 금융소비자에 대해서만 테스트에 참가하는 것을 인정하여야 하며, ② 금융소비자의 참가 시 그 잠재적 위험과 이용 가능한 보상방법에 대해 사전에 고지를 하여야 하고, ③ 테스트활동에 관한 공시와 보호방법 및 보상에 관해 FCA는 사안별로 승인하며, ④ 테스트베드 내에서 금융소비자가 입은 투자손실을 포함한 모든 손실을 보상할 수 있는 자원과 자본을 갖추고 있을 것 등이 그것이다.[34]

(3) 선관의무 및 충실의무의 적용

1) 규제현황

> 「자본시장법」 제96조(선관의무 및 충실의무) ① 투자자문업자는 투자자에 대하여 선량한 관리자의 주의로써 투자자문에 응하여야 하며, 투자일임업자는 투자자에 대하여 선량한 관리자의 주의로써 투자일임재산을 운용하여야 한다.
> ② 투자자문업자 및 투자일임업자는 투자자의 이익을 보호하기 위하여 해당 업무를 충실하게 수행하여야 한다.

「자본시장법」상 투자자문업자 및 투자일임업자에게 명문의 규정으로 선관주의의무가 부여되어 있고, 아울러 투자자문업자와 투자일임업자 모두에게 투자자의 이익을 보호하기 위하여 해당 업무를 충실히 수행하여야 한다는 충실의무를 부여하고 있다(「자본시장법」 제96조).

이에 대하여 전술한 바와 같이 대법원은 투자자문회사의 선관주의의무에 대하여 판시하고 있는바, 그 내용을 다시 소개하면 다음과 같다. 즉, 대법원은 "투자일임계약에 의하여 고객의 자산을 관리하는 투자자문회사는 고객에 대하여 부담하는 선관주의의무의 당연한 내용으로서 우선 고객의 투자목적·투자경험·위험선호의 정도 및 투자예정기간 등을 미리 파악하여 그에 적합한 투자방식을 선택하여 투자하여야 하고, 조사된 투자목적에 비추어볼 때 과도한 위험을 초래하는 거래행위를 감행하여 고객의 재산에 손실을 가한 때에는 그로 인한 손해를 배상할 책임이 있으나, 고객의 투자목적 등은 지극히 다양하므로, 어느 특정한 상품에 투자하거나 어떠힌 투자전략을 채택한 데에 단지 높은 위험이 수반된다는 사정만으로 일률적으로 선관주의의무를 위반한 것이라고 단정할 수는 없다. 즉, 고객이 감수하여야 할 위험과 예상되는 수익은 당연히 비례하기 마련인데, 주식은 물론 가격 등락이 극심한 파생상품 투자에서 가격변동에 따른 위험은 불가피한 것으로서 포트폴리오의 구성에 의하여 예상 가능한 모든 혹은 대부분의 위험을 분산하거나 전가하는 데에는 한계가 있을 뿐 아니라 설령 그것이 가능하다 하여도 수익률의 희생이 수반될 수밖에 없으므로, 예상 가능한 모든 위험에 완벽하게 대처하면서 동시에 높은 수익률이 실현될 것을 기대할 수는 없는 것이고, 투자목적 등에 비추어 상대적으로 높은 수익률을 기대하거나 요구하면서 동시에 가격 등락에 따른 불가피한 손실로부터 자유로울 것을 기대할 수는 없다. 결국, 어느 특정한 투자방식을 채택한 것이 선관주의의무 위반으로 평가되는지 여부는 고객이 투자목적 등에 비추어 어느 정도의 위험을 감수할 것인가 하는 측면과 투자일임을 받은 회사의 투자가 어느 정도의 위험을 내포하고 있는 것인가 하는 측면을 비교·검토하여 조사된 고객의 투자목적 등에 비추어볼 때 과도한 위험을 초래하는 거래행위에 해당하는지 아닌지에 따라 가려져야 한다"라고 판시하고 있다.[35]

2) 문제점 및 개선방안

이와 관련하여 로보어드바이저의 경우 업자로서 어디까지 선관주의의무를 다하였는지가 문제될 수 있다. 알고리즘에 입력된 대로 실행하는데 불과한 소프트웨어이기 때문에 선관주의의무의 인정이 쉽지 않기 때문이다.

더구나 주의의무는 본래 투자자문업자나 투자일임업자가 직면한 모든 상황에서 단순히 계약내용에 의해서만 판단하기도 어렵다. 이러한 의무는 투자자와의 특별한 신뢰관계에서 요구되는 것이므로 구체적인 주의의무의 정도와 이행 여부에 대한 판단기준은 투자자와의 관계, 위임의 취지, 투자자의 속성, 제공업무의 전문성수준, 보수수준 등 여러 거래상황에 따라 달라지기 때문이다. 한편, 이러한 의무위반 여부의 판단에 통상 준거로 이용되는 영미의 '신중투자자원칙(Prudent Investor Rule)'도 로보어드바이저와 관련해서는 그리 유용하지는 못할 것으로 보인다.[36]

이 원칙은 수탁자에게 투자판단에 대한 일정한 재량을 인정하면서 한편으로 위탁자

(투자자)의 이익을 보호하기 위하여 수탁자가 준수하여야 할 지침을 마련한 것인데, 이는 '자신과 동일한 입장에 있는 신중한 투자자라면 어떻게 행동하였을 것인가를 기준으로 업무를 수행하여야 한다는 원칙'이기 때문이다.[37]

이를 수행하기 위한 기본원칙들이 있지만 기본적으로 자신과 동일한 입장에 있는 신중한 투자자를 전제로 하는 것이라 로보어드바이저의 경우 자신과 동일한 입장에 있다고 보이는 관련정보들이 얼마나 알고리즘으로 정치하게 로직화되어 있는지에 달려 있다고 보이기 때문이다.

한편, 충실의무와 관련해서도 로보어드바이저의 경우 이해상충(과당 매매, 고객 간 차별적 우대, 계열사 상품 우선 판매)이 발생할 가능성이 없지 않다. 즉, 전형적인 투자자문업의 경우와 사정이 다르지 않다는 것이다.[38] 이러한 점 때문에 이해상충방지를 위한 시스템의 정비 및 불건전영업행위를 예방 및 적발하는 준법감시시스템의 구비, 그리고 효과적 작동이 요구된다. 그 외 현행 「자본시장법」 제98조 제1항 제3호에서는 투자권유 인력 또는 투자운용인력이 아닌 자에게 투자자문업 또는 투자일임업을 수행하게 하는 행위는 불건전 영업행위로 금지되어 있어 로보어드바이저 허용 시 이에 관한 삭제가 필요할 것이다.

참고로 미국에서도 자문업자가 지켜야 할 선관의무(Fiduciary duty)를 AIT(Automated Investment Tools)에 어떻게 적용할 것인지 여부에 대한 검토가 필요하다는 논의가 학계를 중심으로 지속적으로 제기되었다. 아직까지 증권거래위원회(SEC)와 금융산업규제기구 (FINRA)는 AIT에 대한 규제·감독과 관련하여 공식적 입장 표명은 없다. 다만, SEC 투자 자 교육부서는 FINRA와 함께 AIT와 관련한 소비자주의보(Investor Alert: Automated Investment Tools)를 발령하고 있다.

※ Investor Alert: Automated Investment Tools 주요 내용
① 계약 조건의 세심한 확인 필요
② AIT의 한계에 대한 인식 필요(AIT가 모든 정보를 분석하는 것은 아님)
③ AIT는 질문에 대한 답변을 기준으로 자문하는 만큼, 진실한 답변을 할 것
④ AIT는 투자자의 모든 상황을 감안하여 자문하는 것이 아님
⑤ 개인정보 보안에 유의할 필요

---

(4) 적합성 원칙의 적용

1) 규제현황

> **「자본시장법」 제46조(적합성 원칙 등)** ① 금융투자업자는 투자자가 일반투자자인지 전문투자자인지의 여부를 확인하여야 한다.
>
> ② 금융투자업자는 일반투자자에게 투자권유를 하기 전에 면담·질문 등을 통하여 일반투자자의 투자목적·재산상황 및 투자경험 등의 정보를 파악하고, 일반투자자로부터 서명(「전자서명법」 제2조 제2호에 따른 전자서명을 포함한다. 이하 같다), 기명날인, 녹취, 그 밖에 대통령령으로 정하는 방법으로 확인을 받아 이를 유지·관리하여야 하며, 확인받은 내용을 투자자에게 지체 없이 제공하여야 한다.
>
> ③ 금융투자업자는 일반투자자에게 투자권유를 하는 경우에는 일반투자자의 투자목적·재산상황 및 투자경험 등에 비추어 그 일반투자자에게 적합하지 아니하다고 인정되는 투자권유를 하여서는 아니 된다.

(가) 의의

적합성 원칙이란 일반투자자의 투자목적·재산상황 및 투자경험 등에 비추어 적합하지 아니하다고 인정되는 투자권유를 해서는 아니 된다는 원칙이다.

금융투자업자는 이러한 의무를 이행하기 위해서 그 투자자가 어떤 투자자인지 먼저 파악해야 한다. 「자본시장법」은 투자권유를 하기 전에 면담·질문 등을 통하여 일반투자자의 투자목적·재산상황 및 투자경험 등의 정보를 파악하고, 일반투자자로부터 서명, 기명날인, 녹취, 그 밖에 대통령령으로 정하는 방법으로 확인을 받아 이를 유지·관리하여야 하며, 확인받은 내용을 투자자에게 지체 없이 제공하여야 한다.

(나) 취지

적합성 원칙은 금융투자업자로 하여금 투자자의 성향에 맞지 않는 금융상품의 투자권유를 금지하고자 한 것이다.

[서울고등법원 2009. 8. 21. 자2009라997 결정][39]

〈통화옵션계약 체결 과정에서 은행에게 요구되는 적합성의 원칙과 설명의무의 내용〉

장외 파생상품시장에서 거래되는 통화옵션계약은 외환시장의 거래원리, 환율 변동의 전망, 옵션가치의 평가 등 다양한 정보와 전문지식을 활용한 고도의 첨단 금융공학에 의해 개발된 새로운 형태의 계약으로서 환위험관리를 위한 금융상품일 뿐만 아니라 투자 내지 투기를 위한 금융상품으로도 기능할 수 있는데, 비전문가인 기업으로서는 이와 같은 복잡한 계약의 내용, 구조, 위험 등을 정확히 파악하기가 쉽지 않으므로, 자기의 책임하에 합리적인 판단과 의사결정을 하기 위하여는 전문가로서 금융상품을 판매하는 금융기관으로부터 거래정보를 제공받을 필요가 있다. 따라서 신의칙상 통화옵션상품을 판매함에 있어 금융전문가인 은행은 거래상대방 기업의 거래 목적, 거래 경험, 위험선호의 정도, 재산상황 등의 제반 사정을 고려하여 과대한 위험성을 수반하는 거래를 적극적으로 권유하지 않아야 할 의무(적합성의 원칙)가 있고, 상품의 특성, 위험도의 수준, 기업의 경험 및 능력 등을 종합적으로 고려하여 상품의 특성과 주요 내용 및 거래에 수반하는 위험을 기업에게 명확히 설명함으로써 고객을 보호하여야 할 의무(설명의무)가 있다.

2) 문제점 및 개선방안

이러한 고객숙지의무(Know-Your-Customer Rule)와 적합성 원칙은 투자자문업과 투자일임업의 경우에도 그대로 적용된다.

그러므로 로보어드바이저라고 해서 다를 바는 없을 것으로 보인다. 즉, 로보어드바이저가 제시하는 투자포트폴리오는 개별 투자자에게 적합한 것이어야 한다.

어느 나라나 로보어드바이저의 이용 시 투자자의 유형을 구분하여 제한하고 있지는 않다. 그러나 권유된 상품 내지 투자전략 중에 복잡한 금융상품이나 위험성이 높은 증권이 포함된 경우 내지 유동성이 떨어지는 유형이 포함된 경우에는 보다 가중된 적합성 원칙이 적용된다. 또한 자동화되어 전혀 사람의 개입 없이 자동 자문이 제공되나 그 결과로 제시되는 상품의 범주가 지나치게 제한적인 경우 이는 고객에게 적합한 권유라고 할 수 없을 것이다.

문제는 포트폴리오를 조정(rebalancing)하거나 자산배분을 할 때이다. 모델포트폴리오에 변화가 있게 되면 이러한 변화의 위험 정도와 고객의 위험성향을 고려하여 포트폴리오 조정이 행해지도록 설계된 경우 이렇게 조정을 하는 경우도 개별 고객의 투자목적과 성향에 적합하여야 함은 당연하다 할 것이다. 그리고 적합성 원칙을 충실히 이행하기 위해서는 무엇보다 고객숙지의무가 제대로 준수되어야 한다. 그런데 로보어드바이저는 사전에 준비된 예상질문에 따라 고객이 입력한 것에 기초해서 알고리즘에 의해 자동적으로 자문이 제공되는 점에서 적합성 원칙의 충실한 준수를 기대하기는 사실상 어렵다.[40]

FINRA는 개별 고객에 대한 투자자문의 적합성 여부를 판단함에 있어서 로보어드바이저가 사람의 판단을 대체할 수 없다고 본다. 즉, 자문한 증권이 고객에게 직합한 추천인지 여부를 판단하는 데 있어 전적으로 로보어드바이저에 의존해서는 아니 되고 이러한 판단은 필수적으로 금융종사자인 사람이 해야 한다고 보고 있다.[41] 즉, 로보어드바이저가 한 분석이 증권회사나 투자자문회사가 준수해야 할 적합성 원칙의 준수로 대체할 수 없다고 한다.

(5) 설명의무의 적용

1) 규제현황

「**자본시장법**」 제47조(설명의무) ① 금융투자업자는 일반투자자를 상대로 투자권유를 하는 경우에는 금융투자상품의 내용, 투자에 따르는 위험, 그 밖에 대통령령으로 정하는 사항을 일반투자자가 이해할 수 있도록 설명하여야 한다.
② 금융투자업자는 제1항에 따라 설명한 내용을 일반투자자가 이해하였음을 서명, 기명날인, 녹취, 그 밖의 대통령령으로 정하는 방법 중 하나 이상의 방법으로 확인을 받아야 한다.
③ 금융투자업자는 제1항에 따른 설명을 함에 있어서 투자자의 합리적인 투자판단 또는 해당 금융투자상품의 가치에 중대한 영향을 미칠 수 있는 사항(이하 "중요사항"이라 한다)을 거짓 또는 왜곡(불확실한 사항에 대하여 단정적 판단을 제공하거나 확실하다고 오인하게 할 소지가 있는 내용을 알리는 행위를 말한다)하여 설명하거나 중요사항을 누락하여서는 아니 된다. <개정 2009. 2. 3.>

「자본시장법」은 금융투자업자로 하여금 일반투자자를 상대로 투자권유를 하는 경우에는 금융투자상품의 내용, 투자에 따르는 위험, 그 밖에 대통령령으로 정하는 사항을 일반투자자가 이해할 수 있도록 설명하도록 규정하고 있다(동법 제47조).

2) 손해배상책임

「**자본시장법**」 제48조(손해배상책임) ① 금융투자업자는 제47조 제1항 또는 제3항을 위반한 경우 이로 인하여 발생한 일반투자자의 손해를 배상할 책임이 있다.
② 금융투자상품의 취득으로 인하여 일반투자자가 지급하였거나 지급하여야 할 금전 등의 총액(대통령령으로 정하는 금액을 제외한다)에서 그 금융투자상품의 처분, 그 밖의 방법으로 그 일반투자자가 회수하였거나 회수할 수 있는 금전 등의 총액(대통령령으로 정하는 금액을 포함한다)을 뺀 금액은 제1항에 따른 손해액으로 추정한다.

(가) 요건

설명의무 미이행 또는 중요사항의 허위설명이나 왜곡서명 또는 누락 설명으로 인하여 일반투자자에게 손해를 입게 한 경우에는 금융투자업자에게 손해배상책임이 있다(「자본시장법」 제48조 제1항).

이에 대한 판례를 소개하면 다음과 같다. 즉, 하급심 법원에서는 집합투자업자와 판매은행의 설명의무위반에 따른 공동불법행위 책임을 인정하면서 다음과 같이 판시하였는 바, 즉 "집합투자업자가 설명의무 등을 위반하여 판매은행으로 하여금 투자자에게 펀드상품의 거래에 수반하는 위험성이나 투자내용에 관하여 정확한 인식을 형성하는 데 장애를 초래할 정도로 잘못된 정보를 제공하도록 한 경우 판매은행과 함께 공동불법행위 책임을 부담한다"라고 판시하였다.[42]

한편, 대법원은 '금융기관이 일반 고객과 전문적인 지식과 분석능력이 요구되는 장외파생상품 거래를 할 때 부담하는 설명의무의 내용과 범위 및 정도'에 대하여 다음과 같이 판시하였는바, 즉 "금융기관이 일반 고객과 사이에 전문적인 지식과 분석능력이 요구되는 장외파생상품 거래를 할 때에는, 고객이 당해 장외파생상품에 대하여 이미 잘 알고 있는 경우가 아닌 이상, 그 거래의 구조와 위험성을 정확하게 평가할 수 있도록 거래에 내재된 위험요소 및 잠재적 손실에 영향을 미치는 중요인자 등 거래상 주요 정보를 적합한 방법으로 명확하게 설명하여야 할 신의칙상 의무가 있다. 이때 금융기관이 고객에게 설명하여야 하는 거래상 주요 정보에는 당해 장외파생상품 계약의 구조와 주요 내용, 고객이 그 거래를 통하여 얻을 수 있는 이익과 발생 가능한 손실의 구체적 내용, 특히 손실발생의 위험요소 등이 모두 포함된다. 그러나 당해 장외파생상품의 상세한 금융공학적 구조나 다른 금융상품에 투자할 경우와 비교하여 손익에 있어서 어떠한 차이가 있는지까지 설명하여야 한다고 볼 것은 아니고, 또한 금융기관과 고객이 제로 코스트(zero cost) 구조의 장외파생상품 거래를 하는 경우에도 수수료의 액수 등은 그 거래의 위험성을 평가하는 데 중요한 고려요소가 된다고 보기 어렵다 할 것이므로, 수수료가 시장의 관행에 비하여 현저하게 높지 아니한 이상 그 상품구조 속에 포함된 수수료 및 그로 인하여 발생하는 마이너스 시장가치에 대하여까지 설명할 의무는 없다고 보는 것이 타당하다. 그리고 장외파생상품 거래도 일반적인 계약과 마찬가지로 중도에 임의로 해지할 수 없는 것이 원칙이고, 설령 중도에 해지할 수 있다고 하더라도 금융기관과 고객이 중도청산금까지 포함하여 합의하여야 가능한 것이므로, 특별한 사정이 없는 한 금융기관이 고객과 장외파생상품 거래를 하면서 그 거래를 중도에 해지할 수 있는지와 그 경우 중도청산금의 개략적인 규모와 산정방법에 대하여도 설명할 의무가 있다고 할 수 없다. 한편, 금융기관은 고객이 당해 파생상품거래의 구조와 위험성을 정확히 평가할 수 있도록 그 금융상품의 특성 및 위험의 수준, 고객의 거래목적, 투자경험 및 능력 등을 종합적으로 고려하여 고객이 앞서 살펴본 거래상 주요 정보를 충분히 이해할 수 있을 정도로 설명하여야 한다"라고 판시하였다.[43]

(나) 손해배상의 범위

손해배상의 범위와 관련하여 투자자의 입증의 곤란을 구제하기 위하여 손해액을 추정하는 규정을 두고 있다.

즉, 금융투자상품의 취득으로 인하여 일반투자자가 지급하였거나 지급하여야 할 금전 등의 총액(대통령령으로 정하는 금액을 제외한다)에서 그 금융투자상품의 처분, 그 밖의 방법으로 그 일반투자자가 회수하였거나 회수할 수 있는 금전 등의 총액(대통령령으로 정하는 금액을 포함한다)을 뺀 금액을 손해액으로 추정한다(「자본시장법」 제48조 제2항).

이러한 손해배상의 범위와 관련하여 대법원은 '불법행위로 인한 손해의 발생 또는 확대에 관하여 피해자의 과실이 있는데도 예외적으로 과실상계가 허용되지 않는 경우'에 대해 판시하고 있는바, 즉 "불법행위로 인한 손해의 발생 또는 확대에 관하여 피해자에게도 과실이 있는 때에는 가해자의 손해배상의 범위를 정함에 있어 당연히 이를 참작하여야 하고, 가해행위가 사기, 횡령, 배임 등의 영득행위인 경우 등 과실상계를 인정하게 되면 가해자로 하여금 불법행위로 인한 이익을 최종적으로 보유하게 하여 공평의 이념이나 신의칙에 반하는 결과를 가져오는 경우에만 예외적으로 과실상계가 허용되지 않는다"라고 판시하였다.[44]

(다) 미국의 수탁자 책임에 관한 논의

투자자문업자는 1940년 투자자문업법에 의해 수탁자(fiduciary)로 보고 있다. 즉, 수탁자에게는 투자자의 최대이익을 위하여 투자조언을 할 의무가 부과되어 있다. '투자자의 최대이익을 추구할 의무'란 자문업자가 투자조언을 할 경우 포트폴리오 분석을 상당한 수준으로 한다는 것을 전제로 한다. 제대로 된 포트폴리오 분석이 없다면 투자자문업자는 투자자를 위하여 적절한 자문을 하였다고 보기 어렵기 때문이다. 성실한 투자자문이 되기 위해서는 무엇보다 고객 개개인의 상황에 대하여 잘 알고 있어야 한다. 이처럼 투자자에게 적합한 포트폴리오를 제공하기 위해서는 투자자를 적합하게 분석하고 이에 맞게 포트폴리오를 제공하는 것이 필수 요소가 된다.

FINRA는 디지털 투자수단(digital investment tools)은 소프트웨어에 불과한 것으로 보고 이러한 수단은 금융업자가 개인 고객의 상황을 결정하는 데 도움을 주는 데 그친다고 보았다. 즉, 신중한 투자자문이 제공되기 위해서는 이러한 자동화수준을 넘어 사람에 의한 판단이 필요하다고 본 것이다. 특히 로보어드바이저가 하는 질문들만으로는 적절하게 투자자를 파악하기 어렵고, 한편으로 질문에 모순되는 고객의 반응을 제대로 추출해 낼 수 없다고 진단하였다.

또한 자산배분과 포트폴리오 조정절차에서도 FINRA는 우려를 나타냈다. 즉, 로보어드바이저를 제공하는 기업들을 서베이한 결과 일정 기준이상 변동 시 자산배분을 하고 매일 시장동향을 점검하는 회사도 있기는 하였지만 일정한 이벤트 발생 시에만 리밸런싱을 하거나 아예 하지 않는 회사도 있는 등 전통적인 투자자문업자에 비해 고객조사절차의 준수(due diligence) 태세가 매우 부족한 것으로 나타났기 때문이다.

이러한 로보어드바이저에 대한 FINRA의 감독정책과 태도는 州의 증권감독기관에도 영향을 주고 있는데, 대표적으로 Massachusetts 증권감독국은 2016년 4월 1일 로보어드바이저의 경우 메사추세츠주에서는 투자자문업자로 등록할 수 없다고 발표하였다.[45] 그 이유에 대해 최근에 이용되는 로보어드바이저는 구조상 고객의 최대이익을 위하여 행동하는 데 있어 필수적인 종합적인 포트폴리오분석이 결여되어 있어 주법상 등록을 요하는 투자자문업자로 볼 수 없다고 제시하였다.[46] 또한 로보어드바이저는 고객의 계좌 외에 다른 자산에 대해서는 조사할 수 없고(due diligence) 이러한 정보를 고객에게 묻지 않기 때문이라고 하였다.[47]

3) 로보어드바이저에의 적용

로보어드바이저의 경우에도 이러한 손해배상책임 규정이 그대로 적용될 수 있다. 다만 로보어드바이저는 인격이 부여된 책임의 주체가 될 수 없으므로, 로보어드바이저의 운용책임을 부담하는 자가 손해배상책임을 부담하게 될 것이다. 이때 운용책임자는 사용자배상책임이 아닌 직접적인 불법행위자로서 책임을 부담하여야 한다.

한편, 자산을 조정(리밸런싱)하는 경우 투자일임업자가 투자자에게 설명의무를 부담하는지에 관해서는 현재 명문의 규정이 없다. 「자본시장법」은 투자권유단계에서와 달리 계약 이후 자산운용단계에서의 설명의무에 대해서는 별도의 규정을 두고 있지 않기 때문이다. 투자일임업자는 위임 계약상 선관주의 의무의 내용으로서 일정한 설명의무를 부담한다고 할 수 있지만 그 위반의 효과에 대해서는 「자본시장법」상 명확하지 않다. 그러나 투자일임관계는 통상의 위임관계보다는 일방적인 의존관계가 강한 계약관계이므로 투자자 보호 측면에서 자산운용단계에서 투자대상 자산 간에 조정이 일어난 경우에는 일정한 설명의무를 부담하는 것으로 보아야 한다.[48]

그런데 로보어드바이저의 경우 역시 자산조정의 경우 설명의무를 준수하게 할 것인지, 만약 준수하게 한다면 어떠한 방식으로 준수하게 할 것인지 논의가 필요할 것이다. 더구나 로보어드바이저에게 이러한 의무를 부과하지 않을 경우 전형적인 투자자문업자와 투자일임업자에 비해 규제차익이 발생한다.

그런데 로보어드바이저와 같은 온라인상의 자문과 일임은 실제 여러 단계의 자동화에 의해 이루어지게 된다. 예컨대 고객의 정보수집단계, 정보분석단계, 적합한 상품과 서비스의 추출과 조합단계, 추천·자문단계, 운용단계 등이 그것이다. 이 중 어떠한 단계에서 문제가 발생하여(예컨대 알고리즘의 오류) 금융소비자에게 잘못된 부적합한 자문이 이루어진 경우 어느 단계에서 문제가 있는 것인지 금융소비자, 즉 투자자로서는 알 수가 없다. 이러한 경우는 특히 금융회사와 IT 회사가 협업하여 서비스를 제공하는 경우 문제되는 것이 통상이지만 로보어드바이저의 경우에는 더욱 빈발할 것으로 예상된다. 왜냐하면 로보어드바이저는 대표적인 핀테크 기업으로 이들도 알고리즘 프로그램을 외주하여 이용하는 경우가 많기 때문이다. 통상 제3자가 제공하는 솔루션을 사용하는 경우 프로그램에 입력하는 자료들은 금융회사가 제공하게 된다. 이 경우 미리 프로그램을 이용하기 전에 실제 문제가 없는지 시험테스트를 하여야 하지만 테스트를 하지 않거나 테스트 기간이 아주 짧은 경우도 없지 않을 것이다. 이러한 점 때문에 이의 귀책과 관련하여 상호 책임이 분명하지 않거나 미루는 경우가 많을 것으로 예상된다. 더구나 부적절한 자문이 알고리즘의 오류에 의한 경우에는 외부에 있는 투자자로서는 알기가 어렵고, 그 오류를 입증하기도 어려울 것으로 보인다.[49]

4. 도입

(1) 의의

인공지능 AI의 발전에 따라 전 세계적으로 금융투자 분야에서 로보어드바이저가 새로운 트렌드로 부상하고 있고, 우리나라에서도 로보어드바이저를 표방하는 금융서비스업체가 계속 등장하고 있다. 이에 따라 금융위원회는 2017년 6월 '로보어드바이저 활성화를 위한 「자본시장법 시행령」 개정안'을 입법예고하고, 11월부터 로보어드바이저를 통한 투자 자문 및 투자 일임 재산 운용을 허용하기로 했던 것이다. 로보어드바이저는 법률적으로 '전자적 투자 조언 장치'로 명명되었다. 「자본시장법 시행령」(제99조)와 금융투자업규정(4-73의2) 개정을 통하여, 로보어드바이저는 명시적으로 우리나라에 도입되었다.

(2) 내용

로보어드바이저 도입으로 인하여 맞춤형 포트폴리오 구성에 대해 일정 요건을 갖춘 로보어드바이저는 대고객 투자 자문·투자일임 서비스 제공을 하게 된다. 다만, ① 투자자 성향분석 및 포트폴리오 구성, ② 해킹 방지 및 재해 대비 등에 대한 체계 구축, ③ 유지보수 전문인력 확보, ④ 공개 테스트(테스트베드)를 거칠 것을 요구하고 있다. 그런데 알고리즘 운용서비스 가입 방법은 대면계약으로 제한했다. 당국은 투자자 보호를 강조하면서 비대면 일임계약을 허용하지 않고 있지만, 비대면계약을 허용할 것인가에 대한 논의가 지속되고 있다. 대표적인 투자수단인 펀드는 온라인을 통해서도 가입할 수 있다.

앞에서도 언급했지만, 알고리즘을 통한 투자자문·투자일임 서비스를 제공하려면 투자자 별로 성향을 분석하고 그에 맞는 포트폴리오를 구성해야 한다. 가입단계에서는 투자자의 성향에 맞게 개별적으로 계약을 체결한다. 그런 측면에서 본다면, 펀드에 비하여 투자자가 보다 더 보호되는 면이 없지 않다. 투자자문·투자일임업자는 집합투자업자와 마찬가지로 선량한 관리자의 주의의무와 함께 고객의 이익을 우선으로 하는 충실의무를 부담한다.

(3) 시사점

개정 전「자본시장법」은 투자 권유 자문 인력 및 투자 운용 인력이 아닌 사람의 투자 자문 및 일임 재산의 운용 행위를 금지하고 있었다. 따라서 로보어드바이저가 사람의 개별 지시 없이 자문 내지 운용 행위를 할 수 없었고, 투자 권유 자문 인력 또는 투자 운용 인력이 로보어드바이저의 분석 결과 등을 활용해 투자 자문 또는 운용 업무를 직접 수행하는 것만이 가능한 것이었다. 그러나「자본시장법」과 금융투자업규정을 개정함으로써, 로보어드바이저를 통해 투자 자문 및 일임 재산의 운용이 가능하게 된 것이다.

인터넷전문은행은 인터넷을 통한 비대면 채널을 개방한 것이라고 한다면, 로보어드바이저는 비대면 채널에 알고리즘을 통한 자산운용이 결합된 것이다. 로보어드바이저는 감정을 가진 사람이 운용주체가 아니기 때문에 냉정하고 합리적인 투자 의사결정이 기대된다. 그럼에도 불구하고 로보어드바이저는 투자위험성이 상존하기 때문에 테스트 베드에서 안전성이 검증된 후 비대면 계약 허용을 해야 한다. 도입 초기단계 시 발생할 수 있는 소비자 피해나 시장 교란의 리스크를 최소화하는 방향에서 운용의 묘를 살려야 한다.

(4) 정부정책 동향

1) 금융상품자문업 활성화에 대한 금융당국의 입장

금융위원회는 2016년 3월 25일 국민 재산의 효율적 운용을 지원하기 위하여 금융상품자문업 활성화 방안을 다음과 같이 발표하였다. 즉, 1) 일반인도 전문적이고 중립적인 자문서비스를 제공받는 등 금융상품에 대한 자문이 활성화될 수 있는 제도적 기반을 마련하고, 2) 로보어드바이저 등 온라인 기반의 저렴하고 혁신적이 자문서비스가 발전해나갈 수 있도록 규제를 획기적으로 완화하며, 3) 금융상품 자문채널과 판매채널을 유기적으로 연결하여 자문에 대한 접근성을 높이고 소비자의 편의성을 제고하겠다고 발표하였다.[50]

이에 따라 금융위원회는 독립투자자문업자(IFA) 제도 도입을 추진하기로 하였고, 독립투자자문업자는 금융상품 제조·판매회사로부터 구조적으로 독립성을 확보할 수 있도록 엄격한 요건을 구비하도록 하고, 자문업무에 필요한 전문성 유지와 윤리성 제고를 위해 기존 투자자문업자에 비해 사후교육을 강화하며, 독립투자자문업자는 '독립성' 표시 및 홍보를 허용하여 여타 자문업자와 차별화하고 소비자가 인지할 수 있도록 유도하겠다고 발표하였다. 또한 금융위원회는 자본시장법령은 투자자문·운용인력이 아닌 자의 투자자문·일임업무를 제한하고 있기 때문에 로보어드바이저의 활성화에 장애가 된다고 판단하여「자본시장법 시행령」을 개정하기로 하였다.

이에 따라 2017년 5월 8일「자본시장법 시행령」제99조 제1항 제1호의2를 신설하여 국내 최초로 로보어드바이저를 이용한 투자자문업과 투자일임업이 가능하도록 하였다.

2) 로보어드바이저 활성화를 위한 금융당국의 정책

2019년 5월 15일 금융위원회는 자산운용회사 등이 아닌 로보어드바이저 업체가 자산운용회사 등으로부터 펀드·일임재산 운용업무를 위탁받을 수 있도록 금융투자업규정 개정안을 의결하였다. 이에 따라 2019년 7월 24일부터 로보어드바이저 업체가 자산운용회사 등으로부터 펀드·일임재산을 위탁받아 로보어드바이저로 운용할 수 있게 되었고, 다만 투자자 보호를 위해 투자자에 대한 직접적인 책임을 자산운용회사 등 운용업무 위탁자가 부담하는 경우에 한하여 허용하기로 하였다.[51]

최근 금융위원회는 2020년 2월 26일 '2020년 업무계획 중 핀테크·디지털금융 혁신과제'를 발표하였는데, 여기서 금융회사, 핀테크 기업이 자유롭게 AI를 시도해볼 수 있는 환경을 조성하여 금융서비스에 AI 도입을 촉진하겠다고 하면서, 특히 알고리즘 검증 등을 지원하는 테스트베드를 구축하고, 프로파일링 대응권[52]을 근거로 AI를 이용한 금융서비스 제공, 윤리 기준 등에 대한 가이드라인을 마련하겠다고 하였다.[53] 이에 따라 위에서 살펴본 로보어드바이저의 알고리즘에서 비롯된 각종 투자자 보호 문제에 대한 개선방안이 도출될 수 있을 것으로 기대된다.

3) 정리

2016년 4월 7일 당시 금융위원장은 로보어드바이저가 1) 저렴한 비용으로, 2) 언제, 어디서나, 3) 개인맞춤형 자산관리서비스를 제공함으로써 자문서비스의 혁신과 대중화를 선도할 수 있다는 점에서 자산관리서비스의 새로운 대안이 될 수 있다고 언급하였는데, 그 이후 로보어드바이저 산업은 계속 성장하였다. 로보어드바이저에 대한 이러한 정부 당국의 기조는 앞으로 계속 유지될 것으로 전망된다.

1 임재연, 『자본시장법』, 박영사, 2016, 1085면.

2 임재연, 『자본시장법』, 박영사, 2016, 1085-1086면.

3 임재연, 『자본시장법』, 박영사, 2016, 1087면.

4 임재연, 『자본시장법』, 박영사, 2016, 1117면.

5 금융위원회 보도자료, "펀드슈퍼마켓 설립 추진 현황"(2013. 11. 26.).

6 금융위원회 보도자료, "금융투자업 인가 의결"(2014. 4. 16.).

7 금융위원회 보도자료, "온라인 채널 판드판매 현황 및 활성화 방안", (2017. 4. 3.).

8 대법원 2008. 5. 29. 선고 2007도2839 판결.

9 대법원 2008. 9. 11. 선고 2006다53856 판결.

10 금융위원회 보도자료(2016. 3. 24.) 이하 같음.

11 은행의 경우 3개사가 부동산자문에 국한한 자문업만을 영위하고 있다.

12 ① 비대면 계좌개설 → ② 온라인 계약 체결 → ③ 자문·일임 업무 수행 → ④ 결과 보고 및 투자자 피드백의 절차를 말한다.

13 투자자문업자의 자문계약 체결·해지업무는 제3자 위탁이 금지되어 있어(자본법시행령§45.2.라), 업계는 자문 계약체결·해지 관련 전산인프라 등 위탁여부가 불분명하다는 입장이다.

14 안수현, 전게 논문, 170면.

15 자본시장법 제98조 제1항 단서는 "투자자 보호 및 건전한 거래질서를 해할 우려가 없는 경우로서 대통령령으로 정하는 경우에는 할 수 있다"라고 규정하여 로보어드바이저의 규제 근거를 자본시장법 시행령에 위임하였다.

16 자본시장법 제98조 제1항 제3호는 "투자권유자문인력 또는 투자운용인력이 아닌 자에게 투자자문업 또는 투자일임업을 수행하게 하는 행위"를 투자자문업자 또는 투자일임업자의 불건전 영업행위의 하나로 규정하고 있다.

17 정보통신망법 제2조 제7호는 "침해사고"란 해킹, 컴퓨터바이러스, 논리폭탄, 서비스 거부 또는 고출력 전자기파 등의 방법으로 정보통신망 또는 이와 관련된 정보시스템을 공격하는 행위를 하여 발생한 사태를 말하는 것으로 규정하고 있다.

18 이성복, "로보어드바이저가 미국 자산관리시장에 미치는 영향", 「자본시장리뷰」, 2016 여름호, 자본시장연구원, 103면.

19 안수현, "Automated Investment Tool(일명 '로보어드바이저')을 둘러싼 법적 쟁점과 과제", 상사판례연구 제29집 제2권, 2016. 6., 178면.

20 김범준·엄윤경, "로보-어드바이저 알고리즘의 규제 개선을 통한 금융소비자 보호", 법학연구 제18권 제3호, 2018. 9., 213면.

21 로보어드바이저 운영업체는 투자자의 계좌를 관리함에 있어 알고리즘이 사용된다는 설명과 함께 알고리즘의 기능에 대한 설명이 요구된다. 특히 알고리즘의 가정 및 제한에 관한 설명이 필요하며, 알고리즘 사용에 내재된 위험도 이에 포함된다. 또한 시장상황에 따라 거래를 중단하거나 기타 방어조치를 취할 수 있다는 상황과 같이 사용된 알고리즘의 체계가 무시되는 경우가 있다는 사실에 대한 설명이 필요하다. 뿐만 아니라 사용되는 알고리즘의 개발·관리 또는 소유권에 대한 제3자의 개입, 다시 말해 계약으로 인해 발생할 수 있는 이해상충에 대한 설명이 포함되어야 한다. SEC, "IM Guidance Update", Feb. 2017., at 3-4.; 김범준·엄윤경, 전게 논문, 각주 56 재인용.

22 김범준·엄윤경, 전게 논문, 216면, 각주 67 참조.

23 적합성 원칙이란 일반투자자의 투자목적·재산상황 및 투자경험 등에 비추어 적합하지 아니하다고 인정되는 투자권유를 해서는 아니 된다는 원칙을 말한다.

24 FCA, "Financial Advice Market Review(FAMR): Implementation part 1", Apr. 2017., at 10-16 ; 김범준·엄윤경, 전게

논문, 217면 재인용.

25 금융규제 샌드박스란 "혁신 사업을 제공하고자 하는 사업자가 기존 규제의 불허 또는 불명확성으로 인하여 사업 시행이 어려운 경우 보다 완화된 규제 환경에서 혁신 사업을 시험적으로 운영해볼 수 있도록 허용해주는 제도"를 말한다. 강현구, "금융혁신지원 특별법안에 대한 고찰", 경제법연구 제17권 제3호, 2018. 12., 5-6면.

26 김보영, "영국의 규제샌드박스 평가 보고서의 주요내용", 자본시장포커스, 자본시장연구원, 2018. 2., 3면.

27 김범준·엄윤경, 전게 논문, 218-219면.

28 고동완, "주요국 은행의 업무 범위 현황과 국내 법·제도적 시사점", NARS정책연구용역보고서, 국회입법조사처, 2015. 12. 18., 57면.

29 고동완, 전게 보고서, 58면.

30 금융상품 자문은 일반자문과 개인자문으로 나뉘며, 차이는 개인정보에 근거하여 자문을 하는가이다. 권오경, "호주 증권투자위원회, 로보어드바이저 규제 지침서(안) 발표", KIRI 리포트 제381호, 보험연구원, 2016. 4. 25., 13면.

31 김범준·엄윤경, 전게 논문, 219-220면.

32 권오경, 전게 보고서, 12면; 김범준·엄윤경, 전게 논문, 220면.

33 안수현, "Automated Investment Tool(일명 '로보어드바이저')을 둘러싼 법적 쟁점과 과제" 商事判例研究 第29輯 第2卷(2016. 6. 30.) 2016년 춘계학술대회발표논문.

34 FCA, Regulatory Sandbox, November 2015(https://www.fca.org.uk/your-fca/documents/regulatory-sandbox)

35 대법원 2008. 9. 11. 선고 2006다53856 판결.

36 사려·분별 있는 자라면 가질 수 있는 주의의무를 기준으로 행동하여야 한다는 것이 신중투자원칙이다. 이는 미국법률가협회의 「신탁법」 제3차 Restatement(1990)에서 채택되었다. 이후 1994년 모델법인 통일신중투자법 (Uniform Prudent Investor Act)으로 제정되었다.

37 박철영, "투자자문업 및 투자일임업에 관한 법적 규제의 현황과 과제", 증권법연구 제10권 제1호, 증권법학회, 2009, 18면.

38 예컨대 인수한 증권을 매수하도록 조언하거나 자기 또는 이해관계인의 고유 재산 또는 운용재산과 거래할 것을 조언하거나 자기 또는 이해관계인이 발행한 증권에 투자하도록 조언하는 행위 등 다양하다(자본시장법 제98조 제1항, 제2항 각 호 참조).

39 서울고법 2009. 8. 21. 자 2009라997 결정.

40 안수현, 전게 논문, 202-203면

41 FINRA Report at. 5.

42 서울남부지법, 2009. 8. 14. 선고 2008가합20578 판결.

43 대법원 2013. 9. 26. 선고 2011다53683,53690 전원합의체 판결.

44 대법원 2013. 9. 26. 선고 2012다1146,1153 전원합의체 판결.

45 Melanie L. Fein, FINRA's Report on Robo-Advisors: Fiduciary Implications, at 4.

46 Massachusetts Securities Division, Policy Statement, Robo-Advisers and State Investment Adviser Registration, April 1, 2016.

47 FINRA Report at 4-5; 안수현, 전게 논문, 181-182면 참조.

48 안수현, 전게 논문, 204면.

49 안수현, 전게 논문, 206면.

50 금융위원회 보도자료, "국민 재산의 효율적 운용을 지원하기 위한 금융상품자문업 활성화 방안"(2016. 3. 25.).

51 금융위원회 보도자료, "로보어드바이저 활성화를 위한 제도개선"(2019. 5. 15.).

52 프로파일링 대응권이란 AI 등을 활용한 자동화된 금융거래 결정에 설명·정정 요구를 할 수 있는 권리를 말한다.

53 금융위원회 보도자료, "제목 : 금융위원회 2020년 업무계획 중 핀테크·디지털 금융 혁신과제"(2020. 2. 26.).

08
•••
핀테크와 보험

08

핀테크와 보험

I. 서 설

금융과 기술의 융합을 핀테크라고 하는 반면 인슈어테크란 보험(Insurance)과 기술(Technology)이 결합된 용어로서 보험 분야의 핀테크를 말한다. 보험 분야에서도 ICT 기술발달에 힘입어 다양한 분야에서 활용을 하고 있고, 앞으로도 지속적인 인슈어테크에 의한 보험업의 발전이 진전될 것으로 예상된다. 보험의 경우 인슈어테크는 보험상품개발, 보험계약의 체결, 보험사고의 통지 및 보험금 지급, 보험사기의 방지 등 분야에서 활용 가능성이 높다. 그러나 인슈어테크의 발달을 저해하는 요소가 곳곳에 산재하고 있는 바, 이에 대한 개선방안을 적극적으로 발굴하여 시행하는 것이 필요하다.

II. 빅데이터와 보험

1. 의의

빅데이터는 일반적인 기술로 저장·관리·분석이 어려울 정도로 큰 규모를 가진 데이터를 의미한다. 빅데이터는 3V(Volume, Variety, Velocity)로 정의된다.[1]

전통적으로 금융부분에서는 상품개발, 마케팅, 부정사용 방지(Fraud Detection System),

신용평가 등에서 빅데이터가 활용되고 있다.

〈국내외 금융 관련 빅데이터 활용사례〉

구분		금융회사	주요 내용
은행	해외	BOA	SNS 등을 통한 마케팅을 통해 고객유치·수익률 제고
		Citi	빅데이터 분석을 통해 대출심사 정확도 제고
	국내	IBK기업은행	고객감성분석 등 기업 이미지 제고에 활용
		SC제일은행	개인 SNS를 이용한 타깃마케팅 활용
보험	해외	Progressive	자동차 운행기록정보를 통해 보험 재가입 여부 결정
		MetroMile	날씨 데이터에 기반을 둔 농작물 보험 판매
		Travelers	지역·정치 요소들을 분석하여 신규시장 개척
	국내	삼성화재	도덕적 해이 사고 및 고위험군 사고 분석 시스템 개발
		교보생명	위험평가모델을 통한 언더라이팅 업무효율 개선
카드	해외	Visa	Real time messaging으로 타깃마케팅 실시
		JCB(일본)	가맹점, 구매 패턴 등을 분석하여 실시간 할인쿠폰 발행
	국내	신한·현대카드	고객마케팅 및 신상품 개발에 활용
		롯데카드	백화점, 마트 등 계열사와 제휴해 마케팅 및 서비스 제공

2. 현황

우리나라는 외국과 비교 시 빅데이터 활용 초기단계에 머물고 있다. 외국은 모든 업권에서 빅데이터가 새로운 방법으로 다양하게 활용되고 있다.

국내 보험사의 경우 빅데이터 활용이 마케팅, 보험사기 적발 위주인 반면, 외국 보험사는 상품혁신, 기후재난예측 등 다양하게 빅데이터를 활용하고 있다.

외국의 경우 빅데이터가 수익모델로 연결되고 있지만, 우리나라의 경우 빅데이터가 수익모델로 연결되지 않고 있다. 가령 미국 Progressive 보험사의 경우 자동차 운행기록정보 시스템 도입 이후 수익률은 업계평균의 3배, 자산가치는 지난 4년간 2배로 증가하였다. 또한 외국 금융회사는 수요에 맞는 서비스를 실시간으로 제공하여 영업에 활용하고 있지만, 우리나라의 경우 빅데이터를 실시간으로 영업에 활용하지 못하고 있다. 가령 일본 JCB(카드)는 구매 패턴을 실시간으로 분석하여 할인쿠폰을 발행하여 열람률을 46%까지 높여 고객 유치에 활용하고 있다.

한편, 외국의 경우 최근 핀테크 기업이 빅데이터 활용을 통해 금융서비스를 제공하는 사례가 증가하고 있다. 그러나 우리나라의 경우 핀테크 기업이 빅데이터를 활용해 금융권으로 진출하는 경우는 많지 않은 것이 현실이다.

〈핀테크 기업의 금융 관련 빅데이터 활용사례〉

금융회사	주요 내용
Lenddo	SNS를 토대로 SNS 지인 중 연체자가 있으면 점수가 낮아지는 신용평가점수를 개발하여 소액대출업 영위
Kreditech	SNS, e-커머스 거래내역, 자사 가입신청서상 철자법 오류, 문장 특성 등을 파악하여 대출심사에 활용
Affirm	공개정보를 분석하여 개인 신용도를 판단하여 차별적인 할부수수료 제시 및 할부구매 지원

3. 활성화 필요성 및 제약요인

(1) 필요성

외국의 경우 빅데이터 활용이 하나의 산업군으로 연결되고 있어 새로운 경제의 성장 동력이 되고 있다. 특히 빅데이터 활용이 증가하면 개인정보처리업, 정보 가공·판매업 등의 연관 업종도 함께 발전한다. 타업권과 비교해 금융권 빅데이터의 잠재적 활용가치가 높아 산업연관 효과 등이 높을 것으로 예상된다.

핀테크 기업의 금융정보 빅데이터 활용이 증가하면 핀테크 기업과 금융권이 동반 성장한다. 핀테크 기업이 금융업에 진출하여 기존 금융회사들과의 선의의 경쟁이 발생하면 금융산업이 더욱 발전할 것이다. 핀테크 기업이 빅데이터 활용기술을 제공하고 금융회사가 이를 활용할 경우 기술과 금융산업 발전의 시너지 효과를 발휘하게 된다. 금융회사도 빅데이터 활용을 통해 시장개척, 새로운 수익사업 발굴 등이 가능하여 금융산업 발전에도 도움이 된다. 외국 금융회사는 빅데이터를 활용하여 신규시장을 개척하는 등 빅데이터 활용에 적극적이다. 또한 개인에 대한 맞춤형 금융서비스를 제공하여 소비자의 수요를 창출함으로써 경제활성화에 도움이 된다.

(2) 제약요인

우리나라에서 빅데이터가 활성화되지 못하고 있는 이유를 살펴보면, 첫 번째 법령의 제약으로서 신용정보법령상 불명확한 규정 등으로 인해 금융회사 등은 개인신용정보 활용이 어렵다는 점이다. 신용정보법령상 금융회사 등이 신용정보를 비식별화하여 빅데이터 사업에 활용할 수 있는지 여부가 불명확하다.

두 번째 요인으로 지적할 수 있는 것이 인프라 미흡이다. 핀테크 기업은 금융상품을 만들고 새로운 서비스를 제공하기 위해 필요한 금융정보의 확보가 어렵다. 외국의 경우 핀테크 기업이 정보중개업체에서 정보를 수집할 수 있지만, 우리나라의 경우 정보중개업이 활성화되어 있지 않다.

마지막으로 관련 지침의 미비를 들 수 있는데 금융회사가 정보를 비식별화할 때 이에 대한 명확한 지침이 없어 비식별화 정보 활용에 주저한다. 개정 「신용정보법」상 과징금 도입, 징벌적 손해배상 등 제재가 강화되어 금융회사의 비식별화 정보활용 노력을 저해하는 결과가 되고 있다.

4. 활성화 방안

(1) 개요

금융회사의 빅데이터 활성화를 지원하고, 핀테크와 연계하여 발전할 수 있는 활성화 방안을 마련할 필요가 있다. 금융회사의 빅데이터 활용과 관련된 규제개선을 통해 빅데이터 활성화 기반을 마련하는 등 법령 및 인프라의 구축이 필요하다.

(2) 법령상 제약 요소 해소

「신용정보법」상 신용정보는 식별정보(다른 정보와 결합), 거래내용, 신용도, 신용능력, 공공정보 등 다섯 가지로 구분되고, 이 중 하나에 해당되면 비식별과 무관하게 신용정보로 보고 있다. 비식별 신용정보(식별정보와 결합되지 않은 거래내용, 신용도, 신용능력)도 개인신용정보로 규정하고 있다. 이와 같이 비식별 신용정보를 신용정보로 볼 경우 빅데이터를 위해 정보를 활용할 때마다 동의를 받아야 하므로 활용이 어렵다.

외국에서는 비식별정보를 개인정보로 보지 않으며, 미국 소비자 프라이버시 권리장전(Consumer Privacy Bill of Rights Act)에서도 비식별정보는 개인정보로 보지 않는다.

따라서 비식별정보는 개인신용정보에서 제외할 필요가 있다. 또한 「개인정보 보호법」상 개인정보는 동의받은 목적으로만 활용해야 하나, 비식별화 시 동의 목적 외 이용이 가능하다. 「신용정보법」은 신용정보는 동의받은 목적으로만 활용하도록 하고 있고, 「개인정보 보호법」과 같은 예외 규정을 두지 않고 있다. 그런데 외국의 경우 비식별화된 정보는 개인정보로 보지 않으므로 빅데이터 목적으로 활용이 가능하다.

따라서 「개인정보 보호법」에 따라 비식별화할 경우 신용정보의 경우에도 동의 목적 외 이용이 가능할 수 있도록 제도적 뒷받침을 해주어야 한다.

(3) 빅데이터 활성화를 위한 인프라 구축

「신용정보법」 개정으로 기존 5개 협회의 신용정보집중기관이 종합신용정보집중기관으로 통합되었다. 이로 인하여 전 세계적으로 보험업권을 포함한 모든 금융권의 정보가 통합되는 최초의 사례가 되었다. 신용정보집중기관은 금융권, 핀테크 기업 등의 빅데이터 업무 활용을 지원하는 역할을 수행하여야 하고, 금융회사가 새로운 서비스 등을 제공할 수 있도록 마케팅, 상품개발 등을 지원하여야 하며, 금융 관련 정보를 비식별화하여 핀테크 기업 등에 제공하여 핀테크 기업의 빅데이터 활용을 지원하여야 한다.

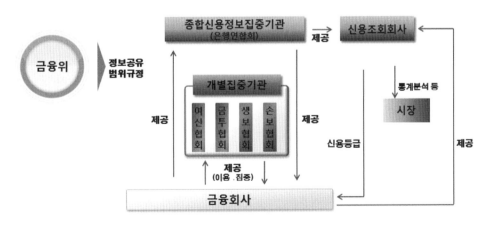

〈신용정보 집중 및 관리체계〉

참고로 해외에서는 집중기관(PCR: Public Credit Registry)과 신용정보사(CB: Credit Bureau)가 공존하는 국가는 30개국에 이른다.

외국의 PCR은 금융시스템 안정 등 정책·감독 목적상 일정기준 이상의 연체정보 등을 수집하여 금융회사와 공유한다. 보험정보를 PCR로 집중하는 경우는 없으나, 보험사기방지 등 소비자 보호를 위해 별도 조직을 두어 정보를 집중한다.

(4) 비식별화 지침 마련

개인정보를 비식별화 하더라도 특정 절차를 거치면 다시 식별화가 가능한 경우가 발생할 수 있다. 금융회사는 비식별화 여부에 논란이 있을 수 있어, 제도적 측면에서 비식별화 방식 등을 구체적으로 명시할 필요가 있다. 이러한 제도 개선을 통하여 빅데이터 활성화를 도모하고 정보처리업, 정보의 가공·판매 등의 새로운 업종의 신설도 검토해야 한다.

5. 금융위원회의 금융 분야 데이터 활용 및 정보보호 방안

(1) 의의

데이터는 4차 산업혁명 흐름 속에서 혁신성장의 토대가 됨과 동시에 보다 공정한 시장경제를 구축하는 데 기여한다. 사람과 사물이 다각적으로 이어지는 초연결 사회가 도래함에 따라 데이터 주도 경제로 전환이 가속화되어 가고 있다. 특히 대량의 데이터에서 유의미한 정보를 도출하는 빅데이터는 인공지능, 사물인터넷 등과 함께 4차 산업혁명의 핵심기술에 해당한다. 데이터의 수집, 분석 등에 특화된 데이터 산업이 성장함에 따라 다양한 정보수요에 대응함과 동시에 양질의 일자리도 창출될 전망이다.

(2) 현황

2014년 카드사 정보유출사태의 여파 등으로 개인정보 관련 법률이 강화되었다. 이는 금융데이터의 활용 측면보다 금융회사의 수익에만 기여한다는 인식이 강한 탓이라 할 것이다. 그러나 미국이나 중국, 일본 및 유럽연합[특히 EU는 '일반개인정보보호규칙(GDPR: General Data Protection Regulation)'을 채택하여 기존 회원국 간 개별적으로 운영하던 제도를 통합한 바 있다] 등의 국가들은 적극적인 정부지원을 통하여 데이터 활용에 비교적 우호적인 여건을 만들고 있다. 이에 비하여 우리는 정보보호에 대한 강한 규제체계를 가지고 있다. 2016년 3월 금융위원회의 발표는 개인정보보호를 소홀히 하지 않으면서 개인정보의 활용을 배제하지 않겠다는 의미로 이해된다.

국내 금융권의 데이터 활용은 아직까지 초기단계인 것으로 판단된다. 신용카드, 보험업 등 일부 업권에서 마케팅, 보험사기 적발 등에 빅데이터 분석, 이용을 하는 등 제한적으로 활용 중에 있다. 데이터를 기반으로 금융시장에 진입하려는 핀테크 업체도 미국이나 유럽연합, 중국에 비하여 많지 않은 상황이다.

(3) 규제체계

현행 개인정보보호체계는 개별 정보주체의 사전동의를 기초로 하고, 5년이라고 하는 정보보유 기간을 엄격하게 요구하고 있다. 이 점이 바로 대량의 데이터 처리를 필요로 하는 빅데이터 분석 및 이용을 어렵게 하고 있다. 유럽연합이나 미국 등은 빅데이터 분석을 위한 데이터 활용이 가능하도록 기술적 노력과 법률, 제도적 개선작업을 마련하고 있다. 익명화, 가명처리 등을 통해 특정 개인을 알아볼 수 없도록 비식별화하려는 기술적 시도가 등장하고 있고, 비식별 처리된 정보에 대하여는 개인정보보호 규제를 배제하며, 자유로운 데이터 활용을 허용하는 방향으로 개선책을 마련하고 있다.

(4) 침해 예방 필요성

앞으로 우리나라도 소비자 등 정보주체의 자기정보결정권이 대폭 강화될 것이다. 물론 긍정적인 면도 많지만 자기정보결정권 확대에 따른 부작용 및 정보 오용문제도 발생할 수 있다. 금융위원회는 현재의 '정보활용 동의서류'를 '요약정보'만 제공하는 형태로 대폭 단순화하고자 하는 방안을 마련하고 있다. 실제로 온라인 거래의 정보제공·이용동의서에 동의를 하는 것에 시간의 부담이 있다는 지적과 여러 항목에 대한 '무더기 동의'가 실제로 쓸모가 없다는 지적이 제기되어왔다. 그런 측면에서 '사후거부제' 도입은 꽤나 의미가 있다. 동 제도는 우선 금융지주그룹 내에서 영업목적으로 공유할 때, 거래 중이던 상품과 동종·유사 상품을 마케팅 목적으로 활용할 때, 사전동의가 물리적으로 어려운 사물인터넷(IoT) 분야 등에 시범 도입될 예정이다. 다만, 사전동의를 사후거부제로 변경하는 경우에, 정보 유출·도용 등의 법적 분쟁이 발생할 경우 입증에 대한 다툼의 발생을 예상할 수 있다. 정보주체의 경우 자신이 제공했던 정보를 거부한 것이라고 하는 증명을 통해서만 구제를 받을 수 있게 되고, 정보주체의 명확한 거부의사가 중요한 의미를 갖게 될 것이다.

(5) 보험사기와 빅데이터 활용

현재 보험업계나 유관기관 등은 보험사기 예방과 적발사업을 위해 다양한 시스템이나 기법을 도모하고 있다. 그러나 보험정보 활용에 대한 제약으로 인해 어려움이 있다. 보험사기문제는 보험업계에서 초미의 관심사에 해당한다. 의도적으로 보험금을 절취하고자 하는 보험청구권자들의 사기행각에 보험회사의 적극적인 노력이 강구되고 있는 상황이다. 2017년 삼성화재보험주식회사의 빅데이터 활용 보험사기방지시스템인 IFDS(Intelligence Fraud Detection System)을 한번 살펴볼 필요가 있다. 고위험군 사고 분석에 특화된 이 시스템은 축적된 계약과 사고 관련 빅데이터를 실시간으로 분석하여 접수된 사고의 패턴과 위험도 등을 추출하게 된다. 빅데이터를 기반으로 한 IFDS로 보험범죄 조사업무를 절차에 따라 표준화하게 된다면, 업무의 효율성이 증대될 것으로 판단된다. 다른 회사들도 빅데이터를 통한 사기방지시스템 개발에 경주해가고 있는 실정이다.

(6) 기타 보험정보 활용방안

데이터는 4차 산업혁명에서 혁신성장의 토대가 된다. 지능정보사회에서 혁신성장을 이끄는 핵심자원이 바로 데이터이고, 데이터의 생산·유통 및 수집·분석·이용서비스를 전문적으로 제공하는 산업 등 이 데이터 관련 사업은 지속적으로 성장할 것이다. 또한 데이터에 기반한 창업과 일자리 창출도 매우 기대되는 부문이다. 데이터 활용에 적극적인 주요국의 정책을 고려하여, 개인정보에 대한 규제 일변도의 정책을 전환하고자 하는 금융위원회의 방향은 합당하다. 그러나 무엇보다도 문제가 되고 있는 것은 개인정보 관련 법률이 집중되지 못하고 산재되어 있다는 사실이다. 「개인정보 보호법」과 「신용정보법」, 「정보통신망법」 등 여기 저기 분산되어 개인정보를 수집하는 사용자 및 정보주체에게 심각한 혼란을 야기하고 있는 상황이다. 이러한 점은 신속하게 개선해야 할 사항이라고 생각된다. 부연으로, 시시각각으로 변화를 주고 있는 주요국의 입법정책에 대한 연구 역시 게을리하지 말아야 한다. 늦었지만 우리 금융당국이 주요국의 입법정책과 보조를 맞추려고 하는 것은 4차 산업혁명 시대에 낙오자가 될 수 없다는 위기감이 발현된 것이다.

비식별정보의 활용으로 삭제된 정보가 너무 많아 그 활용도가 불확실하다는 주장이 제기되고 있다. 개인정보와 관련하여 우리는 가명정보와 익명정보를 이해할 필요가 있는데, 바로 식별할 수 없지만 별도 추가정보만 있으면 식별이 가능한 정보를 전자라고 한다면, 다른 정보와 결합해도 특정 개인을 알아볼 수 없는 정보를 후자로 구분할 수 있다. 우리나라에서 주로 말하는 비식별정보는 익명정보를 의미하게 된다. 우리나라 '비식별정보 가이드라인'에서 의미하는 비식별조치는 익명화를 요구하는 것으로 이해될 수 있는데, 익명정보만을 가지고 빅데이터를 활용하기에는 한계가 있다는 점이 문제점으로 지적될 수 있다.

6. 데이터 3법 개정 주요 내용

개인정보 보호와 관련된 「개인정보 보호법」, 「정보통신망법」, 「신용정보법」 등 이른바 데이터 3법 개정안이 2020년 1월 9일 국회에서 의결되었고, 개정된 법률들이 2020년 8월 5일부터 시행되고 있다. 개정된 주요 내용은 다음과 같다.

(1) 「개인정보 보호법」

4차 산업혁명 시대에 핵심 자원인 데이터의 이용 활성화를 하기 위해 데이터 3법이 개정되었다. 개정된 주요 내용은 개인정보의 개념을 명확히 하여 혼선을 줄이고, 안전하게 데이터를 활용하기 위한 방법과 기준 등을 새롭게 마련하여 데이터를 기반으로 한 새로운 기술·제품·서비스의 개발, 산업 목적을 포함하는 과학연구, 시장조사, 상업 목적의 통계작성, 공익 기록보존 등을 위해서 가명정보를 이용할 수 있도록 하였다.

<**가명정보의 개념**>[2]

	개념	활용 가능범위
개인정보	특정 개인에 관한 정보, 개인을 알아볼 수 있게 하는 정보	사전적이고 구체적인 동의를 받은 범위 内 활용 가능
가명정보	추가정보의 사용 없이는 특정 개인을 알아볼 수 없게 조치한 정보	다음 목적에 동의 없이 활용 가능(EU GDPR 반영) ① 통계작성(상업적 목적 포함) ② 연구(산업적 연구 포함) ③ 공익적 기록보존 목적 등
익명정보	더 이상 개인을 알아볼 수 없게(복원 불가능할 정도로) 조치한 정보	개인정보가 아니기 때문에 제한 없이 자유롭게 활용

가명정보의 개념과 활용 가능범위를 정의하여, 가명정보를 통한 데이터 활용을 할 수 있게 되었다.

또한 정보처리자의 책임성을 강화시켜 각종 의무를 부과하고, 법 위반 시 과징금 부과 등 처벌도 강화하여 개인정보를 안전하게 보호하는 제도적 장치를 마련하였고, 개인정보의 오·남용과 유출 등을 감독할 감독기구는 개인정보보호위원회로, 관련 법률의 유사·중복 규정은 「개인정보 보호법」으로 일원화하였다.[3]

(2) 「정보통신망법」

「정보통신망법」은 「개인정보 보호법」과 유사하고 중복되는 조항이 많았다. 그로 인해 「정보통신망법」의 개정은 필수적이었고, 개인정보 보호 관련 사항은 「개인정보 보호법」으로 이관하고, 온라인상 개인정보보호 관련 규제와 감독 주체를 방송통신위원회에서 '개인정보보호위원회'로 변경하였다. 즉, 「정보통신망법」 내 개인정보 관련 다른 법령과의 유사·중복조항을 정비하였다.

(3) 「신용정보법」

「신용정보법」은 빅데이터 분석·이용의 법적 근거 명확화와 빅데이터 활용의 안전장치를 강화하는 목적으로 개정되었다. 금융 분야 데이터산업으로서 신용정보 관련 산업에 관한 규제체계를 선진화시킴으로써 신용조회업(CB: Credit Bureau)업을 개인CB, 개인사업자CB, 기업CB 등으로 구분 및 진입규제 요건을 합리적으로 완화시켰다.

〈신용조회업 진입규제 요건〉[4]

	인가단위		최소 자본금	금융회사 출자요건
현행	신용조회업(CB업 구분X)		50억 원	적용(50% 이상)
개선	개인CB		50억 원	적용(50% 이상)
		① 비금융전문CB	5억 원/20억 원	배제
		② 개인사업자CB	50억 원	적용(50% 이상)
	기업CB	기업등급제공	20억 원	적용(50% 이상)
		기술신용평가	20억 원	적용(50% 이상)
		정보조회업	5억 원	배제

핀테크 진입을 위해 최소 자본금은 5억 원으로 하였고, 금융회사의 출자요건은 배제시켜 진입장벽을 최소화하였다. 신용조회업자의 영리목적 겸업 금지 규제 폐지에 따라 데이터 분석·가공, 컨설팅 등 다양한 겸영·부수 업무가 가능해졌다. 산업의 건전성 제고를 위해 영업행위 규제가 신설되고, 개인CB·개인사업자CB에는 최대주주 적격성 심사제도가 도입되었다.

금융 분야 개인정보보호 강화를 위해서 기계화·자동화된 데이터 처리(profiling)에 대해 금융회사 등에 설명요구·이의제기를 할 수 있는 '프로파일링 대응권'을 도입하였다. 또한 상거래 기업 및 법인의 개인신용정보 보호를 위한 개인정보보호위원회의 법 집행 기능을 강화하고, 「개인정보 보호법」과의 유사·중복 조항도 정비하였다.[5]

(4) 소결

데이터 관련 3법의 개정으로 인한 「정보통신망법」의 정비, 가명정보와 익명정보의 정의 및 활용할 수 있는 범위의 설정, 개인정보보호위원회 지위의 격상 및 관리감독 강화, 마이데이터 사업 허용 등은 다양한 영역에서 보험 산업에 긍정적인 영향을 미칠 것으로 예상된다.

「개인정보 보호법」에서는 가명정보와 익명정보에 대한 개념 정의를 도입하였고, 통계작성과 과학적 연구 및 공익적 기록 보존의 목적으로 전문기관의 데이터 결합을 허용하였다. 또한 개인정보보호위원회를 중앙행정기관으로 격상하였고, 개인정보보호위원회의 법 집행 기능을 강화하였다. 또한 「개인정보 보호법」에 이미 존재하는 내용을 「정보통신망법」에서 삭제, 이를 「개인정보 보호법」으로 이관하였다.

보험산업과 관련하여 「신용정보법」의 내용은 의미 있는 내용이 다수 포함되어 있다. 「신용정보법」 개정으로 데이터 경제의 흐름에서 데이터 기반의 소비자 맞춤형 금융서비스 출현으로 금융산업의 신성장동력이 확보될 것으로 판단된다. 또한 마이데이터 산업, 비금융정보 전문 CB업, 개인사업자 CB업 등 새로운 신용정보 관련 산업의 도입으로 금융 접근성의 제고 및 양질의 일자리 창출이 가능할 것이다.

III. 인슈어테크와 보험계약 체결 인프라 구축

1. 서설

스마트워치 등 착용형 기기인 웨어러블 기기를 이용해 건강상태를 점검한 뒤 이를 보험료에 반영하는 보험상품을 제공하고자 하는 보험업계의 논의가 전개되고 있다. 이는 보험의 영역이 핀테크에 결합하는 또 다른 하나의 형태에 해당한다. 해외에서는 건강관리를 잘하면 보험료를 할인해주는 이와 같은 보험상품이 이미 출시되어 인기를 끌고 있다. 그러나 우리나라에서는 「보험업법」이 그러한 보험상품의 제공을 하지 못하도록 하는 기능을 하고 있다는 비판이 제기되었다. 웨어러블 기기 등 핀테크 관련 기기의 보급은 보험업의 핀테크 발달에 필요한 인프라 측면에서 중요한 의미를 가진다.

2. 핀테크 관련 기기의 제공과 특별이익 제공 금지 제도

(1) 내용

보험회사들이 새로운 보험상품에 대한 초기 시장개척을 위해 스마트워치를 무료로 제공할 경우 「보험업법」 제98조(특별이익의 제공 금지)에 저촉될 수 있는 상황에 직면하게 된다.

〈「보험업법」상 모집광고와 모집의 구별〉(금융위원회 유권해석)

〈질의요지〉

□ 산후조리원, 인터넷 포털업체 등 모집 자격 없는 자가 온라인보험의 광고 대가로 그 광고를 통해 계약이 체결된 실적에 연동하여 판매액의 일정비율을 지급하는 것이 법령상 허용되는지 여부 및 허용되는 경우 기초서류에 그 방법을 반드시 반영해야 하는지 여부

〈회답〉

□ 인터넷 포탈 등에서 보험상품 광고를 하고, 그 광고를 통해 보험회사 온라인 가입 페이지로 유입되어 보험계약이 체결된 경우, 그 체결 실적에 따라 수수료를 지급하는 것은 '모집광고' 실적에 따라 수수료를 지급하는 것으로 「보험업법」 제99조 제1항에 위반되지 않는 것으로 판단되며,

○ 이러한 광고비 지급 방식이 「보험업감독규정」 제7-54조 제4호의 "보험계약체결의 절차에 관한 사항"과 중요하게 관련된다면 해당 보험상품의 사업방법서에 그 사항을 기재할 필요가 있습니다.

〈이유〉

□ 인터넷 포탈 등에서 보험상품 광고를 목적으로 배너 광고 등을 하는 것은 보험계약을 직간접으로 체결하거나 특정인에 대해 개별적으로 보험가입을 유도하는 적극적이고 개별적인 행위 요소가 없어 '모집'으로 보기 곤란하고 '모집광고'에 해당하는 것으로 보입니다.

□ 「보험업법」 제99조 제1항은 ① 보험회사가 모집할 수 있는 자 외의 자에게 모집을 위탁하거나, ② 모집에 관하여 수수료, 보수, 그 밖의 대가를 지급할 수 없을 규정하고 있는 바, 인터넷 포탈에서의 배너 광고 등을 게시하는 것은 '모집' 행위가 아닌 '모집광고'로, 보험회사가 모집할 수 없는 자인 인터넷 포탈에 '모집'을 위탁하는 행위가 아니므로,

○ 보험회사가 인터넷 포탈의 모집광고에 따라 체결된 보험계약 실적에 비례하여 광고수수료를 지급하여도 이는 '모집'에 대한 대가를 지급한 것이 아니고, 따라서 「보험업법」 제99조 제1항 위반이라 보기 어렵습니다.

□ 다만, 산후조리원 등에서 배너 광고판, 전단지 등을 비치하고, 해당 광고를 통해 유입되는 보험계약자를 식별하여 그 계약 체결 실적에 비례하여 광고 수수료를 지급하는 방식의 경우에는

○ 그 체결 실적에 비례하여 광고비를 집행하게 될 경우 온라인과 달리 실제 현장에서 산후조리원 임직원 등 모집 자격을 갖추지 않은 자로 하여금 개별적이고 적극적인 모집 행위가 이루어지거나 또는 모집에 관하여 대가를 지급하는 경우에 해당되므로 신중하게 접근할 필요가 있습니다.

<「보험업법」 제98조>

제98조(특별이익의 제공 금지) 보험계약의 체결 또는 모집에 종사하는 자는 그 체결 또는 모집과 관련하여 보험계약자나 피보험자에게 다음 각 호의 어느 하나에 해당하는 특별이익을 제공하거나 제공하기로 약속하여서는 아니 된다. <개정 2014. 10. 15.>

1. 금품(대통령령으로 정하는 금액을 초과하지 아니하는 금품은 제외한다)
2. 기초서류에서 정한 사유에 근거하지 아니한 보험료의 할인 또는 수수료의 지급
3. 기초서류에서 정한 보험금액보다 많은 보험금액의 지급 약속
4. 보험계약자나 피보험자를 위한 보험료의 대납
5. 보험계약자나 피보험자가 해당 보험회사로부터 받은 대출금에 대한 이자의 대납
6. 보험료로 받은 수표 또는 어음에 대한 이자 상당액의 대납
7. 「상법」 제682조에 따른 제3자에 대한 청구권 대위행사의 포기

[전문개정 2010. 7. 23.]

(2) 특별이익 제공 금지 규정의 취지

「보험업법」이 특별이익 제공을 금지하고 있는 이유는 첫째, 보험 산업의 부패를 방지하고자 하는 목적이 있다.[6] 동 규정은 보험회사들의 비자금 등의 조성을 예방하기 위한 의도와 활동하지 않는 보험모집인의 수당지급을 통한 특별이익의 제공을 방지하고자 하는 목적이 있다. 둘째, 보험회사의 재무건전성 보호에 있다. 특별이익의 제공은 보험회사 간 고객유치를 위한 출혈 경쟁을 야기할 수 있다. 이는 보험회사의 재무건전성을 악화시킬 수 있다. 셋째, 고객 간 형평성을 유지하고자 하는 목적이 있다. 다른 조건이 동일함에도 불구하고 특별이익의 제공으로 실질적으로 보험료가 달라질 경우에 보험계약자의 차별성이 발생할 수 있는 것이다. 넷째, 모집질서의 불건전함을 들 수 있다. 보험모집을 성실하게 하는 보험모집인과 특별이익을 제공하는 보험모집인이 경쟁하는 경우 후자가 더 좋은 결과를 가져오는 것은 당연하다. 이로 인한 모집질서의 문란은 명약관화한 사실이다. 그러므로 보험계약의 체결 또는 모집에 종사하는 자에게 보험계약자나 피보험자에게 특별이익의 제공을 금지하고 있는 것이다.

(3) 실무상 문제점

보험업계는 국무조정실 산하 신산업투자위원회에 착용형 기기와 연계된 핀테크형 보험상품 출시를 위해 규제를 완화해 달라고 건의한 바 있었다. 미래에셋생명보험(주)은

핀테크형 보험상품을 시장에 제공하기 위하여 해당 기관에 상품 출시의 도움을 요청하였다. 미래에셋생명보험(주)은 스마트워치나 스마트밴드를 착용하고 하루에 만 보 이상 걷거나 일정 수준 이상 칼로리를 소모하면 보험료를 깎아주는 온라인 건강보험을 준비하였다. 담배를 피우지 않는 등 건강한 사람에게 보험료를 할인해주는 상품은 있지만 평소 건강관리 상태를 점검해 보험료를 깎아주는 상품은 국내에 아직 존재하지 않았다. 문제는 미래에셋생명보험(주)이 보험상품 판매를 위해 보험가입자에게 착용형 기기를 무료로 제공할 경우 「보험업법」상 특별이익 제공에 해당될 수 있다는 점이다. 「보험업법」 제98조와 동법 시행령 제46조에 따르면 보험사는 보험가입자에게 연간 납입하는 보험료의 100분의 10과 3만 원 가운데 작은 금액을 초과하는 금품을 제공할 수 없다.

〈「보험업법 시행령」 제46조〉
제46조(특별이익의 제공 금지) 법 제98조 제1호에서 "대통령령으로 정하는 금액"이란 보험계약 체결 시부터 최초 1년간 납입되는 보험료의 100분의 10과 3만 원 중 적은 금액을 말한다.

2003년 「보험업법」 개정 시 도입된 3만 원 기준은 그간의 물가상승률을 감안할 때 비합리적인 측면이 있다. 스마트워치 등 착용형 기기는 저가 상품도 있지만 3만 원을 훌쩍 넘는 상품도 대부분이다. 미래에셋생명보험(주)이 3만 원이 넘는 기기를 제공하면 「보험업법」 위반 소지가 발생하게 된다. 한편, 알리안츠생명보험(주)은 하루 만 보 이상을 걷는 등 건강관리를 잘하는지 여부를 스마트폰 어플리케이션으로 점검하여 잘한다는 결론이 나오면 월 2000원을 보험가입자에게 지급하는 보험을 판매하고 있다. 교보라이프 플래닛보험(주)은 건강관리와 상관없이 스마트밴드를 사면 스마트밴드 업체가 상해보험료를 대신 내주는 상품을 제공하고 있다. 고객 입장에선 스마트밴드를 사면 상해보험에 무료 가입이 되는 방식이다. 「보험업법」 제98조가 규정하고 있는 특별이익 제공은 보험모집인의 과당 영업을 제한하기 위한 규제에 해당한다. 그런데 온라인 핀테크 보험에도 그대로 적용하는 것은 타당하지 않다는 비판이 제기된다. 즉, 웨어러블 기기를 제공하는 것은 보험료 할인 등 소비자 혜택을 위한 것인 만큼 특별이익 범주에 넣는 것은 적절치 않다는 비판이다.

(4) 금융당국의 입장

금융위원회와 금융감독원은 위와 같은 보험업계의 요청과 해외사례 등을 분석하여 2017년 11월 2일 '건강증진형 보험상품 개발·판매 가이드라인'을 마련하였다.[7] 즉, 동 가이드라인에 따르면, 질병·사망보험 등 건강관리 노력과 관련된 상품에 대해서는 웨어러블 기기 구매비용, 보험료 할인, 보험금 증액, 캐쉬백, 포인트, 건강관련 서비스 등 광범위한 편익 제공을 보험회사에 허용하도록 하였다. 다만 웨어러블 기기의 직접 제공은 허용하지 않기로 하였는데, 그 이유는 보험회사가 기기의 파손·분실, 계약의 중도 해지 시 기기 회수 등과 관련한 분쟁 및 소비자 민원 등이 발생할 우려가 있어 웨어러블 기기의 직접 제공에 소극적이기 때문이다. 그리고 소비자의 건강관리 노력·성과에 따라 보험료 할인 등 편익이 제공되는 기준은 보험회사로 하여금 기초서류에 명시하도록 하였다.

따라서 금융당국은 건강증진형 보험상품 판매 시 제공하는 웨어러블 기기 구매비용, 보험료 할인 혜택 등은 「보험업법」상 특별이익 제공 금지의 범위에서 제외하는 것으로 입장을 정리하였다. 다만, 「보험업법」 제98조에 명시된 특별이익 금지의 예외 대상을 법률 또는 시행령 개정 없이 가이드라인으로만 허용할 수 있는지 여부에 대해서는 비판이 제기될 수 있을 것으로 본다.

(5) 대법원 입장과 개정 논의

대법원은 "보험회사의 임원이 보험계약의 유치를 위하여 보험계약자가 발행한 회사채를 유통금리보다 싼 표면금리에 의하여 매입하였다면, 이는 실질적으로 보험계약자에게 보험료를 할인하여 주는 것과 동일하여 구 「보험업법」 제156조 제1항 제4호에서 금지하고 있는 특별한 이익을 제공하는 행위에 해당한다"라고 판시한 바 있다.[8]

「보험업법」 제98조 특별이익 제공의 금지규정은 보험모집인의 과다 영업을 제한하기 위하여 도입된 하나의 규제에 해당한다. 특히 리베이트 제공에 대한 규제를 하기 위한 목적의 규정이다. 그러나 스마트워치 등 신체에 착용하는 기기를 이용하여 건강상태를 체크한 후 보험료를 산정하여 보험상품을 제공하고자 하는 경우에도, 동 규정을 적용하는 것은 타당하지 않은 면이 있다. 기술과 금융이 결합하는 분야는 점점 더 확대되고 있다. 보험의 영역 역시 마찬가지다. 기술의 발전에 보험 관련 법제가 보조를 맞춰야

할 필요성이 있다. 스마트워치, 스마트밴드 등 '웨어러블 기기' 활용을 금지하는 것으로 이해될 수 있는 「보험업법」 제98조(특별이익의 제공금지)의 개정 방안을 고려해볼 수 있다.

참고로, 「의료법」의 경우도 마찬가지이다. 즉, "의료인이 아니면 의료행위를 할 수 없도록 하고 있는" 「의료법」 제27조 제1항도 헬스케어서비스 발전에 저해요인으로 작용하고 있다. 보험의 건강관리 프로그램이 비의료인의 의료행위로 해석될 수 있어 동 프로그램의 도입을 가로막고 있는 실정이다. 이와 같이 「의료법」은 의료인만 의료행위를 할 수 있도록 규정하고 있으므로, 의료인이 아닌 다른 전문가들이 일반인에게 건강관리 서비스를 제공하게 되면 「의료법」 위반이 될 수 있는 것이다. 그런데 「의료법」의 적용을 받는 것은 의료법인이다. 「의료법」은 의료법인이 할 수 있는 부대사업으로 의료인과 의료관계자 양성·보수·교육, 의료나 의학에 관한 조사·연구, 노인 의료복지시설 운영, 장례식장 운영, 병원부설주차장 설치 및 운영, 의료정보시스템 개발운영, 의료기관 종사자의 편의에 관한 사업 등 7가지만 규정해두고 있다. 그러나 현행 「의료법」은 비의료기관의 의료행위에 대하여는 처벌하지만, 의료행위와 비의료행위에 대하여 명확하게 구별해두지 않고 있는 실정이다.

2012년 대법원은 의료행위에 대하여 "의학적 전문지식을 기초로 하는 경험과 기능으로 진찰, 검안, 처방, 투약 또는 외과적 수술을 시행해 질병의 예방 또는 치료행위 및 그 밖에 의료인이 행하지 않으면 보건위생상 위해가 생길 우려가 있는 행위를 의미한다"라고 판시하고 있지만, 의료행위에 대한 대법원 판례의 입장은 명확하지 않은 면이 있다.[9] 새로운 기술(technology)과 금융(finance)과의 융합은 현실을 반영한 법규를 요구하고 있다. 현실을 반영하지 못하고 있는 실정법의 개선방안이 마련되어야 한다.

3. 보험다모아 등 온라인 인프라 구축

보험다모아는 온라인상에서 보험료 조회 및 보험료 비교가 가능한 가상의 공간을 말한다. 보험료와 보장내용을 한눈에 비교·가입할 수 있는 온라인 보험슈퍼마켓 '보험다모아'가 2015년 11월 30일에 오픈하였다.

그간 '보험다모아'는 탑재 상품수가 크게 증가하였고, 방문자 수도 100만 명을 돌파하는 등 금융소비자의 큰 관심과 호응을 받는 등 금융개혁의 성과를 소비자가 직접 체감할 수 있는 대표적인 개혁 아이콘으로 성장하였다.

그 밖에도 새로운 핀테크 흐름에 부응하기 위하여, '보험다모아' '보험사기 다잡아'와 '내보험 다보여'를 차례로 개시하여 온라인 보험 시대의 IT 인프라 3종 세트를 구축하였다. '보험다모아' 자동차보험 실제보험료 조회 기능은 쉽게 간편하게 온라인 자동차보험 보험료를 한눈에 비교할 수 있어 많은 소비자들의 호응을 받았다. 2016년 12월 27일 기준, '보험다모아' 이용자 중 22%가 자동차보험료를 조회하여 보험종목 중 가장 많이 이용되었다. 참고로 단독실손 15.2%, 여행자 10.3%, 연금 8.2% 순이다. 2016년에는 우선 가장 많은 국민들이 이용하는 국산차만을 대상으로 하여 자동차보험 실제보험료 조회기능을 제공하였다. 또한 개인의 사고이력과 할인·할증등급을 쉽게 조회할 수 있는 보험계약 만기 1개월 이내인 갱신보험료만 조회가 가능하였다. 이에 따라 외산차·노후차·LPG차 등의 소유자이거나 새로 차를 구입한 경우, 보험다모아가 아닌 보험회사 홈페이지에 접속해 개별적으로 온라인 자동차보험료를 조회해야 하는 불편을 해소하기 위하여 2단계 기능개선 작업을 추진해오고 있는데, 2017년 1월 2일부터 다음과 같은 내용 개선이 이루어졌다.

첫째, 차종의 확대이다. 2017년 1월 2일부터 '보험다모아'의 실제보험료 조회대상을 외산차, 출고 후 15년 초과 노후차, LPG차 등으로 확대가 이루어졌다. 외산차 계약 중 74.6%, 출고 후 15년 초과 노후차량 계약 중 91.0%, LPG차 계약 중 63.8%에 해당하는 차종을 조회대상으로 추가한 것이다. 전체 개인용 자동차보험 계약(약 1천7백만 건) 중 '보험다모아'를 통해 실제보험료 조회 가능한 계약의 비율이 기존 75% 수준에서 93%(약 1천6백만 건)로 18%p 상승되었다. 다만, 정확한 모델정보나 차량가액을 조사하기 어려운 일부 차종은(자동차보험 계약의 약 7%) 실제보험료 조회서비스 이용이 제한된다. 예를 들면, 역수입·병행수입, 해외 구입 후 국내 반입, 개조, 중고 거래량 부족으로 차량가액 산출 곤란, 정확한 모델정보 파악 불가, 단종 후 구입 등 사유가 여기에 해당된다.

둘째, 계약의 확대이다. 2017년 1월 2일부터 새로 자동차를 구입하거나 최초로 자동차 보험에 가입하는 경우에도, '보험다모아'에서 개인 할인·할증 등급 등이 반영된 실제 보험료 비교·조회가 가능하다. 2016년에는 보험계약 만기가 1개월 이하인 갱신예정 계약만 실제 보험료 비교·조회 가능하였었다.

2019년 5월 19일 금융위원회 보도자료에 따르면, 보험료 비교 서비스가 새로워진 '보험다모아' 및 카히스토리에서 보다 쉽게 이용할 수 있도록 하였다. 추진에 대한 배경은 다음과 같다. 소비자의 인터넷 전용 보험(이하 CM보험)에 대한 가입이 증대에 있다. CM보험 판매는 '보험다모아' 출시(2015. 11. 30.) 이후 꾸준히 증가하여, 원수보험료(손해 보험사 기준)가 2015년 1조 4,561억 원에서 2018년 3조 5,588억 원으로 연평균 약 34.7%

지속적으로 성장하였다. '보험다모아' 상품 등록건수는 총 348종(온라인 상품이 240종으로 전체 68.97%)이며, 방문자는 총 3,927,127명 기록(일평균 약 3,100명)(2019. 5. 19. 기준)을 보여주고 있다. 최근 보험 가입환경을 적극 반영하고, 소비자의 이용편의성 제고를 위하여 '보험다모아' 홈페이지를 전면적으로 개편할 필요가 있다. 현행 홈페이지는 소비자가 직관적으로 상품을 선택하기 복잡하고, 소비자가 자주 찾는 상품에 쉽게 접근하기 어려운 측면이 있다.

보험다모아 디자인 개선 등 편의성을 제고할 필요가 있다. 소비자 이용 편의성 중심으로 홈페이지 디자인을 개선하고, 보험유형, 보험가격지수 등 보험상품 특성 정보 아이콘을 추가하였다. 첫째, 소비자들이 원하는 보험상품을 쉽게 찾을 수 있도록 메인화면에 주요 보험종목(자동차·실손·여행자보험 등)을 연관 이미지와 함께 배치하고, 소비자가 많이 찾는 어린이·암보험을 메인화면에 추가하고 보장성 보험에 치아·치매보험을 신설하여 비교편의성을 제고하였다. 둘째, 자주하는 질문(FAQ), 게시판(Q&A), 용어안내 등 홈페이지 이용 관련 메뉴들을 한눈에 찾기 쉽도록 별도의 화면으로 구성하였다. 셋째, 보험상품의 주요 특징을 직관적으로 이해하고 비교할 수 있도록 상품의 핵심정보를 요약한 아이콘(총 17종, 28개)으로 표시하고, 해당 아이콘 선택 시 아이콘 의미에 대한 상세 설명을 표시하였다.

카히스토리에서 보험다모아의 자동차보험 실제보험료를 직접 비교·조회할 수 있도록 시스템을 연계하여 소비자의 접근성을 강화하였다. '보험다모아'의 기타 개편사항으로는 ① 연금보험 및 저축성보험은 간단한 질의·응답문을 통한 상품가이드를 신설하고, 소비자가 원하는 상품 특성을 선택하면 해당 보험상품을 찾아주는 바로가기 서비스 제공하고, ② 각 보험종목별로 CM보험상품만으로 구성된 비교 페이지를 별도로 신설하여 비교 가능성을 제고하는 것 등이 있다.

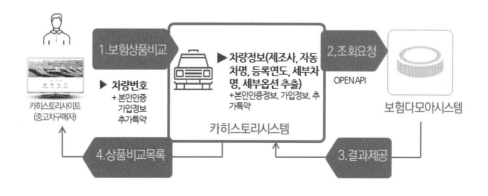

절차	현황	비고
① 보험상품비교	카히스토리 방문자가 조회차량에 대한 보험상품 비교 요청	차량번호＋본인정보, 가입, 특약사항 입력
② 조회요청	입력된 차량번호를 기반으로 차량정보 추출* 및 보험계약정보를 제공받아 보험다모아 시스템에 보험상품 비교 요청	*추출정보 : 제조사, 자동차명, 등록연도, 세부차명, 세부옵션
③ 결과제공	보험상품 목록 조회결과 데이터 제공	－
④ 상품비교목록	조회결과를 카히스토리 화면으로 제공	－

또한 카히스토리를 이용하는 자동차 실소비자를 대상으로 차량 보유 정보를 활용한 보험가입의 편의성에 대한 수요가 증가하였다.

IV. AI에 의한 보험모집행위 관련 규제

1. AI 보험설계사의 법적 지위

(1) AI 보험설계사의 의의

금융투자 분야에서 로보어드바이저(Robo-Advisor)란 로봇(Robot)과 어드바이저(Advisor)의 합성어로서, 인공지능 로봇이 알고리즘(algorithm)을 활용하여 비대면 거래방식으로 개인의 정보(투자성향, 재정상황, 포트폴리오 등)를 빅데이터 분석기술을 활용하여 분석하고, 그 결과를 바탕으로 전문적이고 자동화된 투자자문 및 자산관리서비스를 제공하는 온라인 자산관리서비스를 말하는데,[10] 보험 분야에서 이러한 로보어드바이저의 기능을 수행할 수 있는 것이 AI 보험설계사이다.[11] 다만 로보어드바이저는 법상 전자적 투자조언 장치라는 개념을 사용하여 독립된 법인격으로 이용되는 것은 아니나, AI 보험설계사는 후술하는 「보험업법」상 모집인, 즉 독립된 법인격으로서 이용될 가능성이 있다는 점에서 차이가 있다.

즉, 보험상품의 판매에 있어서는 보험회사나 보험대리점하의 인력조직인 보험설계사가 보험상품을 모집 또는 판매하게 되는데, 인적 조직에 의한 모집을 기계적인 요소인 AI 보험설계사로 대체하면서 AI 설계사의 모집으로 인한 책임은 이를 운용하는 보험회사나 보험대리점의 책임으로 하는 방식이다.

AI 보험설계사를 활용하는 방식은 종래 보험판매의 기술 중 하나인 다이렉트보험을 인정하는 원리와 동일하다고 본다.[12]

(2) AI 보험설계사의 법적 지위 부여 가능성

「보험업법」제83조 제1항에 따르면, 보험모집을 할 수 있는 자는 1) 보험설계사, 2) 보험대리점, 3) 보험중개사, 4) 보험회사의 임원(대표이사, 사외이사, 감사 및 감사위원은 제외) 또는 직원으로 한정되어 있다. 그중에서 보험설계사는 보험회사, 보험대리점 또는 보험중개사에 소속되어 보험계약의 체결을 중개하는 자로서 금융위원회에 등록된 자를 말한다(「보험업법」제2조 제9호, 제84조 제1항).

그런데 AI 보험설계사에게 현행 「보험업법」상 보험설계사의 지위를 부여할 수 있는지 여부는 먼저 AI 보험설계사에게 독립적인 법인격을 부여할 수 있는지, 그리고 설사 법인격을 부여할 수 있다 하더라도 현행법상 보험설계사의 자격요건을 충족시켜 금융위원회에 등록시킬 수 있을 것인지 문제가 될 것이다.[13]

만일 자기결정을 완벽하게 할 수 있는 AI로서 독자적인 정보처리와 의사결정 능력을 인정할 수 있는 AI 보험설계사가 있다면 독립적인 법인격을 부여할 수 있을 가능성이 있지만, 현재로선 그런 단계의 AI 보험설계사는 인정되거나 활용되지 않으므로,[14] 독립적인 법인격을 부여하기는 어려워 보인다. 또한 현행 보험설계사는 모집에 관한 연수과정을 이수하고, 관계 업무에 1년 이상 종사 및 교육을 이수하여야 하며, 자격시험에 합격하는 등의 요건을 갖추고, 금융위원회에 등록을 하여야 하는데(「보험업법」제84조), 현행 「보험업법」 및 그 하위 규정에서는 AI 보험설계사에 맞는 등록요건을 갖추고 있지 못하므로, AI 보험설계사는 「보험업법」상 모집인 자격이 있는 보험설계사로 인정받기는 어려울 것으로 보인다.[15]

따라서 「보험업법」 및 그 하위 규정을 개정하지 않는 한, AI 보험설계사에 독자적인 법적 지위를 부여하기는 어렵다고 본다. 다만, 보험계약 체결 과정에서 AI 보험설계사를 활용하였다면, 이는 모집인 자격이 있는 보험회사 임직원, 보험대리점, 보험설계사가 AI의 보조를 받아 모집 업무를 수행한 것으로 보아야 하고, 만일 모집 과정에서 보험계약자가 손해를 입게 된다면, 「보험업법」제102조 제1항에 따라 보험회사가 손해배상책임을 져야 한다.

제102조(모집을 위탁한 보험회사의 배상책임) ① 보험회사는 그 임직원·보험설계사 또는 보험대리점(보험대리점 소속 보험설계사를 포함한다. 이하 이 조에서 같다)이 모집을 하면서 보험계약자에게 손해를 입힌 경우 배상할 책임을 진다. 다만, 보험회사가 보험설계사 또는 보험대리점에 모집을 위탁하면서 상당한 주의를 하였고 이들이 모집을 하면서 보험계약자에게 손해를 입히는 것을 막기 위하여 노력한 경우에는 그러하지 아니하다.

2. AI 보험설계사 관련 해외 사례

(1) 미국

미국 보험회사인 Allstate는 Earley Information Science(EIS) 기관과 제휴하여 ABIe('Abbie'로 발음)라는 가상 보조자를 개발하였다. ABIe는 한 보험상품 판매에서 다른 보험상품 판매로 전환한 Allstate 보험회사의 일반적인 질문에 답변하도록 설계되었는데, ABIe는 NLP(Natural Language Processing: 자연스러운 언어 처리과정)를 사용하여 한 달에 25,000건의 문의를 처리하였다. 또한 미국의 대표적인 온라인 보험회사인 Geico는 2017년 초 Kate라는 AI 보조원을 표준 모바일 애플리케이션에 통합하여 사업에 활용하고 있는데, Kate는 AI 기반 네트워크와 결합된 음성 인식 프로그램으로 보험료에 대한 조언과 정보를 제공하여 소비자가 현명한 결정을 내리고 자신의 정보를 쉽게 확인할 수 있도록 도와준다.[16]

따라서 미국의 경우에도 자기결정을 완벽하게 할 수 있는 AI 보험설계사는 아직 나오지 않은 것으로 보이고, 단지 보험회사의 AI 보조원으로서 주로 음성으로 소비자에게 서비스를 제공하는 로봇, 소위 음성봇(Voice Bot)의 기본 단계에 머물러 있는 것으로 보인다.

(2) 유럽

유럽에서도 보험 분야에서 AI 활용이 활발해지고 있는데, Allianz 보험회사의 Online 비서인 Allie의 경우 고객의 질문에 실시간으로 답변해주는 소위 보험회사의 시계와 같은 역할을 하면서 고객의 특수한 요구에 맞추어 밀접한 서비스를 제공하고 있으며, 독일 Bayern 보험대리점의 경우에는 고객과 대화를 할 수 있게 아바타로 처리하여 기존 음성봇

보다는 차원을 높였는데, 보험료 확인 등 기본적인 작업은 물론 적정한 보험상품을 권유하는 방식으로 이미 보험모집 과정에서 모집으로서의 역할을 수행한다. 현재는 사람의 조력을 받아 학습을 하고 있지만 조만간 그러한 조력이 필요 없을 것으로 전망하고 있다.

AXA의 경우에는 2019년 6월 스위스 250여 개 대리점에 인공지능 기반 음성봇을 통한 업무협력을 시작하였고, 동 음성봇은 소비자에게 보험정보에서부터 보험판매, 보험서비스의 제공 및 손해사고 통보·산정 과정을 이끌고 있다.[17]

따라서 유럽의 경우에도 보험회사나 보험대리점의 AI 보조원으로 보험설계사의 역할을 수행하고 있을 뿐, 자기결정을 완벽하게 할 수 있는 AI 보험설계사는 아직 나오지 않은 것으로 보인다.

3. AI 보험설계사의 설명의무 관련 규제

(1) 「보험업법」상 설명의무 관련 규정

「보험업법」 제95조의2 제1항에 따르면, 보험회사 또는 보험모집인은 일반보험계약자에게 보험계약 체결을 권유하는 경우에는 보험료, 보장범위, 보험금 지급제한 사유 등 대통령령이 정하는 보험계약의 중요사항을 일반보험계약자가 이해할 수 있도록 설명하여야 한다.[18] 그리고 동조 제3항에 따르면, 보험회사는 보험계약의 체결 시부터 보험금 지급 시까지의 주요 과정을 대통령령으로 정하는 바에 따라 일반보험계약자에게 설명하여야 하고, 다만 일반보험계약자가 설명을 거부하는 경우에는 그렇게 하지 않아도 된다.

〈[관계법령] 「보험업법」 제95조의2〉
제95조의2(설명의무 등) ① 보험회사 또는 보험의 모집에 종사하는 자는 일반보험계약자에게 보험계약 체결을 권유하는 경우에는 보험료, 보장범위, 보험금 지급제한 사유 등 대통령령으로 정하는 보험계약의 중요 사항을 일반보험계약자가 이해할 수 있도록 설명하여야 한다.
② 보험회사 또는 보험의 모집에 종사하는 자는 제1항에 따라 설명한 내용을 일반보험계약자가 이해하였음을 서명, 기명날인, 녹취, 그 밖에 대통령령으로 정하는 방법으로 확인을 받아야 한다.
③ 보험회사는 보험계약의 체결 시부터 보험금 지급 시까지의 주요 과정을 대통령령으로 정하는 바에 따라 일반보험계약자에게 설명하여야 한다. 다만, 일반보험계약자가 설명을 거부하는 경우에는 그러하지 아니하다.

보험설계사는 보험회사 등에 소속되어 보험계약의 체결을 단지 중개하는 자이므로, 보험계약 체결권을 비롯한 고지수령권 등을 갖지 않지만, 오늘날의 보험업계의 실정에 비추어 제1회 보험료의 수령권이 있음을 부정할 수는 없다.[19] 그런데 보험약관 설명의무 이행은 통상적으로 보험설계사에 의하여 이루어지므로, 보험설계사는 보험회사로부터 대리권을 부여받지 아니하고도 보험약관을 전달하고 이를 설명하는 방식으로 모집을 이행한다고 볼 수 있다.

(2) AI 보험설계사의 설명의무 규제

「보험업법」상 설명의무를 이행함에 있어서 법상 설명의 대상이 정해져 있으므로, 그러한 법정 사항에 대한 설명을 이행하는 것은 인공지능에 기반하여 학습된 AI 보험설계사가 이행하는 것도 불가능할 것으로 보이지 않는다.[20] 즉, 위에서 살펴본 바와 같이 현행 「보험업법」상 모집인 자격이 있는 모집인, 즉 보험회사 임직원, 보험설계사, 보험대리점 등이 AI 보험설계사의 보조를 받아 모집을 수행하는 것으로 평가되므로, 설명의무의 주체도 위 모집인이 될 것으로 보인다. 따라서 AI 보험설계사가 음성봇 형태로 설명의무를 이행하는 것은 결국 보험모집인 자격이 있는 모집인이 설명의무를 이행한 것으로 볼 수 있을 것이다.

따라서 만일 AI 보험설계사가 보험계약의 주요 내용과 관련하여 설명의무를 위반한 경우에는 AI 보험설계사를 활용한 보험모집인이 그 책임을 져야 할 것이다.[21] 일반적으로는 보험설계사나 보험대리점보다는 보험회사가 음성봇 등 AI 보험설계사를 활용하여 모집행위를 할 가능성이 크므로, AI 보험설계사의 설명의무 위반이 있으면, 「보험업법」 제102조 제1항에 따라 보험회사가 손해배상책임을 질 가능성이 클 것으로 보인다.

4. 소결

보험계약을 체결하기 위한 모집 과정에서 핀테크가 접목될 수 있는 분야는 크게 1) 위에서 살펴본 인공지능을 활용한 AI 보험설계사의 모집행위와 2) 위에서 살펴보진 않았지만 온라인 다이렉트 보험계약 체결일 것이다.

온라인 다이렉트 보험계약은 고객이 직접 인터넷이나 모바일을 활용하여 보험계약을 체결하는 것인데, 통상 모집인의 모집행위는 생략되고 고객이 직접 보험회사의 홈페이지 또는 앱을 찾아 보험가입을 하게 된다. 따라서 이 경우에는 「전자금융거래법」상 전자금융거래에 해당될 수 있는지 문제되는데, '전자금융거래'란 금융기관이 전자적 장치를 통하여 금융상품 및 서비스를 제공하고, 이용자가 금융기관 종사자와 직접 대면하거나 의사소통을 하지 아니하고 자동화된 방식으로 이를 이용하는 거래를 말한다(「전자금융거래법」 제2조 제1호). 그런데 온라인 다이렉트 보험거래의 경우 보험계약자와 보험회사간 일회적인 보험계약 체결만으로 계약 자체는 완성되고 그 이행만 남게 되는 특징이 있어 더 이상 이용자가 자동화된 방식으로 이용하지 않기 때문에 전자금융거래가 아니라는 반론도 있지만, 보험계약이 성립된 이후 자동화된 방식으로 보험계약조회, 보험금조회, 보상서비스, 상담서비스는 물론 보험계약자에 대한 대출서비스 이용도 가능하므로, 이러한 거래도 보험회사가 전자적 방식으로 보험상품 및 서비스를 제공하고 이용자가 비대면 자동화된 방식으로 이용한다고 볼 수 있기 때문에 전자금융거래로 보는 것이 타당할 것으로 사료된다.

한편, AI 보험설계사의 경우는 현행 「보험업법」상 보험설계사 등 직접 모집인으로 인정될 수는 없지만, 모집인의 보조자로서의 역할을 수행하는 것으로 보아 「보험업법」상 모집행위 규제를 적용하면 될 것으로 평가된다.

V. 블록체인 기반 스마트 보험금 간편청구 관련 규제

1. 블록체인 기반 스마트 보험금 간편청구 서비스 개요

(1) 서비스 등장 배경

실손의료보험의 경우 보험사고 빈도가 높고 보험금도 소액인 경우가 많은데, 대부분 보험계약자들이 병원에서 치료를 받은 후 복잡하고 번거로운 보험금 청구 절차 때문에 보험금 청구를 포기하는 경우가 많다.

따라서 국민 생활과 밀접한 분야에서 소비자의 당연한 권리인 보험금 청구를 손쉽게 하고, 보험회사의 업무 효율성도 크게 개선할 수 있는 모범적인 인슈어테크 혁신사례로서 실손의료보험 간편청구 서비스가 등장하게 되었다. 즉, 실손의료보험의 경우 일상적인 의료비를 보장하여 청구가 빈번한 보험상품이나, 보험소비자가 진료비를 증빙하기 위한 서류를 병원에서 직접 발급받아 보험회사에 방문 또는 우편·팩스·스캔 등의 방법으로 전송해야 하는데, 보험소비자 입장에서는 보험금 청구 외에도 청구서류 발급·제출 절차를 거쳐야 하므로 불편이 발생하고, 보험회사 입장에서는 연간 2,400만 건의 청구서류를 수기(手記)로 심사하는 비용이 발생하게 되어, 이러한 문제를 극복하고자 새로운 인슈어테크로 등장하게 된 것이다.[22]

(2) 서비스 개요

1) 보험회사는 진료기록을 갖고 있는 병원들, 블록체인 통합 인증기관과 스마트 컨트랙트(smart contract)를 통하여 업무협약을 체결하고, 2) 보험가입자가 병원을 내방하여 먼저 스마트 컨트랙트 가입자임을 밝히면서 증명서 및 진료비 영수증 등 의무기록 출력을 요청하면, 3) 출력을 요청받은 병원이 보험가입자의 성명, 생년월일 등을 입력하면서 암호·인증 요청을 하게 되고, 4) 블록체인 통합인증 기관이 블록체인 기술을 활용하여 인증을 하게 되면, 5) 보험가입자의 의무기록 사본이 전자문서 출력물 형태로 보험회사로 전송하게 되고, 6) 해당 의무기록과 보험가입 내용을 토대로 자동으로 작성된 보험금 청구서에 기초해 보험회사는 최종적으로 보험금을 보험가입자에게 지급하는 절차로 본 서비스가 이루어진다.[23]

(3) 규제 이슈

이와 같은 보험금 간편청구 서비스와 관련하여 1) 의무기록 사본이 전자문서 출력물 형태로 보험회사에게 전송되는 것이 환자가 아닌 다른 제3자에게 환자에 관한 기록사본을 내주는 것을 금지하고 있는 「의료법」 제21조 위반에 해당되는지 여부, 2) 블록체인을 이용하여 통합인증을 하는 경우 개인정보보호 관련 법령상 가능한지 여부, 3) 보험금 청구서가 자동 및 전자적으로 작성되는 것이 「보험업법」상 가능한지 여부 등의 규제 이슈가 제기될 수 있다.

2. 보험금 간편청구 서비스 관련 해외 사례[24]

(1) 미국 Lemonade사 사례

미국 Lemonade사의 보험금 간편청구 서비스는 먼저 보험가입자가 Lemonade 앱에 버튼을 클릭하고, 챗봇을 통하여 보험금을 청구하면, AI를 활용하여 보험사기 검증을 한 후, 정상 청구 건일 경우에는 즉시 보험금을 지급하게 되고, 사기 의심 건에 대해서는 별도 처리하게 되는 절차로 이루어진다.

보험가입자가 Lemonade 앱에 버튼을 클릭하고 챗봇을 통해 보험금 청구를 하여 AI가 보험금을 산정하여 지급하는데, 빠르면 3초 내에 가능하다고 하며, 전체 보험금 청구의 25%를 3초 내에 처리한다고 한다.

(2) 일본 Anicom 펫보험 사례

일본 Anicom 펫보험의 경우 2018년 7월 기준 보험회사와 제휴한 동물병원은 6,172개라고 하며, 보험가입자는 제휴 동물병원에서 애완동물을 치료한 대가로 진료비만 지급하면 되고, 특별히 보험금 청구절차를 밟을 필요가 없다고 한다. 즉, 동물병원이 보험가입자대신 보험회사에 직접 보험금 청구를 해주게 되므로, 보험가입자는 보험금 청구를 할 필요가 없다고 한다.

(3) 중국 중안보험사 사례

중국 중안보험사의 보험금 간편청구 서비스는 먼저 보험가입자가 중안보험사 앱에 성명, 사고일자, 진료비 등을 입력하고, 신분증 업로드를 통하여 본인인증 절차를 완료하여 보험금 청구를 하게 되면, 제휴 병원은 진료내역 등 데이터를 보험회사에 직접 송부해줌으로써, 보험가입자가 진료내역 등 데이터를 직접 보험회사에 보내지 않더라도 보험금을 지급받을 수 있다고 한다.

(4) 소결

이와 같이 해외에서는 AI 보험금 산정, 원스톱 보험금 청구 등 인슈어테크를 활용하여 보험가입자가 간편하게 보험금을 청구할 수 있는 서비스를 제공하고 있다.

3. 스마트 보험금 간편청구 서비스 규제 검토

(1) 병원 의무기록 사본의 보험회사 직접 전송 관련 「의료법」 이슈

1) 「의료법」 제21조의 내용 및 문제점

「의료법」 제21조 제1항에 따르면, 환자는 의료인, 의료기관의 장 및 의료기관 종사자에게 본인에 관한 기록(추가기재·수정된 경우 추가기재·수정된 기록 및 추가기재·수정 전의 원본을 모두 포함)의 전부 또는 일부에 대하여 열람 또는 그 사본의 발급 등 내용의 확인을 요청할 수 있다. 그리고 동조 제2항에 따르면, 의료인, 의료기관의 장 및 의료기관 종사자는 환자가 아닌 다른 사람에게 환자에 관한 기록을 열람하게 하거나 그 사본을 내주는 등 내용을 확인할 수 있게 하여서는 안 된다.

<[관계법령] 「의료법」 제21조 제1항 및 제2항>
제21조(기록 열람 등) ① 환자는 의료인, 의료기관의 장 및 의료기관 종사자에게 본인에 관한 기록(추가기재·수정된 경우 추가기재·수정된 기록 및 추가기재·수정 전의 원본을 모두 포함한다. 이하 같다)의 전부 또는 일부에 대하여 열람 또는 그 사본의 발급 등 내용의 확인을 요청할 수 있다. 이 경우 의료인, 의료기관의 장 및 의료기관 종사자는 정당한 사유가 없으면 이를 거부하여서는 아니 된다.
② 의료인, 의료기관의 장 및 의료기관 종사자는 환자가 아닌 다른 사람에게 환자에 관한 기록을 열람하게 하거나 그 사본을 내주는 등 내용을 확인할 수 있게 하여서는 아니 된다.

그런데 스마트 보험금 간편청구 서비스(이하 '본건 서비스'라 한다)의 경우 보험가입자인 환자의 요청이 있긴 하지만, 제휴 병원이 환자에게 직접 의무기록을 제공하는 것이 아니라, 제3자인 보험회사에 환자의 의무기록을 제공한다는 점에서 위 「의료법」 제21 제2항에 위배될 소지가 있다.

2) 규제당국의 입장

금융감독원은 2015년 8월 25일 실손의료보험금 간편청구시스템 구축을 추진하겠다고 발표하면서 "간편청구시스템 구축은 「의료법」상 제3자에 대한 진료기록 사본제공에 대한 법적 근거가 필요한 사안인 만큼, 관계기관 협의를 거쳐 중·장기적으로 추진하겠다"라고 하였고,[25] 금융위원회는 2016년 1월 27일 2016년 업무계획을 발표하면서, "환자 요청에 따라 의료기관이 진료비 내역 등을 보험회사에 송부하는 등 실손의료보험금 청구절차를 간소화하겠다"라고 하였다.[26]

그 후 2016년 12월 20일 금융위원회, 보건복지부, 금융감독원은 실손의료보험 제도 개선방안을 발표하면서, "온라인을 통한 간편한 보험금 청구가 가능하도록 모바일 앱 청구 서비스를 확산하고, 보험금 청구서류 안내를 명확화하겠다"라고 하면서 고객이 증빙서류를 직접 촬영하여 모바일 앱에 제출하는 방안을 예시로 들었다.[27]

그리고 2018년 7월 31일 금융위원회는 인슈어테크 현장 점검 차원에서 실손의료보험 간편청구 서비스를 직접 시연·체험하는 행사를 가지면서 향후 '공·사보험 정책협의체'를 중심으로 실손의료보험 간편청구 확산을 추진하겠다고 발표하였다.[28]

따라서 금융위원회, 보건복지부, 금융감독원 등 규제당국은 본건 서비스와 관련한 「의료법」 위반 이슈를 명확히 다루지는 않았으나, 고객이 증빙서류를 직접 촬영하여 모바일 앱에 제출하는 정도라면 「의료법」 위반 이슈는 제기되지 않는 것으로 판단한 것으로 보인다. 그러나 「의료법」 제21조의 명문 규정이 있는 한, 이에 대한 해석문제는 여전히 남기 때문에 「의료법」을 개정하는 방향의 추진이 필요하다.

3) 검토 및 「의료법」 개정

본건 서비스의 경우 환자가 발급받은 의무기록 사본이 환자의 요청에 의해 보험회사에서 원격 출력되는 것으로 보이므로, 「의료법」상 환자에게 의무기록이 일단 발급되고 이를 환자가 보험회사에게 전달하는 것은 적법한 바, 본건 서비스는 이러한 경우와 본질적으로 차이가 없어 보인다. 따라서 현행 「의료법」 해석상으로도 본건 서비스 업무가 가능할 것으로 보이나, 여전히 이에 대한 반론 제기는 가능하므로, 「의료법」을 명확히 개정해주는 것이 바람직하다.

그런데 최근 2020년 3월 24일 「의료법」이 개정되어 제21조 제5항이 다음과 같이 신설되었고 2021년 3월 5일 시행될 예정이다. 즉, 동항에 따르면, "제1항, 제3항 또는 제4항의 경우 의료인, 의료기관의 장 및 의료기관 종사자는 「전자서명법」에 따른 전자서명이 기재된 전자문서를 제공하는 방법으로 환자 또는 환자가 아닌 다른 사람에게 기록의 내용을 확인하게 할 수 있다"라고 규정하고 있다.

<[관계법령] 개정 「의료법」 제21조 제5항>
제21조(기록 열람 등) ⑤ 제1항, 제3항 또는 제4항의 경우 의료인, 의료기관의 장 및 의료기관 종사자는 「전자서명법」에 따른 전자서명이 기재된 전자문서를 제공하는 방법으로 환자 또는 환자가 아닌 다른 사람에게 기록의 내용을 확인하게 할 수 있다. <신설 2020. 3. 4.>

따라서 2021년 3월 5월 이후부터 병원은 의무기록을 「전자서명법」에 따른 전자서명이 기재된 전자문서를 제공하는 방법으로 보험회사에게 전송하게 되면, 「의료법」 위반 이슈는 확실히 제거될 것으로 예상된다.

(2) 블록체인 이용의 통합인증의 경우 개인정보보호 관련 법령 이슈

1) 블록체인상 고객정보의 「개인정보 보호법」상 '개인정보' 해당 여부

본건 서비스에서 사용하는 블록체인 기술은 프라이빗 블록체인(Private Blockchain)이고, 보험가입자의 모든 데이터는 암호화되어 저장된다. 다만, 보험회사, 제휴병원 등 스마트 컨트랙트 당사자들은 암호화된 정보를 복호화하여 데이터를 조회할 수 있으므로, 보험가입자의 데이터, 그중에서 보험가입자의 ID(성명), 생년월일 등 개인을 식별할 수 있는 정보를 조회할 가능성이 있다.

따라서 현행 「개인정보 보호법」 제2조 제1호는 '개인정보'를 "살아 있는 개인에 관한 정보로서 성명, 주민등록번호 및 영상 등을 통하여 개인을 알아볼 수 있는 정보(해당 정보만으로는 특정 개인을 알아볼 수 없더라도 다른 정보와 쉽게 결합하여 알아볼 수 있는 것을 포함)"라고 규정하고 있는바, 블록체인상에 보험가입자의 정보가 암호화되어 저장되어 있다 하더라도 이는 복호화되어 개인을 식별할 수 있는 정보가 될 가능성이 크므로, 블록체인상 고객정보는 현행 「개인정보 보호법」상 '개인정보'에 해당할 가능성이 크다.

2) 블록체인 네트워크 참여자 간 개인정보 공유의 경우 보험가입자의 제공동의를 받아야 하는지 여부

현행 「개인정보 보호법」에 의하면, 개인정보를 수집·이용하기 위해서는 원칙적으로 정보주체에게 법에서 정하는 일정한 사항을 알리고 동의를 받아야 하며(제15조 제1항), 개인정보를 제3자에게 제공하거나 공유하기 위해서도 원칙적으로 정보주체에게 법에서 정하는 일정한 사항을 알리고 동의를 받아야 한다(제17조 제1항).

본 건 서비스의 경우 보험가입자의 정보는 스마트 컨트랙트 계약자인 보험회사, 병원 등에서 수집·이용되어야 하므로, 원칙적으로 「개인정보 보호법」 제15조 제1항에 따라 정보주체인 보험가입자로부터 개인정보 수집·이용에 대한 동의를 받아야 한다. 또한 통합인증에 블록체인 기술이 이용됨에 따라 블록체인상에 올려진 모든 정보는 각 참가자에게 분산되어 저장되므로 결국 참가자끼리는 보험가입자의 개인정보를 공유할 가능성이 크므로, 보험회사는 원칙적으로 「개인정보 보호법」 제17조 제1항에 따라 보험가입자로부터 개인정보 제공(또는 공유)에 대한 동의를 받아야 한다.[29]

(3) 보험금 청구서의 자동 및 전자적 작성의 「보험업법」상 이슈

1) 보험금 청구서의 자동 및 전자적 작성이 「보험업법」상 허용되는지 여부

「보험업법」은 보험금 청구서를 반드시 본인이 작성하여야 한다는 취지의 규정(자동으로 작성되는 것 관련)은 물론, 전자문서로 작성할 수 없다는 취지의 규정(전자적으로 작성되는 것 관련)도 두고 있지 않다. 따라서 보험금 청구서가 자동으로, 그리고 전자적으로 작성되는 것 자체가 「보험업법」상 불가능할 것으로 보이지 않는다.

이와 관련하여 금융규제당국도 비공식적 입장이지만, "본인의 의사에 기하여 보험금 청구서가 작성되는 이상, 보험금 청구서가 자동으로 및 전자적으로 작성되는 것이 「보험업법」에 위반된다고 보기는 어렵다"는 취지의 견해를 밝힌 것으로 파악된다.

2) 「보험업법」상 보험금 청구 관련 설명의무 준수 여부

「보험업법」 제95조의2 제3항, 제4항 및 동법 시행령 제42조의2 제3항에 따르면, 보험회사는 보험계약 체결단계, 보험금 청구단계, 보험금 심사·지급단계에서 중요사항을 항목별로 일반보험계약자에게 설명하여야 하고, 다만 일반보험계약자가 계약 체결 전에 또는 보험금 청구권자가 보험금 청구단계에서 동의한 경우에 한정하여 서면, 문자메시지, 전자우편 또는 모사전송 등으로 중요사항을 통보하는 것으로 이를 대신할 수 있다.

<[관계법령] 「보험업법」 제95조의2 제3항 및 제4항>

제95조의2(설명의무 등) ③ 보험회사는 보험계약의 체결 시부터 보험금 지급 시까지의 주요 과정을 대통령령으로 정하는 바에 따라 일반보험계약자에게 설명하여야 한다. 다만, 일반보험계약자가 설명을 거부하는 경우에는 그러하지 아니하다.
④ 보험회사는 일반보험계약자가 보험금 지급을 요청한 경우에는 대통령령으로 정하는 바에 따라 보험금의 지급절차 및 지급내역 등을 설명하여야 하며, 보험금을 감액하여 지급하거나 지급하지 아니하는 경우에는 그 사유를 설명하여야 한다.

따라서 본건 서비스를 제공할 경우 보험회사는 위 보험업법령에 따라 보험계약 체결 전에 설명의무 갈음에 대한 동의를 받고, 보험가입자가 병원에 내방한 후 스마트컨트랙트에 따른 보험금 청구를 하면서 블록체인 인증 요청을 하게 될 경우, 보험회사는 고객에게 SMS 링크를 보내는 과정에서 위 중요사항이 통보될 수 있도록 하여야 한다.

4. 소결

실손의료보험의 경우 보험가입자는 보험금 청구를 위하여 병원에서 일일이 자신의 의무기록을 확보해야 하고, 해당 정보를 보험회사에 제공해야 하는 등 복잡하고 번거로운 절차 때문에 포기하는 경우가 많다.

최근 보험회사, 병원 및 블록체인 인증기관 사이에 블록체인 네트워크를 활용하여 보험금 간편청구 서비스가 등장하게 되었는데, 실손의료보험 가입자인 국민들의 편의를 위하여 동 서비스는 확대되어야 할 것으로 본다. 다만, 향후 많은 보험회사들과 병원들이 참여하게 될 경우 개인정보 이용 및 제공과 관련하여 이슈가 제기될 소지가 있는데, 향후 「개인정보 보호법」 개정 규정을 어떻게 해석할 것인지 여부가 본건 서비스 확대와도 연관될 것으로 보인다.

1 ① Volume은 전수조사에 근접한 표본을, ② Variety는 구조화 데이터 및 SNS, 위치정보 등 비구조화 데이터를, ③ Velocity는 과거 트렌드 분석에서 벗어나 실시간 분석을 의미한다.

2 금융위원회, "데이터 경제 활성화를 위한 「신용정보법」 개정안이 20.7월부터 시행됩니다.", 2020, 5면.

3 법무법인(유) 세종, "데이터 3법 개정의 시사점 및 전망", Legal Update, 2020, 2면

4 금융위원회, "데이터 경제 활성화를 위한 「신용정보법」 개정안이 20.7월부터 시행됩니다.", 2020, 5면.

5 금융위원회, "데이터 경제 활성화를 위한 「신용정보법」 개정안이 20.7월부터 시행됩니다.", 2020, 5면.

6 성대규·안종민, 『한국보험업법』 제2판, 도서출판 두남, 2014, 394면 이하.

7 금융위원회 "건장증진형 보험상품 가이드라인 -헬스케어 서비스와 보험산업의 융·복합 활성화"(2017. 11. 2.) 참조.

8 대법원 2005. 7. 15. 선고 2004다34929 판결.

9 대법원 2012. 5. 10. 선고 2010도 5964 판결.

10 금융동향센터(2016), 로보어드바이저 서비스의 기능과 한계, 국제금융이슈 25권 13호, 18면.

11 맹수석, "인슈어테크와 보험법적 쟁점", 보험법연구 제14권 제2호, 한국보험법학회, 2020, 23면.

12 김은경, "AI 설계사 도입 관련 국내 규제 검토", 월간손해보험, 2020. 3., 4면.

13 유럽연합은 2017년 1월 12일 인공지능에 대한 법인격을 인정하는 "전자인간"의 도입을 결의한 바 있다. European Parliament resolution of 16 February 2017 with recommendation to the Commission on Civil Law Rules on Robtics (2015/2103(INL)) Liability 59 f).

14 김은경, 전게 논문, 9면.

15 유사한 취지로 맹수석, 전게 논문.

16 김은경, 전게 논문, 9-10면.

17 김은경, 전게 논문, 11면.

18 다만, 2020. 3. 24. 보험업법 제95조의2가 개정되어 제1항, 제2항이 삭제되었는바, 동 규정은 2021. 3. 25. 시행될 예정이므로, 2021. 3. 25.부터는 제95조의2 제1항에 따른 의무는 없어질 것이다.

19 대법원 1989. 11. 28. 선고 88다카33367 판결.

20 김은경, 전게 논문, 16면.

21 맹수석, 전게 논문, 26면.

22 금융위원회 보도자료, "최종구 금융위원장, 인슈테크를 활용한 실손의료보험 간편청구 시연 및 간담회 개최"(2018. 7. 31.).

23 금융위원회 전게 보도자료(2019. 7. 31.), 별첨3 교보생명-(주)원 시연자료 참조.

24 금융위원회 전게 보도자료(2019. 7. 31.), 별첨2 보험개발원 보험금 간편청구 해외사례 발표자료 참조.

25 금융감독원 보도자료, "실손의료보험 가입자 권익제고 방안"(2015. 8. 25.).

26 금융위원회 보도자료, "2016년 제1차 금융발전심의회 개최 및 금융위원회 업무계획 발표"(2016. 1. 27.).

27 금융위원회·보건복지부·금융감독원 보도자료, "실손의료보험 제도 개선방안"(2016. 12. 20.).

28 금융위원회 전게 보도자료(2018. 7. 31.).

29 2020. 2. 4. 「개인정보 보호법」이 개정되어 2020. 8. 5. 효력을 발생하고 있다. 개정 「개인정보 보호법」 제15조 제3항 및 제17조 제4항이 신설되었는데, 동 규정들에 따르면, 개인정보처리자는 당초 수집 목적과 합리적으로 관련된 범위에서 정보주체에게 불이익이 발생하는지 여부, 암호화 등 안전성 확보에 필요한 조치를 하였는지 여부 등을 고려하여 대통령령이 정하는 바에 따라 정보주체의 동의 없이 개인정보를 이용 및 제공할 수 있도록 하였다. 따라서 대통령령 등 그 하위규정이 명확히 정해지면, 본건 서비스의 경우 보험가입자의 별도 동의 없이도 블록체인상의 개인정보를 이용 및 제공할 가능성도 있을 것으로 보인다.

09

비트코인과 블록체인

09

비트코인과 블록체인

I. 개 념

비트코인은 가상화폐의 일종이다. 비트코인은 광의의 개념과 협의의 개념으로 구분할 수 있는데, 전자는 인터넷 프로토콜(통신규약)이자 중개기관의 개입이 없는 형태의 전자적 지급네트워크를 의미하고, 후자는 비트코인 단위로 거래되는 디지털 가상화폐를 뜻한다.[1] 비트코인과 같은 가상화폐의 발생은 온라인 커뮤니티의 창설과 관련이 있다. 한국에서 가장 널리 사용된 가상화폐라 한다면 싸이월드의 소셜 네트워크에서 통용된 '도토리'를 들 수 있다. 사용자들은 도토리를 통해 가상의 공간인 싸이월드 시스템 내에서 필요한 음악, 아이템 등을 구매하거나 선물하는 것이 가능하였다. 그 외 린든 달러 온라인 가상화폐 등 디지털 가상화폐가 존재하기는 하지만 동일한 화폐가 다시 사용될 수 있는 문제점이 발견되었다. 이를 극복하기 위하여 등장한 것이 바로 비트코인이다.

II. 특 징

여타의 가상화폐와 비교하여 비트코인은 다음과 같은 차이가 있다.[2] 첫째, 비트코인의 경우 이를 발급하는 주체가 존재하지 않는다. 기존의 가상화폐들은 서비스를 제공하는 업체에서 공급하고 관리한다. 그러나 비트코인은 프로그램이 일정한 규칙에 따라 공급을 하고 있는 것일 뿐 관리를 하는 주체는 존재하지 않는다. 또한 특정한 공간에서 사용해야 하는 것이 기존의 가상화폐라고 한다면, 비트코인은 그러한 장애가 없다. 일반인이 비트코인을 획득하기 위한 가장 쉬운 방법은 비트코인을 매매하는 중개소에서 구매하는 것이다. 국내에 10여 개의 비트코인 거래소들이 존재하고 비트코인의 거래가 이루어지고 있다. 거래소에서 구매한 비트코인은 비트코인 지갑인 월렛(Wallet)이라는 앱을 통하여 컴퓨터나 스마트폰 등에 저장해두고 물품을 구매하거나 송금하는 것에 사용할 수 있다. 둘째, 높은 가격 변동성을 들 수 있다. 주식이나 달러의 가치가 수요와 공급에 의해 실시간으로 변화하는 것과 마찬가지로 비트코인 역시 그 가치가 매 순간의 수요와 공급에 따라 변동하게 된다. 셋째, 거래에 따른 수수료가 매우 낮다. 비트코인 거래를 인증하고 블록체인에 등록하는 데에 컴퓨터 자원과 전력 소모라는 비용을 부담하게 된다. 넷째, 비트코인 시스템은 장소에 구애받지 않고 사용할 수 있다. 비트코인이라는 화폐는 물리적인 형태를 전혀 가지고 있지 않으며, 공개키와 개인키라는 두 개의 보안열쇠의 결합으로 구성되어 있다. 구매자가 공개키와 개인키를 정확히 인지하고 있다면 인터넷이 연결되어 있는 전 세계 어디에서도 비트코인을 사용할 수 있게 된다. 다섯째, 비트코인 거래는 취소할 수 없다는 점이다. 과거의 모든 거래기록들과 현재의 기록들이 순차적으로 이어지는 구조로 존재하기 때문에 하나의 과거 거래를 되돌리는 것이 기술적으로 불가능하다. 여섯째, 비트코인은 일정 수준의 익명성을 제공한다. 비트코인은 본인의 비트코인 주소인 공개키를 제외하고 일체의 개인정보를 요구하지 않는다. 그러나 사용자의 개인정보가 노출되지 않는다는 점에서 비트코인 시스템에 현금과 유사한 지위를 제공하여 비트코인이 각종 불법거래에 활용될 수 있는 가능성을 제공하게 된다.

III. 장단점

비트코인은 다음과 같은 장점과 단점이 있다.[3]

1. 장점

(1) 지급 간이

비트코인은 간편한 지급 및 자금이체가 가능하다. 국제적 자금이체는 그 완성을 위하여 수일이 걸릴 수 있지만 비트코인 거래는 약 10분이면 거래가 이루어진다. 국경에 관계없이 거래가 가능하고 은행계좌를 개설하거나 신용카드를 발급할 필요가 없다.

(2) 비용감소

페이팔, 비자 등 전통적 금융 네트워크를 통한 자금거래보다 비트코인 거래는 중개기관이 존재하지 않기 때문에 비용이 매우 저렴하다. 다만, 비트코인 거래를 인증하고 블록체인에 등록하는 데에는 컴퓨터 자원과 전력 소모라는 비용이 든다.[4]

(3) 익명성

한 개인은 비트코인 시스템에 참여하기 위해 본인의 비트코인 주소인 공개키를 소유하고 있어야 하는 것 외에 일체의 개인정보를 요구하지 않는다. 비트코인 시스템은 익명성의 특징을 갖는다. 다른 사용자와의 거래는 이 공개키를 통하여 이루어지기 때문에 한 개인의 정보는 거래에서 노출되지 않게 된다.

(4) 인플레이션과 무관

비트코인은 인플레이션의 영향을 받을 가능성이 적다. 비트코인 프로토콜상 비트코인의 발행총액이 미리 정해져 있고 그 발행물량도 4년마다 50%씩 감소하도록 설계되어 있기 때문이다.

2. 단점

(1) 높은 가격변동성

비트코인의 높은 가격변동성이 커다란 단점에 해당한다. 낮은 수수료라고 하는 장점에도 불구하고 비트코인 가치가 급격히 변동하고 있는 점은 비트코인을 수용하는 업체들에게 위험성을 증가시키는 요인이 되고 있다.

(2) 보안의 위험

블록체인 기술의 특성 때문에 비트코인 자체에 대한 위조나 이중사용의 문제에 대하여는 장점이 있지만 비트코인 거래소 및 지갑의 보안에 있어서는 문제가 있다. 기본적으로 은행시스템 밖에 있기 때문에 보안사고가 발생하면 이용자들의 손해가 불가피한 면이 있다.

(3) 조세 회피

비트코인은 익명으로 거래되고 은행계좌가 필요치 않으며 보고의무를 부담하는 중개기관이 존재하지 않기 때문에 탈세의 가능성이 있다. 이러한 조세회피 수단으로 이용하는 이유는 비트코인이라는 가상화폐의 실소유자가 누구인지 알기 어렵다는 점과 비트코인을 감시할 주체가 불분명하다는 점을 들 수 있다.

(4) 자금세탁

블록체인에 공공키의 모든 거래가 기록되는 비트코인의 특성상 이를 돈세탁에 활용하는 것은 적합하지 않다. 그러나 익명성이라는 특성을 활용하여 이를 돈세탁에 활용하는 사례가 보고되고 있다.[5] 유럽은행감독청, 유럽중앙은행 및 FBI는 자금세탁목적의 비트코인 사용을 우려하고 있는 실정이다.

IV. 주요국의 가상화폐 및 비트코인 규제

비트코인에 대한 규제 정도는 각 국가마다 차이를 보이고 있다. 이를 불법으로 금지하고 있는 국가도 있는가 하면, 반대로 이를 긍정적으로 보는 국가도 존재한다.[6]

〈주요국의 비트코인에 대한 입장〉

분류	합법 여부	세부내용
미국	합법	• IRS에서는 연방세 납부 목적에서는 비트코인을 화폐가 아닌 재화로 분류하고 일반 재화에 부과되는 일반과세원칙을 적용하고 있음 • 뉴욕주, 샌프란시스코주 등의 주에서 주별 규제안을 마련하고 있음
영국	합법	• HM Revenue & Customers는 비트코인을 상품 및 서비스에 대한 거래에서는 부가가체 과세 • 매매차익은 자본소득세 부과대상
독일	합법	• The German Finance Ministry에서는 비트코인을 포함한 가상화폐를 'unit of account' 혹은 'private money'로 보고 이와 관련된 규제를 적용하고 있음
호주	합법	• 비트코인의 사용에 대해 호의적이며 결제방법의 하나로 인식하여 사업자들을 대상으로 비트코인 결제 가이드 안내 • The Australian Taxation Office(ABO)는 비트코인을 재화로 자본소득세 부과 대상으로 간주 • 서비스와 상품 거래에 비트코인 사용 시 부가가치세를 부과
중국	제한적	• 중국인민은행은 가상화폐를 실제 화폐가 아닌 가상의 상품으로 정의하고 화폐와 동일한 법적 위치가 아니라고 규정 • 금융기관의 비트코인 거래 규제
러시아	불법	• 비트코인을 통한 결제 및 개인 간 비트코인 매매 금지
아이슬란드	불법	• 채굴 산업 허용 • 자국 통화와 비트코인 간의 매매는 금지

비트코인과 같은 가상화폐를 이용한 거래를 금지하는 대표적인 국가로는 러시아와 아이슬란드를 들 수 있다. 러시아의 경우 가상화폐와 불법 경제활동의 연관 가능성을 들어 이를 금지하고 있고, 아이슬란드는 자본유출에 대한 우려에서 비트코인의 매매를 금지한다. 미국이나 영국, 독일 및 호주는 이를 인정하고 있다.

V. 다른 결제수단과의 비교

가상화폐로서 비트코인은 다음과 같은 결제수단과 차이를 보이고 있다. 여기에서는 금전, 화폐, 유가증권, 상품 및 금융투자상품과의 차이점을 비교하기로 한다.[7]

1. 금전

금전(money)은 재화의 교환의 매개물로서 국가가 정한 물건을 의미한다. 교환의 매개물인 금전은 어음이나 수표, 주식 등의 거래와 달리 별도의 결제와 청산 절차를 거치지 않고 지급만으로서 거래가 종료된다. 금전은 물건에 해당하므로 채권적인 권리가 아니고, 유체물 및 전기 기타 관리 가능한 자연력에 해당한다(「민법」 제98조).

비트코인은 유체물은 아니지만 전기 기타 관리 가능한 자연력에 해당하고, 별도의 청산 및 결제 과정을 거치지 않고 교환의 매개물로서 사용된다. 이 점에서 양자는 유사한 면이 있다. 그러나 비트코인은 한국은행 등 특정한 발행주체가 존재하지 않고, 국가에 의하여 강제적인 통용력이 인정되지 않으며(「한국은행법」 제47조, 제48조, 제53조), 전자화된 정보의 형태로만 존재하므로 통상적인 개념의 금전으로 볼 수 없다는 점에서 차이가 있다.

2. 화폐

화폐(currency)는 상품의 교환이나 유통을 원활하게 하기 위한 일반적인 교환수단 내지 지급수단을 의미한다. 금전과 화폐는 동일한 개념으로 사용하기도 하지만 다음과 같은 점에서 차이가 있다. 화폐는 별도의 결재와 청산절차가 요구될 수 있다는 점에서 금전과 구별된다. 화폐는 실물화폐, 디지털화폐, 가상화폐, 법정화폐 등 다양한 종류의 화폐로 구분되는데, 비트코인은 디지털 형태로 저장되고 일반적인 교환수단 내지 지급수단으로 수수되므로 디지털화폐의 일종이다. 또한 인터넷 가상공간에서 채굴절차를 통해서 발행되고 P2P 네트워크상에서 이용자들 사이에 지급수단으로 수수되는 가상화폐에 해당된다.

3. 유가증권

유가증권은 사권이 화체되어 있는 증권으로서 그 권리의 발생, 이전, 행사의 전부 또는 일부에 증권의 소지가 필요한 것을 말한다.[8] 이러한 증권에는 화물상환증, 선하증권, 창고증권, 주권, 어음이나 수표 등이 「상법」에서 인정되는 유가증권에 해당한다. 비트코인은 특정 재화나 서비스의 구매에 이용할 수 있는 결제수단인 점에서 상품권과 같은 유가증권의 특성을 가지고 있지만, 비트코인은 그 자체가 교환의 매개물이고 별도의 권리나 청구권이 화체되어 있지 않다는 점에서 차이가 있다.

비트코인은 표시상품의 대가로 비트코인을 교부하게 되는데, 이는 계약의 본지에 따라 지급을 하는 것에 해당한다. 어음이나 수표처럼 상품을 구매한 대가로 비트코인을 지급에 갈음하거나, 지급을 위하거나 또는 지급을 담보하여 건네주는 것이 아닌 것이다.

4. 상품

매매의 대상이 될 수 있는 유형 또는 무형의 모든 재산이 바로 상품이다. 상품은 인간의 물질적 욕망을 만족시킬 수 있는 실질적 가치를 지니고 있다. 또 매매를 위해 이동이 가능한 유체재산을 가리키는 것으로, 유가증권·부동산·상표권 등은 제외된다. 비트코인은 금을 모델로 설계된 것으로 실물자산인 금과 매우 비슷하지만 교환의 매개로서의 기능만을 가지고 별도의 내재가치가 없는 것이므로 일반적인 상품과는 차이가 있다.

5. 금융상품

금융상품은 「자본시장법」에서 인정하는 금융투자상품이 있고, 「보험업법」에서 인정하는 보험상품이 있다. 위에서 설명한 상품과 달리, 금융상품은 무형의 상품에 해당한다. 금융투자상품은 하나의 상품이지만 비트코인은 상품이 아니라 하나의 지급수단에 해당한다.

VI. 전 망

비트코인은 2008년 10월 사토시 나카모토라는 익명의 개발자가 인터넷에 올린 글에서 그 기원을 찾고 있다. 예측할 수 없는 통화정책의 반발로서 시작된 이 비트코인의 모형은 분산화된 사용자들 간 네트워크를 통하여 하나의 화폐시스템으로 발전하게 되었다. 각 국은 이러한 비트코인에 대하여 그 기술적 독창성과 파급력을 인정하면서 적극적으로 수용하려는 태도를 보이는가 하면, 비트코인과 같은 가상화폐의 도입으로 발생할 수 있는 부작용 때문에, 이를 금지하는 국가도 있다. 우리나라의 경우 비트코인 사용은 매우 제한적인 태도를 견지하고 있는 것으로 보인다. 비트코인을 결제수단으로 인정하는 온라인과 오프라인의 상점은 그리 많지 않은 것으로 파악되고 있다. 그러나 정보통신기술의 발전이 하루가 다르게 발전하고 있는 우리나라를 보았을 때 가상화폐인 비트코인의 사용은 크게 확대될 것으로 예상된다. 하지만 유의해야 할 사항도 있다. 무엇보다도 익명성을 활용한 비트코인의 불법거래로 등장하는 것을 예방하는 작업이 이루어져야 한다. 이에 대한 예방책으로는 신규 사용자가 비트코인을 획득할 경우 거래소를 통한 구매를 유도하는 것이다. 거래소들이 비트코인 이용자들의 실명이나 은행계좌를 확인하는 절차를 법률로서 강제함으로써 비트코인을 통하여 발생할 수 있는 자금세탁이나 탈세 등의 부작용을 막을 수 있을 것이다. 우리나라에서 비트코인의 수용 필요성은 점점 더 높아질 것이다. 비트코인을 인정하고 있는 미국이나 영국, 독일 등 규제체계의 방식을 세밀하게 검토하여, 우리에게 발생할 수 있는 부작용을 줄이면서 긍정적으로 수용하는 방안을 마련해야 한다.

VII. 블록체인과의 관계

비트코인은 블록체인 기반의 디지털 통화로 중앙은행이나 발행 주체가 없는 분권화된 디지털 통화이다.

블록체인이란 네트워크 내의 모든 참여자가 공동으로 거래 정보를 검증하고 기록, 보관함으로써 공인된 제3자 없이도 거래 기록의 무결성 및 신뢰성을 확보하는 기술을 말하는바, 한국은행은 "거래정보를 기록한 원장을 특정기관의 중앙 서버가 아닌 P2P(Peer to Peer) 네트워크에 분산하여 참가자가 공동으로 기록하고 관리하는 기술"을 의미하는 것으로 정의하고 있다.

원래 이러한 블록체인 기술은 비트코인이라는 디지털 통화를 안전하게 저장하고 사용하기 위하여 고안된 보안 기술이었다. 즉, 비트코인은 소유자가 존재하지 않는 P2P 방식이기 때문에 누구도 비트코인 장부를 변조할 수 있는 권한을 가지고 있지 않다.

한편, 비트코인은 누구나 인터넷상의 채굴 프로그램을 다운받아 CPU 또는 GPU를 통해 채굴을 하여 화폐를 얻을 수 있는데, 비트코인은 블록체인 위에 돌아가는 오픈소스 프로그램으로서 현재 존재하는 다양한 디지털화폐들의 기초가 되고 있다.

비트코인은 취소 불가능, 기밀성, 개인키 관리 등의 이슈가 존재하는바, 블록체인 특성상 한번 승인이 완료되어 블록에 거래내용이 저장되면 취소가 불가능하여 송금을 할 때 수신자가 되돌려주지 않는 한 거래를 되돌릴 수 있는 방법이 없다. 또한 블록체인 자체는 보안성이 높지만 비트코인을 담고 있는 개인키를 도난당하거나 잃어버릴 경우 코인을 되돌릴 수 있는 방법이 없다. 이러한 이슈를 해결하기 위하여 비트코인 블록체인을 발전시킨 컬러코인, 새로운 블록체인 네트워크를 구축한 이더리움 등 다양한 코인들이 개발되고 있다.

최근 이렇게 비트코인을 탄생시킨 블록체인 기술에 대하여 새로운 관심이 증폭되고 있는바, 블록체인 기술, 즉 중앙통제형 전산시스템을 대체하는 P2P 분산원장 기술을 활용하여 각종 금융서비스를 제공하고자 연구를 하고 있다. 사업의 대부분은 금융회사와 블록체인 관련 핀테크 기업들이 협업하여 새로운 금융 비즈니스 모델을 제공하고자 하는 것이며, 그중 대부분은 거래소를 통하지 않고 사용자가 편리하게 송금, 증권 등과 같은 금융서비스를 이용할 수 있도록 하는 것이다.

아직 비트코인이나 블록체인을 체계적으로 직접 규율하는 입법은 이루어지고 있지 않으나, 비트코인과 같은 가상화폐를 '가상자산'이라는 용어로 정의하여 규율하는 「특정 금융정보법」이 개정되어 2021년 3월 25일 시행될 예정이다.

1   김홍기, "최근 디지털 가상화폐 거래의 법적 쟁점과 운용방안", 증권법연구 제15권 제3호, 2014, 380면.
2   신상화, "비트코인의 발전 현황과 정책적 시사점", 재정포럼, 2015. 5., 23면 이하.
3   김홍기, "최근 디지털 가상화폐 거래의 법적 쟁점과 운용방안", 증권법연구 제15권 제3호, 2014, 388면.
4   신용카드회사의 경우 신용카드 가맹점에 거래총액의 2~3%를 청구하지만 비트코인을 직접 거래하는 경우에는 원칙적으로 거래비용이 없다.
5   2014년 1월 BitInstant라는 비트코인 거래소의 CEO가 돈세탁 관련 혐의로 체포되었다. 그는 돈세탁 가능성을 인지했음에도 불구하고 비트코인과 현금을 익명으로 중개하는 불법 거래소 운영자와의 거래를 유지하였다.
6   신상화, "비트코인의 발전 현황과 정책적 시사점", 재정포럼, 2015. 5., 38면.
7   김홍기, "최근 디지털 가상화폐 거래의 법적 쟁점과 운용방안", 증권법연구 제15권 제3호, 2014, 393면.
8   유주선, 『어음·수표법』, 청목출판사, 2013, 20면.

10

가상통화에 대한 입법 방안

10

가상통화에 대한 입법 방안

I. 서 론

가상통화에 대한 법적 개념이 아직 명확하게 정립되지 않은 상황이다. 가상통화를 어떻게 정의해야 할 것인가에 대한 논의가 진행되고 있는데, 가상화폐라고 지칭하기도 하고 가상증표, 암호화폐 등 다양한 명칭이 사용되고 있는 실정이다. 과거 정부는 이러한 가상통화는 블록체인을 기반으로 "가치를 전자적으로 표시한 것"으로, 현 시점에서 화폐나 상품으로 보기 어렵다는 입장이었다. 즉, 가상통화는 화폐나 금융상품이 아니며 정부가 가치의 적정성을 보장하지 않겠다는 입장이었다. 가상통화는 분산원장기술을 이용한 신종화폐로 금전적 가치가 전자적 형태로 저장되어 지급수단으로 사용되기도 하고, 투자의 대상으로도 인식한다.

이러한 논란 속에 가상통화를 법률적으로 규제하고자 하는 방안이 다양하게 모색되었다. 2017년 7월 31일 박용진 의원이 대표 발의한 "「전자금융거래법」 일부개정 법률안(의안번호 8288, 이하에서는 「전자금융거래법」 일부개정안'이라 한다)", 2018년 2월 2일 정태옥 의원이 대표 발의한 "가상화폐업에 관한 특별법안(의안번호 11752, 이하에서는 '가상화폐업 법률안'이라 한다)", 2018년 2월 6일 정병국 의원이 대표 발의한 "암호통화 거래에 관한 법률안(의안번호 11786, 이하에서는 '암호통화 법률안'이라 한다)"은 가상통화로 인하여 발생할 수 있는 문제점을 예방하고자 하는 의도로 제안된 것이다. 세 법률안은 일부 차이가 있지만 법률안들의 제안자들은 가상통화를 법적으로 정의하고자 하는 동시에 실정법의 테두리 내에서 가상통화의 거래가 원활하게 이루어질 수 있도록 하기 위하여 다각적인 방안을 모색하고 있다.

본 장은 가상통화에 대한 주요국의 법제 동향을 살펴보고, 우리 국회에서 가상통화와 관련하여 발의된 법률안의 주요 내용 가운데 쟁점을 찾아 분석·검토하고자 한다.

그리고 최근 2020년 3월 24일 「특정 금융거래정보의 보고 및 이용 등에 관한 법률」(이하 「특정금융정보법」)이 개정되어 2021년 3월 25일 시행될 예정인데, 가상통화를 '가상자산'으로 법적 정의하고, 가상자산사업자는 금융정보분석원장에게 신고하도록 함으로써, 가상통화를 입법에 반영한 최초의 법률이 탄생하였는바, 이에 대하여도 검토하고자 한다.

II. 가상통화에 대한 규제 필요성과 대응책

1. 규제 필요성

2013년 7월 최초의 가상통화거래소 코빗이 개장을 한 후 코인원 등이 오픈을 하면서 가상통화에 대한 관심이 높아졌고, 비트코인과 이더리움 등 가상통화의 등장으로 이에 대한 국민적 관심도가 높아지고 있다.[1] 이러한 가상통화는 투기적 수요, 가상통화 분리, 국내외 규제환경 변화 등에 따라 가격의 변동 폭이 너무 심하여 이익이 크게 발생할 수도 있지만 예상치 못한 큰 손실을 동반하기도 한다. 또한 가상통화는 익명성이라는 성질을 가지고 있다는 점 때문에 마약거래, 다단계판매, 랜섬웨어·해킹 대가, 테러자금 등 불법거래에 이용 가능성이 발생한다. 실제로 가상통화 투자를 빙자하여 유사수신, 다단계 및 사기와 같은 사건들이 발생한 바 있다.[2] 해킹 문제도 간과할 수 없는 사안이다. 가상통화 취급업자의 전자시스템 해킹이나 암호키 유실 등으로 고객정보 유출, 고객자산 탈취 등 사고가 발생하고 있다. 2017년 4월 국내 가상통화거래소 '야피존'은 전자지갑 해킹 사고로 약 55억 원 규모의 비트코인을 탈취당한 바 있고, 2017년 6월 가상통화거래소 '빗썸' 역시 직원 PC가 해킹되어 약 3만여 명의 고객정보가 유출되기도 하였다. 또한 가상통화 취급업자가 파산하게 되면 투자자 등의 보호에도 매우 취약한 상황이 발생하기도 한다. 실제로 일본에서는 마운트 곡스(Mt. Gox)사건[3] 등 관련 업체의 파산으로 인하여 소비자를 어떻게 보호해야 하는가에 대한 문제가 중요한 사안으로 대두된 바 있었다. 우리 정부는 수년간 가상통화와 관련하여 불간섭 기조로 대응해왔다. 그러나 가상통화의 돈세탁이나 지하경제 사용, 학생이나 직장인들의 과도한 투기 열풍, 거래소 해킹 및 다단계 판매 등의 문제들이 지속적으로 발생하자 가상통화의 부작용을 방지하기 위한 정부의 대응이 불가피하게 되었다.

2. 정부의 대책과 문제점

(1) 정부의 대책

가상통화 거래규모가 크게 증가하고 거래가격도 큰 폭으로 상승하는 등 시장이 과열되는 양상과 가상통화를 악용한 불법거래, 가상통화를 빙자한 유사수신행위, 다단계 등 사기범죄 발생으로 소비자 피해가 크게 우려되는 점을 고려하여 정부는 2017년 9월 4일 가상통화 관계기관 합동 TF를 조직하면서, 가상계좌를 발급한 은행의 본인확인 등을 골자로 하는 대책을 마련하였다.[4] 2017년 9월 29일 가상통화에 대한 대책으로서 정부는 모든 형태의 가상통화공개(ICO: Initial Coin Offering)와 코인 마진거래 등 신용공여 행위를 금지한다는 내용의 강력한 규제안을 마련하였다.[5] 주식시장의 기업공개(IPO: Initial Public Offering)와 유사하게 가상통화 발행을 통하여 자금을 조달하는 ICO를 앞세워 투자를 유도하는 유사수신 등 사기위험을 방지하고자 하는 의도가 있었다. 2017년 12월 4일 가상통화 관계기관 합동 대책회의에서는 법무부 중심의 대책운영과 추가 방안 마련 등 적극적인 가상통화 문제에 개입하는 안이 논의되었다.[6] 2017년 12월 13일 관계부처 차관회의에서는 미성년자 거래 전면 중단과 은행 이용자 본인 확인 등을 요구하는 정부의 대응방안이 마련되었고,[7] 2017년 12월 28일 관계부처 차관회의에서는 거래실명제를 도입하고, 거래소를 폐쇄하는 방안도 마련하였다.[8] 2018년 1월 11일 법무부가 거래소 폐쇄 법안을 준비하겠다는 계획을 발표하자, 청와대는 법무부의 입장을 번복하는 등 혼란을 증폭하는 상황도 발생하게 되었다. 2018년 1월 15일 국무조정실은 거래소 폐쇄방안은 향후 범정부 차원에서 충분한 협의와 의견 조율 과정을 거쳐 결정할 것이라고 발표하였고,[9] 2018년 1월 23일 금융위원회는 가상통화 투기근절을 위하여 "가상통화 관련 자금세탁방지 가이드라인(이하 '가이드라인'이라 한다)"을 마련하고 1월 30일부터 시행되었다.

(2) 문제점

1) 예측 불가능한 정책

정부의 가상통화에 대한 규제 방안은 앞에서 설명한 바와 같이, 가상통화의 거래를 발전시킬 것인지, 아니면 그 거래를 금지할 것인지가 명확하지 않다는 점에서 예측 가능성이 없다고 하겠다. 또한 일정한 규제의 틀 속에서 사업자의 이익과 투자자의 이익을 고려하는 방안도 제시되지 않고 있는 실정이다. 정부가 확고한 정책을 제시하지 못하고 우왕좌왕하는 모습을 보이면서, 정부의 일관되지 않은 대책 제시는 가상통화 투자자들에게 불안감을 야기하고 있는 실정이다.[10] 실제로 2018년 1월 11일 오전 법무부가 가상통화 거래소를 폐지하겠다는 방안을 발표한 후, 당일 오후 국무조정실은 거래소 폐지방안을 부정하면서 향후 범정부 차원에서 결정하겠다는 발표를 한 바 있다. 이는 정부 부처 간 의견 조율 없이 규제안을 발표하여 시장의 혼란만을 가중시키는 결과를 초래한 것으로 볼 수 있다.

2) 새 기술발전 배제 여지

가상통화는 블록체인을 기반으로 한다. 블록체인은 거래정보를 기록한 원장을 특정 기관의 중앙 서버가 아닌 P2P 네트워크에 분산하여 참가자가 공동으로 기록하고 관리하는 기술이다.[11] 가상통화에 대하여 정부는 기본적으로 강도 높은 규제를 가하고 있는 모습이다. 거래소에 대하여 미성년자나 비거주자의 계좌를 개설하거나 그와 거래하는 것을 금지하도록 한 점은 한 단면에 해당한다고 볼 수 있고, 또한 이용자 실명확인과 자금세탁방지시스템 구축, 본인확인이 곤란한 가상계좌 활용금지, 다단계 유사수신 방식의 가상통화 투자금 모집 등에 대한 엄격한 단속과 처벌 등은 강력한 규제방안에 해당한다고 볼 수 있다. 반면, 가상통화와 밀접한 관련이 있는 블록체인 기술에 대해서 정부는 산업 진흥 및 육성에 대한 의지를 표출하고 있다.[12] 가상통화가 블록체인 발전을 위한 필요조건은 아니지만, 가상통화와 블록체인은 밀접한 연관을 가지고 있는 것으로 평가받고 있다.[13] 그러나 가상통화의 투기성이나 불법행위에 대하여는 규제를 강하게 단속하면서, 이와는 완전히 분리하여 4차 산업의 기반 기술인 블록체인을 발전시키겠다는 방안이 과연 타당한 것인가에 대해서는 의문이 제기되고 있다. 즉, 가상통화는 블록체인 기술을 코인이라는 화폐 형태에 적용한 것이라는 점 및 퍼블릭 블록체인의 경우에는 시스템 검증방법으로 가상통화가 필수불가결하다고 알려진 점에서, 한편으로는 가상통화에 대한 강력한 규제를 가하면서, 또 한편으로는 블록체인 기술을 진흥하겠다는 정책이 쉽게 수긍하기 어려운 측면이 있다.

(3) 법적 장치 마련 필요성

가상통화를 매매하던 이용자들이 해킹사고를 당하는 점을 미연에 방지하고 또한 다단계판매 등으로 인한 이용자들의 투자 사기행위 피해를 예방하기 위하여, 가상통화에 대한 정의를 마련하고 가상통화 이용자 보호를 위하여 실정법상 장치를 마련해야 할 필요성이 있다고 하겠다. 현행법의 개정을 통하여 가상통화의 문제점을 해결하고자 하는 방안으로 2017년 「전자금융거래법」 일부개정안 발의가 있었다고 한다면, 실정법의 개정으로 가상통화의 문제점을 개선할 수 없다는 점을 고려하여, 2018년 2월 두 개의 독립적인 제정 법안이 잇따라 발의되었다고 볼 수 있다.

III. 주요국의 가상통화에 대한 규제 동향

1. 미국

2014년 3월 미국 국세청(IRS: Internal Revenue Service)은 비트코인을 자산(property)으로 인정하여 이를 이용한 거래는 자산 거래 시 적용되는 과세원칙을 적용해야 한다고 판단하고 있다.[14] 현행법상 가상통화는 외환 차익·차손을 발생시킬 수 있는 법정통화로 인정받을 수는 없지만, 가상통화를 증권 등의 상품으로 규정하는 동시에 가상통화를 사용한 거래는 할 수 있고,[15] 이와 같이 본다면, 미국에서 가상통화에 대한 조세부과는 주식이나 현물거래와 유사한 규정을 적용할 수 있을 것으로 판단된다.

미국의 경우 거래를 통해 가상통화를 보유하게 된 거래자는 이를 소유하게 된 시점 기준의 공정시장가치(fair market value)를 적용하여 총소득(gross income)에 계상하여 신고해야 하고, 채굴자 역시 가상통화를 채굴한 일자를 기준으로 공정시장가치를 반영하여 신고해야 할 의무를 부담한다. 이는 가상통화 매수와 매도 시점에서 발생하는 차익에 대해 과세하는 양도소득세(capital gains tax)를 부과하겠다는 의미로 해석된다.

2015년 9월 상품선물거래위원회(CFTC)는 비트코인을 투자의 대상이 될 수 있는 상품 (commodity)으로 규정하였다.[16] CFTC로부터 플랫폼 사용에 대해 승인 신청을 하지 않은 비트코인 옵션거래 업체에 대해 운영중단을 명령하였다. 2015년 6월 뉴욕주 금융서비스 국(NYDFS: New York Department of Financial Service)은 세계 최초로 비트코인과 같은 가상통화 취급업자에 대하여 면허제를 도입하였다.[17] 2017년 7월 증권거래위원회(SEC) 는 가상통화 취급업자의 Token 공모발행을 「증권법」상 증권발행으로 보고 「증권법」 규제를 적용하였다. 이더리움 플랫폼을 활용한 분산화된 자율조직인 The DAO가 11.5억 DAO Token을 발행하고, 1,200만 이더리움을 조달한 바 있다. 2017년 7월 CFTC는 Ledger X사에 대해 비트코인을 자산으로 하는 파생상품 청산기관으로 인가하였다.[18]

2. 영국

영국은 비트코인을 디지털 화폐로 인정해 제도권으로 끌어들임과 동시에 런던을 디지 털금융의 중심지로 키우는 정책을 채택하고자 하였다.[19] 영국 재무부는 2014년 비트코인 을 국가에서 화폐로 인정하고 편리한 거래를 위한 제도적 장치 마련을 위해 연구에 돌입하였다.[20] 영국 조세 당국인 왕립세무청(HM Revenue & Customs)은 또한 2014년 3월 2일부터 비트코인에 부과되던 부가가치세(VAT)를 폐지하기로 결정했다. 비트코인 채굴 활동으로 얻은 소득은 제공된 용역과 수취한 대가 간의 관련성이 충분하지 않기 때문에 부가가치세 목적을 위한 경제적 활동을 구성하지 않는다는 면에서 부가가치세의 과세대 상이 되지 않는 것으로 보고 있다.[21] 비트코인 거래자가 얻은 수익에 대해서도 과세하지 않기로 결정한 바 있어 사실상 당시부터 비트코인을 '실질적 화폐 대체수단' 지위로 격상한 것으로 볼 수 있다. 다만, 비트코인 거래기업에 대한 법인세는 유지해 거래주체를 중앙은행과 같은 통화발행 주체로 인정하지는 않고 있다.[22]

2017년 5월 영국 재무부는 가상통화를 거래하는 투자자들에게 신상·활동 공개 의무 를 부여하는 법안을 마련할 예정이라고 밝혔다.[23] 비트코인 같은 새로운 유형의 화폐를 취급하는 거래소들이 기하급수적으로 늘어나고 있고, 이와 관련하여 발생할 수 있는 돈세탁, 테러리즘 등의 예방 필요성을 고려하고 있다. 또한 영국 규제당국은 비트코인의 상대적인 익명성을 경계하고 있는 것으로 알려지고 있으며, 가상통화 거래소들과 가상 지갑 서비스 업체들을 '돈세탁 방지법'과 「테러방지법」에 의거해 관리하는 방안을 검토 하고 있다고 한다.

3. 독일

독일 금융감독청(BaFin)은 2013년 7월 비트코인을 금융상품으로 취급하면서 「은행법」(KWG: Kreditwesengesetz)의 규제대상으로 하고 있다.[24] 「은행법」이 비트코인을 계산화폐의 단위(units of account)로서의 금융상품(financial instruments)으로 취급하면서, 가상통화는 전자화폐와는 별도의 법적 지위를 확보하게 되었다. 비트코인이 금융규제의 테두리 안으로 들어오면서 비트코인 거래에 대한 과세가 가능해졌다. 비트코인 형태의 금융상품을 1년 미만으로 보유하던 중 거래를 통해 시세차익을 실현한 사람에게는 25% 세율의 자본이득세가 부과된다. 이는 일반적인 주식이나 채권의 양도소득세도 마찬가지이다. 2013년 8월 독일은 비트코인을 온라인시장에서 거래 가능한 수단으로 인정하여 비트코인을 통한 재화나 서비스의 제공, 즉 상거래에서 발생하는 부의 이득에 대해서는 과세를 할 수 있다는 입장이나, 비트코인 거래는 사적인 거래에 속하여 비트코인의 구매시점과 판매시점이 1년 이상 차이가 날 경우에는 별도의 양도소득세를 부과하지 않는다는 입장이다.[25] 독일의 경우 재화 또는 용역을 제공받고 비트코인을 대가로 준 소비자는 「부가가치세법」상의 납세의무자에 해당될 수 있으며, 더 나아가 비트코인을 현실의 통화와 교환 거래하는 경우에 대해서도 기타 용역의 제공 거래가 되어 부가가치세 과세 거래에 해당되는 것으로 판단한다.[26]

독일 금융감독청(BaFin)은 비트코인을 법정화폐로 교환하는 거래는 자기계정거래로 보아 거래 플랫폼을 감독기관에 등록하도록 하였다. 가상통화 서비스제공자는 해커의 공격 등으로 고객이 불이익을 당하지 않도록 재정 및 시스템상의 조건을 정비하고 있어야 한다. 가상통화가 자금세탁 등 불법거래에 이용되는 경우 가상통화 서비스제공자에 대한 계좌폐쇄 및 압류 등을 할 수 있다.[27] 비트코인을 상업적으로 활용하는 경우 독일 연방은행법에 따라 금융당국의 허가가 필요하며, 허가를 얻지 않은 경우에는 독일 연방은행법 제54조에 따라 형사적 처벌대상에 해당된다. 사업자는 독일 연방은행법 제32조에 명시된 사업계획, 관리자명, 평가자료 등에 대해 상세히 명시하여 연방감독기관(BaFiN)에 제출하면 조건에 부합하는 경우 서면 허가를 받을 수 있다.[28]

4. 프랑스

프랑스는 2019년 4월 ICO에 관한 특수조항이 포함된 새로운 산업혁신법인 '기업성장과 발전을 위한 행동계획법', 즉 'PACTE'를 도입하여 ICO를 정식으로 인정하게 되었는바, 동 법률에 따르면 프랑스 금융감독청인 AMF가 ICO 발전을 촉진하기 위해 ICO프로젝트를 선택적으로 승인할 수 있도록 하였는데, 이는 유틸리티 토큰 발행에만 해당되므로 증권형 ICO의 경우에는 적용되지 않도록 하였다. 아무튼 프랑스는 ICO를 법률로서 인정하는 최초의 유럽 국가가 되었으며, 이에 따라 2019년 12월 19일 AMF는 공식 사이트를 통해 자국에서는 처음으로 암호화폐 펀딩 플랫폼 개발사 'French-ICO'의 ICO 신청을 승인하였다고 발표하였다.[29]

또한 프랑스의 경우 위에서 언급한 '기업성장과 발전을 위한 행동계획법', 즉 'PACTE'의 도입으로 암호화폐거래소에 대한 법적 근거를 마련하여 일정한 영업규제를 하고 있다. 즉, 암호화폐거래소를 운영하기 위해서는 AMF에 승인 신청을 하여야 하고, 승인을 받은 암호화폐거래소는 전문손해보험 또는 일정액 이상의 준비금, 적어도 1명의 실제 근무하는 시니어 매니저, 안정된 IT시스템, 클레임 처리 절차, 자금 세탁과 테러자금 조달 방지 대책 등의 정비도 필요하다.[30]

5. 일본

2016년 5월 25일 「자금결제에 관한 법률」(이하 「자금결제법」이라 한다)의 개정을 통해 비트코인 등의 가상통화를 정식 화폐로 인정하였다.[31] 2014년 당시 세계 최대 규모의 비트코인 거래소인 마운트 곡스(Mt. Gox)의 파산 이후 가상통화에 대한 정부의 적절한 규제가 없었다는 비판이 일자, 비트코인의 화폐성을 부정하던 공식 입장을 변경하였다. 「자금결제법」상 '가상통화'는 불특정 다수 사이의 물품구입·서비스제공 단계에서 결제·매매·교환에 이용될 수 있는 '재산적 가치'로, 정보처리시스템에 의해 이전할 수 있는 것을 말한다(제2조 제5항).

「자금결제법」상 '가상통화교환업'이란 ① 가상통화의 매매 또는 다른 화폐와의 교환 또는 다른 가상통화와의 교환, ② 위 ①의 행위의 중개, 주선 또는 대리, ③ 위 ① 또는 ②의 행위에 관하여 이용자의 금전 또는 가상통화를 관리하는 것을 업으로 하는 것을 말하고(제2조 제7항), 이러한 가상통화교환업은 내각총리대신의 등록을 받아야 한다(제63조의2). 가상통화교환업의 업무와 관련하여, ① 정보의 안전관리에 필요한 조치, ② 이용자에 대한 법정화폐와 가상통화와의 오인을 방지하기 위한 설명의무 및 계약내용에 대한 정보제공의무, ③ 이용자의 금전·가상통화와 자신의 금전·가상통화를 분리하여 관리하고 관리상황에 관한 외부감사의무 등을 부과하고 있다(제63조의8~제63조의11). 가상통화교환업에 대한 감독과 관련하여, 감독당국에 의한 보고징구, 현장검사, 업무개선 및 정지명령, 등록 취소가 가능하다(제63조의17). '범죄수익이전방지법'의 '특정사업자'에 가상통화교환업자를 추가하여 고객확인의무 등 자금세탁방지의무를 규정하고 있다.

6. 중국

2008년 처음으로 등장한 디지털 통화인 비트코인은 2016년 말 현재 시가총액이 약 150억 달러에 달하고, 자금송금과 온라인 물품대금 및 수출대금 결제 등에 이용되고 있으며, 지난 2년간 글로벌 비트코인 거래 규모에서 중국의 3개 거래소가 차지하는 비중은 94%에 달하였으나 2016년에는 그 비중이 99%로까지 확대된 것으로 나타나고 있다.[32] 그러나 2017년 중국은 인민은행의 '가상통화 발행 융자 위험 방지에 관한 공고'를 통하여 가상통화 관련 사업을 전면적으로 폐지하였다.[33] 가상통화공개(ICO)를 통한 자금조달 행위의 불법적 활용, 비트코인 거래에 대해서 수수료를 물지 않고, 거래 후 출금에 대한 수수료만 부과하여 거래비용이 상대적으로 낮은 것 등은 폐지하게 된 하나의 원인으로 나타나고 있다.[34] 중국의 비트코인 거래에 대한 금지는 개인이나 기업들이 자본통제를 우회하여 중국 내 자금을 해외로 유출시키는 수단으로 비트코인 거래를 활용하는 사례의 증가와 비트코인 거래에 투기성 자금이 몰리면서 가격왜곡 현상의 초래에 있다고 본 것이다.[35]

「중화인민공화국 인민은행법」, 「중화인민공화국 상업은행법」, 「중화인민공화국 증권법」, 「중화인민공화국 인터넷안전법」, 「중화인민공화국통신규칙」 및 「불법금융기구 및 불법금융업활동 금지방지법」 등의 법률 규정에 의거한 인민은행의 '가상통화 발행 융자 위험 방지에 관한 공고'는 가상통화를 "화폐 당국이 발행하는 것이 아니며, 법적 효력 또한 없는 한편, 제도화된 화폐의 성격도 아니고, 화폐와 동등한 법률지위도 가질 수 없어 가상통화를 시장에서 유통 및 사용할 수 없다"라고 하면서 본 공고의 발표 시부터 모든 종류의 가상통화를 통한 ICO 활동이 전면 정지되며, 어떠한 가상통화 플랫폼에서도 법정화폐와 가상통화 간 상호 교환은 금지되고, 중앙은행과의 매매, 가상통화의 가격 제공 및 정보 중개 서비스 또한 금지된다.[36] 이는 매우 강력한 중국의 규제방안에 해당한다고 볼 수 있다.

IV. 법적 주요 쟁점

1. 가상통화의 개념

가상통화를 어떻게 정의해야 하는가에 대하여 우리 국회 법률안은 '재산적 가치'라는 개념과 '지급수단'의 개념을 포함하고자 하는 모습이다.

(1) 재산적 가치

'「전자금융거래법」 일부개정안[37]이나 '가상화폐업에 관한 특별법안'[38]은 그러한 면을 규정하고 있다. 전자는 가상통화의 개념에 '전자적으로 저장된 가치로 사용되는 것'이라고 밝히고 있으며, 후자는 가상통화에 대하여 '불특정 다수인이 매도·매수할 수 있는 재산적 가치로서 전자적 방법으로 이전 가능한 정보'라고 하면서, 양자 모두 재산적 가치가 있어야 함을 밝히고 있다. 또한 '암호통화 거래에 관한 법률안'은 '디지털 가치저장방식'이라고 하면서 가상통화에 대하여 재산적 가치의 내용을 포함하고 있음을 알 수 있다.

실제로 실무상 가상통화에 대하여 재산적 가치를 인정한 사례가 발생한 바 있다.[39]

2014년 5월부터 2017년 4월까지 인터넷 불법 음란물 사이트를 운영한 안 모 씨는 사이트 사용료 등을 받아 19억 원의 부당이득을 취한 1혐의 등으로 2017년 5월 구속 기소되었다. 2017년 9월 8일 수원지법 제1심 판결에서 비트코인의 경우 "① 객관적 가치를 상정할 수 없는 비트코인 중 범죄수익에 해당하는 부분만을 특정하기 어려울 뿐만 아니라 비트코인은 현금과는 달리 물리적 실체 없이 전자화된 파일의 형태로 되어 있어 몰수하는 것이 적절하지 아니하고 추징함이 상당하나, ② 추징의 대상이 되는 범죄수익을 특정할 수 없는 경우에는 추징할 수 없으므로 비트코인에 해당하는 금액은 추징하지 아니한다"라고 판시하였으나, 수원지법 제8항소부 항소심은 "인터넷 음란물 사이트 운영자로부터 압수된 비트코인에 대해 몰수를 선고하지 아니한 제1심 사건에 대한 항소심 공판에서 압수된 비트코인 대부분에 대한 몰수가 가능하다"는 판결을 내렸다. 압수된 비트코인이 음란물 사이트 운영을 통해 취득한 범죄수익임을 명확하게 특정한 것이다.

2018년 5월 30일 대법원은 형사3부는 불법 음란물 사이트를 운영한 혐의로 기소된

자(안 모 씨)에게 징역 1년 6개월을 선고하고 범죄수익으로 얻은 191 비트코인에 대한 몰수 및 추징금 6억 9587만 원을 신고한 원심을 확정했다(2018도3619).[40]

대법원이 범죄로 얻은 가상통화도 범죄수익에 해당되기 때문에 몰수할 수 있다는 판결을 한 것이다. 재판부는 "「범죄수익은닉규제법」은 '중대범죄에 해당하는 범죄행위에 의하여 생긴 재산 또는 그 범죄행위의 보수로 얻은 재산'을 범죄수익으로 규정하면서 그 범죄수익을 몰수할 수 있다고 규정하고 있다"며 "같은 법 시행령은 '은닉재산이란 몰수·추징의 판결이 확정된 자가 은닉한 현금, 주식, 그밖에 재산적 가치가 있는 유형·무형의 재산을 말한다'라고 규정하고 있으므로, 재산적 가치가 인정되는 무형재산도 몰수할 수 있다"라고 밝혔다. 이어 "비트코인은 재산적 가치가 있는 무형의 재산으로서 특정할 수 있으므로 몰수가 가능하다"라고 하면서 "「범죄수익은닉규제법」은 몰수할 수 있는 재산이 몰수 대상재산 외의 재산과 합쳐진 경우 그 몰수대상재산을 몰수해야 할 때에는 합쳐진 재산 중 몰수대상재산의 금액 또는 수량에 상당하는 부분을 몰수할 수 있다고 규정하고 있으므로, 안 모 씨가 보유하고 있던 비트코인 중 중대범죄에 의하여 취득된 금액에 상당하는 부분은 몰수하는 것이 가능하다"라고 판시하였다.

1심은 "물리적 실체 없이 전자회한 파일 형태인 비트코인을 몰수하는 것은 적절치 않다."며 검찰의 몰수 구형을 받아들이지 않고, 안 모 씨에게 징역 1년 6개월과 추징금 3억 4,000만 원을 선고한 바 있다. 그러나 제2심은 "비트코인은 물리적 실체 없이 전자화된 파일 형태이지만, 거래소를 통해 거래되고 재화와 용역을 구매할 수 있어 수익에 해당한다"라고 하면서 임의 제출받아 압수한 216 비트코인 중 191 비트코인은 음란사이트 운영과 관련한 범죄행위에 의해 취득한 것이므로 범죄수익에 해당해 몰수할 것을 명령한 것이다. '압수된 전자지갑 내에 있는 비트코인이 재산상 가치가 있다는 점을 인정한 점'에서, 동 판결은 중요한 의미를 부여하고 있다.

(2) 지급수단

'「전자금융거래법」 일부개정안'은 가상통화를 '교환의 매개수단'으로 인정하고자 하고, '가상화폐업에 관한 특별법안' 역시 '가상화폐'를 '불특정 다수인 간에 재화 또는 용역의 제공과 그 대가의 지급을 위하여 사용할 수 있는 기능을 부여하고 있다. 또한 '암호통화 거래에 관한 법률안'에서 '암호통화'를 정의함에 있어 '컴퓨터 기술이나 생산 노력에 의하여 창조하거나 획득할 수 있는 교환의 매매수단'으로 이용할 수 있음을 규정하고 있는바, 세 법률안 모두 가상통화에 대한 지급수단을 인정하고 있다.[41] 이러한 법률안의 내용과 달리, 정부는 가상통화에 대하여 화폐나 금융상품이 아니라고만 할 뿐 그 법적 개념에 대하여는 명확히 밝히지 않았으나, 최근 「특정금융정보법」 개정으로 '가상자산' 으로서 재산적 가치만을 인정할 뿐 지급수단으로는 인정하지 않았다.

2. 가상통화의 법적 성질

금전으로 보는 입장이 있는가 하면, 자산이나 상품으로 보는 입장도 있고, 화폐 또는 유가증권으로 보는 입장도 있다.[42]

(1) 금전으로 보는 입장

재화의 교환 매개물로서 국가가 정한 물건이 금전(money)이다. 교환의 매개물인 금전 은 어음이나 수표, 주식 등의 거래와 달리 별도의 결제와 청산절차를 거치지 않고 지급만 으로 거래가 종료된다. 가상통화는 별도의 결제 과정이나 청산 절차 없이 교환의 매개물 로서 사용되는 점에서 금전과 유사하다.[43] 그러나 비트코인은 한국은행 등 특정한 발행주 체가 존재하지 않고, 국가에 의한 강제 통용력이 인정되지 않으며,[44] 전자화된 정보의 형태로만 존재하다는 점에서, 통상적인 개념의 금전으로 볼 수 없다.

(2) 자산 또는 상품으로 보는 입장

동 입장은 가상통화를 인간의 물질적 욕망을 만족시킬 수 있는 실질적 가치를 가지고 있는 상품이라는 견해이다. 미국 국세청의 경우 자산(property)으로 보고 있고, 상품선물 거래위원회는 투자의 대상이 될 수 있는 상품(commodity)으로 보고 있다. 독일 「은행법」 역시 가상통화를 금융상품의 일종으로 규정한 바 있다. 그러나 비트코인의 경우 금을 모델로 하여 설계된 것으로 실물자산인 금과 비슷하지만 교환의 매개로서의 기능만을 가지고 별도의 내재가치가 없는 것이므로 일반적인 상품과는 차이가 있다는 비판이 제기될 수 있다. 최근 개정된 「특정금융정보법」 제2조 제3호는 가상통화를 '가상자산'이 라는 용어를 사용하고, 이는 "경제적 가치를 지닌 것으로서 전자적으로 거래 또는 이전될 수 있는 전자적 증표(그에 관한 일체의 권리를 포함)"라고 정의함으로써, 가상통화를 자산 또는 상품으로 인정한 것으로 보인다.

(3) 화폐로 보는 입장

동 입장은 가상통화를 상품의 교환이나 유통을 원활하게 하기 위한 교환수단 내지 지급수단으로 본다. 일본은 「정보통신기술의 진전 등의 환경에 대응하기 위한 「은행법」 등의 일부를 개정하는 법률」과 「자금결제법」 개정을 통해 가상화폐를 명시적으로 화폐의 영역으로 수용하였고, 영국의 국세청 역시 2014년 비트코인을 제도권 화폐로 편입한 바 있다. 다만, 독일은 제도권으로 인정하지 않고 단지 사적 화폐로만 인식하고 있는 실정이다.

(4) 유가증권으로 보는 입장

가상통화는 특정 재화나 서비스의 구매에 이용할 수 있는 결제수단인 점에서 상품권과 같은 유가증권의 성질이 없는 것은 아니지만, 가상통화 그 자체가 교환의 매개물이고 별도의 권리나 청구권이 화체되어 있지 않다는 점에서 유가증권과 차이가 있다. 2017년 7월 미국 증권거래위원회는 가상통화취급업자의 Token 공모발행을 「증권법」상 증권발행으로 보고 「증권법」 규제를 적용한 바 있다. 미국의 경우 자금조달을 위한 증표로서 제공하는 Token의 발행을 유가증권으로 인정하고 있는데, 가상통화의 본질을 논하고 있는 것은 아니다.

(5) 검토

가상통화의 개념과 법적 성질은 매우 밀접한 관련을 가지고 있다.[45] 「전자금융거래법」 일부개정 법률안과 두 개의 독립법안이 제시하고 있는 바와 같이, 가상통화는 재산적 가치와 교환의 매개수단으로 인정될 가능성이 모두 있다는 점에서 가상통화의 개념에는 재산적 가치를 인정하는 내용과 지급수단의 기능을 인정하는 방안이 타당할 것으로 사료된다. 따라서 개정 「특정금융정보법」에서 '가상자산'으로 정의하면서 재산적 가치만을 인정하고 지급수단성을 배제하는 규정 방식은 타당하지 않은 것으로 판단된다.

3. 가상통화 거래와 조세

(1) 의의

가상통화에 대한 조세부과는 가상통화를 어떻게 정의하느냐에 따라 달라진다. 여러 국가들의 입법 동향을 살펴보면, 조세 부과에 대한 통일성은 발견되지 않고 있다. 하지만 아직까지 아무런 과세를 부과하지 않고 있는 우리나라와 달리 미국, 영국, 일본 등 주요 국가는 각자의 나름대로 가상통화에 대한 정의를 내리고 일정한 과세를 부과하고 있다. 가상통화와 관련되는 조세항목은 소비세로서 생산 및 유통과정의 각 단계에서 창출되는 부가가치에 대하여 부과되는 부가가치세, 자산의 양도로 인한 자본이익에 대하여 부과하는 양도세, 개인이 얻은 소득에 대하여 「소득세법」에 따라 부과하는 개인소득세와 법인세법에 따라 법인세로 부과되는 법인소득세가 있다.

(2) 재화로 보는 경우

독일은 가상통화를 일종의 재화로 규정하여 부가가치세를 부과한다. 독일의 경우 일반적인 주식이나 채권의 양도소득세는 순이득의 약 25% 수준이나, 비트코인 거래는 사적인 거래에 속하여 비트코인의 구매시점과 판매시점이 1년 이상 차이가 날 경우에는 별도의 양도소득세를 부과하지 않는다. 과세 없는 비트코인을 통한 차금매매는 투자자에게 상대적인 장점으로 작용할 수 있다. 또한 채굴을 통한 비트코인에는 양도소득세가 부과되지 않으며, 주식이나 채권처럼 투기목적으로 구매된 비트코인에 대해서는 세법이 적용된다. 이미 2013년 8월부터 독일은 비트코인을 온라인시장에서 거래 가능한 수단으로 인정하여 비트코인을 통한 재화나 서비스의 제공, 즉 상거래에서 발생하는 부의 이득에 대해서는 과세를 할 수 있다는 입장이다.

(3) 지급수단이나 통화로 보는 경우

가상통화를 지급수단이나 통화로 보는 일본은 부가가치세를 부과하지 않는다. 다만, 소득세와 법인세를 부과하고 양도세를 부과하고 있다. 영국은 비트코인 채굴활동으로 얻은 소득은 제공된 용역과 수취한 대가 간의 관련성이 충분하지 않기 때문에 부가가치세 목적을 위한 경제적 활동을 구성하지 않는다는 견지에서 일반적으로 부가가치세의 과세대상에 해당하지 않는다. 비트코인이 미국 달러 등 외국통화와 교환되는 경우 비트코인 자체에 대한 부가가치세가 부과되지 않는다. 통화 간 교환활동에 따른 수익과 손실은 과세대상이다. 가상통화의 경우에도 세무상 외환거래의 차입과 관련된 일반적인 규칙이 적용되어, 회사가 비트코인에 관련된 활동을 하여 발생된 수익과 손실은 회계에 반영되며 정상적인 법인세 규정에 따라 과세가 된다. 다만 법인조직이 아닌 경우에는 소득세 규정이 적용된다. 개인의 경우 비트코인에 의한 이득이나 손실은 자본이득세가 부과될 수 있다. 미국 역시 통화로 간주하여 부가가치세를 부과하지 않지만, 소득세와 법인세 및 양도소득세를 부과한다.

2015년 10월 유럽사법재판소는 비트코인에 대하여 화폐의 성질을 인정하는 판결을 내렸다.[46] 동 재판소는 비트코인을 은행권 등과 유사한 기능을 하는 화폐에 해당한다고 하면서, 법정화폐와 마찬가지로 비트코인을 교환할 때 부가가치세를 부과하지 말아야 한다고 판시하였다. 이 판결이 갖는 의미는 가상통화를 일반화폐로 환전하는 경우 재화에 대한 거래로 볼 수 없고 지급수단으로 인정된다는 점을 고려하여 부가가치세를 면제한 것이라 하겠다.

(4) 검토

가상통화에 대한 조세부과는 각국의 입법 정책에 달려 있다. 대부분의 국가에서는 가상통화에 대한 부가가치세를 면제하고, 지급수단 및 통화 측면을 고려하여 양도세와 소득·법인세를 부과하고 있다. 가상통화의 지급수단을 인정하여 부가가치세를 부과하는 것은 적절하지 않은 것으로 판단되고, 양도세와 소득·법인세는 부과되는 방안이 마련되어야 한다.

4. 가상통화사업과 인·허가

가상통화사업의 인·허가 문제는 가상통화 취급업자에 대한 규제와 관련된다. 2015년 6월 뉴욕주 금융서비스국(NYDFS: New York Department of Financial Service)은 세계 최초로 비트코인과 같은 가상통화 취급업자에 대하여 면허제를 도입하였다.[47] 독일 금융감독청은 가상통화를 법정화폐로 교환하는 거래를 자기계정거래로 보아 거래 플랫폼을 감독기관에 등록하도록 하고 있다.[48] 또한 가상통화거래소가 해커 등의 공격으로부터 투자자를 안전하게 보호해야 하고, 가상통화가 불법적인 거래수단으로 활용될 경우에는 가상통화 거래소에 대한 계좌폐쇄와 압류 등의 제재방법을 마련하고 있다. 일본은 가상통화교환업의 진입규제에 대하여 규정하고 있다. 즉, 일본은 「자금결제법」에서 가상통화교환업은 내각총리대신의 등록을 진입요건으로 하고 있다(동법 제63조의2). 우리나라의 세 법률안 역시 가상통화취급업을 하는 자는 금융위원회의 인가를 받도록 하거나 등록을 요구하고 있다.[49] 우리나라 역시 가상통화 취급업자의 성격이나 인가문제는 국제적인 정합성에 따라 감독당국의 인가를 받거나 등록을 하도록 하는 방안이 마련되어야 한다. 최근 개정된 「특정금융정보법」 제7조는 가상자산사업자로 하여금 금융정보분석원장에게 신고하도록 함으로써, 영업규제가 아닌 자금세탁방지에 초점을 맞춘 신고제를 도입하였다.

5. 투자자 보호 필요성

(1) 가상통화 예치금의 별도예치 필요성

「전자금융거래법」 일부개정안에 따르면, 가상통화거래업자는 가상통화예치금을 고유재산과 구분하여 예치기관에 예치하여야 한다.[50] 여기에 따르면, 누구든지 예치기관에 예치한 가상통화 예치금을 상계·압류(가압류를 포함한다)하지 못하며, 가상통화거래업자는 예치금을 양도·담보제공하는 것이 불가능하다. 가상통화거래업자는 인가취소, 파산선고 등의 경우 예치금을 가상통화 이용자에게 우선하여 지급하여야 한다. 예치기관은 가상통화거래업자의 인가취소, 파산선고 등의 경우 예치금을 우선하여 지급하여야 한다. 가상통화 예치금을 별도로 예치하고자 하는 방안은 '가상화폐업에 관한 특별법안'[51]이나 '암호통화 거래에 관한 법률안'[52]에 큰 차이점을 발견할 수 없다. 정부 역시 가상통화의 매매, 중개, 알선 등의 영업행위를 하는 가상통화 취급업자에 대해 고객자산과 별도예치 규제를 도입해야 한다는 입장이다. 타당한 방안이라고 본다. 최근 개정된 「특정금융정보법」 제5조의2 제1항 제3호 마목 1)에 따르면, 금융회사 등은 고객이 가상자산사업자일 경우 예치금을 고유재산과 구분하여 관리하는지 확인할 의무를 부과함으로써 간접적으로 이에 대한 규제를 두었다.

(2) 가상통화의 거래방식에 대한 제한

「전자금융거래법」 일부개정안에 따르면, 가상통화 취급업자는 방문판매 등에 관한 법률(이하 「방문판매법」이라 한다)에 따른 방문판매·전화권유판매·다단계판매·후원방문판매 또는 이와 유사한 방법으로 가상통화를 매매·중개하여서는 아니 된다.[53] 그리고 '가상화폐업에 관한 특별법안'에 따르면, 가상화폐업자는 「방문판매법」에 따른 방문판매·전화권유판매·다단계판매·후원방문판매 또는 이와 유사한 방법으로 가상화폐를 매매·중개하여서는 아니 됨을 규정하고 있고,[54] '암호통화 거래에 관한 법률안'역시 유사한 내용을 담고 있다. 즉, 암호통화취급업자는 「방문판매법」에 따른 방문판매·전화권유판매·다단계판매·후원방문판매 또는 이와 유사한 방법으로 암호통화를 매매·중개하여서는 아니 된다.[55] 정부 방안 역시 가상통화의 매매·중개·알선 등의 영업행위를 하는 가상통화 취급업자에 대해 다단계·방문판매 등 「방문판매법」상 거래방식 금지의무 규제를 도입하고자 한다. 역시 타당한 방안이라고 본다. 다만 최근 개정된 「특정금융정보법」은 자금세탁방지에만 초점을 두어 영업규제에 대한 규정은 두고 있지 않다.

(3) 가상통화 취급업자의 설명의무

'「전자금융거래법」 일부개정안'에 따르면, 가상통화 취급업자는 가상통화 이용자를 상대로 가상통화의 매매권유를 하는 경우에는 가상통화는 화폐가 아니라는 사실과 가상통화의 내용, 매매에 따르는 위험 등을 가상통화 이용자에게 설명하여야 한다.[56] 가상통화 취급업자는 설명한 내용을 가상통화 이용자가 이해하였음을 서명, 기명날인, 녹취 등의 방법으로 확인을 받아야 한다. 가상통화 취급업자는 중요사항을 거짓 또는 왜곡하여 설명하거나 주요사항을 누락하여서는 아니 된다. 반면, '가상화폐업에 관한 특별법안'에 따르면, 설명의무 관련 조항이 없다. '암호통화 거래에 관한 법률안'에 따르면, 암호통화 취급업자는 암호통화이용자를 상대로 암호통화의 매매권유를 하는 경우에는 암호통화는 화폐가 아니라는 사실과 암호통화의 내용, 매매에 따른 위험 등을 암호통화이용자에게 설명하여야 한다.[57] 암호통화 취급업자는 설명한 내용을 암호통화 이용자가 이해하였음을 서명, 기명날인, 녹취 등의 방법으로 확인을 받아야 한다. 암호통화 취급업자는 중요사항을 거짓 또는 왜곡하여 서명하거나 주요사항을 누락하여서는 아니 된다. 정부는 가상통화의 매매·중개·알선 등의 영업행위를 하는 가상통화 취급업자에 대해 설명의무 규제를 도입하고자 한다. 이 역시 타당한 방안이라고 본다. 다만 최근 개정된 「특정금융정보법」은 자금세탁방지에만 초점을 두어 영업규제에 대한 규정은 두고 있지 않다.

(4) 자금세탁방지 규제

　'「전자금융거래법」 일부개정안'에 따르면, 누구든지 「특정금융정보법」에 따른 불법재산의 은닉, 자금세탁행위, 공중협박자금조달행위 및 강제집행 면탈, 그 밖에 탈법행위를 목적으로 가상통화의 매매·중개·교환·발행·관리를 하여서는 아니 된다.[58] '가상화폐업에 관한 특별법안'에 따르면, 누구든지 「특정금융정보법」에 따른 불법재산의 은닉, 자금세탁행위, 공중협박자금조달행위 및 강제집행 면탈, 그 밖에 탈법행위를 목적으로 가상화폐의 매매·중개·교환·발행·관리를 하여서는 아니 된다.[59] '암호통화 거래에 관한 법률안'에 따르면, 누구든지 「특정금융정보법」에 따른 불법재산의 은닉, 자금세탁행위, 공중협박자금조달행위 및 강제집행 면탈, 그 밖에 탈법행위를 목적으로 암호통화의 매매 등을 하여서는 아니 된다.[60] 정부는 최근 「특정금융정보법」을 개정하여 가상통화의 국내거래에 대해서도 주요국의 자금세탁방지 규제강화 추세 등을 감안하여 금융회사와 동일한 자금세탁방의무 규제를 도입하였다. 타당한 방안이라고 본다.

(5) 가상통화의 시세조종행위 가능성

　'「전자금융거래법」 일부개정안'에 따르면, 누구든지 가상통화의 매매·중개·교환·발행·관리(이하 '매매 등'이라 한다)에 관하여 통정매매, 가장매매를 하여서는 아니 되고, 가상통화의 매매 등을 유인할 목적으로 시세를 변동시키는 매매 등을 하여서는 아니 된다.[61] '가상화폐에 관한 특별법안'에서는 가상화폐를 이용한 불공정거래행위에 대해서는 「자본시장법」 제174조부터 제178조까지, 제178조의2, 제178조의3 및 제179조의 규정을 준용하도록 하고 있다.[62] '암호통화 거래에 관한 법률안'에서는, 누구든지 암호통화의 매매·중개·교환·발행·관리(이하 '매매 등'이라 한다)에 관하여 통정매매, 가장매매를 하여서는 아니 되고, 암호통화의 매매 등을 유인할 목적으로 시세를 변동시키는 매매 등을 하여서는 아니 된다.[63] 정부는 가상통화 거래 시 가상통화 취급업자의 신용공여, 시세조종 등 불공정거래행위를 금지 처벌하는 규제를 도입하고자 한다. 타당한 방안이라고 본다. 다만 최근 개정된 「특정금융정보법」은 자금세탁방지에만 초점을 두어 영업규제에 대한 규정은 두고 있지 않다.

(6) 유사수신행위에 대한 처벌 가능성

정부는 가상통화 투자를 사칭한 유사수신행위의 처벌근거를 명확히 하는 규제를 도입하고자 한다. 유사수신행위에 '원금 또는 원금초과금액이나 이에 상당하는 금액을 지급할 것을 약속하고 가상통화거래 또는 가상통화를 가장한 거래를 통해 자금을 조달하는 영업행위'도 추가한다. 또한 위법행위에 대한 형사처벌 수준을 강화하고(5년 이하 징역에서 10년 이하의 징역으로 변경), 범죄수익에 대한 몰수·추징 규정도 신설한다. 위 입법취지에 대하여는 반대하는 것은 아니지만, 정당한 원금보장의 경우에 해당하거나 정당한 ICO의 경우에는 예측 가능성 측면에서 면책의 방안을 마련하는 것이 타당할 것으로 판단된다. 유사수신행위 근절을 위한 규제 일변도의 방향이 일면 타당성이 없는 것은 아니지만, 모든 ICO의 금지는 타당한 것이 아니라 할 것이다.

6. 가상통화와 「외국환거래법」상 해외송금

가상통화 '비트코인'을 이용한 해외송금시장이 성장하고 있다. 다만 가상통화의 법적 성질이 「외국환거래법」상 명확하게 정해지지 않은 관계로 가상통화 해외송금의 경우 「외국환거래법」상 신고의무가 있는지 여부가 불분명하다. 즉, 가상통화가 지급수단의 성질이 있다면 이러한 비트코인의 해외송금 행위는 「외국환거래법」상 신고의무의 대상이 될 수 있을 것이다. 현재 외환당국의 명확한 방침이 없는 관계로 한국은행 등 외국환은행은 가상통화의 해외 지급 및 수령뿐만 아니라 가상통화와 관련된 송금의 경우에도 「외국환거래법」상 신고를 보류하고 있는 것으로 파악된다. 이러한 법적 불안정성을 신속히 해소할 필요가 있다고 본다. 다만 최근 개정된 「특정금융정보법」은 가상통화를 '가상자산'으로 법적 정의하였으므로, 향후 외환당국에서도 「외국환거래법」상 가상통화에 대한 규제방향을 정하리라고 본다. 한편, 2017년 7월 18일 「외국환거래법」 개정 시행으로 핀테크 기업들도 소액해외송금업 영위가 가능하게 되었는데, 이 경우 가상통화를 매개로 하는 해외송금업이 가능한지 여부가 문제되었다. 당시 기획재정부는 이를 가능한 것으로 입장표명을 하였으나,[64] 2018년 2월 기획재정부는 "현재 소액해외송금업체는 16개가 등록을 완료하였으며, 이 중 7개가 가상통화가 아닌 은행을 중개로 영업을 하고 있는 중이고, 현재 등록된 업체는 대부분 가상통화 이용계획이 없었으며, 이용계획이 있던 업체도 가상통화의 높은 변동성에 따른 소비자 피해 및 업체의 건전성 우려 등을 감안하여

계획을 변경하였다"는 취지의 보도해명자료를 배포하였다.[65] 따라서 현재로선 가상통화를 매개로 하는 소액해외송금업을 영위하기는 어려운 것으로 보인다. 그러나 핀테크 기업들이 소액해외송금업을 자유롭게 영위하게 하기 위해서는 가상통화를 매개로 하는 영업도 법에서 금지하지 않는 한 허용해주는 것이 타당하리라 본다.

7. ICO 관련 문제

(1) 진행방식

ICO의 경우 기업이 사업계획서인 백서를 공개하고 신규로 가상통화를 발행해 투자자에게 판매하는 방식으로 사업 자금을 모집하게 된다. 발행사는 사업계획서인 백서를 홈페이지에 띄우며 ICO를 공지하게 된다. 투자자는 백서를 보고 수익성을 판단하여, 발행사 계좌에 비트코인, 이더리움 등 주요 가상 화폐를 송금한다. 발행사는 자체 가상통화를 발행하고, 1 비트코인당 일정 비율의 코인으로 교환해준다. 투자자는 해당 코인을 보유하게 되고, 만일 상장되어 가상통화거래소에서 해당 코인 가격이 상승하면 다시 매도하여 현금화하게 된다. 이와 관련하여 다음과 같은 사항이 검토될 수 있다.[66]

(2) 「외국환거래법」상 문제

국내 투자자가 해외에 근거지를 두고서 ICO를 통해 자금을 조달하는 자에게 가상통화를 보내고 ICO를 통해 발행된 코인이나 토큰을 취득하는 경우나, 또는 국내에 근거를 둔 ICO업체가 코인이나 토큰을 해외로 송금하는 경우를 생각해볼 수 있다. 블록체인의 익명성 때문에 투자자의 거래지갑 주소만으로 거래 당사자들의 신원을 알기 어려워 외국환 거래 규제를 적용하는 데 기술적인 한계가 존재한다. ICO의 경우 자금을 조달하는 자의 주소지를 중심으로 「외국환거래법」상 다음과 같은 문제가 발생한다.

「외국환거래법」 제3조 제1항 제13호에 따르면 ① 대외지급수단, ② 외화증권, ③ 외화파생상품, ④ 외화채권 등을 외국환으로 규정하고 있다. 만약 가상통화가 「외국환거래법」에 따른 외국환에 해당한다면 가상통화를 해외로 지급하거나 수령할 경우 국내 투자자나 ICO업체는 외국환당국에 신고를 해야 한다. 그러나 아직 가상통화의 법적성질이 정해지지 않은 관계로 외국환당국은 아직 이러한 신고를 수리해주지 않고 있을 뿐만 아니라 가상통화와 관련된 현금의 지급 및 수령의 경우에도 신고를 수리해주지 않고 있어 지나치게 행정 편의적이라는 비난을 면치 못하고 있다. 아직 가상통화에 대하어 법직 개념이 정립되지 않은 상황에서 외국환에 해당한다고 단정할 수 없으나, 향후 입법 방향에 따라 외국환에 해당할 가능성을 배제할 수 없으므로, ICO와 관련된 가상통화 지급 및 수령의 경우「외국환거래법」규제를 받을 가능성이 있을 것이다.[67] 전술한 바와 같이 최근 「특정금융정보법」이 개정되어 가상통화를 '가상자산'으로 법적 정의하였으므로, 향후 외환당국이 외국환신고와 관련하여 어떠한 태도를 견지할 것인지 주목된다.

(3) 금융실명제법상 문제

「금융실명법」제3조 제1항에 따르면, 금융회사 등은 금융실명거래를 하여야 한다. 만약 ICO를 통해 자금을 조달하는 자가 금융회사 등에 해당된다면 동법 제3조에 따른 금융실명거래의무가 부과될지 여부가 문제된다. 이는 결국 가상통화의 거래가 「금융실명법」상 '금융거래'에 해당할지 여부와 관련된 문제인데, 현행「금융실명법」상 가상통화를 금융자산의 거래로 보기는 어려울 가능성이 커 보이므로, ICO를 통해 자금을 조달하는 금융회사에 대하여 「금융실명법」상 의무를 부과하기는 어려울 것으로 본다. 다만, 가상통화와 법정화폐의 접점이라 할 수 있는 거래소나 환전소에서 사용하는 금융계좌는 실명을 사용해야 하므로 ICO업체가 가상통화를 법정화폐로 교환하기 위하여는 금융실명거래제도의 영향을 받을 수 있을 것이다.[68]

(4) 유사수신행위법상 문제

ICO가 「유사수신행위의 규제에 관한 법률」상 유사수신행위에 해당하는가를 살펴보아야 한다. 유사수신행위라 함은 다른 법령에 따른 인가·허가를 받지 아니하거나 등록·신고 등을 하지 아니하고 불특정 다수인으로부터 자금을 조달하는 것을 업으로 하는 행위로서, 장래에 출자금의 전액 또는 이를 초과하는 금액을 지급할 것을 약정하고 출자금을 받는 행위 등이 포함된다(제2조). ICO가 유사수신행위에 해당하기 위해서는 ICO 발행사가 자금을 조달하는 것을 업으로 해야 한다. 그러나 ICO의 직접발행의 경우에는 계속성·반복성을 가지는 업으로서의 요소가 결여되어 있다는 점, 코인 또는 토큰의 투자자는 향후 이들의 가치상승을 기대하고 ICO에 참여하지만, 대부분의 ICO

약관에는 이러한 내용의 조건을 부여하고 있지 않다는 점에서 유사수신행위에 해당한다고 보기는 어려울 가능성이 크다. 다만, 원금 또는 원금초과금액을 약속하는 경우에는 동법의 적용대상이 될 수 있는 여지가 있다.

(5) 「자본시장법」상 문제

「자본시장법」상 증권이라 함은 금융투자상품으로서 '투자성'(원본손실위험)이 인정되고, 현재 또는 장래의 특정 시점에 금전 등 지급을 요청한 권리가 포함되어야 하며, 추가지급의무의 부존재 요건이 충족되어야 한다. 만일 지분증권·채무증권 등 증권발행 형식으로 가상통화를 이용하여 자금을 조달하고자 하면 증권신고서를 제출하는 것이 「자본시장법」 규제에 부합하나, 현재 정부는 이러한 형태의 자금조달을 인정하고 있지 않다. 미국 증권거래위원회가 가상통화 취급업자의 Token 공모발행을 「증권법」상 증권 발행으로 보고 「증권법」 규제를 적용한 점을 고려한다면, 우리도 증권 발행 형식의 ICO를 인정해 줄 수 있을 것으로 판단된다. 현재 이 Token이 「자본시장법」상 '증권'에 해당하게 되면 ICO가 어렵게 되므로, '증권'에 해당되지 않도록 유의하고 있는 것이 실무이다.

(6) 소결

우리 정부는 모든 형태의 ICO를 금지한다고 표명하였으나, 아직 이에 대한 근거법률은 마련되어 있지 않다. 따라서 우리나라는 ICO에 있어서 이를 허용하는 국가인지 아닌지 불분명한 상태에 놓여 있는 것이 현실이다. 이는 법적 불안정성을 가중시키는 것이므로, 어떠한 형태이든 법률로서 규제하는 것이 필요하다고 본다. 전술한 바와 같이 프랑스의 경우 법률로서 ICO를 허용하는 입장을 취하였고, 미국, 싱가포르, 스위스 등은 증권발행 형식의 ICO를 허용하고 있는바, 우리에게 시사하는 바가 크다고 본다.

V. 결 론

블록체인을 기반으로 하는 가상통화는 이전에 볼 수 없었던 새로운 기술발전의 산물이다. 이러한 가상통화는 기존의 화폐나 증권, 상품 등의 개념 및 성격과 상이하여 기존 법률의 체계 내에서 규정하기가 쉽지 않다. 새로운 기술과 현재 사고를 뛰어 넘는 4차 산업혁명의 시대에서 전개되고 있는 가상통화의 다양한 법률문제를 실정법의 일부개정만으로는 충분하지 않다. 한편으로는 가상통화거래의 안전성을 확보하는 동시에 이용자 보호에 만전을 기하고자 하는 면이 규정되어야 하고, 다른 한편으로 급속도로 전개되고 있는 블록체인 등의 기술혁신을 장려해야 할 필요성 측면을 고려하여 독립적인 법률을 제정하는 것이 타당하다.

독립적인 법률의 제정 시 우선적으로 고려해야 할 사항으로는 가상통화의 개념과 법적 성질을 명확하게 하는 작업이라 하겠다. 가상통화는 지급수단과 재산적 가치의 기능을 담고 있는 것이 타당하다. 다만, 법적 성질에 대하여는 논란이 있을 수 있다. 일본, 영국 등은 지급기능에 초점을 두고 있지만 미국, 독일은 가상통화에 대하여 재화로 보고 있다. 가상통화의 법적 성질은 조세와 밀접한 관련이 있다는 점에서, 이를 법률에서 명시적으로 두는 것이 타당하다. 가상통화취급업자에 대하여 인가제로 할 것인가, 아니면 등록제로 할 것인가의 다툼이 있을 수 있지만, 어느 안을 택하든지 정부의 통제를 받는 방안이 모색되어야 한다. 다만, 4차 산업의 발전을 고려한다면, 규제의 완화가 고려될 수 있는 등록제가 타당하지 않나 하는 생각이다. 가상통화와 관련된 해외송금에 관한 문제와 ICO 관련 법적 쟁점도 주요한 사항 중의 하나이다.

가상통화의 거래를 불법으로 단정하고 이를 전면 규제하는 방안은 타당한 것이 아니라 하겠다. 4차 산업의 중요한 기능을 담당할 블록체인과 이 블록체인을 기반으로 하는 가상통화거래는 신기술의 전개와 함께 긍정적으로 수용하는 자세를 취하되, 가상화폐 이해관계자들이 시장의 틀에서 조화와 이해관계를 모색해야 한다.

최근 「특정금융정보법」을 개정하여 가상통화를 '가상자산'으로 법적 정의하고, 가상자산사업자로 하여금 금융정보분석원장에게 신고하도록 한 규정은 가상통화에 대한 최초의 입법으로서 매우 의미가 있다고 본다. 다만 「특정금융정보법」은 자금세탁방지에 초점을 둔 법으로서 가상통화 산업 전반적인 규율에는 한계가 있음이 분명하므로, 여전히 독립적인 법률제정의 필요성이 있다고 본다.

1 정채희, "대안 화폐의 반란 비트코인 혁명", 한경 BUSINESS 제1142호, 한국경제신문, 2017. 10, 12면 이하.

2 2017년 6월 '빅코인'에 대한 투자를 빙자하여 다단계 방식으로 140억 원대 자금을 편취한 사건이 있었다.

3 인터넷 가상화폐인 비트코인 거래소를 운영하던 무인가업체 마운트 곡스(Mt. Gox)가 이용자가 맡긴 약 28억 엔을 횡령하는 등 채무초과를 이유로 2014년 2월 28일 동경지방법원에 민사재상법상 파산을 신청한 사건이다.

4 다음과 같은 대응방안이 제시되었다. 첫째, 은행이 가상통화 취급업자의 이용자 정보를 확인하고 이용자 본인 계좌에서만 입출금되도록 관리하는 방안을 추진하며, 가상통화 취급업자와 거래 시 은행의 의심거래보고를 강화한다. 둘째, 가상통화 취급업자에 맡긴 고객자산의 별도 예치 등 소비자보호 사항을 취급업자가 마련할 자율규제안에 반영토록 권고한다. 셋째, 가상통화 투자를 사칭한 유사수신행위의 처벌 근거를 유사수신행위 규제법에 반영한다. 넷째, 지분증권, 채무증권 등 증권발행 형식으로 가상통화를 이용하여 자금 조달하는 ICO를 자본시장법으로 규율한다.

5 금융위원회 보도자료, "기관별 추진현황 점검을 위한 「가상통화 관계기관 합동 TF」 개최", 2017년 9월 29일 자. 금융위원회는 다음과 같은 방안을 제시한다. 첫째, 증권형 ICO(프로젝트에서 나오는 수익을 배분하거나 기업에 대한 일정한 권리, 배당을 부여하는 방식)뿐만 아니라, 코인형 ICO(플랫폼에서의 신규 가상통화를 발행하는 방식) 등 기술, 용어 등에 관계없이 모든 형태의 ICO를 금지할 방침을 밝혔다. 둘째, 소비자가 가상통화 취급업자로부터 매매자금 또는 가상통화를 빌려 매매(이른바 '코인 마진거래')하는 등의 신용공여행위는 「대부업법」 등 위반으로 엄격하게 처벌한다. 셋째, 유사수신행위규제법을 '유사수신행위 등 규제법'으로 개정하여 ICO·신용공여·시세조종·표시광고 등 금지행위를 명확히 규정한다.

6 금융위원회 보도자료, "향후 대응방향 점검을 위한 「가상통화 관계기관 합동 TF」 개최", 2017년 12월 4일 자.

7 금융위원회 보도자료, "정부, 가상통화 관련 긴급 대책 수립", 2017년 12월 13일 자. 제시된 대응방안은 다음과 같다. 첫째, 다단계나 유사수신 방식의 가상통화 투자금 모집, 기망에 의한 가상통화 판매행위, 가상통화를 이용한 마약 등 불법거래, 가상통화를 통한 범죄수익 은닉 등 가상통화 관련 범죄를 엄정하게 단속하고자 한다. 둘째, 고교생 이하 미성년자, 비거주자(외국인)는 계좌개설 및 거래금지 조치를 추진한다. 셋째, 가상통화 거래소에 자금세탁방지 의무를 부과하고 은행 등의 의심거래 보고의무도 강화한다.

8 금융위원회 보도자료, "정부, 가상통화 투기근절을 위한 특별대책 마련", 2017년 12월 28일 자. 여기서 제시된 대응방안은 다음과 같다. 첫째, 가상통화 거래에 있어 본인확인이 곤란한 가상계좌 활용을 금지한다. 둘째, 은행권 공동으로 가상통화 거래소의 지급결제서비스 운영 현황을 점검하고 정부의 긴급대책을 따르지 않는 불건전 거래소에 대해서는 금융서비스를 배제하여 시장규율을 확립한다. 셋째, 가상통화거래소에 대한 은행의 자금세탁방지 의무를 더 강화한다.

9 금융위원회 보도자료, "가상통화에 대한 정부입장", 2018년 1월 15일 자. 여기서 정부는 가상통화 투기에 대해서는 강력히 대응하되, 기반기술인 블록체인에 대하여는 연구개발 투자를 지원한다. 가상통화는 법정화폐는 아니며, 어느 누구도 가치를 보장하지 않으므로 자기책임하에 신중하게 판단할 필요가 있음을 당부하면서, 가상통화에 대한 부처입장 조율 등에 대해서는 국무조정실이 중심이 되어 대응해나갈 계획이라고 밝혔다.

10 실제로 가상화폐에 대한 미래 가능성을 믿고 장기 투자하던 투자자조차 정부의 대책 발표 이후 가상화폐 시세의 지나친 변동으로 단기 투자로 돌아서면서 투기 과열을 야기한 것으로 볼 수 있다.

11 정승화, "블록체인 분산원장 도입을 위한 법적 과제", 한국법제연구원 연구보고서, 2016, 1면.

12 금융위원회 보도자료, "가상통화에 대한 정부입장", 2018년 1월 15일 자.

13 성승제, "블록체인 활성화의 법적 과제", 「기업법연구」 제31권 제2호, 한국기업법학회, 2017, 328면 이하.

14 홍도현·김병일, "가상통화에 대한 과세문제-비트코인을 중심으로-", 「조세연구」 제15권 제1집, 한국조세연구포럼, 2015, 126면.

15 안성배 외 5인, "가상통화 관련 주요국의 정책 현황과 시사점", KIEP 대외경제정책연구원, 2018, 10면. 2017년 12월 6일 자 조선일보는 미국이 가상통화를 지급수단 또는 통화로 규정하고 있다고 하나, 본 논문에서는 미국 국세청의 입장에 따라 자산으로 보고 논의를 진행하고자 한다.

16 맹수석, "블록체인방식의 가상화폐에 대한 합리적 규제 방안", 「상사법연구」 제35권 제4호, 2017, 한국상사법학회, 147면.

17 맹수석·이형욱, "가상통화의 법적 규제방안 마련을 위한 종합적 검토-각국의 동향, 정부안 및 국회의원 발의안을 중심으로-", 「사법」 제42호, 사법발전재단, 2017, 107면.

18 2018년 2월 크리스토퍼 지안카를로 CFTC 의장은 "암호화폐 관련 규제의 원칙은 해를 끼치지 않는 규제"라며, "비트코인이 없었다면 블록체인도 없었다는 점을 명심해야 한다"라고 하였고, 제이 클레이튼 SEC 의장은 "건전한 ICO 시장을 만들고 발전시키기 위해 IPO에 준하는 규제를 하겠다"라고 청문회에서 밝힌 바 있다.

19 영국 정부에서 비트코인을 '재산'이 아닌 '화폐'로 인정했다는 것은 매우 중요한 의미가 있다. 이는 영국이 이론상으로는 중앙은행을 통해 비트코인 대 영국 파운드화의 '환율'을 공식화할 수 있다는 의미이기 때문이며, 즉 현재까지는 오직 수요와 공급에 의존한 가치산출이었다면, 그 가치를 국가가 보증하는 것으로 바꾼다는 것이다. 영국은 미국 달러에 빼앗긴 영국 파운드화 패권을 회복하기 위해 중국과 협력하며, 특히 2013년부터 런던을 세계최대의 위안화 거래소로 만들기 위해 중국 정부와 협력 중이다.

20 코트라 해외뉴스, "영국, 세계최초로 비트코인을 화폐로 인정하고 국가 차원의 규제 시사", 2014년 8월 20일 자.

21 홍도현·김병일, "가상통화에 대한 과세문제-비트코인을 중심으로-", 「조세연구」 제15권 제1집, 한국조세연구포럼, 2015, 127면.

22 영국이 비트코인 인정을 통해 노리는 이익은 다음과 같다. 비트코인 패권을 선점할 경우, 미국, 중국, 유럽 등의 통화전쟁에서 영국이 유리한 위치를 가질 가능성이 있다. 이미 중국은 기축통화인 달러화 패권을 가진 미국과의 화폐전쟁에서 비트코인을 무기로 사용해왔는데, 공식적으로는 중앙은행인 인민은행을 통해 제도권 금융기관의 비트코인 서비스를 금지했으나 민간채굴은 방조해 인해전술을 연상케 하는 막대한 규모의 비트코인 채굴을 조직적으로 수행해 비트코인 환율 폭등에 기여했고, 각국에서는 중국정부 차원의 지원까지 의심하고 있다. 비트코인은 태생부터 국가권력에 종속된 화폐경제 체제를 정면으로 부정하는 개념으로 발명되었기 때문에 국가로부터 신용을 인정받을 가능성이 희박하다고 여겨졌는데, 국가, 그것도 세계 금융거래의 3분의 1을 점유하는 최대 금융허브국가인 영국이 비트코인을 화폐로 인정하게 되면, 비트코인은 사실상 하나의 독립된 기축통화로서의 영향력을 가지게 될 것이다.

23 글로벌 경제신문, "영국 재무부, 비트코인 규제법안 만든다", 2017년 12월 5일 자.

24 은행법 제1조 제11항 제1문.

25 홍도현·김병일, "가상통화에 대한 과세문제-비트코인을 중심으로-", 「조세연구」 제15권 제1집, 한국조세연구포럼, 2015, 128면.

26 정승영, "가상화폐(Virtual Currency)에 대한 부가가치세 과세 문제", 「조세학술논집」 제32집 제1호, 한국국제조세협회, 2016, 61면.

27 김은경, "유럽연합에서 핀테크 산업과 법의 적용", 「강원법학」 제49권, 강원대학교 비교법학연구소, 2016, 647면.

28 황종모·한승우, "해외 주요국 디지털화폐 관련 제도 및 시장 현황", 「전자금융과 금융보안」 제7호, 금융보안원, 2017, 36면 이하. 독일 소재 비트코인 거래소 bitcoin.de는 연방감독기관으로부터 금융중개기관(Finance Intermediary) 허가를 받았으며, 뮌헨 소재의 피도르 은행과 파트너십을 체결하고, 고객들은 은행에서 제공하는 계좌를 이용해 실시간으로 비트코인 거래소에서 비트코인 매매를 할 수 있다. 또한 비트코인을 통한 통화 환전의 낮은 수수료로 인해 좋은 평가를 받고 있으며 베를린 내 여러 상점에서는 비트코인을 이용한 결제가 가능하다.

29 Coinreaders, 2019. 12. 13. 인터넷 기사.

30 코인포스트, 2019. 12. 27. 인터넷 기사.

31 맹수석, "일본의 지급결제제도의 최근 규제 동향과 시사점", 「비교사법」 제23권 제2호, 한국비교사법학회, 2016, 448면.

32 이광상, "중국의 비트코인 거래 확대 및 규제 강화", 「국제금융 이슈」 제26권 제4호, 한국금융연구원, 2017, 22면.

33 맹수석·이형욱, "가상통화의 법적 규제방안 마련을 위한 종합적 검토-각국의 동향, 정부안 및 국회의원 발의안을 중심으로-", 「사법」 제42호, 사법발전재단, 2017, 114면.

34 안성배 외 5인, "가상통화 관련 주요국의 정책 현황과 시사점", KIEP 대외경제정책연구원, 2018, 16면.

35 이광상, "중국의 비트코인 거래 확대 및 규제 강화", 「국제금융 이슈」 제26권 제4호, 한국금융연구원, 2017, 23면.

36 맹수석·이형욱, "가상통화의 법적 규제방안 마련을 위한 종합적 검토-각국의 동향, 정부안 및 국회의원 발의안을 중심으로-", 「사법」 제42호, 사법발전재단, 2017, 116면.

37 전자금융거래법 일부개정법률안 제2조 제23호. 단, 화폐, 전자화폐, 재화, 용역 등으로 교환될 수 없는 전자적 증표 또는 그 증표에 관한 정보 및 전자화폐는 제외된다.

38 가상화폐업에 관한 특별법안 제2조 제1호. 재산적 가치에서 '전자기기 혹은 그 외의 것에 전자적 방법에 의해 기록되어 있는 것에 한하며, 내국통화, 외국통화와 가상화폐 이외의 전자금융거래법 제2조에 따른 전자지급수단 등'은 제외된다.

39 수원지방검찰청 보도자료, "수원지검, 국내 최초로 '비트코인 몰수' 판결을 이끌어내다", 2018년 1월 30일 자.

40 2018년 5월 30일 자 법률신문 참조.

41 암호통화 거래에 관한 법률안 제2조 제1호.

42 강현구·유주선·이성남, 『핀테크와 법』, 도서출판 씨아이알, 2017, 236면 이하.

43 원종현, "가상화폐의 특성과 바람직한 규제 방향", 「이슈와 논점」 제1361호, 국회입법조사처, 2017년 9월 26일, 2면.

44 한국은행법 제47조, 제48조, 제53조 참조.

45 김홍기, "최근 디지털 가상화폐 거래의 법적 쟁점과 운용방안-비트코인 거래를 위주로-", 「증권법연구」 제15권 제3호, 한국증권법학회, 2014, 392면.

46 EuGH Urteil vom 22. 10. 2015(Az. C-264/14).

47 맹수석·이형욱, "가상통화의 법적 규제방안 마련을 위한 종합적 검토-각국의 동향, 정부안 및 국회의원 발의안을 중심으로-", 「사법」 제42호, 사법발전재단, 2017, 107면.

48 김은경, "유럽연합에서의 핀테크 산업과 법의 적용", 「강원법학」 제49권, 강원대 법학연구소, 2016, 647면.

49 전자금융거래법 일부 개정안 제46조의3; 가상화폐업에 관한 특별법안 제3조; 암호통화 거래에 관한 법률안 제5조.

50 전자금융거래법 일부개정법률안 제46조의5 참조.

51 암호통화 거래에 관한 법률안에 따르면, 암호통화거래업자는 암호통화예치금을 고유자산과 구분하여 예치기관에 예치하여야 한다(제8조). 누구든지 예치기관에 예치한 암호통화예치금을 상계·압류(가압류를 포함한다)하지 못하며, 암호통화거래업자는 예치금을 양도·담보제공하는 것이 불가능하다. 암호통화거래업자는 등록취소, 파산선고 등의 경우 예치금을 암호통화이용자에게 우선하여 지급하여야 한다. 예치기관은 암호통화거래업자의 등록취소, 파산선고 등의 경우 예치금을 우선하여 지급하여야 한다.

52 가상화폐거래업자는 가상화폐예치금을 고유자산과 구분하여 예치기관에 예치하거나 자본시장법상 신탁업자에게 신탁하여야 한다. 누구든지 예치 또는 신탁한 가상화폐예치금을 상계·압류(가압류를 포함한다)하지 못하며, 가상화폐거래업자는 예치금을 양도·담보제공하는 것이 불가능하다. 가상화폐거래업자는 인가취소, 파산선고 등의 경우 예치금을 가상화폐 이용자에게 우선하여 지급하여야 한다. 가상화폐업에 관한 특별법안 제16조 참조.

53 전자금융거래법 일부개정안 제46조의9 참조.

54 가상화폐업에 관한 특별법안 제14조 참조.

55 암호통화 거래에 관한 법률안 제13조 참조.

56 전자금융거래법 개정안 제46조의10.

57 암호통화 거래에 관한 법률안 제14조.

58 전자금융거래법 개정안 제46조의8.

59 가상화폐업에 관한 특별법안 제13조.

60 암호통화 거래에 관한 법률안 제12조.

61 전자금융거래법 개정안 제46조의7.

62 가상화폐에 관한 특별법안 제12조.

63 암호통화 거래에 관한 법률안 제11조.

64 2017년 9월 기획재정부 등 관계기관이 합동으로 발표한 "가상통화 현황 및 대응방향"에서 "소액해외송금업자가 가상통화를 해외송금의 매개수단으로 활용하는 경우 관계기관 협조를 통해 모니터링 강화 및 거래투명성 확보"라고 설명하였다.

65 2018년 2월 18일 자 기획재정부 보도해명자료.

66 백명훈·이규옥, "블록체인을 활용한 ICO의 이해와 금융법상 쟁점", 「금융법연구」 제14권 제2호, 한국금융법학회, 2017, 111면.

67 외국환거래법상 이슈는 가상통화가 지급수단으로 법적성질이 인정되면 외국환거래 신고를 한국은행 등에 해야 하는 문제가 있다. 실무상 현재 한국은행 등 외국환은행은 가상통화의 해외 송금은 물론 가상통화와 관련된 통화의 송금의 경우에도 외국환신고 수리를 보류하고 있는 상황이다.

68 ICO 발행사가 금융회사일 경우 「금융실명법」이 적용되려면, 「금융실명법」상 "금융자산"의 금융거래여야 하는데, 가상통화가 금융자산인지 여부가 현재로선 불분명하다. 가상통화거래소의 경우 가상통화거래를 하기 위해서 거래자는 실명계좌를 열어야 하고(금융위가 2018년 1월 30일 실명제 도입으로 현재는 가상통화거래를 하기 위해서는 실명계좌를 이용하여야 함), 이에 대한 실명의무는 은행이 부해야 한다. 예전에는 거래소가 은행과 거래소간 계약을 통해 가상계좌를 개설해주었다. 그러나 미성년자, 범죄자 등의 악용 소지가 있다는 판단하에 가상계좌를 금지하고, 실명으로 개설하는 계좌만 가능한 것으로 하였다. 거래소를 직접 규율할 수밖에 없기 때문에 은행을 통한 간접규제방안이 마련된 것이다.

11

금융혁신지원 특별법

11

금융혁신지원 특별법

I. 서 론

4차 산업혁명에 따른 금융과 IT 융합(FinTech)은 금융소비자의 편리하고 합리적인 금융 생활을 돕는 새로운 금융서비스를 만들어낼 기회를 제공하고 있다. 그런데 새로운 금융서비스는 시장 및 소비자에 미치는 영향이 아직 검증되지 않았기 때문에 혁신적 금융서비스의 시장 진입을 촉진하기 위해서는 시장에서 테스트해볼 수 있는 기회가 필요하다.

새로운 금융서비스의 시장테스트는 그 필요성에도 불구하고 현행 금융관련법령과 상충되는 측면이 있어 그동안 실현되지 못하였다. 즉, 금융관련법령상 금융업 인허가 등이 있어야 금융업 영위가 가능하므로 일반 핀테크 기업은 시장테스트를 진행하기 어려운 상황이고, 금융업 인허가 등이 있는 금융회사도 사전적·열거적 금융규제로 인해 기존의 규제 틀을 넘어서는 서비스의 테스트가 불가능한 상황이다.

이러한 한계를 극복하기 위하여 2015년 11월 영국이 혁신적 금융서비스를 한정 범위 내(이용자 수, 이용기간 제한 등)에서 테스트하는 경우 기존 금융규제를 면제 또는 완화하는 금융규제 샌드박스(Regulatory Sandbox) 제도를 도입한 이후 싱가포르, 호주 등에서도 유사한 제도를 도입하여 운영 중에 있다.

따라서 우리나라도 금융 분야에서 혁신과 경쟁을 촉진함으로써 혁신성장을 선도할 수 있도록 혁신적 금융서비스의 테스트 공간으로서 금융규제 샌드박스 제도를 도입·

운영할 수 있는 법적 근거를 마련하고자, 2018년 3월 6일 민병두 의원을 대표로 하여 "금융혁신지원 특별법안(의안번호 12338)"이 발의되었고,[1] 드디어 2018년 12월 31일 「금융혁신지원 특별법」이 제정되었다. 이 법률은 혁신적인 금융서비스의 개발과 발전을 촉진함으로써 금융소비자의 편익을 증대시키고, 금융서비스 관련 일자리 창출을 도모하여 국민경제에 이바지함을 목적으로 제정되었다(동법 제1조).

동법의 제정으로 핀테크 기업뿐만 아니라 금융회사도 다양한 핀테크 기술을 접목하는 새로운 형태의 혁신적 금융서비스 출시가 가능하게 되었다. 이하에서는 「금융혁신지원 특별법」의 주요 내용을 살펴보기로 한다.

II. 「금융혁신지원 특별법」의 주요 내용

1. 「금융혁신지원 특별법」의 제정 목적

동법 제1조는 「금융혁신지원 특별법」의 제정목적을 규정하고 있다. 혁신적인 금융서비스의 등장과 발전을 촉진함으로써 금융소비자의 편익 증대와 일자리 창출 도모 및 국민경제에 대하여 이바지하는 것을 목적으로 하고 있다(제1조). 즉, 4차 산업혁명의 일환으로 핀테크가 활성화되고 있는 현 시점에 혁신적인 핀테크 서비스 개발을 촉진시킴으로써 이를 이용하는 금융소비자의 편의를 증대시키고, 이러한 선도적인 핀테크 스타트업 기업들을 육성함으로써 일자리 창출에도 도움이 되게 하고자 하는 목적을 가지고 있는 것이 「금융혁신지원 특별법」 제정 목적이라고 볼 수 있다.

2. 다른 법령과의 관계

이 법 제3조 제1항은 "이 법은 다른 금융관련법령[2]에 우선하여 적용한다"라고 규정함으로써, 금융관련법령의 특별법으로서 역할을 하게 되고, 금융관련법령에 따른 금융규제를 면제하기 위한 법임을 명확하게 나타낸 것으로 볼 수 있다. 다만 동조 제2항은 "이 법에 따라 규제특례를 적용받는 사항은 이 법에서 정한 사항을 제외하고는 해당 규제의 근거법령(해당 사항에 관하여 규제특례가 인정되지 아니하는 경우에 적용되는 법령을 말한다. 이하 같다)을 따른 것으로 보아 그 법령을 적용한다"라고 규정하여 이

법에 따라 규제특례를 인정받는 범위 내에서는 금융관련법령에 따른 금융규제가 적용되지 아니하지만, 그 밖의 사항에 관하여는 그대로 금융관련법령이 적용됨을 명시하고 있다.

3. 혁신금융서비스의 지정 절차

(1) 신청 자격

'혁신금융서비스'란 기존 서비스의 제공 내용·방식·형태 등과 차별성이 인정되는 금융업 또는 이와 관련된 업무를 수행하는 과정에서 제공되는 서비스를 말한다(제2조 제4호). 그리고 이러한 혁신금융서비스를 지정 신청할 수 있는 자는 '금융회사'와 '국내에 영업소를 둔 「상법」상의 회사'이다(제5조 제1항). 따라서 혁신적인 핀테크 기술을 접목한 서비스를 제공하고자 이 법에 따른 혁신금융서비스 지정을 신청할 수 있는 자는 '금융회사'는 물론 '국내에 영업소를 둔 모든 「상법」상의 회사'이므로, 그 신청 자격에 거의 제한이 없다고 볼 수 있다.

(2) 신청 절차

혁신금융서비스 지정 신청을 하려는 자는 대통령령이 정하는 신청서 양식에 따라 신청서를 작성하고 관련 증빙자료를 첨부하여 금융위원회에 제출하여야 한다(제5조 제3항). 금융위원회는 혁신금융서비스 지정 신청 기간을 금융서비스별 또는 신청 회차별로 정하여 공고하며, 혁신금융서비스 지정 신청을 하려는 자는 해당 공고에서 정한 기간 내에 신청하여야 한다(제5조 제2항). 금융위원회는 신청서 검토 결과 미비사항이 발견되거나 소명이 부족한 경우 일정한 기간을 정하여 신청자에게 보완을 요구할 수 있으며, 신청자는 이에 응하여야 한다(제5조 제4항).

(3) 신청 심사

금융위원회는 혁신금융서비스 지정 신청을 심사하기 위하여 15인 이내의 위원으로 구성되는 혁신금융심사위원회를 두도록 하였고(제13조 제1항), 혁신금융심사위원회의 위원장은 금융위원회 위원장이 되며, 위원은 금융위원회 소속 공무원 중에서 대통령령이 정하는 자와 일정한 외부 전문가를 금융위원회 위원장이 임명하도록 하였다(제13조 제3항).

혁신금융심사위원회는 혁신금융서비스 지정신청을 심사하는 다음의 사항을 고려한다.

1. 해당 금융서비스를 제공하려는 자가 국내 금융시장에서 주된 활동을 하는 것을 목표로 하고 있는지 여부

2. 해당 금융서비스가 기존의 금융서비스와 비교할 때 충분히 혁신적인지 여부

3. 해당 금융서비스의 제공에 따라 금융소비자의 편익이 증대되는지 여부

4. 이 법에 따른 규제 적용의 특례 없이도 금융관련법령에 따라 해당 금융서비스를 제공할 수 있거나, 특례를 적용할 경우 특례가 적용되지 않는 규제를 회피하거나 우회하는 결과를 초래하는지 여부

5. 신청자가 해당 금융서비스를 적절히 영위할 자격과 능력을 갖추었는지 여부

6. 영위하고자 하는 금융서비스의 범위 및 업무방법이 구체적이며 사업계획이 타당하고 건전한지 여부

7. 다음 각 목의 금융소비자 보호 및 위험 관리 방안 등이 충분한지 여부

　　가. 이용자의 범위 또는 이용자 수, 건별 거래 금액의 한도, 고객별 거래 횟수 등에 대한 제한 방안

　　나. 제20조 제1항 및 제2항에 따른 위험 고지 및 동의 수령 방안

　　다. 제28조에 따른 분쟁 처리 및 조정 방안

　　라. 지정기간 동안 발생할 수 있는 금융소비자 피해 및 위험을 예방하기 위한 방안

　　마. 책임보험 가입 등 손해배상책임의 이행을 보장하기 위한 방안

　　바. 지정기간 종료 이후 발생할 수 있는 금융소비자 피해 및 위험을 예방하기 위한 방안

　　사. 그 밖에 개인정보의 보호 및 처리 등 금융소비자 보호 및 위험 관리 등을 위하여 필요한 사항으로서 금융위원회가 정하여 고시하는 사항

8. 해당 금융서비스로 인하여 금융시장 및 금융질서의 안정성이 현저히 저해될 우려 등이 있는지 여부

9. 해당 금융서비스가 금융관련법령의 목적 달성을 현저히 저해할 우려 등이 있는지 여부

금융위원회(혁신금융심사위원회를 포함한다)는 심사의 공정성과 효율성을 기하기

위하여 신청자, 이해관계자, 관련 분야 전문가 등의 의견을 청취할 수 있으며, 이 경우 혁신금융심사위원회는 해당 의견 청취를 위하여 토론회나 공청회 등을 개최할 수 있다. 신청자, 이해관계자, 관련 분야 전문가, 관련 행정기관과 그 권한을 위임받거나 위탁받은 법인·단체 또는 그 기관이나 개인 등으로 하여금 심사 기일에 출석하거나 서면으로 의견을 제출하도록 할 수 있다(제15조 제1항).

혁신금융심사위원회는 신청서 등을 접수한 날로부터 30일 이내에 심사를 완료하여야 한다. 다만 금융위원회가 신청서 등에 보완을 요청한 경우 보완에 소요되는 기간은 해당 심사기간에 산입하지 않으며(제14조 제1항), 혁신금융심사위원회는 최대 2회, 최장 60일 의 기간 범위 내에서 심사기간을 연장할 수 있으나(제14조 제2항), 전체 심사기간은 보완 에 소요되는 기간을 포함하여 90일을 초과할 수 없다(제14조 제3항).

(4) 혁신금융서비스의 지정

금융위원회는 관련 행정기관의 동의를 거쳐 혁신심사위원회의 심사결과에 따라 해당 금융서비스를 2년의 범위 내에서 혁신금융서비스로 지정할 수 있는데(제4조 제1항), 혁 신금융서비스로 지정하는 경우 다음의 사항을 포함하여 지정하여야 한다. 즉, ① 해당 혁신금융서비스의 종류, 내용 등 업무 범위에 관한 사항, ② 해당 혁신금융서비스를 제공받는 이용자의 범위 등 업무 대상에 관한 사항, ③ 해당 혁신금융서비스 관련 업무방 법에 관한 사항, ④ 자료제출, 검사 등 감독에 관한 사항, ⑤ 금융관련법령 중 적용이 배제되는 규정 등 규제특례에 관한 사항, ⑥ 혁신금융서비스 지정의 효력기간(이하 '지정 기간'이라 한다) 등 그 밖에 금융위원회가 필요하다고 인정하는 사항을 모두 포함하여 지정하여야 한다(제4조 제2항).

금융위원회는 위와 같은 지정을 하는 경우 금융소비자 보호, 금융시장 및 금융질서의 안정 등을 위하여 필요한 조건을 붙일 수 있다(제4조 제3항). 그리고 금융위원회는 위와 같이 지정하거나 변경 또는 취소 결정을 한 경우에는 지체 없이 그 내용을 관보에 게재하 거나 인터넷 홈페이지 등을 이용하여 일반인에게 알려야 한다(제6조).

4. 혁신금융서비스 지정의 효과

금융위원회로부터 혁신금융서비스 지정을 받은 혁신금융사업자는 1) 금융관련법령에 혁신금융서비스에 적용되는 기준·요건 등이 없거나 그러한 규정을 혁신금융서비스에 적용하는 것이 적합하지 아니한 경우, 또는 2) 혁신금융서비스의 허용 여부가 불명확하거나 혁신금융서비스를 영위할 수 있는 근거가 되는 금융관련법령이 없는 경우에도 해당 혁신금융서비스를 영위할 수 있다(제16조).

즉, 혁신금융사업자가 지정기간 내에 영위하는 혁신금융서비스에 대해서는 사업 또는 사업자의 인허가·등록·신고, 사업자의 지배구조, 업무범위, 건전성, 영업행위 및 사업자에 대한 감독·검사와 관련이 있는 금융관련법령상 규정 중 금융위원회가 의결하여 특례를 인정한 규정은 적용되지 않는다(제17조 제1항). 다만, 이러한 특례를 인정할 경우 금융소비자의 재산, 개인정보 등에 회복할 수 없는 피해가 예상되거나 금융시장 및 금융질서의 안정성이 현저히 저해될 우려 등이 있는 금융관련법령상 규정에 대하여 특례를 인정할 수 없다(제17조 제2항).

결국 혁신금융서비스 지정을 받은 혁신금융사업자는 2년 범위 내인 규제 샌드박스 기간 중 금융관련법령의 규제를 받지 않고 혁신적인 핀테크 기술을 접목한 금융서비스를 제공할 수 있는 기회를 갖게 된다.

5. 혁신금융사업자의 의무

(1) 혁신금융사업자의 지정 관련 본질적 의무

혁신금융사업자는 혁신금융서비스를 영위함에 있어 다음의 사항을 준수할 의무가 있다. 즉, ① 혁신금융서비스 지정 및 변경 등의 내용, ② 금융위원회가 혁신금융서비스로 지정하면서 부과한 조건, ③ 그 밖에 개인정보의 보호 및 처리 등 금융소비자 보호, 금융시장 및 금융질서의 안정 등에 관한 사항으로서 금융위원회가 정하여 고시하는 사항을 모두 준수하여야 한다(제18조 제1항). 만일 위 ①, ② 사항을 위반한 경우 1억원 이하의 과태료에 처하게 된다(제35조 제1항 제4호). 동법 제정안에서는 처음 이러한 의무를 위반하게 될 경우 형사벌칙으로 규정하였으나, 죄형법정주의의 내용 중 명확성의 원칙상 애매모호하다는 비판이 제기될 수 있어, 이를 삭제한 것으로 판단된다.

(2) 보고 관련 의무

혁신금융사업자는 다음의 구분에 따라 혁신금융서비스의 운영 경과를 금융위원회에 보고할 의무가 있다. 즉, ① 혁신금융서비스 지정기간으로부터 30일이 경과한 날부터 10일 이내에 초기보고서를, ② 혁신금융서비스 지정기간의 2분의 1이 경과한 날부터 30일 이내에 중간보고서를, ③ 혁신금융서비스 지정기간 만료일의 30일 이전까지 최종보고서를 각각 금융위원회에 제출하여야 한다(제18조 제2항). 또한 혁신금융사업자는 혁신금융서비스 운영에 지장이 발생하는 경우 지체 없이 금융위원회에 보고하여야 할 의무가 있고(제18조 제5항), 위 보고 결과에 따른 금융위원회의 명령을 적절히 이행하여야 할 의무가 있다(제18조 제6항). 만일 이러한 보고의무를 이행하지 아니하거나 거짓으로 보고한 경우 또는 보고 결과에 따른 금융위원회의 명령을 적절히 이행하지 아니한 경우 각각 1천만 원 이하의 과태료가 부과될 수 있다(제35조 제2항 제5호).

(3) 금융소비자 보호 및 위험 관리 방안 마련·준수의무

혁신금융사업자는 혁신금융서비스 지정 및 변경 등 신청서에 기재된 사항 및 지정 당시 금융위원회가 부과하는 조건에 따라 금융소비자 보호 및 위험 관리 등을 위한 방안을 마련하고 이를 준수할 의무가 있다(제18조 제1항).

위 방안에는 다음의 사항이 모두 반영되어야 한다. 즉, ① 이용자의 범위 또는 이용자 수, 건별 거래 금액의 한도, 고객별 거래 횟수 등에 대한 제한 방안, ② 후술하는 위험고지 및 동의 수령 방안, ③ 후술하는 분쟁처리 및 조정방안, ④ 지정기간 동안 발생할 수 있는 금융소비자 피해 및 위험을 예방하기 위한 방안, ⑤ 책임보험 가입 등 손해배상책임의 이행을 보장하기 위한 방안, ⑥ 지정기간 종료 후 발생할 수 있는 금융소비자 피해 및 위험을 예방하기 위한 방안, ⑦ 그 밖에 개인정보의 보호 및 처리 등 금융소비자 보호 및 위험 관리 등을 위해 필요한 사항으로서 금융위원회가 정하여 고시하는 사항이 모두 반영되어야 한다(제19조 제1항, 제18조 제1항).

만일 혁신금융사업자가 이러한 금융소비자 보호 및 위험 관리 방안 마련·준수 의무를 위반할 경우에는 1억 원 이하의 과태료에 처하게 된다(제35조 제1항 제5호).

이는 혁신금융서비스의 특성상 예기치 못한 소비자 피해가 발생할 우려가 있으므로 혁신금융사업자로 하여금 미리 소비자 보호 및 위험관리방안을 마련·준수하도록 하기 위한 것이다.

(4) 위험고지 등 의무

혁신금융사업자는 지정기간 중 혁신금융서비스를 제공함에 있어 사전에 이용자에게 해당 서비스가 시험운영 중이며 그로 인해 예상하지 못했던 위험이 발생할 수 있음을 고지하여야 할 의무가 있다(제20조 제1항). 또한 혁신금융사업자는 위와 같은 위험고지 후 이용자에게 시험 운영하는 서비스를 제공받는 것에 대한 동의를 받아야 한다(제20조 제2항). 비록 혁신금융사업자가 이러한 의무를 다하였다고 하더라도 이용자에게 부담하는 법률적 책임에는 영향을 미치지 않으므로(제20조 제3항), 이러한 의무로써 민형사적 책임이 면제되지 않음을 명시하였다.

(5) 손해배상책임

혁신금융사업자는 혁신금융서비스의 제공 및 중단으로 이용자에게 손해가 발생한 경우 이를 배상할 책임이 있다(제27조 제1항 본문). 다만, 혁신금융사업자가 고의 또는 과실이 없음을 증명한 경우에는 배상책임이 없다(제27조 제1항 단서).

한편, 혁신금융사업자는 위와 같은 손해배상책임의 이행을 위하여 책임보험에 가입할 의무가 있다(제27조 제2항 본문). 다만, 혁신금융사업자가 책임보험에 가입할 수 없는 경우에는 금융위원회와 별도 협의를 거쳐 규제특례로 발생할 수 있는 인적·물적 손해에 대한 배상방안을 마련하여야 하며, 이러한 배상방법, 배상기준 및 절차 등에 필요한 사항은 대통령령으로 위임하고 있다(제27조 제2항 단서).

(6) 분쟁처리 및 조정

혁신금융사업자는 대통령령으로 정하는 바에 따라 혁신금융서비스와 관련하여 이용자 및 그 밖의 이해관계자(이하 '이용자 등'이라 한다)가 제기하는 정당한 의견이나 불만사항을 반영하고 이용자 등이 혁신금융서비스로 인해 입은 손해를 배상하기 위한 절차를 마련하여야 한다(제28조 제1항).

이용자 등은 혁신금융서비스에 관하여 이의가 있을 때에는 위에서 마련한 절차에 따라 손해배상 등 분쟁처리를 요구하거나 「금융위원회의 설치 등에 관한 법률」에 따른 금융감독원의 금융분쟁조정위원회에 분쟁조정을 신청할 수 있다(제28조 제2항).

혁신금융사업자가 혁신금융서비스에 대한 계약을 체결하는 때에는 위에 따른 절차를 명시하여야 한다(제28조 제4항).

만일 혁신금융사업자가 위 분쟁처리절차를 마련하지 않거나 혁신금융서비스에 내한 계약 체결 시 위 절차를 명시하지 않으면, 1천만 원 이하의 과태료가 부과될 수 있다(제35조 제2항 제10호).

6. 혁신금융서비스 지정기간 만료 및 지정취소 등

(1) 지정기간의 만료

혁신금융사업자는 지정기간이 만료된 경우 그 지위를 상실하며, 즉시 혁신금융서비스의 운영을 종료하여야 한다(제9조 제1항, 제2항). 다만 금융소비자 보호, 감독당국의 업무 검사 등을 위하여 필요한 경우에는 그 필요한 범위 내에서 혁신금융사업자로서 의무를 준수해야 한다(제9조 제1항 단서).

(2) 지정기간의 연장

혁신금융사업자는 지정기간을 연장할 필요가 있는 경우 그 만료일로부터 3개월 이전에 연장사유를 소명하는 서면을 첨부하여 금융위원회에 지정기간 연장을 신청하여야 한다(제10조 제1항).

위 지정기간의 연장 신청이 있는 경우 혁신금융심사위원회는 지정기간의 만료일 이전에 연장 여부에 관한 심사를 완료하여야 하며, 금융위원회는 그 심사결과에 따라 연장 여부를 결정하여 연장 신청을 한 혁신금융사업자에게 서면으로 통보하여야 한다(제10조 제2항). 이 경우 혁신금융심사위원회는 다음의 각 사유를 감안하여 심사한다. 즉, ① 신청서에 기재된 연장사유가 타당한지 여부, ② 이미 경과된 지정기간 중 해당 혁신금융서비스의 운영 성과, ③ 지정기간 연장으로 인해 금융시장 및 금융질서의 안정성이나 금융소비자 보호 등에 미칠 영향, ④ 그 밖에 혁신금융심사위원회가 필요하다고 인정하는 사항을 감안하여 심사한다(제10조 제3항).

지정기간의 연장은 1회에 한하여 2년 이내로 가능하다(제10조 제4항). 이는 최초 지정기간 내에 충분한 테스트가 되지 않은 경우 등 타당한 연장사유가 있는 경우에는 기간연장을 통하여 혁신금융사업자에게 충분한 기회를 제공하기 위함이다.

(3) 지정취소 등

금융위원회는 다음의 어느 하나에 해당하는 경우 관련 행정기관의 동의를 거쳐 혁신금융서비스 지정을 취소하거나 시정을 명할 수 있다. 다만 아래 ①에 해당하는 경우에는 반드시 취소하여야 한다(제7조 제1항).

즉, ① 거짓이나 그 밖의 부정한 방법으로 혁신금융서비스 지정을 받은 경우, ② 혁신금융서비스 지정의 심사기준을 충족하지 못하게 되는 경우, ③ 혁신금융사업자가 지정 관련 본질적 의무를 위반한 경우, ④ 혁신금융사업자가 이 법 또는 이 법에 의한 명령을 위반한 경우, ⑤ 혁신금융사업자가 이 법에 따른 규제특례의 적용대상인 규정 이외의 규정을 위반한 경우, ⑥ 혁신금융서비스가 금융시장 및 금융질서의 안정 및 금융소비자의 이익 등을 현저히 저해하는 경우, ⑦ 혁신금융서비스 지정의 목적 달성이 불가능한 경우 중 어느 하나에 해당하면, 금융위원회는 혁신금융서비스의 지정을 취소하거나 시정을 명할 수 있다.

(4) 중지 및 변경

금융위원회는 혁신금융서비스가 금융소비자의 피해를 야기하거나 금융시장의 불안 또는 금융질서의 문란을 유발하는 등 지정 당시 예상하지 못했던 문제가 발생하는 경우 관련 행정기관의 동의를 거쳐 해당 혁신금융사업자로 하여금 서비스를 중지하도록 명령(이하 '중지명령'이라 한다)하거나 기존의 지정결정 사항을 변경(이하 '변경결정'이라 한다)할 수 있다(제11조 제1항).

위 중지명령을 받은 혁신금융사업자는 1개월 이내에 보완책을 마련하여 금융위원회와 협의하여야 하며, 금융위원회는 보완책의 실효성·적절성 등에 관한 혁신금융심사위원회의 심사 결과 및 잔여 지정기간 등을 고려하여 서비스의 재개를 허용할 수 있다(제11조 제2항). 이는 혁신금융서비스 지정 이후에 지정 당시 예상하지 못했던 문제가 발견되었으나 지정취소를 할 정도는 아닌 경우에 잠정적으로 서비스 중단 또는 지정사항 변경을 통해 해결할 수 있는 기회를 제공하기 위함이다.

7. 기타

(1) 지정대리인에 대한 업무위탁

금융위원회는 혁신금융서비스의 시범 운영을 위해 필요한 범위 내에서 금융회사의 업무를 위탁받아 처리할 수 있는 자(이하 '지정대리인'이라 한다)를 지정할 수 있다(제25조 제1항).

혁신금융서비스를 제공하고자 하는 '금융회사' 또는 '국내에 영업소를 둔 「상법」상의 회사'는 지정대리인 지정 신청을 할 수 있고(제25조 제2항), 금융위원회는 다음의 각 기준을 고려하여 지정대리인을 지정할 수 있다. 즉, ① 해당 금융서비스를 제공하려는 자가 국내 금융시장에서 주된 활동을 하는 것을 목표로 하고 있는지 여부, ② 해당 금융서비스가 기존의 금융서비스와 비교할 때 충분히 혁신적인지 여부, ③ 해당 금융서비스의 제공에 따라 금융소비자의 편익이 증대되는지 여부, ④ 지정대리인이 되고자 하는 자가 제공하고자 하는 혁신금융서비스를 업무위탁 이외의 방법으로 수행하는 것이 가능한지 여부, ⑤ 지정대리인이 되고자 하는 자가 업무위탁을 받아 혁신금융서비스를 시범 운영할 수 있는 준비가 되어 있는지 여부, ⑥ 업무의 위탁 또는 수탁으로 인하여 당해 금융회사의 건전성 또는 신인도를 크게 저해하거나 금융질서의 문란 또는 이용자의 피해 발생이 심히 우려되는지 여부를 모두 고려하여 지정대리인을 지정할 수 있다(제25조 제3항).

금융회사는 지정대리인에게 혁신금융서비스의 시범 운영을 위해 필요한 범위 내에서 업무를 위탁할 수 있고, 그 업무위탁 기간은 2년 이내로 한다(제25조 제4항).

(2) 규제 신속 확인

혁신금융서비스를 제공하고자 하는 '금융회사' 또는 '국내에 영업소를 둔 「상법」상의 회사'는 금융위원회에 법령 등(법령, 법령에서 위임한 사항이나 그 시행에 필요한 사항을 정한 행정규칙, 그 밖에 행정기관에 권한을 부여한 모든 규정을 말한다)의 적용 여부 등을 확인해줄 것을 신청할 수 있다(제24조 제1항).

금융위원회는 위 신청에 대해 30일 이내에 회신하여야 하고, 다만 금융위원회가 신청서 등의 보완을 요청한 경우 보완에 소요되는 기간 및 타 행정기관의 회신에 소요되는 기간은 해당 기간에 산입하지 않는다(제24조 제2항).

회신에 소요되는 총기간은 신청서 보완에 소요되는 기간, 타 행정기관의 회신에 소요되는 기간을 포함하여 90일을 초과할 수 없다. 다만 금융위원회는 해당 기간을 1회에 한하여 30일 이내로 연장할 수 있다(제25조 제4항).

(3) 배타적 운영권

혁신금융사업자는 혁신금융서비스 지정을 거쳐 해당 금융업 인허가 등을 완료한 경우 혁신금융서비스를 배타적으로 운영할 권리를 가진다(제23조 제1항). 이러한 배타적 운영권은 해당 금융업 인허가 등을 받은 날부터 2년의 범위에서 금융위원회 및 관련 행정기관이 정하는 기간까지 존속한다(제23조 제2항).

혁신금융사업자는 위 배타적 운영기간 중에 다음의 어느 하나에 해당하는 행위를 하거나 할 우려가 있는 자에 대해 금융위원회 및 관련 행정기관에 배타적 운영권 보호에 관한 조치를 요구할 수 있다. 즉, ① 해당 혁신금융서비스와 서비스의 제공 내용·방식·형태 등이 실질적으로 동일한 금융서비스를 제공하는 경우, 또는 ② 해당 혁신금융서비스의 명성을 침해하면서 이와 유사한 서비스에 직접 또는 간접적인 방법으로 상업적으로 이용하는 행위 중 어느 하나에 해당하는 행위를 하거나 할 우려가 있는 자에 대해 배타적 운영권 보호조치를 요구할 수 있다(제23조 제3항). 이러한 요구를 받은 금융위원회 및 관련 행정기관은 배타적 운영권 보호를 위하여 위 행위를 하거나 할 우려가 있는 자에 대해 시정 또는 중지 명령을 할 수 있다(제23조 제4항). 만일 이러한 시정 또는 중지 명령을 이행하지 않은 자는 1천만 원 이하의 과태료를 부과받을 수 있다(제35조 제2항 제7호).

(4) 감독 및 검사

금융감독원 및 금융관련법령에 따라 감독기관으로 지정된 기관(이하 '지정 감독기관'이라 한다)은 금융위원회 및 관련 행정기관의 지시를 받아 혁신금융사업자, 지정대리인 및 지정대리인에 업무를 위탁한 금융회사(이하 '혁신금융사업자 등'이라 한다)에 대하여 이 법 또는 이 법에 의한 명령의 준수 여부를 감독한다(제29조 제1항). 또한 금융감독원장 및 지정 감독기관의 장은 혁신금융사업자 등의 업무 및 재산상황에 관한 검사를 할 수 있고(제29조 제2항), 검사를 위하여 필요하다고 인정할 때에는 혁신금융사업자 등에 대하여 업무 및 재산상황에 관한 자료의 제출, 관계자의 출석 및 의견의 진술을 요구할 수 있다(제29조 제3항). 즉, 혁신금융사업자 등에 대해서는 금융위원회 및 관련 행정기관의 지시에 따라 금융감독원 및 지정 감독기관이 포괄적 감독 및 검사권한을 가지고 있다고 볼 수 있다.

금융감독원장 및 지정 감독기관의 장은 혁신금융사업자 등에 대한 검사 결과 지정취소 사유가 있거나 중지명령 또는 변경결정이 필요하다고 인정되는 경우 금융위원회에 해당 조치를 건의하여야 한다(제29조 제5항).

(5) 감독당국 실무자의 면책

혁신금융심사위원회 위원, 금융위원회와 관련 행정기관 소속 공무원, 금융감독원 및 지정 감독기관 소속 직원은 이 법안에 따른 업무를 적극적이고 능동적으로 처리한 경우 불이익한 처분을 당하지 않도록 하였다(제30조 본문). 다만, 사적 이익을 추구하거나 부당한 청탁을 받아 특혜를 준 경우에는 면책을 인정하지 않는다(제30조 단서). 즉, 혁신금융서비스 지정 및 기타 관련 업무를 수행하는 감독당국 실무자들이 소신 있게 재량에 따라 업무를 수행할 수 있도록 면책규정을 마련해준 것이다.

III. 결 론

지금까지 「금융혁신지원 특별법」을 제정하게 된 이유와 그 주요 내용을 살펴보았다. 동법의 제정은 혁신금융서비스를 제공하고자 하는 핀테크 기업들과 금융회사 등에 호재임은 분명하고, 핀테크 산업의 활성화와 일자리 창출을 위하여 정부에도 큰 도움이 될 것으로 예상된다. 핀테크 등 혁신적 금융서비스의 제공은 소비자 편익을 증대시키는 기능을 한다. 그럼에도 불구하고 법령에 근거규정이 존재하지 않는다는 이유와 규정의 불명확으로 인하여 시장에 진출할 수 있는 기회가 금지되는 경우가 왕왕 발생하였다. 하지만 「금융혁신지원 특별법」상 첫째, 혁신금융서비스 지정제도를 도입하여 혁신적 금융서비스에 대한 시범인가 및 규제특례를 통한 테스트가 가능하도록 한 점. 둘째, 지정대리인제도를 도입하여 업무위탁을 통한 테스트를 허용한 점. 셋째, 규제신속확인제도를 통해 시장출시를 위한 규제 불확실성을 해소하도록 한 점 등은 다양한 금융기술 등을 적극적으로 활용할 수 있는 계기를 제공한 것으로 평가할 수 있다.

1 금융혁신지원 특별법안(의안번호 12338, 2018. 3. 6. 발의) 제안이유 참조.

2 이 법안 제2조 제1호는 "금융관련법령이란 별표에서 정하는 금융 관계 법령 및 대통령령으로 정하는 법령을 말한다"라고 규정하여, 별표에서 '금융관련법령' 35개를 정하였고, 법안 시행령에 위임하여 더 추가될 가능성이 있다. 동 법안 별표에 규정된 35개의 금융관련법령은 다음과 같다.

1. 「개인정보 보호법」
2. 「공사채 등록법」
3. 「근로자퇴직급여 보장법」
4. 「금융산업의 구조개선에 관한 법률」
5. 「금융실명거래 및 비밀보장에 관한 법률」
6. 「금융위원회의 설치 등에 관한 법률」
7. 「금융지주회사법」
8. 「금융회사의 지배구조에 관한 법률」
9. 「농업협동조합법」
10. 「담보부사채신탁법」
11. 「대부업 등의 등록 및 금융이용자 보호에 관한 법률」
12. 「보험업법」
13. 「부동산투자회사법」
14. 「산림조합법」
15. 「상호저축은행법」
16. 「새마을금고법」
17. 「선박투자회사법」
18. 「수산업협동조합법」
19. 「신용정보의 이용 및 보호에 관한 법률」
20. 「신용협동조합법」
21. 「여신전문금융업법」
22. 「외국환거래법」
23. 「은행법」
24. 「자본시장과 금융투자업에 관한 법률」
25. 「자산유동화에 관한 법률」
26. 「전자금융거래법」
27. 「전자단기사채 등의 발행 및 유통에 관한 법률」
28. 「전자문서 및 전자거래 기본법」
29. 「전자서명법」
30. 「정보통신망 이용촉진 및 정보보호 등에 관한 법률」
31. 「주식·사채 등의 전자등록에 관한 법률」
32. 「중소기업은행법」
33. 「특정 금융거래정보의 보고 및 이용 등에 관한 법률」
34. 「한국산업은행법」
35. 「한국수출입은행법」

참고문헌

강서진, "해외송금 핀테크 기업의 성장과 시사점", KB금융지주 경영연구소, 2015.

강현구·유주선·이성남, 『핀테크와 법』, 도서출판 씨아이알, 2017.

검찰 보도자료, "수원지검, 국내 최초로 '비트코인 몰수' 판결을 이끌어내다", 2018. 1. 30.

고동원, "인터넷상에서의 개인 간(P2P) 금융거래에 관한 법적 연구-P2P 대출 거래를 중심으로-", 은행법연구 제8권 제2호, 2015.

고윤승, "크라우드 펀딩 운용상의 문제점과 개선방안에 관한 연구", e-비지니연구(제17권 제4호), 한국e-비즈니스학회, 2016.

금융감독원, "전자지급결제대행서비스(Payment Gateway)의 현황 및 전망", 『전자금융감 독정보』, 제2002-7호.

금융위원회 2015년 6월 18일 자 보도자료 10면.

금융위원회 금융감독원, "P2P 대출 가이드라인 제정 방안", 2016. 11.

금융위원회 보도자료, "P2P 대출, 가이드라인 준수 여부를 먼저 확인하세요-'P2P 대출 가이드라인' 제정 방안 발표-, 2016. 11. 3.

금융위원회 보도자료, "가상통화 투기근절을 위한 특별대책(2017. 12. 28) 중 금융부문 대책 시행", 2018. 1. 23.

금융위원회 보도자료, "가상통화에 대한 정부입장", 2018. 1. 15.

금융위원회 보도자료, "기관별 추진현황 점검을 위한 「가상통화 관계기관 합동 TF」 개 최", 2017. 9. 29.

금융위원회 보도자료, "대부업 등의 등록 및 금융이용자 보호에 관한 법률 시행령 일부개 정령안 입법 예고", 2016. 2. 8.

금융위원회 보도자료, "별첨2 인터넷전문은행 도입방안", 2015.

금융위원회 보도자료, "인터넷전문은행 예비인가 결과", 2015.

금융위원회 보도자료, "인터넷전문은행이 도입됩니다. 보다 다양한 금융서비스를 손쉽 고 저렴하게 이용하실 수 있습니다", 2015.

금융위원회 보도자료, "자금세탁방지제도 유권해석사례집 발간", 2018. 2. 8.

금융위원회 보도자료, "정부, 가상통화 관련 긴급 대책 수립", 2017. 12. 13.

금융위원회 보도자료, "정부, 가상통화 투기근절을 위한 특별대책 마련", 2017. 12. 28.

금융위원회 보도자료, "참고자료(주요정책 설명자료)", 2016.

금융위원회 보도자료, "크라우드 펀딩 제도 도입 추진계획-창의적 아이디어 있으면 온라인으로 사업자금 조달 길 열려-", 2013.

금융위원회 보도자료, "향후 대응방향 점검을 위한 「가상통화 관계기관 합동 TF」 개최, 2017. 12. 4.

금융위원회 보도자료, 2016. 3. 24.

금융투자협회, "국내외 P2P 대출중개업 관련 규제 동향 및 시사점", 2015. 8. 5.

기획재정부 보도자료, "2015년 하반기 경제정책방향", 2015.

김동주, "핀테크 업체의 P2P 해외송금 서비스 허용을 위한 외환규제 완화에 대한 고찰", 금융법연구 제12권 제2호, 2015.

김병일·김성철, "모바일 송금 서비스 동향 및 규제정책 방향", 전자통신동향분석 제27권 제6호, 한국전자통신연구원, 2012.

김서영, "프랑스·독일의 인터넷뱅킹 현황 및 시사점", 지급결제와 정보기술, 금융결제원, 2006.

김소이, "개인 간 해외 송금 서비스에 대한 이해 및 시사점", 지급결제와 정보기술, 2011년 7월 호, 금융결제원, 2011.

김영생, 『외국환관리법』, 법경사, 1993.

김은수, "인터넷전문은행 도입에 관한 소고", 상사판례연구 제28집 제3권, 2015.

김재우·장효선, "은행-인터넷전문은행 도입에 따른 국내 금융의 미래", Sector Update, 삼성증권, 2015.

김종완, "인터넷뱅킹 사용자의 만족도가 인터넷 전문은행으로의 전환의도에 미치는 영향에 관한 실증적 연구", 숭실대학교 대학원 박사학위 논문, 2009.

김태호·박태형·임종인, "국내 인터넷전문은행 설립 시 예상되는 전자금융리스크에 대한 대응방안 연구", 정보보호 학회지 제18권 제5호, 2008.

김혜영, "빅데이터(Big Data) 산업의 현황과 과제", 한국정보법학회 2015년 하계 정기세미나(온라인 유통산업 활성화의 법적 과제) 제3세션 발표자료.

김홍기, "최근 디지털 가상화폐 거래의 법적 쟁점과 운용방안-비트코인 거래를 위주로-", 「증권법연구」 제15권 제3호, 한국증권법학회, 2014.

김홍식, "전자지급결제대행(Payment Gateway)업에 관한 법적 고찰", 『경영법률』, 제18집 제1호, 한국경영법률학회, 2007.

김희철, "인터넷전문은행 도입의 법적 논점 및 바람직한 도입 방안에 관한 고찰", 안암법학, 2009.

맹수석, "블록체인방식의 가상화폐에 대한 합리적 규제 방안-비트코인을 중심으로-", 「상사법연구」 제35권 제4호, 한국상사법학회, 2017.

맹수석, "일본의 지급결제제도의 최근 규제 동향과 시사점",『비교사법』, 제23권 제2호, 한국비교사법학회, 2016.

맹수석·이형욱, "가상통화의 법적 규제방안 마련을 위한 종합적 검토-각국의 동향, 정부안 및 국회의원 발의안을 중심으로-", 「사법」 제42호, 사법발전재단, 2017.

문형남, "핀테크 글로벌 동향에 관한 연구-모바일 머니(모바일 지급결제) 사용과 채택을 중심으로-", 생산성논총 제29권 제3호, 2015.

박용진 의원 대표발의, "전자금융법 일부개정법률안", 2017. 7. 31.

박재석·김민진·황병일, "핀테크 발전 배경과 주요 동향", 정보와 통신, 2016년 2월 호.

박재석·이홍재, "핀테크 동향과 금융기관의 대응 방향", 우정정보 99, 2014년 겨울.

박철영, "투자자문업 및 투자일임업에 관한 법적 규제의 현황과 과제", 증권법연구 제10권 제1호, 증권법학회, 2009.

백명훈·이규옥, "블록체인을 활용한 ICO의 이해와 금융법상 쟁점",『금융법연구』, 제14권 제2호, 한국금융법학회, 2017.

백혜란·이기춘, "프로슈머의 개발화와 상향측정도구 개발", 소비자연구 제20권 제3호, 2009.

상법 일부개정법률안(박대동 의원 대표발의) 검토보고서(법제사법위원회 전문위원 문광섭, 2013.

서문식, "외국환거래법상 제3자지급 규제의 연혁", 금융법연구 제11권 제3호, 한국금융법학회, 2014.

서병호, "한국형 인터넷전문은행 도입방안", 한국금융연구원, 2015.

서병호·이순호, "P2P 대출중개에 관한 제도적 개선방안", 금융위원회 연구용역제출보고서(2015).

서승환·이지은, "P2P 대출 규제체계 구축을 위한 비교법적 연구", 한국법제연구원 연구보고서(2017).

성대규·안종민,『한국보험업법』제2판, 도서출판 두남, 2014.

성희활, "P2P 대출형 크라우드펀딩의 법적 성격과 자본시장법적 규제체계 수립에 관한 연구”, 2016년 한국기업법학회 추계학술대회 자료집, 2016.

성희활, “지분투자형 크라우드펀딩(Crowdfunding)의 규제체계 수립에 대한 연구”, 증권법
　　연구 제14권 제2호, 2013.

손진화, “모바일지급 서비스의 법률관계”, 『경영법률』, 한국경영법률학회, 2009.

손진화, “온라인 신용카드거래의 법률문제”, 『경영법률』, 제16집 제1호, 한국경영법률학
　　회, 2005.

손진화, 『전자금융거래법』, 법문사, 2008.

신상화, “비트코인의 발전 현황과 정책적 시사점”, 재정포럼, 2015.

안성배·권혁주·이정은·정재완·조고운·조동희, “가상통화 관련 주요국의 정책 현황과
　　시사점”, KIEP, 대외경제정책연구원, 2018. 2. 8.

안수현, “Automated Investment Tool(일명 ‘로보어드바이저’)을 둘러싼 법적 쟁점과 과제”
　　商事判例研究 第29輯 第2卷(2016) 2016년 춘계학술대회발표논문.

원종현, “가상화폐의 특성과 바람직한 규제 방향”, 『이슈와 논점』, 제1361호, 국회입법조
　　사처, 2017. 9. 26.

원종현, “핀테크의 도입과 규제환경”, ie 매거진 제22권 제4호, 2015.

유주선, 어음·수표법, 청목출판사, 2013.

유주선, 『회사법』 제2판, 형지사, 2016.

윤민섭, “P2P 금융에 관한 법적 연구”, 금융법연구 제9권 제2호, 2012.

윤민섭, “P2P 대출의 법제화에 대한 연구”, 경제법연구(제16권 제3호), 한국경제법학회,
　　2017.

윤민섭, “비금융형 크라우드펀딩의 법적 제문제와 개선방안”, 저스티스 통권 제142호,
　　2014.

윤민섭, “자금조달 수단으로서의 Crowdfunding에 관한 법적 연구”, 기업법연구 제26권
　　제2호, 2012.

윤민섭, “투자형 크라우드펀딩의 제도화를 위한 입법적 제언”, 증권법연구 제14권 제1호,
　　2013.

윤지아, “미국 및 중국의 P2P 대출시장 동향”, 자본시장 Weekly(2016-27호), 한국투자협회,
　　2016. 7. 12.

이광상, “중국의 비트코인 거래 확대 및 규제 강화”, 「국제금융 이슈」 제26권 제4호,
　　한국금융연구원, 2017.

이보우, "인터넷쇼핑몰에 대한 카드사의 입장 및 협력방안", 『E-commerce』, 제43호, 2002.

이상복·왕상한, "주요국 인터넷전문은행의 현황과 그 법적 시사점", 한양대학교 법학연구소, 법학논총, 2016.

이성남, "타인의 생명보험의 규제에 관한 연구", 『금융법연구』, 제9권 제1호(한국금융법학회), 2012.

이수진, "독일 Fidor Bank 사례로 살펴본 인터넷전문은행의 지향점", 주간 금융브리프, 금융포커스 24권 48호, 2015.

이수진, "미국 인터넷전문은행 인가 사례 및 시사점", 주간 금융브리프, 금융포커스 24권 21호, 2015.

이순호, "핀테크(Fintech) 활용을 통한 금융포용 확대 움직임과 시사점", 주간 금융브리프 제23권 제4호, 2014.

이시직·이하정, "국내 인터넷전문은행 제도의 도입을 위한 법률적 검토－최저자본금 및 은산분리 규제를 중심으로－", 정보통신방송정책 제27권 16호, 정보통신정책연구원, 2015.

이우석·홍보경, "핀테크의 현황과 법적 과제", 영산법률논총 제12권 제2호, 2015.

이윤석, "가상화폐 거래 시 자금세탁위험과 정책적 시사점", 『주간금융브리프』, 제25권 제38호, 한국금융연구원, 2016.

이준희, "인터넷전문은행 관련 법률적 쟁점에 관한 소고", 기업법연구 제30권 제1호, 2016.

이지은, "영국의 P2P 대출 관련 입법 현황 및 국내 법제에의 시사점", 2017년 경제법학회 추계학술대회 자료집, 2017. 11. 10.

이한진, "금융투자상품 포괄주의 규율체계에 대한 입법적 보완에 관한 연구－2013년 개정 자본시장법 등의 취지 및 주요 내용을 중심으로－", 증권법연구 제15권 제3호, 2014.

이형기, "일본 외환거래 규제의 자유화에 따른 영향과 변화", 금융투자 제162호, 금융투자협회, 2014.

임재연, 『자본시장법』, 박영사, 2016.

임홍근, 『외국환관리법』, 전정판, 삼영사, 1977.

장덕조, 『보험법』, 제2판, 법문사, 2015.

장우석·전해영, "핀테크(FinTech)의 부상과 금융업의 변화", 현대경제연구원 통권 제648

호, 2016.

장진성, "국제송금서비스를 위한 기본원칙", 지급결제와 정보기술, 2007년 1월, 금융결제원, 2007.

전응준, "전자금융거래에서 고객(본인)확인의 의미", 『핀테크 시대』, 박영사, 2015.

정경영, "일본 자금결제에 관한 법률에 관한 소고", 선진상사법률연구 제51호, 법무부, 2010.

정경영, 『전자금융거래와 법』, 박영사, 2007.

정병국 의원 대표발의, "암호통화 거래에 관한 법률안", 2018. 2. 6.

정상표, "인터넷전문은행의 업무범위에 관한 연구", 국제법무 제7집 제2호, 2015.

정승영, "가상화폐(Virtual Currency)에 대한 부가가치세 과세 문제", 『조세학술논집』, 제32집 제1호, 한국국제조세협회, 2016.

정윤선, "전자상거래 결제서비스 안전확보방안 연구", 한국소비자보호원 정책연구실, 2006.

정윤성, "인터넷전문은행의 현황과 전망", 지급결제와 정보기술 제23호, 금융결제원, 2006.

정찬형, 『상법강의(하)』제18판, 박영사 2016.

정태옥 의원 대표발의, "가상화폐업에 관한 특별법안", 2018. 2. 2.

정희수, "인터넷전문은행의 도입의 법적 이슈와 영향", 금융업 연구 제12권 제3호, 2015.

주강진·이민화·양희진·류두진, "핀테크 산업의 발전방향에 관한 연구", 한국증권학회지 제45권 제1호, 2016.

한국은행 금융결제국, 『전자금융총람』, 금융정보화추진협의회, 2015.

한국은행, "우리나라의 외환제도와 외환시장", 2010.

한국은행, 『BOK 이슈노트』, 2014-8호, 2014.

현석, "일본의 외환거래 자유화와 금융투자산업의 변화", 금융투자 제163호, 금융투자협회, 2014.

홍도현·김병일, "가상통화에 대한 과세 문제 – 비트코인을 중심으로 – ", 『조세연구』, 제15권 제1집, 한국조세연구포럼, 2015.

홍정인, "전자금융업자의 자격요건에 대한 PG사의 입장", 『E-commerce』, 제44호, 2002.

황종모·한승우, "해외 주요국 디지털화폐 관련 제도 및 시장 현황", 『전자금융과 금융보안』, 제7호, 금융보안원, 2017.

Ernst & Young, Landscape UK Fintech, 2014.

岡田豊基,「現代保險法」, 中央經濟社.

大串淳子·日本生命保險生命保險研究所 編,「解說 保險法」, 弘文堂, 2008.

福田弥夫·吉笛惠子,「逐條解說 改正保險法」, ぎょうせい(株), 2009.

山下友信·竹濱 修·洲崎博史·山本哲生,「保險法」第3版 補訂版, 有斐閣.

石山卓磨 編著,「現代保險法」第2版, 成文堂, 2011.

竹濱 修·木下孝治·新井修司,「保險法改正の 論點」, 法律文化社, 2009.

萩本 修 編著,「保險法(一問一答)」, 商事法務(株).

찾아보기

저자 소개

강현구 변호사 | 연세대학교 법과대학 법학사, 고려대학교 법무대학원 금융법 석사, Fordham University School of Law LL.M. 학위를 취득하였다. 제41회 사법시험에 합격하여 사법연수원 제31기로 수료 후, 2002년부터 2007년까지 금융감독원 변호사로서 규제업무를 담당하였고, 2007년부터 현재까지 법무법인(유) 광장 금융규제 및 핀테크팀 파트너 변호사로서 실무업무를 담당하고 있다. 현재 금융감독원 제재심의위원회 위원, 금융위원회 전자금융거래법 제도개선 위원, 핀테크지원센터 금융규제 테스트베드 비용지원 심사위원, 손보협회 광고심의위원회 위원 및 대한변호사협회 학술위원회 상사소위원장으로 활동하고 있으며, 금융위원회 금융혁신지원특별법 제정에 참여하고, 핀테크지원센터 자문업무 등 전자금융 및 핀테크 실무에 크게 기여하고 있다. 「온주 전자금융거래법」, 「주석 자본시장법」, 「헬로, 핀테크」 등 공저에 참여함은 물론 금융법학회, 증권법학회 이사로도 활동하고 있다.

유주선 교수 | 고려대학교 법과대학 법학사, 독일 마부르크대학교 법학 석사, 법학 박사학위(Dr. Jur.)를 받았다. 현재 강남대 공공인재학과 교수로 재직하면서, 회사 관련 법제와 보험법, 인공지능 법률 등에 관심을 기울이고 있다. 『회사법』, 『보험법』, 『상법』, 『생활과 법률』 등의 단독 저서, 『상법요해』 제5판과 『공학, 철학, 법학으로 본 인간과 인공지능』 등의 공동저서가 있다. 국토교통부 자동차손해배상보장사업채권정리위원회, 국토교통부 자동차공제분쟁조정위원회, 보험개발원 보험정보망운영위원회, 손해보험협회 신상품심의위원회, 손해보험협회 규제심의위원회 등의 위원, 금융감독원 분쟁조정위원회 전문위원으로 활동하고 있고, 『주식회사법 대계』와 『자본시장법』 등의 주석서 작업에 공저로 참여한 바 있다. 상사법학회, 기업법학회 등의 총무이사와 금융법학회, 경영법률학회, 비교사법학회 등의 연구이사, 보험학회 이사, 경제법학회 감사, 증권법학회 편집위원 및 보험법학회에서 발간하는 보험법연구 학술지 편집위원장을 맡고 있다.

이성남 교수 | 한국외국어대학에서 법학사, 고려대학교에서 법학 석사 및 박사 학위를 취득하였다. 현재 국립목포대학교 경영대학 금융보험학과 교수로 재직하고 있다. 학계에 입문하기 전에 금융감독원에서 검사 및 제재, 분쟁조정, 보험사기 조사 등 다양한 업무 경험을 쌓았다. 법무팀장을 끝으로 금융감독원을 퇴사하고 우리나라 최대 법률사무소인 김앤장 법률사무소, 법무법인 태평양에서 금융보험분야 전문위원으로 근무하였다. 그간의 풍부한 실무 경험을 바탕으로 금융회사에 대한 분쟁, 검사 및 제재 관련 자문을 하고 있으며 「보험업법」, 「보험모집규제론」 등을 집필하였고, 공저로 「금융법 II」가 있다. 제4차 혁명의 핵심 기술과 금융법의 접목을 위하여 매진하고 있으며 법경영학적 관점에서 상법 및 금융법 연구에 매진하고 있다. 공인회계사, 손해사정사 및 보험계리사 시험 출제위원으로 활동하고 있으며 한국기업법학회 부회장, 금융법학회 연구이사로 활동하고 있다. 아울러 현재 금융감독원 분쟁조정전문위원과 한국은행 목포본부 자문교수, 서민금융진흥원 자문교수로 활동하고 있다.

제3판

핀테크와 법

초 판 발 행 2017년 4월 20일
2 판 1 쇄 2018년 6월 22일
3 판 1 쇄 2020년 11월 12일

저   자 강현구, 유주선, 이성남
펴 낸 이 김성배
펴 낸 곳 도서출판 씨아이알

책 임 편 집 박영지, 김동희
디 자 인 백정수, 김민영
제 작 책 임 김문갑

등 록 번 호 제2-3285호
등 록 일 2001년 3월 19일
주   소 (04626) 서울특별시 중구 필동로8길 43(예장동 1-151)
전 화 번 호 02-2275-8603(대표)
팩 스 번 호 02-2265-9394
홈 페 이 지 www.circom.co.kr

I S B N 979-11-5610-902-0 (93360)
정   가 22,000원